HUMANITIES AND SOCIETY

大屠杀与集体记忆

Peter Novick

[美] 彼得·诺维克 著　王志华 译

译林出版社

图书在版编目（CIP）数据

大屠杀与集体记忆 /（美）彼得·诺维克（Peter Novick）
著；王志华译. —南京：译林出版社，2019.1（2019.6 重印）
（人文与社会译丛 / 刘东主编）
书名原文：The Holocaust in American Life
ISBN 978-7-5447-7318-8

I.①大… II.①彼… ②王… III.①纳粹大屠杀 - 史料
IV.①K152

中国版本图书馆 CIP 数据核字（2018）第 057234 号

The Holocaust in American Life by Peter Novick
Copyright © 1999 by Peter Novick
Published by arrangement with Houghton Mifflin Harcourt Publishing Company
through Bardon-Chinese Media Agency
Simplified Chinese edition copyright © 2019 by Yilin Press, Ltd
All rights reserved.

著作权合同登记号　图字：10-2013-513 号

本译著是2013年度中国国家社会科学基金西部项目"唯物史观与后现代史观的比较研究"（13XZX001）阶段性成果。

大屠杀与集体记忆　　［美国］彼得·诺维克　/　著　　王志华　/　译

责任编辑	马爱新
装帧设计	胡　苨
校　　对	韩　菲
责任印制	单　莉

原文出版	Mariner Books，2000
出版发行	译林出版社
地　　址	南京市湖南路 1 号 A 楼
邮　　箱	yilin@yilin.com
网　　址	www.yilin.com
市场热线	025-86633278
排　　版	南京展望文化发展有限公司
印　　刷	江苏凤凰通达印刷有限公司
开　　本	880 毫米 × 1230 毫米　1/32
印　　张	14.75
插　　页	2
版　　次	2019 年 1 月第 1 版　2019 年 6 月第 2 次印刷
书　　号	ISBN 978-7-5447-7318-8
定　　价	78.00 元

版权所有·侵权必究

译林版图书若有印装错误可向出版社调换。质量热线：025-83658316

主编的话

刘 东

总算不负几年来的苦心——该为这套书写篇短序了。

此项翻译工程的缘起,先要追溯到自己内心的某些变化。虽说越来越惯于乡间的生活,每天只打一两通电话,但这种离群索居并不意味着我已修炼到了出家遁世的地步。毋宁说,坚守沉默少语的状态,倒是为了咬定问题不放,而且在当下的世道中,若还有哪路学说能引我出神,就不能只是玄妙得叫人着魔,还要有助于思入所属的社群。如此嘈嘈切切鼓荡难平的心气,或不免受了世事的恶刺激,不过也恰是这道底线,帮我部分摆脱了中西"精神分裂症"——至少我可以倚仗着中国文化的本根,去参验外缘的社会学说了,既然儒学作为一种本真的心向,正是要从对现世生活的终极肯定出发,把人间问题当成全部灵感的源头。

不宁惟是,这种从人文思入社会的诉求,还同国际学界的发展不期相合。擅长把捉非确定性问题的哲学,看来有点走出自我围闭的低潮,而这又跟它把焦点对准了社会不无关系。现行通则的加速崩解和相互证伪,使得就算今后仍有普适的基准可言,也要有待于更加透辟的思力,正是在文明的此一根基处,批判的事业又有了用武之地。由此就决定了,尽管同在关注世俗的事务与规则,但跟既定框架内的策论不同,真正体现出人文关怀的社会学说,决不会是医头医脚式的小修小补,而必须以激进亢奋的姿态,去怀疑、颠覆和重估全部的价值预设。有意思的是,也许再没有哪个时代,会有这么多书生想要焕发制度智慧,这既凸显了文明的深层危机,又表达了超越的不竭潜力。

于是自然就想到翻译——把这些制度智慧引进汉语世界来。需要说明的是，尽管此类翻译向称严肃的学业，无论编者、译者还是读者，都会因其理论色彩和语言风格而备尝艰涩，但该工程却绝非寻常意义上的"纯学术"。此中辩谈的话题和学理，将会贴近我们的伦常日用，渗入我们的表象世界，改铸我们的公民文化，根本不容任何学院人垄断。同样，尽管这些选题大多分量厚重，且多为国外学府指定的必读书，也不必将其标榜为"新经典"。此类方生方成的思想实验，仍要应付尖刻的批判围攻，保持着知识创化时的紧张度，尚没有资格被当成享受保护的"老残遗产"。所以说白了：除非来此对话者早已功力尽失，这里就只有激活思想的马刺。

主持此类工程之烦难，足以让任何聪明人望而却步，大约也惟有愚钝如我者，才会在十年苦熬之余再作冯妇。然则晨钟暮鼓黄卷青灯中，毕竟尚有历代的高僧暗中相伴，他们和我声应气求，不甘心被宿命贬低为人类的亚种，遂把迻译工作当成了日常功课，要以艰难的咀嚼咬穿文化的篱笆。师法着这些先烈，当初酝酿这套丛书时，我曾在哈佛费正清中心放胆讲道："在作者、编者和读者间初步形成的这种'良性循环'景象，作为整个社会多元分化进程的缩影，偏巧正跟我们的国运连在一起，如果我们至少眼下尚无理由否认，今后中国历史的主要变因之一，仍然在于大陆知识阶层的一念之中，那么我们就总还有权想象，在孔老夫子的故乡，中华民族其实就靠这么写着读着，而默默修持着自己的心念，而默默挑战着自身的极限！"惟愿认同此道者日众，则华夏一族虽历经劫难，终不致因我辈而沦为文化小国。

一九九九年六月于京郊溪翁庄

目 录

导 言 ………………………………………………… 001

第一部分 战争年代

第一章 "我们大体了解" ……………………………… 023
第二章 "如果我们的同胞表现出更多的同情" ………… 038
第三章 "抛弃犹太人" ………………………………… 061

第二部分 战后岁月

第四章 "难民营已经实现了其历史目的" ……………… 083
第五章 "那是过去,而我们必须应付今天的事" ………… 118
第六章 "不符合犹太人的最佳利益" …………………… 146

第三部分　过渡时期

第七章　"自我憎恨的犹太女人撰写亲艾希曼系列文章"……… 183
第八章　"'为造成的苦难'提交一份账单"………………… 212
第九章　"他们会把我的孩子藏起来吗？"…………………… 248

第四部分　最近几年

第十章　"不容许偏执"……………………………………… 305
第十一章　"再也不会屠杀阿比尔派教徒了"………………… 355

第五部分　关于未来

第十二章　"我们还未准备好该如何作答"…………………… 395

致　谢……………………………………………………………… 417
索　引……………………………………………………………… 419

导　言

本书的创作动机源于我的好奇与疑惑。作为一名历史学家，我感到好奇的是，发生于千里之外的大屠杀事件，为什么会在五十年之后即1990年代，突然成了美国文化中的热门话题？无论是作为一名犹太人还是作为一名美国人，让我疑惑的地方在于，大屠杀已经在美国犹太人和普通美国人话语中都扮演着重要角色，这是否如大多数人似乎认为的那样是可喜的发展呢？撰写本书的这些年满足了我的好奇心，也证实了我的疑惑。在这个导言中，我将为读者简述我研究这个历史问题的方法，以一种更易于理解的方式来阐述我想说的东西。我也将阐明我的疑惑的根源，以便读者明了"我源于何处"。

我之所以对美国人为何变得如此具有"大屠杀意识"充满疑惑，部分原因在于这个时机，即为什么是现在？一般说来，历史事件绝大多数都是在它们发生之后立即就会被谈论，然后会渐渐地消逝于人们的记忆之中。是1920和1930年代，而不是1950和1960年代，帕斯尚尔战役和索姆河战役的惨状成了小说、电影和集体意识所关注的焦点。而到了1950和1960年代（即那场伟大战争四十多年之后），它们已经跌入记忆的深洞，只有历史学家在黑暗中围着它们转。关于越南战争最叫座的电影和最畅销的书籍大都出现于战争结束的五年或十年之间,就像华盛顿的越战老兵纪念碑。然而跟随大屠杀的节奏却很不一样:在第二次世界大战结束后的头二十年左右它几乎不被谈及;而自1970年代始,它则日益成了美国人的公共话语的核心议题——当然,尤其是在犹太人中间,但一般而言也存在于整个文化之中。如何解释这个非同寻常的时序?

疑惑的另一部分原因则是:为什么是这里?大屠杀在德国(那些罪犯及其后代的国家)的意识中扮演着核心角色,这丝毫不足为怪。这对以色列也是一样的,因为其国民或者说国民中的很大一部分都和这些罪行的受害者有着特殊的关系。在某种程度上,对于那些在战争期间被德国占领的国家来说同样如此,因为该战争就是为了把犹太公民放逐至死(或者直接杀害)。在所有这些国家中,他们的父辈、祖辈直接面对着这种罪行——要么抵抗、要么帮助,以各种方式见证了它;在所有这些情况中,都和大屠杀有着非常紧密的联系。而对于美国,则看不到这些联系。大屠杀发生在远离美国海岸数千英里的地方。大屠杀幸存者及其后代只占美国人口1%中的一小部分,即使在美国犹太人中也只是一小部分。只有少数几个纳粹罪犯设法跑到了美国。美国人,包括一些美国犹太人在内,在它发生之际,都丝毫没有意识到我们现在称之为大屠杀的是什么;这个国家当时满脑子想的是如何打败轴心国。美国并未像某些其他国家那样与大屠杀有某种种形式的关系。所以,除了"为什么是现在"之外,我们不得不问:"为什么在这里?"

尽管这些问题从未被学者系统地审视过——也许正是因此,关于这个问题的答案存在某些心照不宣的共识。这(有时是直白的,通常是含蓄的弗洛伊德式的)把目前关于大屠杀的关注看成是不可避免的发展结果。"创伤",依据标准的精神分析词条,是"主体生命中的一个事件,它是根据其强度、主体的无助感以及它给心灵组织带来的剧烈而持久的影响来界定的"。创伤暂时是可以被抑制的,但是"被压抑之物具有重新进入意识的持续趋势"。[1]确实,在弗洛伊德理论中,"创伤"和"压抑"是相互界定的。创伤是那些无法忍受而不得不被压抑的精神现象;压抑则是那些太痛苦而无法负荷的精神现象的结果;它们在一起又不可避免地导致"被压抑之物的回归"。根据这个影响深远的解释,对于美国犹太人,以及在更宽泛意义上对所有美国人来说,大屠杀就成了一个创伤性事件,初期的沉默是压抑的表现,近年来对此的热议则是"被压抑之物的回归"。

尽管这一理论不乏其精致性,我并不认为这一方案在解释美国人关于大屠杀之意识的滋生发展方面是有说服力的。关于它对许多欧洲国家和以色列的适用性,已经有其他作者探讨过,而这不是我们这里关注的重点。在美国,尤其是对大屠杀幸存者而言,创伤、压抑以及被压抑之物的回归依次出现似乎是可信的。(即便如此,就如我们将要看到的,大屠杀幸存者在1940年代后期经常试图谈论他们有关大屠杀的经历,却屡屡受阻。)当然,对于有些美国犹太人,甚至可能有些非犹太人来说,大屠杀确实是创伤经历。但现有证据并未表明总体上说,美国犹太人(更别说美国非犹太人)在该词值得一提的意义上遭受了大屠杀创伤。他们经常感到震惊、惊愕与悲伤,但这和大屠杀创伤并不是一回事,并不存在由压抑到被压抑之物的回归这样的不可阻挡的进程。人们通常总是简单地假定大屠杀必定是创伤性的。而如果它不被谈论,那就一定是被压抑了。

---

[1] J. Laplanche 和 J.-B. Pontalis, *The Language of Psychoanalysis*, 纽约, 1973年, 第465、398页。

大屠杀与集体记忆

我们可以换一种方式来理解大屠杀意识在美国的演进,而不涉及衍生出诸如"社会无意识"之类含混不清的实体。在1920年代,法国社会学家莫里斯·哈布瓦茨就开始研究"集体记忆"——他也是这一术语的创始者之一。哈布瓦茨并不是把集体记忆看成是过去在当下的复活,而是认为当下的关注决定了我们记忆过去的内容及其方式。(将哈布瓦茨的理论运用于大屠杀记忆的研究,具有严正的恰当性。当哈布瓦茨在法国沦陷期间抗议他的犹太岳父被捕时,他被流放到布痕瓦尔德,并最终死在那里。)[1]

依照哈布瓦茨的说法,集体记忆不仅仅是某个集团共享的历史知识。事实上,集体记忆从根本上说是非历史的,甚至是反历史的。历史地理解某物就得认识到它的复杂性;就得和它保持足够的距离以便从各种不同的角度观察它;就得了解当事人的动机和行为充满歧义,包括道德的歧义。集体记忆简化了历史;它从一个单一的确定视角看待事件;它无法容忍任何形式的歧义;它把事件简化成了神话原型。历史意识,就其本质而言,聚焦于事件的历史性——它们发生于那时而不是现在,是从不同于现在的环境中发展而来。相比之下,记忆则对时间的流逝没有感觉;它拒绝对象的"过去性",坚执其持续的在场。一般而言,集体记忆,至少是有重要意义的集体记忆,可以被理解为是关于某个群体的永恒或本质真理的表达——通常是悲剧性的。记忆一旦形成,就会为该群体的成员界定永恒真理以及随之而来的永恒认同。塞尔维亚人最重要的记忆,就是1389年科索沃战役的失败,这象征着穆斯林永远具有主宰他们的企图。波兰在18世纪的分裂使其获得了作为"各国中

---

[1] 读者若想更多地了解哈布瓦茨思想,请参考Lewis A. Coser主编,*Maurice Halbwachs on Collective Memory*,芝加哥,1992年。该书是一个很好的导言。

导 言

的基督"这一重要身份,这被外来的压迫牢牢地钉死在十字架上。法国工人每年都去巴黎公社社员墙(Mur des Fédérés,即1871年公社社员遭屠杀之地)朝圣,以便牢记无产阶级与资产阶级之间的永恒对立。

以这种方式来理解集体记忆,有助于我们把短暂的和相对不重要的记忆与那些持续存在并形塑成了意识的记忆区分开来。"牢记阿拉莫之战"、"牢记缅因号事件"以及"牢记珍珠港"都迅速地形成了极大的共鸣,但当相关工作完成之后,它们几乎就被遗忘了。人们在大的周年纪念日之际(如美国革命两百周年纪念日、哥伦布首航五百周年纪念日)会产生"记忆迸发",但是针对这些日子的一系列纪念活动并不意味着我们见证了重要的集体记忆。

在犹太传统中,有些记忆非常久远。关于出埃及和圣殿毁灭的程式化纪念活动象征着上帝对犹太人的永久呵护,也象征着上帝对犹太人误入歧途的永久愤怒。犹太人的其他记忆则依赖于当下的需要,是一种偶然的存在。"马察达自杀"[1]这一事件被犹太人遗忘了长达将近两千年,尽管关于该事件的文字记载唾手可得。这不是因为"马察达"是受到"压抑"的"创伤",而是因为传统犹太教致力于生存和神圣的研究而非军事对抗。这个传统记住了拉比约翰南·本·撒该,也记住了雅弗尼市建立学院,而没有记住埃利埃泽·本·耶尔和集体自杀。到了20世纪,犹太复国主义者发现"马察达"更有助于他们的自我理解与自我表达,于是新的集体记忆便出现了。有些记忆曾经发挥过作用,而如今则变得毫无用处。《以斯帖记》最后的章节中谈及了王后请求准许屠杀犹太人的仇敌,不仅屠杀那些有武装的敌人,而且还包括他们的妻

---

[1] 公元73年,大约九百名犹太人在遭到罗马人袭击后,坚守马察达(Masada)山顶要塞拒绝投降,最后集体自杀于此。——译注

子和孩子——最终的死亡人数是75 000人。这些记忆为中世纪的欧洲犹太人提供了令人满意的复仇幻想；而在目前的泛基督主义时代,这些章节已经轻易地从普林节纪念中消失了；今天,大多数美国犹太人很可能对它们的存在一无所知。

假如采纳哈布瓦茨的方式来看待美国的大屠杀记忆,即把该记忆与当前所关切的议题联系起来,那么我们必须去了解这些议题是什么,它们是如何被界定的以及是被谁界定的。我们将思考这些议题为何能够使大屠杀记忆在一个时期内显得不适宜、无用甚至是有害的,而在另一个时期则是合适的和值得保有的。当考察大屠杀记忆的命运变化这一过程时,我们将会发现,它怎么样与变化的环境相协调,特别是在美国犹太人中,怎么样与关于集体之自我认识和自我表达的不同决定相协调。

如何看待这些关于集体记忆的截然不同的看法呢？有人说,弗洛伊德把记忆看成是一种强制,而哈布瓦茨则把它看成是一种精心的选择。但是这不够准确,除非我们对"选择"这一术语做出限定。人们认为"选择"这一词语通常隐含着"自由"选择之意,而我们所谈论的这类选择则是环境所塑造、所限定的产物。(我们所理解的这个环境包括冷战以及中东地区持续的冲突,对掩盖或鼓吹种族差异的不断变化的态度,对受害者、共同生存策略的态度的变化。)"选择"这个词通常意味着权衡利弊之后的深思熟虑的决定。但是,就如我们将要看到的那样,与大屠杀记忆相关的那些选择,我们将发现它们往往是直觉的选择,或心照不宣的选择,而对它们的后果则并未做太多的思考。并且我们不得不经常问自己应该考虑谁的选择。就我们的集体记忆而言,就像集体意识的其他方面一样,我们中的大多数人都是聪明的循规蹈矩者,都习惯于接受别人的暗示。最终,就形成了体制化的记忆,这也是哈布瓦茨认为特别重要的东西。先前的选择(无论是深思熟虑的还是欠缺考虑的)之累积,已经产生了致力于大屠杀记忆的相关机构以及一大批研究"大屠杀记忆"的专业骨干。此二者一起为大屠杀的核心地位提供了自我持续的动力,而无需依赖于任何进一步的决策。

因此,这一故事——即大屠杀为何一开始会被边缘化,而后则成了美国的核心议题,将是一个仅仅在刚刚所描述的弱化意义上的有关选择的故事。美国犹太人将是这个故事中的核心,因为在这个国家中,他们已经在关注大屠杀方面表现得非常积极主动。但这绝非仅仅是属于犹太人的故事。一方面,美国犹太人在受到美国文化的影响方面丝毫不比其他美国人少,甚至在建构犹太意识的过程中,他们也对那些影响所有美国人的政治、社会以及文化方面的变化做出了回应。尽管是犹太人首倡把大屠杀置于美国人的日常议题中,我们也必须追问:20世纪晚期美国社会和文化中的什么东西使得非犹太裔美国人接受了这个提议?有些业已形成的影响(它们塑造了我们谈论大屠杀的方式与程度)是众所周知的,并且可以追踪到现成的文献中;其他的则比较晦涩,只能通过档案材料予以重建。而且这些影响之间以非常复杂的方式相互作用。我将尽最大努力把这个故事说得容易理解,但是,我无法使它简单明了,或者免于内容矛盾。

在一开始我就说过,除了刚才所讨论的"严肃的历史问题"之外,我还会在研究中表达对那个重要观点的怀疑——即所有那些对大屠杀的关注是否确如常人所言的那样是令人满意的。事实上,这里面有两个独立的权衡问题,一个是关于美国犹太人把大屠杀置于其自我理解和自我表现的核心所带来的影响;另一个是关于从总体上看美国社会提升了对大屠杀的关注度这一点的影响。

美国犹太人把大屠杀置于核心地位所具有的意义，与这一地位赖以形成的环境密不可分。该环境最重要的因素之一就是美国融合主义精神的失落（它关注共同性和相互联合），以及代之而起的排他主义理论（它强调差异性和分裂）。美国犹太人的领袖们曾经试图宣称犹太人"像任何其他人一样，只会更像而已"，而现在他们则致力于在犹太人和非犹太人之间确立差异。

美国犹太人和其他美国人之间的差异到底在哪里？在美国，独特的犹太身份认同赖以形成的基础是什么？现今美国犹太人无法凭借其独特的犹太教信仰来界定其犹太人身份，因为大多数并没有什么独特的犹太教信仰的方式。他们无法凭借其独特的犹太文化特征来做到这一点，因为大多数并不具备这其中的任何一项。美国犹太人有时候说他们因犹太复国主义而团结在一起，但如果是这样的话，也是非常牵强的和抽象的说法：大多数美国犹太人从来没有去过以色列；大多数美国犹太人对那个国家的贡献微乎其微，对它也知之甚少。无论如何，最近一些年以色列的政策总会激起要么是世俗的要么是宗教的（鹰派和鸽派的）愤怒——这并非达成团结的良好基础。美国犹太人具有的共性就是知道这一点：若不是他们父辈或者（大多数情况下）祖辈或者曾祖辈的移民，他们本来会和欧洲犹太人经历相同的命运。在越来越多分化和多样化的美国犹太人中，这成了那个没完没了不断重复但在实际生活中颇为可疑的口号"我们团结在一起"的历史基础。

就如我之前所述，在集体认同和集体记忆之间存在着一个循环关系。我们看重某些特定的记忆，是因为它们似乎表达了我们集体身份的核心意义。一旦把那些记忆置于显要地位，就能够强化认同的形式。这就是美国犹太人和大屠杀之间的关系。事实上在20世纪晚期，大屠杀是美国犹太人借以形成身份认同的仅有的共性，它为美国犹太人提供了集体认同的象征符号。而且这个符号是精心设计出来的，以应对公众不断增长的关于"犹太人连续性"的担忧——这种担忧是由日渐衰退的宗教热忱、不断加深的同化度以及急剧增长的通婚共同引起的，所有这些都是造成人口特征突变的危险因素。作为犹太人身份的核心象征，大屠杀在20世纪晚期强化了德国犹太人在19世纪早期所称的"Trotzjudentum"，"为了泄恨的犹太性"：拒绝消失，不为任何积极的理由，现在而言只是为了不给希特勒一个"死后的胜利"。

许多犹太评论员已经警告过，以大屠杀为核心的犹太主义将无法确保犹太民族的生存——它会令人倒胃口，与年轻一代格格不入。不知从长远看是否可以证明这是正确的，但到目前为止还看不到这种迹象。在孩子的成年仪式中，在越来越多社区犹太人成年仪式中，每个孩子都有一个"孪生的"兄弟姐妹——即年轻的大屠杀受害者（他们没能活着经历过这些仪式）。根据所有的报道得知，孩子都喜欢这个。[1] 据报道，当那些被组织赴奥斯维辛和特雷布林卡参观旅游的犹太青少年，在这些地方间接地感受了大屠杀之后，他们为自己是犹太人而感到从未有过的自豪。[2] 犹太大学生对大屠杀的课程与讲座非常感兴趣，在大屠杀纪念日，他们会第一时间在自己的衣领别上黄星[3]。而且这不仅限于青年人。成年犹太人涌向关于大屠杀的活动之中，参与度超过其他任何

---

[1] Cindy Loose, "Marking a Rite for Those Denied the Chance", *Washington Post*, 1993年9月27日, A1; Stuart Vincent, "Good Deed for Lost 'Twin'", *Newsday*, 1994年5月28日, A6; Kendall Anderson, "Committed to Memory", *Dallas Morning News*, 1995年4月22日, 1G。

[2] 比如参见Pamela Selbert, "Grim Lesson", *St. Louis Post-Dispatch*, 1994年6月6日, West Zone sec., 第2页。

[3] 黄星，又名犹太星，是在纳粹德国统治期间，欧洲国家内的犹太人被逼戴上的一种识别标记。黄星上的文字为"JUDE"，意指"犹大"，这是纳粹德国对犹太人的一种侮辱。——译注

活动,并且会慷慨地捐赠数百万以再建立另一个大屠杀纪念碑。

另外,当代美国文化类似的转变也加速了这一进程。人们对受害者身份的态度发生了转变,之前人们几乎普遍地都在躲避和歧视它,而今则经常急切地拥抱它。在个体的层面,作为文化偶像,强大、沉默的英雄被脆弱、唠叨的反英雄所取代。坚忍刚毅作为主导价值被敏感性所取代。默默忍受被和盘托出所取代。人们宣称宣泄痛苦与愤怒是"给人力量的"(enpowering),也是有益于健康的。

个体层面的变化是群体层面变化的反映。哈佛历史学家查尔斯·迈尔,似乎带着一点夸张的口吻,把现代美国政治描述成"一种把委屈奉为神圣的竞争。每个团体都通过强调无能和不公来表明它共享着公共荣耀和公共基金。国家公共生活则成了一种处理集体医疗事故诉讼的活动,在其中,所有公民同时既是病人又是医生"。[1]当然,所有这些都和这种新的形势相一致,即强调独立团体身份而不是"全美国"身份。实际上,关于团体所受历史伤害的断言(以种族、族群、性别,或性取向为基础),这常常是该团体所声称的其独特身份的核心。

"受害者文化"的成长并不是近几十年美国犹太人聚焦大屠杀的原因,但这是一个重要的背景条件。就如我们将会看到的,在1940和1950年代,美国犹太人都相信他们比其他人更有理由回避受害者身份,所以他们刻意弱化大屠杀。而到了1980和1990年代,许多犹太人出于各种理由试图确立这种观念,即他们也是"受害者共同体"的成员。不过那个年代并未给他们提供充分的理据。到目前为止,在美国社会中,美国犹太人是最富裕、最有教养、最有影响、在每一个方面最成

---

[1] Charles S. Marier, "A Surfeit of Memory? Reflections on History, Melancholy and Denial", *History & Memory* 5,1993年秋冬,第147页。

导　言

功的团体——和其他可识别的少数族裔团体相比，他们并未受到明显的歧视，其少数族裔地位也并未给他们带来什么不利。但是就犹太人身份可能扎根在欧洲犹太民族的苦难之上这一点来说，作为（间接）受害者的证明，连同伴随着这个证明而来的所有道德特权都是可以被主张的。[1]

把受害者身份作为群体认同和争取对群体之承认的基础，不仅造就了"展示和讲述"的游戏——群体的成员挥舞着臂膀响应去讲述他们的故事的号召。犹太人关于大屠杀的话语，不仅仅是在争取被认可，而且也是在争取领先地位。这有很多表现形式，其中最普遍和最广泛的莫过于愤怒地坚称大屠杀的独特性。对独特性的强调（或对它的否认）从理智上讲是一种空洞的说法，个中原因和大屠杀本身毫无关系，一切都和"独特性"相关。片刻的思考就可以发现独特性的观念是非常空洞的。每一个历史事件，包括大屠杀，在某种程度上都可以与其他事件比较出其相似之处及其各自的独特之处。这些相似和差异为论辩提供了很好的素材。但把大屠杀有特色的那些方面（它们当然是这样）挑选出来，忽略与其他暴行共有的特征，以此偷换概念的手法来声称大屠杀具有独特性，这是耍了个巧妙的手腕。"大屠杀是独一无二的"这一断言——就像说大屠杀是特别无法理解的或无法描述的那样，实际上是非常令人厌恶的。其所有的内涵除了"你们的灾难，是常见的，不像我们的；是可以被理解的，不像我们的；是可以被描述的，不像我们的"之外，还能是什么其他意思呢？

黑人平平常常地提到自己的"贫民区"（ghetto，该用法长达一个

---

[1] 法国电影制作者马塞尔·奥菲尔斯发现"那些从不比鲁普尔迈尔更接近华沙犹太社区的纽约犹太人在声称他们苦难的独特性"。（Joan Dupont, "Marcel Ophuls: Seeking Truth in an Uneasy Present", *International Herald Tribune*, 1994年11月15日。）

世纪之久），都会被指责具有盗窃"我们的"大屠杀的邪恶企图。列托·特德·特纳在公开谴责鲁珀特—默多克的专制行为之时把他称为"元首"（Führer）；而反诽谤联盟（这不是我捏造的）则发表声明要求特纳为其轻视大屠杀的行为致歉。[1]最大的胜利则是从另一个竞争者那里获取对更苦难地位的认可。美国大屠杀纪念博物馆的官员们非常欣慰地讲述了一个故事——黑人年轻人在听说了大屠杀这一事件时感慨："上帝啊，我以为我们很惨呢。"[2]

美国犹太人热衷于谈论大屠杀，这使得我们获得了加入这场倒霉游戏的入场券，除此之外，还有其他实际的影响。对许多犹太人来说，（尽管和若干年前相比这种情况已少了许多）它令他们在以巴冲突中摆出一副毫不妥协、自以为是的姿态。当以大屠杀范式来看待中东冲突时，人们就易于用那些关于大屠杀的天真的、非黑即白的道德观来看待那种乱糟糟的局面。在这个领域中，大屠杀这一思维框架还助长了一种针对所有批判以色列言行的好战姿态："你是谁？看看你对我们的所作所为（或者你允许的对我们的所作所为），你现在还敢指责我们？"（在此我应该说，并将在随后努力表明，与反犹主义和洋洋自得的犹太宣传家渐次趋同的主张相反的是，我并不认为所有那些乞灵于大屠杀的行为对美国的以色列政策有任何积极的影响。那种政策的依据首先是权衡现实政治，其次是考虑美国犹太人的政治影响力。）

我认为，并将试图证明，把大屠杀解释成犹太人经历的象征也和美国犹太民族近几十年来向内和向右的转变密切相关。如果像辛西

---

[1] "ADL Says Ted Turner's Reported 'Fuhrer' Comment Disturbing", US Newswire, 1996年9月30日；"Once Again, Turner Makes Offensive 'Nazi' Comments—and Then Apologizes to ADL"，同上，1996年10月25日。

[2] Michael Berenbaum, "The Nativization of the Holocaust", Judaism 35, 1986年，第454页。

娅·奥齐克写的,"全世界都希望犹太人死去",如果这个世界(像许多人已经争论过的)漠视犹太人的痛苦,那么犹太人有什么理由去关心别人?[1]我们再一次陷入了因果难分的复杂局面之中。不过我认为,在美国犹太人心中,把大屠杀作为话语的核心议题这一做法已经弱化了那个更加博大的社会意识,那是我年轻时代美国犹太人的标志——后大屠杀时期,但在大屠杀迷恋之前。

在某种程度上,对大屠杀记忆的守护是很符合犹太传统的;当然,对大屠杀的遗忘(这几乎不是一个可选项)将会是对这个传统的反动。就如约瑟夫·耶鲁沙尔米早就警醒我们的,《希伯来圣经》包含有动词"牢记",包括它的各种词格变化,共出现了169次(伴随那些难以计数的不能忘却的训诫)。[2]然而犹太人应当牢记的东西几乎总是上帝的杰作;世俗的历史备受冷遇——如果说该范畴本身得到这个传统许可的话。[3]哀悼与纪念亡灵无疑是古老的犹太教义务,但是犹太教一直以来都指责那些过分或过度延长哀悼的做法。火葬是被禁止的,因为它处理尸体的时间过于匆忙;但是尸体防腐也是被禁止的,因为保存尸体的时间过长。毫无疑问,哀悼是一种启示,但最终是为了继续前进:"选择生活。"我发现在近来大量的犹太人大屠杀的纪念活动中,最引人注目的情况之一就是它是多么的"非犹太化"——多么的基督教化!我想起了那些大型博物馆的仪式,它虔诚地遵循着大屠杀的结构化路径,这和"十字苦路"上的耶稣受难像何其相似;那些陈列出来的被人们盲目崇拜的偶像好比耶稣受难真身或者诸多圣骨的碎片;大屠杀的象征表

---

[1] Cynthia Ozick, "All the World Wants the Jews Dead", *Esquire* 82, 1974年11月,第103页及以下几页。

[2] Yosef Hayim Yerushalmi, *Zakhor: Jewish History and Jewish Memory*,西雅图,1982年,第5页。

[3] 有一些例外情况。见 Raphael Patai, "Memory in Religion", *Midstream* 29, 1983年12月。

现(尤其是在埃利·维瑟尔的《夜》的高潮部分)利用了耶稣受难这一意象。也许最引人注目的是这一做法:把受难刻画成和圣化成通往智慧之路——把幸存者捧为人间的圣人。这些议题在犹太传统中有一些不怎么引人注目的先例,却和基督教的重大议题产生更加强大的共鸣。[1]

最后,还有这样一个问题,面对非犹太裔的绝大多数美国人,我们怎样描述自己?我们希望他们如何看待我们?美国犹太人最重要的"地址"——这是最多美国人参观的一个表现犹太身份和犹太人经历的地方,对于大多数美国人来说也是他们会参观的唯一一个这种地方——即华盛顿国家广场的大屠杀博物馆。这个广场当然不会有第二个犹太人机构,表现出犹太人的另一种形象。在美国公立学校,除了那些在犹太人组织热心吹捧下不断激增的大屠杀相关课程,也当然不会有另一个系列关于犹太人的经合法授权的课程——某些平衡现有课程的东西;在现有的教学内容之中,对大量的非犹太裔小孩子来说(实际上,对犹太裔小孩子也一样),"犹太人等于受害者"这一等式时刻都在被灌输。

所以,我以一个传统的问题来作为结束语——这一问题通常不被重视,但有时是恰当的。关于以大屠杀记忆为中心来主导我们如何理解自己、我们如何引导其他人理解我们,我想问:"这对犹太人有好处吗?"

再来权衡我们的国家作为一个整体所受的影响。为什么在美国人口中只占2%或3%的犹太人关心的大屠杀问题,影响会遍及美国社

---

[1] 作为一个世俗主义者,我无权在宗教基础之上反对这一切,但它同样令我烦恼,就如即便没有遵守犹太教的饮食教规,我也讨厌给夹肉三明治抹黄油的念头。

会？这有很多理由。在此我将提及一个重要的理由,只是因为它经常被神经质地忽略了。我们不仅仅是"书之民族",还是好莱坞电影界人,还是电视连续短剧界人,还是杂志文章界人,还是报刊专栏界人,还是连环画界人,还是学术论坛界人。当美国犹太人对大屠杀的关心水准普遍提高的时候,如果犹太人在美国媒体和舆论精英中占据着重要的地位,那么,不仅是自然地,而且基本上是无法避免地,它将彻底影响这整个文化。

无论其根源何在,如今公众对于他们"直面"的大屠杀所持的看法是(我不怀疑公众是真诚地在论辩,是真诚地接受这些看法):大屠杀给予我们一些重要的经验教训,忽视它会让我们面临危险处境。人们曾经认为犹太人的生活将是"各民族的光明"(他们的教训具有普世性),而现在则是犹太人之死亡,这个"各民族的黑暗"被说成含有普世性的教训。这其中有许多混乱,有时候人们会激烈地争论那些教训到底是什么,但这丝毫无法削弱人们对这一看法的信心——即那些教训是迫切的。来自政治坐标系中不同位置的人们都能够从大屠杀中找到他们各自希望的教训;这已经变成了一个道德的和意识形态的罗夏测验[1]。

右翼已经乞灵于大屠杀,以此来支持国外的反共产主义干预:大屠杀的施行人不是纳粹德国而是一般意义上的极权主义,其具体表现是1945年之后的苏联及其盟国,和他们打交道没有任何妥协的余地。保守主义者已经从哲学的角度论证过大屠杀其实反映了人性的罪恶,这

---

[1] 罗夏测验(Rorschach Test),也称罗夏墨迹测验,由瑞士精神科医生、精神病学家罗夏创立,是一种著名的人格测验方法。它通过向被试者呈现标准化的由墨渍偶然形成的模样刺激图版,让被试者自由地看并说出由此所联想到的东西,然后将这些反应用符号进行分类记录,加以分析,进而对被试人格的各种特征进行诊断。——译注

为悲观的世界观提供了证明,表明任何政治变革都是愚蠢的——即便是严肃认真的改良。其他右翼则认为,大屠杀对德国来说意味着信仰和"家庭价值观"的崩溃。而且,众所周知,在美国对这个问题的论辩中,"人工流产大屠杀论"表现非常突出。

左翼分子则声称,在战争期间美国精英阶层抛弃欧洲犹太人这一做法表明了当权派(包括诸如富兰克林·D. 罗斯福在内的自由主义偶像)道德的破产。对自由主义者来说,大屠杀成了提供教训的场所,可以教导诸如限制移民、憎恶同性恋、核武器和越南战争之类的罪恶。关于大屠杀的课程在公立学校中日益成了一种强制,这类课程经常把大屠杀和大部分自由议题联系在一起——这是激怒美国右翼分子,包括已故的露西·达维多维奇等犹太右翼分子的一个根源。

对于政治的核心人物来说,在某种意义上对于所有美国人来说,大屠杀已经成了一个道德的参照点。在过去的那一代,诸如伦理的和意识形态的分歧和紊乱在美国已经发展到无法达成任何共识的地步,如今所有美国人能够一起加入到谴责大屠杀的行列中来——一个粗浅的道德共识,但好过完全无共识。(这个平庸的共识是那样的宽泛,甚至拐弯抹角地涵盖了一小撮居心不良或者执迷不悟的怪人,他们矢口否认发生过大屠杀。"如果大屠杀发生了,"他们如是说,"我们也会像其他人一样谴责它。可是它没有发生,所以这个问题无从谈起。")在美国,大屠杀明确地被用于民族的自我庆贺:大屠杀的"美国化"使其被用于证明新旧世界的差别,以及通过展现其对立面来庆贺美国的生活方式。

关于大屠杀的"教训"的想法在我看来是不可信的,这有诸多原因,在此我将只提及两点。其一可以称之为教育学的,因为找不到一个更合适的词。实际上,即便可以从历史中吸取教训,大屠杀也未必是一个来源,这并非因为它所谓的独特性,而是因为它的极端性。我们在日

导　言

常生活中所遇到的那类问题，无论是公共的还是私人的，所需要的教训都不大可能从这个极端不寻常的事件中找到。在我看来，关于"我们为何就那么容易成为受害者"的教训，从和平年代正常美国人的行为中，比从战争年代纳粹党卫军的行为中所能得到的要多得多。无论如何，这一特有的"直面"大屠杀的方式（参观美国大屠杀博物馆以及感受那些蓬勃发展的课程），无法使我们倾向于认为我们可能是潜在的施害者——倒不如说是其反面。对那些"直面"大屠杀的人来说，"认同受害者"是一种信条，并因此获得由这个间接的认同所赐予的美德之光环。（最典型的例子莫过于向博物馆游客分发"受害者身份证"，但这并非唯一的例子。）并且这被看成是信仰问题，毫无讨论余地。诸如步行穿过大屠杀博物馆或者观看大屠杀电影这些微不足道的行为，都被认为有益于道德上的健康，多做这些事情会让一个人变得更好。从教育学理论看，这一观念，即源于这些行为的教训可能对日常生活中个人的或政治的行为产生影响，在我看来是极度可疑的。看来，我们是遵从了托马斯·德·昆西在1839年所提出的原则："如果一个人一度沉溺于谋杀，很快他就会轻视抢劫，接下来就会轻视酗酒和安息日破戒，然后是粗鲁和拖拖拉拉。"[1]

　　让我觉得关于大屠杀的教训的想法不可信的另外一个原因可以称之为实用的：这有什么回报？人们经常认为，大屠杀的主要教训并非一系列格言，或者一本指导行为的规则书，而是提醒我们对压迫和暴行保持警惕。这在原则上是可能的，我也不怀疑有时候确实如此。但是把它变成压迫和暴行的参照会产生相反的后果，即忽视那些程度较轻

---

[1] "On Murder Considered as One of the Fine Art"，第二篇文章，见David Masson主编，*The Collected Writings of Thomas De Quincey*，爱丁堡，1890年，第xiii，56页。

的罪行。这后果并非原则上的问题,而是实践中的问题。美国人关于1990年波斯尼亚冲突的争论焦点即是:这场冲突是"真正的大屠杀抑或仅仅是种族灭绝";"真正的种族灭绝抑或仅仅是暴行"。当大屠杀成了道德和政治话语的试金石的时候,我们却被引导到不仅仅是令人讨厌的,而是真正惨不忍睹的言说和决策模式中。

这个问题超越了波斯尼亚惨案,那仅仅是一个最引人注目的例子罢了。这和大屠杀的独特性公理及其结果相关,它认为把任何东西比作大屠杀都是非法的及非常不恰当的。我已经表明这一独特性的观念是空洞的,但是在修辞学意义上——为了意识形态的或者其他目的——这一关于独特性的断言(或者其否定)力量是非常大的。在德国谈论大屠杀的独特性和不可比性,其意图(无论成功与否)在于鼓励德国人去面对那个最困难、最痛苦,因此也可能是最有意义的问题。许多德国人(那些正直的德国人)反对近年来所谓的把大屠杀相对化。让我们记住这里的时代背景,包括,赫尔穆特·科尔总理所领导的政党坚称,作为支持通过反对否认大屠杀的法律之代价,该法律应包括这样的条款,即否认1945年之后被驱逐出东部的德国人所遭受的苦难这一点是非法的。在这个时代背景(而时代背景通常具有决定意义)之下,"相对化"即意味着把对德国人所犯之罪等同于德国人所犯之罪。这当然是许多德国人希望去做的。那些坚持大屠杀独特性的德国人谴责把大屠杀相对化,之所以这样做,都是为了阻止被他们所准确注意到了的以下动向,即逃避如实面对国家苦难的过去,也逃避这种如实面对将对现在和未来产生的意义。[1]

---

[1] 参见Eric Stein, "History Against Free Speech: The New German Law Against the 'Auschwitz'—and Other—'Lies'", *Michigan Law Review* 85, 1986年; Robert G. Moeller, "War Stories: The Search for a Usable Past in the Federal Republic of Germany", *American Historical Review* 101, 1996年10月。

导　言

在美国，围绕大屠杀的独特性和不可比性的争论却发挥着相反的功能：它促使人们去逃避道德和历史的责任。这一不断重复的宣言——即，无论美国对黑人、土著美国人、越南人或者其他人做过什么，与大屠杀相比都显得苍白——是真实的，也是含糊其词的。严肃而持续地直面几百年黑人奴役与压迫史可能意味着一项昂贵的诉求，即要求美国为其过去的错误行为进行赔偿，而关注大屠杀却几乎是免费的：只需要些廉价的泪水而已。

所以，最后在我看来，这一托词，即大屠杀是美国人的记忆（美国人，广泛地说，作为西方文明的一部分，或者确切地说，作为串通一气的旁观者，对大屠杀也负有责任），贬低了关于历史的责任这一观念。当美国人面对他们的过去、现在以及未来的时候，这有助于他们逃避自己真正的责任。

在这个导言中，围绕大屠杀，我已经勾勒出了历史的方法和道德的关注，这预示了随后章节的内容。我相信，基本上每一位读者对历史记述都会有一些不同的看法；我不指望任何一位读者都认同我的评述。写作本书的目的（适度而又有些不现实）是为了激发起对这些问题的争论：我们是如何走到现在这一地步的，并且，这是我们想要的吗？

第一部分
战争年代

第一章

"我们大体了解"

　　首先,我们从美国非犹太人和犹太人在杀戮进行期间对大屠杀的反应开始。虽然我们将主要关注1945年之后人们谈论大屠杀的方式,但战争年代依然是一个合适的起点。它开启了构思和表现、重视或漠视欧洲犹太人的毁灭这一故事,以及把该故事运用于各种目的之历程。

　　同时,美国战时对大屠杀的反应是后来出现的大量关于大屠杀之话语的内容。最流行的版本讲述了该遭天谴的美国非犹太人有时刻意遗忘欧洲犹太人被害这事;胆小自恋的美国犹太人对其同胞命运的漠视;罗斯福政府的"放弃犹太人"政策——拒绝抓住机会营救难民,这让美国变成了一个冷漠的帮凶。

　　到了1970和1980年代,大屠杀已经成了触目惊心的、重大的、独特的事件:质和量方面都清晰地与其他纳粹暴行以及之前犹太人所受的迫害相区别,它的规模、它的象征意义以及它的世界历史意义都非同寻常。如此看待大屠杀在目前被认为是合适的和自然的,是"正常的人性反应"。但是在大屠杀进行期间,大多数美国人,甚至美国犹太人的反应并非如此。大屠杀不仅绝非像自1970年代以来那样居于意识的核心，而且对于绝大多数美国人来说（并且再一次地，也包括许多的犹太人在内），它自身几乎没有成为一个奇特的事件。纳粹集团的屠杀行为导致五六百万欧洲犹太人的死亡，这太真实了。但是我们今天所谈论的大屠杀乃回溯性的建构，这对那个时候绝大多数人来说是不可辨识的。说那时美国人以各种方式回应（或未能回应）大屠杀，都把它看作一种清晰可辨的存在，这就产生了一个会妨碍理解当时那些回应的时代错误。

仅仅是大屠杀受难者的人数就足以长时间地使人恐惧：五六百万。但是大屠杀发生于全球战争期间（我们当然知道，但通常不会去思考它的意义），这场战争最终导致了五六千万人的死亡。就有这样一些人，认为谈及这类语境就是轻视大屠杀的重要性，是心照不宣地否认欧洲犹太人覆灭这一事件的特殊背景。当然，这类语境可以被用于这些目的，如法国右派分子让—玛丽·勒庞认为大屠杀只是第二次世界大战历史的单纯"细节"那样。但在1940年代早期，支配着美国人意识的是那场战争的总体过程。除非我们牢记这些，否则我们将无法理解大屠杀是如何被环绕在它周围的更大规模的杀戮所淹没。在战争期间以及战后一段时间，那些谋害欧洲犹太人的暴行没有一个一致认同的名称，这一事实从其本身看来可能意义不是那么大。下面这一点可能具有重要意义，即就"大屠杀"（小写的holocaust）这一词语而言，它于战争期间被使用，就好像是巧合地，几乎总是用来指称由轴心国所造成的破坏这一整体，而并非特指犹太人的命运。这种用法就是战争期间人们对这一事件的认知，而如今它被我们精选出来并冠名为"大屠杀"（Holocaust）。

在美国人的观念中，大屠杀在战时被边缘化有许多不同的层面：

第一章 "我们大体了解"

一个人知道什么，相信什么，如何形塑自己知道的或相信的，构思出合适的回应。从理论上看这些问题都是各自独立的，而实际上它们是密不可分的。在本章中，我们将考察总体上美国人的认知和反应；第二章考察美国犹太人的认知和反应；第三章则看看美国政府的认知和反应。

虽然无人能够设想其最终结果，但是所有美国人（犹太人以及非犹太人）自1933年纳粹上台伊始，如果不是更早的话，就清醒地意识到它的反犹主义。战前纳粹反对犹太人的行动，从早期的歧视性措施到1935年《纽伦堡法案》的制定并最终演变成1938年"水晶之夜"事件[1]，这些都被美国媒体广泛报道了，并被美国社会的所有阶层反复谴责过。[2] 没人会质疑犹太人在纳粹主义实际的和潜在的受害者清单中排序比较靠前，但这是一个很长的清单，而某种程度上，犹太人并不是排列在这个清单的顶端。尽管纳粹试图对1930年代的集中营情况保密，它的恐怖在西方已被知晓，这也是纳粹野蛮残暴的主要标志。直到1938年底，在那些被囚禁、被折磨以及被谋害于集中营的人之中，只有少数犹太人（以犹太人的身份）。受害者绝大多数都是共产主义者、社会主义者、工团主义者以及其他的希特勒政权的政治对手。直到又一个四年之后，希特勒专门为欧洲犹太人预备的灾难才被西方人所知晓。

这一点需要重申一下：从1933年初到1942年底（这比希特勒千年帝国十二年寿命的四分之三还要长），犹太人（不无道理地）被看成是纳

---

[1] "水晶之夜"（Kristallnacht）事件指的是1938年纳粹党打劫和焚烧在德国和奥地利的许多犹太教会堂，以及犹太人的商店和住房。——译注
[2] "水晶之夜"之后，德国总理在华盛顿向柏林宣告，"毫无例外"，美国公众普遍"对德国感到愤怒"。（摘自Kenneth S. Davis, *FDR: Into the Storm, 1937—1940*, 纽约, 1993年, 第366页。）

粹政权受害者的成员而绝非唯一的受害者。这几乎是那时美国非犹太人普遍的看法，也是很多美国犹太人的看法。到战争中期犹太人被屠杀的新闻出现之后，那些追踪纳粹罪行长达十年之久的人就轻而易举、自然地把它同化到已有的观念体系之中。

只是在"水晶之夜"之后，大量的犹太人才被加入到集中营中，即便在那时，绝大部分也是短期的，是德国逼迫犹太人移居国外之政策的一部分。德国犹太人的死亡人数，比起二十年前被乌克兰反苏联武装力量那凶残暴徒所迫害的犹太人数量，只是后者的一小部分。美国犹太人对纳粹战前的反犹主义之反应相对于非犹太裔美国人虽然更为恐惧和沮丧，但是他们的反应并非不混有某种厌倦的宿命论：这样的时期在过去几个世纪反复出现，它们总会过去；在此期间该干啥干啥，等待好日子的到来。

在西方，战争的爆发使人们对犹太人命运的关注不再那么多。军事冲突的开始——以及来自前线引人注目的报道，把关于犹太人所受迫害的报道从头版位置和公众视线中移开了。"水晶之夜"（几十个犹太人被害）占据《纽约时报》头版位置长达一个多星期之久；战时犹太人的死亡人数成千上万，然而它再也没有那样引人注目。[1]

从1939年秋到1941年秋，每一个人的注意力都盯着军事事件：海上战争、法国战败、不列颠之战、德军入侵苏联。当美国人面对即将到来的前景似乎是不可一世的纳粹将统治整个欧洲大陆之时，除了一些犹太人之外，很少有人关注纳粹统治之下的欧洲犹太人到底遭遇了

---

[1] 1939年底，人们试图激发起出版商 Henry Holt & Co. 对一本关于犹太人境况的剧本的兴趣。其代表这样回应："战争的爆发已经极大地改变了环境，也转移了人们对那些关于德国犹太人受迫害的书籍的兴趣。"（Jonathan D. Sarna, *JPS: The Americanization of Jewish Culture, 1888—1988*, 费城，1989年，第186页。）

第一章 "我们大体了解"

什么，这不足为奇。强迫波兰犹太人集中居住以及把德国和奥地利犹太人赶往波兰贫民窟，给犹太人带来了巨大的苦难，这一点无人怀疑。除此之外，鲜有人对此有确切的了解，并且那些到达西方的零碎报道之间通常是相互矛盾的。因此在1939年12月份，有家媒体一开始估计说已有二十五万犹太人被害，然而一个星期之后又改口说死亡人数大概是那一数字的十分之一。[1]（类似的大量不同猜测在整个战争期间不断出现，这无疑会令很多人对事件的真实性以及那些数字的可靠性产生疑惑。1943年3月，《国家》周刊报道每周有七千犹太人被屠杀，而《新共和》杂志则说保守估计每天都有这么多犹太人被害。）[2]

在1940、1941和1942年期间，关于针对犹太人暴行的报道就开始多了起来。但是这些报道，如前文所述，通常是相互矛盾的。就当时的形势看，根本不可能有来自西方记者的第一手报道。确切地说，它们来自一小部分成功逃脱的犹太人，来自某些秘密的渠道，来自某些匿名的德国告密者，以及来自苏联政府——这或许是最不可靠的信息了。如果像许多人所猜疑的那样，苏联人关于"卡廷惨案"说谎了，那他们说纳粹对苏联犹太人的暴行就一定可信？因此，在苏联重新占领了基辅之后，当苏联官方声称数以万计的犹太人在巴比谷惨遭杀害，跟随红军的《纽约时报》记者强调："没有事件目击者和记者交流过"；"本记者无法判断这个故事的真实性"；"在那个深谷之中也几乎没有证据可以证明或者否证这个故事。"[3]

---

[1] Alex Grobman, "What Did They Know? The American Jewish Press and the Holocaust, Sep.1, 1939—Dec.17, 1942", *American Jewish History* 68, 1979年3月, 第331页。

[2] "While the Jews Die", *New Republic* 108, 1943年3月8日, 第303—304页; "The Jews of Europe", *Nation* 158, 1943年3月13日, 第355—356页, 引自John M. Muresianu, *War of Ideas: American Intellectuals and the World Crisis, 1938—1945*, 纽约, 1988年, 第225页。

[3] W. H. Lawrence, "50 000 Kiev Jews Reported Killed", *New York Times*, 1943年11月29日。

传播到西方世界最重要的那一个关于大屠杀的报道来自当时一位匿名的德国商人,并在1942年中被格哈德·凌格纳(他是世界犹太人大会驻瑞士代表)传播开来。但是凌格纳对于该报道的真实性还是"有所保留"。尽管他关于大屠杀运动的报道的主要轮廓非常真实,他的线人依然声称,关于把犹太人的尸体做成肥皂的报道(纳粹暴行的恐怖象征,如今被大屠杀历史学家认为是毫无根据的而抛弃)带有"个人理解"成分。直到1943年秋,在凌格纳的消息流传了一年多之后,一份美国国务院内部备忘录认定这个报道"基本属实"。但是很难反驳以下附带评论,即1942年的报道"有时是令人迷惑的和自相矛盾的",而且"其中夹杂了一些明显是从关于上次战争的恐怖传说中改编出来的故事"。[1]

诸如肥皂之类的故事情节进一步加深了怀疑,这种怀疑情绪普遍存在于犹太人和非犹太人之间——这是一种非常合理的心态。毕竟,谁会愿意去想这些事情是真实的?谁不希望可以认为,尽管恐怖的事情正在发生,对它们的描述是夸大其词了呢?谁又不愿相信大量的说辞都是关于战争的宣传,细心的读者就应当予以怀疑?一位英国外交官——对苏联人的巴比谷故事的真实性不信任——发现"我们自己为了各种目的而生产着关于恐怖和暴行的谣言,我不怀疑人们在广泛地玩着这个游戏"。[2]确实,美国战争信息办公室和英国信息部的官员最终都认定,尽管关于大屠杀的事实似乎是可信的,它们也极有可能被认

---

[1] "1942年9月28日44号急件,1号附件(备忘录),来自Paul C. Squire,瑞士日内瓦美国领事馆,主题是关于犹太人受迫害",见David S. Wyman主编,*America and the Holocaust*第1卷:*Confirming the News of Extermination*,纽约,1990年,第205页;R. Borden Reams写给Edward R. Stettinius的信,1943年10月8日,同上引,第2卷:*The Struggle for Rescue Action*,纽约,1990年,第269页。

[2] 英国外交官Victor Cavendish-Bentinck,引自Tom Bower, *The Pledge Betrayed*,纽约州加登城,1982年,第23页。

第一章 "我们大体了解"

为是夸大了，机构传播它们会失去信任。[1]

如果美国的新闻报刊对正在发生的大屠杀报道得相对较少，部分是因为至今都没有关于这方面的过硬消息——只有真实性成问题的第二手和第三手报道。新闻是面向事件而不是面向过程：爆炸突袭、入侵以及海战是新闻的素材，而不是过期的，常系道听途说的关于杀人机器如何残忍碾压人体的传闻。对于资深的新闻编辑而言，第一次世界大战期间被宣传所蛊惑的经历可不是他们从历史书本中读到的事；那时他们自己似乎被变得愚蠢了，傻乎乎地轻信关于暴行的虚假故事，他们实在不愿意看到这类事情重演。

另一个制约媒体对持续不断的欧洲犹太人被害这事之关注的原因，在某种程度上，大概是它看上去不是一件有趣的事。这不是一种颓废的唯美主义，而是本质上的"有趣"：一些违反我们预期的东西。我们对电视布道者如何吸引住那些对他的宗教仪式虔诚的妓女以及歹徒等颇感兴趣：在罪恶中期待良善，在良善中期待罪恶；这粉碎了我们的偏见。对于没有见证过纳粹政权毫无节制的恶行的后辈而言，大屠杀

---

[1] 来自Henry Pachter和Walter Laqueur的信，*Commentary* 69，1980年4月，第20页。法国外交历史学家Étienne Mantoux，居住在普林斯顿高级研究所，写信给美国犹太人委员会的Morris Waldman，提示说散布那个"肥皂"的故事是不明智的。Mantoux认为，这也许是纳粹的假情报，"播下了怀疑的种子"，使得人们对大屠杀这一更大真相产生了质疑。但是即便（如Mantoux认为相当可能的那样）这个故事是真实的，这也无法为正在上演的恐怖增加太多什么，并且还可能"自毁形象，因为已经有相当多的人对'宣传'产生了怀疑……无论真实与否，在目前关头，这对欧洲受迫害的犹太人的事业毫无益处，并很有可能对此造成严重伤害"。（Mantoux致Waldman的信，1942年12月2日，见AJCommittee Papers，FAD-1，Box 24，德国，纳粹主义，暴行，1938—1959年。）几天前，美国犹太人委员会和犹太国际服务组织的代表们逼问美国犹太人大会的Stephen Wise，国务院是否为那个"肥皂"的故事提供担保，并希望它能够传播开来。Wise向他们（错误地）保证确实如此。（M. Gottschalk致Mr. Waldman的信，1942年11月27日，见AJCommittee Papers，FAD-1，Box 36，德国，1942—1943年，纳粹主义—犹太机构）。*The Christian Century* 1942年12月9日的一篇社论写到"来自波兰的恐怖故事"，把它对Wise所报道的暴行之规模的怀疑态度部分地基于那个"肥皂"的故事之上："令人不快地联想起关于那个'尸体工厂'的谎言，那是第一次世界大战中的宣传杰作之一。"

也许可以告诉我们人类有能力做什么。但美国人在1940年代早期就自认为纳粹主义是绝对恶的化身，即便他们对纳粹罪行的深重程度不太了解。因此，不断重复出现的事件不再"有趣"了。（对于一些致力于反共产主义者，包括为《党派评论》和《新领袖》撰文的一部分犹太知识分子在内，苏联的罪恶，就在美苏战时蜜月期间被轻描淡写，这是更有趣的事情，更需要予以揭露。）

在整个战争期间，鲜有美国人了解欧洲犹太人所遭受的苦难的深重程度。直到1944年底，有四分之三的美国人相信德国人"在集中营谋害了很多人"，但在那些愿意估计被害人数的人之中，大部分认为是十万或者更少。到了1945年5月，即战争在欧洲战场即将结束之时，大部分人猜测大约有一百万人（这里值得注意，是包括犹太人和非犹太人在内）在集中营被害。[1]街头百姓对大屠杀以及其他许多事不知情，这毫不令人惊奇。但是在社会上流阶层和知识精英阶层之中也普遍对此缺乏了解：只是到了战争最后阶段，这种无知才算消散了。后来的美国中央情报局局长威廉·凯西，是欧洲战区战略服务办公室（CIA前身）秘密情报处的领导人。

> 对于我们中的大多数人而言，战争期间最恐怖的经历莫过于第一次参观集中营……我们大体了解犹太人被迫害、被围捕……野蛮和谋杀发生于此。但是很少有人知晓其令人发指的程度。它不够真实，不足以从战争的一般性野蛮和屠杀中凸显出来。[2]

---

1 相关调查资料，见Charles Herbert Stember等，*Jews in the Mind of America*，纽约，1966年，第141页。

2 William Casey，*The Secret War Against Hitler*，华盛顿特区，1988年，第218页。

第一章 "我们大体了解"

威廉·L.夏伊勒,畅销书《柏林日记》的作者,也是战争期间CBS的欧洲通讯员,他自述只是到了1945年末才"确信"关于大屠杀的消息;该消息对他来说就好比"晴天霹雳"。[1]

有多少美国人在大屠杀发生期间了解它?这不只是数量问题,也是语义学问题。它需要在这多种概念中作出区分:认知、意识、信念以及注意力。许多人都有这样的倾向,即避免去沉思那些过于痛苦的事情。《生活》杂志1945年刊发了一封来自一位痛苦的读者的来信:

> 为什么,哦,为什么,你要刊登这张照片?暴行的真相就在那里,它绝不能从美国人的心灵中消失,但是我们为什么就不能略去其中的一些?这些故事足够恐怖,但我认为这张照片应该作为记录而保留,而不该展示给公众。[2]

这张备受质疑的照片所展示的并不是像木材那样堆积在一起的犹太人尸体,而是一个被捕的美国空军士兵,跪在地上,一个日本军官正在砍他的头。(最近几十年来,我们被这类暴力图片所淹没——一片血海,非常鲜艳的颜色,被电视带进了我们的卧室。在1940年代,我们的敏感性有多脆弱!这一点非常容易被遗忘。)战争并未考虑到平民,尤其是那些不是自己公民的平民,任何地方的工作日程都体现出这一点。战争是要消灭敌人,在第二次世界大战中这还包括杀害敌国的平民——并达到了前所未有的数量。战争不是要让人心变软,而是要变硬。第八空军一位胸前挂满军功章的老兵这样说:

---

[1] William L. Shirer, *A Native's Return: 1945—1988*, 波士顿, 1990年, 第26—27页。
[2] Marion R. Lieder 的信, *Life* 18, 1945年6月4日, 第2页。

当你扔下一包炸弹，如果你倒霉地有一点想象力，那么你眼前至少会掠过这样的恐怖景象：一个小孩躺在床上，而在他的正上方，有一大块砖板就要倒塌下来；或者一个三岁的女孩在哭喊妈妈……妈妈……因为她被烧灼了。然后你不得不从这些画面中转移开，如果你想保持神志清晰的话；如果你想继续完成祖国希望你做的事的话。[1]

通常认为，自1942年起，当大屠杀的完整故事传到西方之时，人们就认为该故事不是真的，因为纳粹制定如此大规模的屠杀计划，几乎是不可思议的——难以置信。这确实很有可能，但也许至少同样可能的是，从欧洲逐渐传来渐次恐怖的消息让人们对震惊产生了免疫力。怀疑的最后一个因素：关于1939年秋至1941年夏犹太人所受的迫害，人们经常会用"消灭"（extermination）和"灭绝"（annihilation）这样的词语来描述。这不是先见而是夸张，不少审慎的听众就持这样的看法。在随后若干年中，这类词虽为非常精准的描述，也稍稍被先前的误用贬低了价值。

或许比狭义的"知识"更重要的是知识如何被表达。我们已经知道战前的经历——事实上，1942年整整一年的经历——是怎么样把犹太人置于纳粹受害者之中，但并非单独挑出的受害者。（比如1942年春，德国人杀害的苏联战犯就比犹太人更多。）[2]这个之前存在的表达方

---

[1] Curtis E. LeMay 和 MacKinley Kantor, *Mission with LeMay: My Story*, 纽约州加登城, 1965年, 第425页。

[2] Christopher Browning, *Fateful Months: Essays on the Emergence of the Final Solution*, 修订版, 纽约, 1991年, 第6页。

第一章 "我们大体了解"

式一直持续到战争结束。但是为什么那个特别残忍和系统的屠杀欧洲犹太人的计划会消失于战争的总体屠杀行动之中呢?这还有其他原因。

对绝大多数美国人来说,太平洋冲突是比欧洲战争更加值得关注的事。未来的剧作家阿瑟·米勒就职于布鲁克林的海军工厂,一天工作14个小时,他发现"和我一起工作的人对纳粹主义意味着什么几乎没有任何的了解——我们和德国人作战主要是因为,他们已经和在珍珠港偷袭我们的日本人结成了同盟"。[1]美国士兵和海员在战争期间自始至终都被卷入到和日本人的冲突之中,起初是后撤,随后是突进并穿越了太平洋岛屿。直到战争最后一年,诺曼底登陆之后,美国人才对欧洲战场给予了同等的关注。当然在对该战争的一般描述中,特别是在电影中,日本才是美国的主要敌人。"轴心国暴行"这一说法唤起了美国人对巴丹死亡行军[2]中同胞受害者的回忆——不是在纳粹铁蹄之下的欧洲人,犹太人或非犹太人。

当人们把战时的注意力转移到纳粹野蛮行径上之时,这个时候没必要突出犹太人的遭遇,这有很多理由。其一是纯粹的无知——在1942年底之前,美国人对欧洲犹太人的特殊命运都缺乏了解。纳粹集中营是敌国政权最普遍的象征,而原先的囚犯代表的则是政治上的反对派党人或者抵抗派的成员。关于这一点的理由之一可能是,对这场战争的理解有个貌似自然的框架,即活跃的斗争力量之对抗:剧情中令人满意的纳粹受害者是刚正不阿、英雄般的反对派人士。相反,被纳粹杀害的犹太人,普遍地是作为消极的受害者,其形象缺乏鼓舞人心的力

---

[1] 引自 Paul Fussell, *Wartime*,纽约,1989年,第137—138页。
[2] 1942年4月,日军将菲律宾巴丹半岛上的美国、菲律宾降军押解到120公里外的战俘营,约15 000人在途中被虐待致死。——编注。

量，尽管有时为了剧情需要，他们被描写成纳粹主义的对手。所以，《底特律自由新闻报》的编辑会认为，他所见到的那些被解放的囚犯之所以会被关进集中营，是因为"他们拒绝接受纳粹党的政治哲学……起初是犹太人和反对纳粹的德国人，然后是其他的拒绝顺从的勇敢的灵魂"。[1]

在好莱坞式的集中营中（这个版本的集中营被最多的美国人所熟知），最典型的受害者就是持不同政见者或者抵抗者。在少有的几部描写犹太受害者及其反抗行为的战时好莱坞影片中，其中一部叫做《无一逃脱》(*None Shall Escape*)，该影片以这样的情节结尾，一位拉比劝导他的人民起来抵抗纳粹——他们这样做了，"站着死去"并拉着一些德国军人和他们同归于尽。这位拉比的演说词包含着这类台词："和其他受压迫者一道占领我们的地方。"这次反抗在一个铁路站台上的十字形标志物下结束，这位拉比和他的人民就死于这个十字架的脚下。[2]

如果说某些淡化这群特殊的犹太人受害者的理由多少是自发的，其他的则是精心策划的。由于德国（不像日本）并没有冒犯美国人，没有诸如"牢记珍珠港"之类的现象，战时美国宣传家的使命是把纳粹德国描述成"全世界自由人"不共戴天的敌人。纳粹主义作为犹太人的死敌早已是广为人知之事了，不断地强调这一事实并没有修辞的优势。具有挑战性的是，要让人们发现纳粹主义是每一个人的敌人，这扩大了而不是缩小了纳粹受害者的范围。为了应对这个挑战，战争信息局拒

---

[1] 引自 Deborah Lipstadt, *Beyond Belief: The American Press and the Coming of the Holocaust, 1933—1945*, 纽约, 1986年, 第255页。

[2] Lester Cole, *Hollywood Red*, 加利福尼亚州帕洛阿尔托, 1981年, 第204页; Bernard F. Dick, *The Star-Spangled Screen: The American World War II Film*, 肯塔基州莱克星顿, 1985年, 第207—208页。

第一章 "我们大体了解"

绝了那些要求把犹太受害者作为关注焦点的建议。战争信息局"敌人的性质"部门的负责人利奥·罗斯滕和一位知名的犹太作家,对这一建议(即重点强调针对犹太人的暴行)做出了回应,他们说:"根据(我们的)经验,如果这个问题不是犹太人所独有的,那么它给美国大众所留下的印象就要深刻得多。"[1]事实上,在一部分忙于和纳粹主义作斗争的人中,这种印象更加深刻。1944年11月,军方杂志《北军》决定不刊登关于纳粹屠杀犹太人的故事,其原因是(与撰写该故事的作者相关):"由于军队中有潜在的反犹主义者,如果可能的话,他应尽量淡化犹太主义色彩"。[2]

希特勒"反犹战争"遭淡化还有另一个原因,即要避免被认为美国对德宣战是为了犹太人。[3]说美国犹太人为了他们欧洲的兄弟拖着这个国家卷入了战争,这是战前孤立主义言论的主旨。《美国第一公报》曾说及"力争让美国参战的有无数个团体——国外的和种族的团体,他们对希特勒有着特别的和合理的愤懑"。查尔斯·林白在其著名的演说中就赞同这样的观点。[4]此类言论的公开谈论随着珍珠港事件的爆发而停止了,但是在此之后它作为一股暗流在涌动着。1943年前大使威

---

[1] 世界犹太人大会,"计划委员会会议,1942年12月17日,Wise、Goldmann和Shulman在他们去华盛顿的旅途中联合报道",见David S.Wyman主编,*America and the Holocaust*第2卷,纽约,1990年,第23页。罗斯福内阁中极端亲犹主义者之一Harold Ickes以同样的方式作出了回应,认为应该出版一部关于希特勒对犹太人所犯罪行的书。(1944年12月2日日记,出处同上,第215页。)

[2] Virginia M. Mannon写给John Pehle的信,1944年11月16日,见Wyman主编,*America and the Holocaust*,第13卷:*Responsibility for America's Failure*,纽约,1991年,第108页。

[3] Walter Laqueur早就发现这一可能性——也就只是可能性——把"最后解决"这一消息传递给瑞士人的有些德国人就是这样做的,以推行纳粹的宣传策略。他们试图通过增加协约国对犹太人的义务,以达到分化瓦解协约国阵营的效果。(*The Terrible Secret*,波士顿,1980年,第211—212页。)

[4] 引自David Brody,"American Jewry, the Refugees and Immigration Restriction, 1932—1942",*American Jewish Historical Quarterly* 45,1956年,第235页。

廉·布利特就告诉人们,"罗斯福政府重欧洲战场而轻亚洲战场是犹太人影响的结果"。[1]

对于犹太人煽动战争的指控往往聚焦于好莱坞。在珍珠港事件前不久,北达科他州的参议员杰拉尔德·奈就这个议题举行了听证会,传唤了那些有着"犹太发音"名字的人。[2]奈的听证会在战争爆发后被取消了,但是好莱坞对此总是很敏感。而且这种敏感性又被华盛顿进一步加强了。1942年6月《政府电影信息手册》就担心:"在这个国家依然有这样的团体,他们仅仅从自身所在群体的立场出发来考虑问题。一些公民没有认识到这是人民的战争,而不是某个群体的战争。"[3]在这一点上,好莱坞的执行官们大概不需要刺激。1943年有人建议应该拍摄一部关于希特勒对待犹太人的电影,经调查,制片厂的头头们对这个提议的回应是,拍摄一部"涵盖了那些受过纳粹迫害的各类群体——这当然包括犹太人在内"的电影会更合适。[4]

在淡化犹太受害者特殊身份的同时,则形成了以强调纳粹"无神论"为特色的理论,它夸大了纳粹对基督教教派的仇视。战时的言论充斥着诸如"新教、天主教以及犹太教"纳粹受害者之类的言辞。(正是在希特勒时代,美国挺犹主义者发明了"犹太—基督教传统"之说,以此来对抗那种谈论极权主义对"基督文明"猛烈袭击的天真或者不那么

---

[1] Richard Breitman 和 Alan M. Kraut, *American Refugee Policy and European Jewry, 1933—1945*, 印第安纳布卢明顿,1987年,第241页。

[2] 在被传唤者中,有位名叫 Darryl Zanuck 的人,他是为数不多的好莱坞非犹太裔首席执行官之一。他一开始就提醒人们注意,他的四位祖父母都是出生于美国,而他父母亲"则是卫理公会教堂的终身会员以及长期的侍从"。(Judith E. Doneson, *The Holocaust in Amercian Film*, 费城,1987年,第42—43页。)

[3] 同上,第44页。

[4] K. R. M. Short, "Hollywood Fights Anti-Semitism",见 Short 主编, *Film and Radio Propaganda in World War II*,田纳西州诺克斯维尔,1983年,第159页。

第一章 "我们大体了解"

天真的言论。)[1] 该主题的一个变种则是承认犹太人目前在受害者之中具有优先性,但坚称希特勒一旦解决了犹太人,就会攻击其他人。[2]

基于所有这些理由,在整个战争期间所有媒体以及几乎所有的公开声明中,对欧洲犹太人的命运都没有清醒的认识。有时这仅仅是因为缺乏信息,有时则是那些无意及"善意"之类的思想和言说所带来的后果。当淡化犹太受害者成了有意和故意之时,其意图并不邪恶:强调纳粹是全人类的敌人,既是为了在反纳粹斗争中获得更广泛的支持,也是为了和指责第二次世界大战是为犹太人而战的说法做斗争。在那些淡化犹太人的独特苦难的人之中,毫无疑问有人怀着不那么高尚的动机,但很少有证据可以证明他们造成过什么影响。无论如何,对绝大多数美国人来说,我们现在称之为大屠杀的这个东西,在整个战争期间(以及就如我们将要看到的,战后一段时期内),既不是一个清晰可辨的实体,也不是什么特别突出的事件。欧洲犹太人被害这一事件,就它被理解或被承认的范围之内而言,仅仅是那场吞噬了这个地球上数以百万计生命的战争所具有的无数维度之一而已。这不是"大屠杀"(the Holocaust),而仅仅是当时席卷全球的大屠杀中(被低估了的)那一小部分犹太人而已。

---

[1] 关于这个令人着迷的现象,请参照 Mark Silk, "Notes on the Judeo-Christian Tradition in America", *American Quarterly* 36, 1984年。

[2] 比如, "The First to Suffer", editorial, *New York Times*, 1942年12月2日, 第24页; "The Threat to European Jewry", *Bulletin of World Jewish Congress* 1, 1942年10月, 第2页。

第二章
"如果我们的同胞表现出更多的同情"

那么美国犹太人情况是怎样的呢？他们当时对大屠杀的反应在近些年成了一系列论辩的主题。几乎所有关于这个主题的作者，都带着程度不同的悲伤与愤怒，谴责那些被他们描述为少得可怜的和表现不当的反应。关于这个主题的两本书之中，一本名为《令人耳聋的沉默》；另一本用一个反问句为题，即《我们是自己同胞的守护人吗？》——并给出了那个预期之中的答案。[1] 在其评价中幸存者的声音占有重要的分量。埃利·维瑟尔：

> 当陷于水深火热的贫民窟之中的莫迪凯·阿涅莱维奇和他的同志们孤军奋战之时……纽约一个大型犹太人教堂邀请它的成员

---

1 Rafael Medoff, *The Deafening Silence: American Jewish Leaders and the Holocaust*, 纽约, 1987年; Haskel Lookstein, *Were We Our Brothers' Keepers? The Public Response of American Jews to the Holocaust, 1938—1944*, 纽约, 1985年。

第二章 "如果我们的同胞表现出更多的同情"

们参加一个以一位著名喜剧演员为主题的宴会……特雷布林卡、伯利兹、梅登和奥斯维辛这些地方的工厂正在高速运转着,而另一方面犹太人的社交和精神生活则欣欣向荣。犹太领袖们集会,做出无助的样子,流出一两滴虔诚的泪水,并继续他们的生活:言说、旅行、争吵、宴会、敬酒、荣耀……

如果我们的同胞表现出更多的同情,更主动、更大胆一些……如果有一百万犹太人在白宫门前示威……如果那些犹太籍显贵们发起绝食行动……敌人真有可能会停止那些暴行,谁知道呢。[1]

有本书以如下评论结尾:"那个'最终解决方案'是不大可能被美国犹太人所阻止的,但对于他们这本该是无法忍受的。事实上他们却忍下去了。"[2]

这种理解方式指向两个相互联系又相互独立的高度敏感的问题。第一,从情感上说,美国犹太人在面对欧洲犹太人所遭遇的大屠杀这一事件之时是否表现出了变态的洒脱与冷漠?第二,从行动上看,美国犹太人是不是因为害怕、怯懦或者只顾自己而未能极力敦促去实施那些可能有效的营救策略?

谈论"美国犹太人"这个实体在一开始就是错误的。像许多人提及那个年代时做的那样,谈论什么"美国犹太人社群"就更具有误导性了。"社群"(community)这个词在最近几十年中已经被普遍运用了,但它是一个艺术化的辞令——是愿望或者规劝,而不是描述。自1960年

---

[1] Elie Wiesel, "A Plea for the Survivors",见他的 *A Jew Today*,纽约,1978年,第191—192页。
[2] Haskel Lookstein, *Were We Our Brothers' Keepers?*,第216页。

代后期以来绝大多数美国犹太人联合起来支持以色列，我们可以说，这造就了一个组织，如果还不算"社群"的话，也至少和统一体（unity）有些相似。但是在1940年代初期，没有一个共同的信念足以凝聚"美国犹太民族"，那时候这个民族比后来任何时候都更加的分化。看看这个古老民族的矛盾的转变历程吧：起初是德国犹太人对抗东方犹太人，继而在东方犹太人之中，立陶宛犹太人和加利西亚犹太人又产生了某种微妙的分歧。对正统派而言（他们自己分裂成敌对的阵营），改革派犹太人和叛教者无异；对改革派犹太人而言，正统派犹太人则是那个早已被他们抛弃了的迷信的过去的遗孤。包括大多数犹太知识分子在内的世俗主义者，则认为他们统统讨厌至极。在纽约，在美国犹太人委员会中那些远离市区的共和党银行家与下东区的左派工团主义者之间，几乎没有共通的价值。犹太工人阶层中，社会主义者、共产主义者和劳工犹太复国主义者之间没有什么好感，或者团结意识。在其他移民群体中，阶级冲突和种族冲突经常搅和在一起，并促进了社群的团结——天主教工人与新教雇主做斗争。但这里是犹太老板们雇用了一些犹太恶棍对时装工厂的犹太工人施暴（有时候则是相反的情况）。谁也不会否认存在着一丝团结纽带，它们超越了分歧，但是美国犹太人基本上没有加强、反而极大地削弱了这根纽带。

那些曾经联系（或不曾联系）美国犹太人与欧洲犹太人的纽带甚至更是如此——世界范围的"民族性"联系在多大程度上是一个被感知到的实在，以及有效地要求全世界犹太人团结起来的基础。这些联系被创立——毁灭、再创立——而不是被发现，那些说它们"被认可"和"被承认"的日常流行话语把这弄得非常暧昧。说这些联系被创立，并不是说它们不如被发现的那样真实。人们所制定的权利法案，就和人们所发现的科罗拉多大峡谷一样真实可靠。当人们强烈地感受到民族

第二章 "如果我们的同胞表现出更多的同情"

性并依此行动,那么它就是真实的;否则,它就不真实。犹太民族意识的形成和繁荣是历史环境的产物:共同的(传统)宗教仪式,共同的语言(意第绪语、希伯来语、拉地诺语),共同的(无处不在、几乎是世界性的)被占主导地位的多数所驱逐所迫害的遭遇,共同的(有特色的)传统与习俗。当所有这些不再被大量美国犹太人所共享,民族意识就会不可避免地被淡化,而转变成观念中一个不被广泛接受的因素。人们常说,关于犹太民族意识的那些真实的(原初的)联系早已被一种空洞的(无意义的)普遍主义所替代。相关的例证当然可以找到——关于任何东西的例子都可以找到。但是对于绝大多数美国犹太人来说,犹太民族世界范围内的相互联系的萎缩,并不是因为他们对某些普遍主义教义的虔诚,而恰恰是因为他们对美国的忠诚所致。[1]

大规模入境移民的高潮是第二次世界大战之前那四十年,当然许多家庭甚至来得更早。这个古老的民族鲜有美好的回忆,没有《屋顶上的提琴手》那种田园诗。许多人都说到那个"存心健忘"的现象,菲利普·罗斯就是其中之一,当他试图从祖父母那里弄清楚在欧洲的生活之时就发现了这一现象:"他们当初离开,因为生活是可怕的,如此的可怕,事实上,是如此的险象环生、穷困潦倒、困难重重,最好是把它忘记。"[2] 和欧洲保持联系的Landsmanschaften(同乡会),以及那些保存共同语言的机构,都急剧地衰落了。意第绪语报纸的发行量持续下降;意

---

[1] 把与犹太人的关系和那个抽象的、华而不实的以及常常是激进的普遍主义相对立,是新保守主义批评家惯用的伎俩,借此他们便可以逃避那个令人烦恼的"双重忠心"的问题,并质疑那些久已被"双重忠心"问题所困扰的人对美国的忠诚。比如参见Midge Decter, "Socialism and Its Irresponsibilities: The Case of Irving Howe", *Commentary* 74, 1982年12月; Lucy S. Dawidowicz, "Indicting Amercian Jews", *Commentary* 75, 1983年6月。

[2] Philip Roth, *The Facts*, 纽约, 1988年, 第122—123页。一个类似于罗斯风格的报道, 见Joseph Epstein, "Our Debt to I. B. Singer", *Commentary* 92, 1991年11月, 第32页。

第绪语剧院也处于关门的当口。二战前不久,《犹太前锋日报》(Jewish Daily Forward)编辑、美国意第绪语报业的领袖亚伯拉罕·卡恩就无奈地说:"小孩子正在被美国化,而且这是自然而然的;他们生活在这个国家,这个国家也把他们当成自己的孩子来对待。"[1] 有这样一个缓慢但稳定的变化趋势,即从那种观念——它让某人得以被描述为(或把自己想象成)碰巧生活在美国的犹太人,转变为这种观念——用当时一句时髦话来说就是,一个"碰巧是犹太人"的美国人。

希特勒上台之后,特别是在战争期间,对欧洲犹太人的同情确实提升了许多美国犹太人的自我认同感。但是多年的美国文化熏陶有效地制约了这种认同的深度。什洛莫·凯茨在1940年总结了那些年对美国犹太青少年的影响:

> 从世界范围看,总体而言,犹太民族这一概念作为一种意识形态对他来说可能并不陌生,[但是]个人而言,他已经失去了与那个更大的整体相统一的感觉……只剩下文化和精神这一异常脆弱的纽带来联结他与波兰犹太人、巴勒斯坦犹太人、德国犹太人或俄国犹太人……悲剧之深重令他恐惧……但这并不足以令他成为该戏剧生活的一部分。在他与欧洲环境之间有一个隔阂,即多年的……美国生活。这些年,背负着所有累积起来的文化包袱,他无法向欧洲犹太人分享;它们就矗立在他和他们之间。[2]

就在希特勒把犹太人从德国国家机构中清洗出去的那一年,罗斯

---

[1] 引自 David Brody, "American Jewry, the Refugees and Immigration Restriction, 1932—1942", *American Jewish Historical Quarterly* 45, 1956年, 第240页。

[2] Shlomo Katz, "What Should We Write?", *Jewish Frontier* 7, 1940年5月, 第16页。

第二章 "如果我们的同胞表现出更多的同情"

福总统则欢迎这些人来华盛顿。"我发掘了十五位或二十位来自曼哈顿和布朗克斯的年轻的亚伯拉罕·林肯。"他对一个朋友如是说道。[1] 这么多犹太人成了罗斯福最亲密的助手,以至于反犹主义把罗斯福政府称为"犹政"。随着战争的来临,无论是在实质意义上还是在象征意义上,犹太人全面参与美国社会的机会都大大增加。飞行员柯林·凯利在炸沉一艘日本船之后牺牲了,如果他是美国第一批战争英雄之一的话,媒体注意到和他一起牺牲的还有他的轰炸员迈耶·莱文。有四位著名的"牧师"(两个新教徒、一个天主教徒和一个犹太人),他们把自己的救生衣给了那些水手之后和美国军舰多切斯特号一起沉没了。一首著名的战争歌曲期待"那些胆小鬼与科恩家人和凯利家人会面"那一天的到来。在好莱坞的排名单上必须包含犹太人,这几乎成了规律:《巴丹战役》中的法因戈尔德、《航空队》中的魏恩贝格、《海军的骄傲》中的戴尔蒙德、《反攻缅甸》中的雅各布斯、《北大西洋行动》中的亚伯拉罕以及《紫心勋章》中的戈林鲍姆。

当然,犹太人在美国人的战争中所付出的努力绝不仅限于电影之中:有五十多万犹太青年在部队中服役,所以自然地,关心他们的安全就成了家人和朋友的第一要求。人们期望犹太裔美国兵——大多时候这只是一种理论,有时候也会变成一种实践——能够穿越敌人的炮火把受伤的爱尔兰裔美国兵或者意大利裔美国兵带回来,当然后者也被期望会如此对待犹太裔美国兵。移民前辈们无疑可以感受到更深厚的世界性的犹太民族意识。而同时,并非与此无关的是,他们更接近下述传统,即原则上不允许违背安息日教规去挽救一个异教徒的生命,更别说冒着自身生命危险。问题的关键并不是说深厚的美国忠诚和强烈的

---

[1] 引自 Henry L. Feingold, *A Time for Searching*, 巴尔的摩,1992年,第219页。

犹太民族意识之间不相容；无论从理论上看和解的困难何在，在实践中它们都不成为问题。但这二者之间存在着一定的心理和修辞的张力，特别是在那个战争的大熔炉之中。

最近这些年来，一些美国犹太人声称犹太意识优先于美国忠诚，这样说已经不仅仅得到容许，而且还被一些社交圈赞赏有加。"我们首先是犹太人，其他无论什么，都是其次。"美国犹太人沉痛控诉大屠杀活动的发起人，拉比哈斯克尔·卢克斯坦如是说。[1] 但是在1940年代早期，此类声明不仅仅是不能（公开）说出口的；除了第一代移民中的一些成员，对大多数美国犹太人来说，这都是不可思议的。

在这些年中，还有一个重要的因素促使美国犹太人，特别是年轻一代，认为自己更多地是美国人而非犹太人。如果说自1960年代以来，族群认同在美国文化中复兴了，在此之前的那一时期，族群性作为认同的基础其合法性似乎是可疑的。事实上，这个词简直就不存在：人们说"racial groups"（种族群体）或者"race feeling"（种族情感）。唯一的同源词汇"ethnic"通常的用法是"ethnocentric"（族群中心论），这自1920年代以来一直都被开明的观点看作是一件糟糕的事。认同不应该以"血缘"，而应该以价值、习俗和文化中那些催人奋进的东西为基础。除了第一代移民中的老成员，对于大多数美国犹太人来说，这个基础就是美国文化。在1933年之后很自然地，那种对以"血缘"或者部落忠诚为基础的认同（和政治）的反感大大地强化了——当这些观念在《先锋报》（*Der Stürmer*）上发表出来之后。对于那些反驳的言论如"你可以认为你是一个美国人，但希特勒知道你是一个犹太人"，一个可行的回

---

[1] Virginia Anderson, "Holocaust Victims Remembered", *Atlanta Journal and Constitution*, 1996年4月15日。

第二章 "如果我们的同胞表现出更多的同情"

答是:"谢谢你,但我宁愿为自己选择其他的人类学来源。"[1]

美国犹太人对大屠杀的反应各种各样:一方面,有些人因此而精神重创近乎崩溃了;另一方面,也有些人对此漠视甚至近乎遗忘了。尝试对半个世纪以前那些私下表达出来的、少有记录的情感做个概括,说得客气点,这真不是易事。这事具有特别的难处,因为重塑的记忆已经被推向了两个截然相反的方向。坚持"大屠杀的新闻本该使美国犹太人痛不欲生"这一点,催生了怀旧情结在当代的恶性膨胀。但也有程式化的悔罪和忏悔的话语,这有利于最大限度地淡化某人的最初反应,以便扮演"回头浪子"的角色。这两个方面的例子遍布该时期的回忆录。

有理由可以确定这么一件事,那就是,从整体上看,新近的外来移民(这意味着和欧洲有更强大的家族关系)与大屠杀在美国犹太人中所唤起的情感深度有着密切的联系。坦率地说,这是沉思正遭毁灭的"欧洲犹太人"这一抽象概念和想象特雷布林卡的"敏妮阿姨"之间的区别。而美国犹太人对大屠杀反应的各种情形,从我们所知晓的所有事情看,就显示了这一点。从对大屠杀事件的报道看,意第绪语的规模就比英语犹太人的大得多。只是在诸如曼哈顿下东区以及布鲁克林的威廉斯堡这样的外来民聚居区,战时纪念活动才备受瞩目。

说把某人更多地定义为美国人而非犹太人可能会弱化其对大屠杀的反应,这种观点有些道理。犹太年轻一代,特别是那些有较好教育背景的,不仅离他们的祖先更远,而且更易受到普遍的淡化"种族"联系这一观念的影响。但是,若要这样解释当时美国犹太人对大屠杀

---

[1] 关于这个议题,在我看来,理解美国犹太意识的关键,得参阅这一丰富的、具有启发性的文集: Philip Gleason, *Speaking of Diversity: Language and Ethnicity in Twentieth-Century America*, 巴尔的摩,1992年,特别是 "Americans All" 以及 "Hansen, Herberg, and American Religion" 这两部分。

的微弱反应(这解释强调过度的美国化及其必然结果,即不可避免地会削弱犹太身份),会遇到一个巨大的难题。这个难题就是,在伊休夫(Yishuv,巴勒斯坦犹太人社区)同样发生了大屠杀被边缘化的现象,而它一半以上的成员自1933年就离开了欧洲。

《巴勒斯坦邮报》于1942年11月25日发布了一则来自波兰流亡政府的消息,其内容是海因里希·希姆莱所签署的一道要在1942年底屠杀掉所有波兰犹太人的命令。它有四个简短的段落,而"苏联军队所获得的巨大的胜利"(在斯大林格勒)和"盟军进攻突尼斯、比塞大"则占了更多的篇幅以及更显眼的位置。甚至太平洋战争的新闻也显得比希姆莱的命令还要突出。次年3月30日,相对于"五十万犹太人在华沙被害"(它当时错误地报道说所有华沙犹太人都已被害)之类的边角故事,"孟加拉总理被免职"在《邮报》中被给予了更多的篇幅。著名的以色列大屠杀学者耶胡达·鲍尔写道,战时巴勒斯坦新闻界"痴迷于一些当地党派政治事务,而欧洲犹太人被害的消息则仅仅登载在内页"。[1]迪娜·波拉特在她对伊休夫和大屠杀的研究中,发现"关于灭绝之类的报道一旦其细节变得熟悉之后就不再会引起特别的关注"。当那个正在进行的大灾难的规模在1942年底变得清晰之时,曾宣布要哀悼一个月,"事实证明这对于公众来说是过于沉重的一个负担":只是在第一周的几天中看到祈祷者;被歇业一个月的电影院在业主的抗议下(他们抗议说生计受到了威胁)重开了。她总结道,总体上看,除了因不列颠军队的采购及其士兵的消费而变得日渐繁荣之外,"巴勒斯坦的日常生活很少受到战争影响"。[2]

---

[1] Yehuda Bauer, *Jewish Reactions to the Holocaust*, 特拉维夫, 1989年, 第199页。

[2] Dina Porat, *The Blue and the Yellow Stars of David: The Zionist Leadership in Palestine and the Holocaust, 1939—1945*(1986年;英译本,马萨诸塞州剑桥, 1990年),第41—42、54—55、62—63页。

第二章 "如果我们的同胞表现出更多的同情"

在美国犹太人和巴勒斯坦犹太人之间做比较就关系到以下断言，即是"过度同化"制约了美国犹太人对大屠杀的反应。同样有趣的是，美国犹太人的反应和美国非犹太人的反应是如此的相似——这提醒我们，设想为两个离散的人群是错误的。如果说美国非犹太人大大地低估了犹太人在欧洲的死亡人数，许多犹太人也一样。战后不久，当六百万这一数字广为流传之时，一位年轻的社会学家在芝加哥犹太人中间开展了关于大屠杀的调查。半数受访者严重低估了犹太人伤亡的幅度。一名会计这样说："真的有几百万？不，没有几百万。呃——可能接近一百万吧。不，不可能有那么多。"一位服装制造商的妻子则说："成千上万，那肯定是有。当然他们确实说有几百万，但是那么多我们认为死了的人，现在都澄清了，所以谁知道呢？"[1]

也有一些"非常纯粹的犹太人"，就像许多非犹太人一样，直到战争结束之时都对大屠杀毫不知情。伊莱·金兹伯格，是犹太神学院一位教授的儿子，他自己在珍珠港战役之前一直积极参与犹太事务，战争期间在五角大楼上班。他就否认他所听到的关于集中营的说法，认为那是"无限夸大"。"大屠杀这一概念超出了我的想象，直到集中营被美军占领，我才意识到那个不可能之事确实已经发生过。"[2] 刘易斯·韦恩斯坦中校是艾森豪威尔将军的部下，他也参与了犹太人的公共活动。1945年春他对地图上的一个标注——"死亡集中营"迷惑不解。经询问同事，他被告知"一百万，或许是两百万犹太人在奥斯维辛被害"。韦恩斯坦后来写道："我惊呆了。我从未听到过这个数字。我之前对这一有条不紊的、科学的、对纳粹来说头等重要的大屠杀兽行一无所

---

[1] Leo Bogart, "The Response of Jews in America to the European Jewish Catastrophe, 1941—1945", 芝加哥大学社会学学位论文, 1948年, 第89页。

[2] Eli Ginzberg, *My Brother's Keeper*, 纽约州新不伦瑞克, 1989年, 第61—62页。

知……我曾听说过几百人、几千人被害——但是几百万?! 这数字太吓人了。"[1]

虽然从总体以及平均水平看,美国犹太人比他们的非犹太人邻居更了解大屠杀,这类在战时无知的例子非常多。在大屠杀发生期间,如果说主流媒体对此鲜有报道,那么在犹太媒体来说也同样如此。确实,许多犹太杂志对大屠杀的关注度在1973、1983和1993年比1943年的就要高得多。有时候——无法知道其有多频繁——对大屠杀轻描淡写可能是故意的,一种保持士气的方法。据说(这事有争议)那是在特雷西恩施塔特集中营,拉比利奥·拜克故意对他的狱友隐瞒了移送波兰意味着死亡这层意思:他们对此无能为力,并且会引发不必要的悲痛。犹太出版学会的主编也做过诸如此类的深思熟虑。战争初期他担心过多的坏消息会对美国犹太人的心理造成不良影响,所以他拒绝接受涉及集中营的稿子。"我认为像我们这类负责任的组织是时候该呼吁制止恐吓这个国家的犹太人了——这样,最终存活下来的犹太人依然可以保持自信。"[2]

也许更引人注目的是,即便是在那些虔诚的犹太人之中,纳粹罪行所殃及的犹太人范围也不一定是最重要之事,特别是对年轻一代而言。沙德·波利尔是拉比史蒂芬·怀斯的女婿,也是美国犹太人大会的首领。(战争结束后,波利尔和怀斯的女儿贾斯廷共同领导了该大会若干年。)面对"水晶之夜"之后的局面,波利尔在写给他爱人的信中对罗斯

---

[1] Lewis Weinstein, "The Liberation of the Death Camps", *Midstream* 32, 1986年4月,第21页。
[2] Solomon Grayzel, 引自 Jonathan D. Sarna, *JPS: The Americanization of Jewish Culture, 1888—1988*, 费城, 1989年,第186—187页。Grayzel和出版委员偏好一个关于15世纪被海盗囚禁的西班牙犹太儿童的抓捕和解放的故事,以"给予给我们信仰中的那些只看到未来之黑暗的人一缕希望之光"。

第二章 "如果我们的同胞表现出更多的同情"

福总统召回柏林大使的做法——以做出对纳粹发起的大屠杀表示抗议的姿态——表达了满意之情。但真正重要的,他告诉贾斯廷,是罗斯福会就针对西班牙内战中的共和主义者所实施的武器禁运做些什么,而在这方面他表现得很没信心。[1]

战争开始之后,随着大屠杀的大体情形公之于众,众所周知,犹太作家用一种流行的时尚来解释纳粹暴行——强调犹太人远非唯一的受害者。犹太复国主义周刊《犹太人前沿》的一位作家在1944年就发出警示,莫忘"对捷克人、波兰人、犹太人、俄国人所做过的那些事情"。[2] 一位美国犹太人委员会的成员在其备忘录中极力强调"在纳粹践踏之下的波兰的新精神,在所有的波兰人口的不同部分之间——天主教徒、新教徒、犹太人等之间的同志及血脉相连的新精神……通常必须指出的是纳粹暴政并未区分犹太人和波兰人"。[3]《灯台杂志》主编意识到"犹太人的遭遇,尽管非常极端和复杂,不过构成了当今野蛮行为受害者苦难的组成部分"。[4] 类似地,拉比怀斯反复提醒人们"作为犹太人,我们已经担负着最沉重的负担"。但是,他接着说——与那个被认可的把战争描述为一种意识形态斗争的观点相一致:"犹太人已经成了法西斯恐怖主义的受害者,因为他们是为自由、信仰以及民主而战斗的不屈不挠的斗士。"[5]

当然,依据犹太组织的发言人或者犹太媒体的新闻记者的陈述,我

---

[1] Shad Polier 致 Justine Wise Polier 的信,1938年11月16日,Shad Polier Papers, American Jewish Historical Society, Box 15。

[2] Shlomo Katz, "Shall We Forget?", *Jewish Frontier* 11, 1944年1月,第21页。

[3] NB(可能是 Nathan/Norton Belth)致 Frank N. Trager 的备忘录,1942年3月26日,AJCommittee Papers, GS10, Box 244, Minorities, 1937—1948。

[4] *Menorah Journal* 31,社论,1943年冬,第 i 页。

[5] Stephen S. Wise, "Hitlerism—and Beyond",见 Wise 主编,*Never Again! Ten Years of Hitler*,纽约,1943年,第9页。

们无法推测基层犹太民众对大屠杀的想法。此类人不能够从整体上代表美国犹太人，相对于他们声称代表的那些人而言，他们表现的犹太性既更多又更少。所谓"更多犹太性"，因为显而易见大多数犹太人都无法像他们这样全身心地致力于犹太事业。而所谓"更少犹太性"则指这一事实：作为公众人物，他们知道其言论面对的是非犹太听众，这可能使得他们的言辞相对于餐桌中的闲聊更不坦率、更少表现出自发的情感、更"正确"。[1]

总体说来，许多甚或大多数美国犹太人对大屠杀的理解在一个关键方面类似于美国非犹太人。在战争期间一项对纽约州罗切斯特犹太人的细致调查中，亚伯拉罕·卡普得出这样的结论：他们非常了解屠杀和酷刑的情况；他们在暴行发生之后读到过有关于此的报道，"每一则新的报道在一定程度上都会很快地驱散更早的相关报道"；但是他们确实不知道"大屠杀"（the Holocaust），"那种观念……随后几年才形成"。[2]

相对于当时美国犹太人对"大屠杀"的情感反应，或者他们如何表达它这样的问题，他们的实际反应这一问题更加敏感。近年来美国犹太人有个共同的想法，这就是他们由于未尽全力去敦促救援而犯下过不可饶恕的过失。这绝非仅仅是一个历史的评论，而且成了一套强有

---

[1] 举个例子可以说明这个问题。在她的战时回忆录中，Lucy Dawidowicz 记录了一种想必是公共的情感：她"无法抑制的复仇情绪"；她的希望就是看到德国人被"火与剑所蹂躏"；当她听到几千名德国平民在空袭中被杀，她是多么的兴奋！（Lucy S. Dawidowicz, *From That Place and Time: A Memoir, 1938—1947*, 纽约，1989年，第230，246页。）恰在此时，犹太发言人依然一以贯之地区分了纳粹头目和德国人民，否认有丝毫的"旧约复仇"的念头。

[2] Abraham Karp, *Haven and Home: A History of the Jews in America*, 纽约，1985年，第298—299页。

第二章 "如果我们的同胞表现出更多的同情"

力的动员赎罪的话语。

在1970年代为苏联犹太人而发起的运动中,标语"永不重演"被解释成:"像1940年代初期美国犹太人抛弃了身陷囹圄的海外同胞那样的事——永不重演,如今我们应该做正确的事。"最有体系性地对赎罪这一主题的运用生动地体现在这一事件上,即呼吁全体美国犹太人和身陷战局的以色列团结一致。在1991年的一次演讲中,以色列总理伊扎克·沙米尔就说到关于二战期间不作为的记忆成了美国犹太人的"心病",并敦促他们为了以色列的利益而积极行动。"我们期待他们将会找到纠正在五十年前的失误的力量。"[1] 监狱中的乔纳森·波拉德说:"因此我该做什么呢? 让以色列自生自灭? 如果你认为这本是我应该做的,那么我们怎么能够谴责所有那些自命不凡、自以为是的、在二战期间有意参与到抛弃欧洲犹太人的行为之中的'美国'犹太人?"[2]

有组织的美国犹太人为呼吁营救到底尽了多大的努力? 曾有过一些特别引人注目的行动。如正统犹太团体为营救身处险境的拉比和神学院的学生而四处奔波——这些人在传统的信仰准则中具有优先性。犹太劳工委员会做过一些可能有利于身陷囹圄的犹太工团主义者和社会主义者(共产主义者除外)的事情。学术研究组织也尽力帮助了一些受到威胁的学者。美国和巴勒斯坦的犹太复国主义者都优先考虑去营救他们的欧洲同志,而非那些只有在自己处于险境之时才求助于以色

---

[1] Michael Sheridan 在1991年9月14日的《独立报》(*Independent*)上说到"以色列被布什的立场'所震惊'"。在向美国犹太组织的领袖们的演讲中,以色列内阁部长 Ariel Sharon 要求他们为美国犹太人的这一过失而做出补偿,即在大屠杀期间,美国政府通过了反"对岸定居点"的决议,而美国犹太人对此并未组织大规模游行示威以示抗议。(Bernard Wasserstein, "The Myth of 'Jewish Silence'", *Midstream* 26, 1980年8—9月,第10页。)

[2] 波拉德写给未名拉比的一封信,该信件由美国拉比(改革)中央会议的执行副总裁 Rabbi Joseph B. Glaser 作为波拉德的辩护词而提交给 Samuel Rabinove 做参考, "Pollard's Gamble", *Reform Judaism* 21, 1992年冬,第32页。

列之地（Eretz Yisrael）的人。当然所有那些能够这样做的人都为了他们自家成员而殚精竭虑——在某种意义上，这就是上述各个团体过去的所作所为。

但一般说来，对于大多数美国犹太组织或其领导人来说，救援并不是战争期间最重要之事。美国犹太人委员会和美国犹太人大会的档案文件显示对这个问题关注甚少。（圣约之子反诽谤联盟在这些年中只关注国内事务。）战时为团结美国犹太人所付出的最大的努力——1943年的美国犹太人会议——原本就未把救援列入工作计划，所以当救援被提上议事日程时，便受到了冷遇。有好些群众大会都要求"行动"，但往往对行动可能采取的形式缺乏明确的观念，它的作用似乎更多地是情绪的宣泄而非严肃的动员。（作曲家寇特·威尔谈到一个战时露天表演，其主题是"我们绝不会死"，他作为协作者感觉到该表演"一无所获……我们所做的一切只是使很多犹太人哭泣了，这不是什么特别的成就"。）[1]有一些个体组织的代表以及联合代表团等试图通过私下的途径来影响罗斯福政府，但他们没有尽全力去做。甚至那些较有影响的犹太组织都抵制和羞辱那个最卖力施展营救的团体——欧洲犹太人营救应急委员会，由美国"犹太复国主义—修正主义"伊尔根的代表人物彼得·柏格森所创建。

为什么会是这个样子？对此有各种各样的、通常是抱怨性的解释，其中有许多解释都把督促救援的失败描写成仅仅是美国犹太人漠然态度的必然结果。除此之外，另外一个普遍流行的说法是美国犹太人普遍的胆怯，特别是对鼓动救援可能加剧国内反犹主义情绪的担忧导致

---

[1] 引自 Stephen J. Whitfield, "The Politics of Pageantry, 1936—1946", *American Jewish History* 84, 1996年9月, 第244页。

第二章 "如果我们的同胞表现出更多的同情"

了他们的不作为。[1]毫无疑问,犹太人常常会不大情愿公开地推进犹太议题。保罗·雅各布斯曾说过,自其孩童时代起,在老一辈中就普遍存在着一种情感:"犹太人不会去'造神'(make rishis)。"

> "造神"会激起某种程度的大惊小怪,而且这是一个重大的罪孽,因为它会让犹太人容易被基督教世界潜在的愤怒所伤害。这个世界被构想成类似于一个沉睡的大恶魔,如果它被惊醒,也许且极有可能会扑向打破它的平静者并伤害到他。[2]

美国犹太人,特别是犹太组织,显然对战争期间美国的反犹主义很是后怕。珍珠港战役一结束,反诽谤联盟的总裁注意到反犹主义近些年日渐高涨,于是警告他的同僚们反犹主义有可能进一步升级。"会有成千上万失去亲人的家庭,其中很大一部分坚信这是一场犹太人的战争。"[3]众所周知的一条反犹主义诽谤就是逃避兵役,而犹太防御机构则不遗余力地强调犹太人要到前线去。(美国媒体曾经在来自反诽谤联盟的协助下,发现了柯林·凯利驾驶舱的同伴是迈耶·莱文。)

没有直接的证据可以支撑这种带有罪责的解释——这并不意味着它是错误的,但也提醒我们注意它也不见得正确。人们有时候会说,犹太人的《纽约时报》并未特别关注纳粹的反犹行动,这一事实就

---

1 这个解释特别受以色列人欢迎,他们往往"知道"(其实是依据犹太复国主义意识形态演绎出)流散的犹太人是怯懦和谦逊的。比如参见 Yoav Gelber, "Moralist and Realistic Approaches to the Study of the Allied Attitude to the Holocaust",见 Asher Cohen 等主编,*Comprehending the Holocaust*,法兰克福,1988年,第119—120页;Yehuda Bauer, "When Did They Know?",*Midstream* 14,1968年4月,第56页;David Vital, "Power, Powerlessness and the Jews",*Commentary* 89,1990年1月,第25页。

2 Paul Jacobs, *Is Curly Jewish?*,纽约,1965年,第15页。

3 Richard E. Gutstadt, "Memorandum in re the Future Program of the Anti-Defamation League, December, 1941",复印本见 AJCommittee Papers, EXO-29(Waldman), Box 3, Folder 60。

说明了这个综合征状。确实,《纽约时报》在其首页刊登疑似犹太人的署名文章时扭怩作态,但它对于针对犹太人的暴行所采取的沉默态度已经被极度地夸大了——比如它大量地报道了"水晶之夜",这就是证据。当然,重要犹太组织之所以会反对柏格森团体,原因之一就是后者的煽动性风格:它制作了一则报刊广告,内容是"今年将会有一个非常愉快的圣诞节,因为到了十二月,恰恰好不会有任何一名犹太人留给基督教世界以供他们唾弃"。[1](更重要的理由则是,捍卫组织的地盘以反对外来的傲慢无礼的家伙,而且反犹主义世界以及伊休夫的所有领导人都认为柏格森团体是一伙恐怖主义分子。)[2] 通过民意调查发现,反犹主义情绪在战争期间的美国依然高涨。回顾既往,很明显的是,美国的反犹主义,尽管很普遍,相对来说也很肤浅;否则,它就不大可能像它在1945年之后那样出人意料地衰落。但犹太人在战争期间对此当然不知情。所以极有可能是对"造神"的担忧抑制了战争期间犹太人的救援努力。[3]

另一个说法是,美国犹太人从总体上看,特别是拉比斯蒂芬·怀斯如此地受制于富兰克林·罗斯福总统,以至于他们在救援问题上不敢去面谏罗斯福政府。在那些年中,美国犹太人对总统忠心耿耿,这一点很清楚。据说他们相信三个世界:此世、来世以及罗斯福世。[4] 怀斯的幼

---

1 Medoff, *Deafening Silence*, 第108页。Medoff报道了这个来自美国犹太人委员会的Joseph Proskauer的论断,即"这种反基督教的态度在美国非常可能导致针对犹太人的大屠杀"。
2 这个说法并不意味着柏格森组织及其成员推动救援的热情在任何一种意义上是不诚实的。没理由这样认为,而且有很多理由可以表明情况恰好相反。
3 当然许多年轻的美国犹太人都在武装部队中服役。可能,因为经常有对犹太人拒服兵役的指控,那些没有身穿制服的人就不大愿意引起他人的注意。
4 "世界"所对应的德语词汇为"Welt",而"罗斯福"的英文拼写则为"Roosevelt",其后缀"velt"和"welt"神似,由此演绎出三个世界:此世(die velt)、来世(yene velt)以及罗斯福世(Roosevelt)。——译注

第二章 "如果我们的同胞表现出更多的同情"

稚有时候被夸大了,确实在他和罗斯福的关系中他表现得过于恭敬(倒不是说阿谀奉承),而且他还沾沾自喜地夸耀他们之间的这种紧密关系。怀斯以前的一名学生在若干年之后回想起这样一个小故事:

> 一天,拉比怀斯把他的一些学生召集到他的办公室,这时他刚从华盛顿回来。他谈及了他和罗斯福总统的一次会议,就像以前一样,他眉飞色舞地描述了一番。他一度曾这样说:"……然后我说,富兰克林,我认为……"那一刻我惊呆了,为了称罗斯福为"富兰克林"这一殊荣,犹太人要付出沉重的代价。显然他为这项成就感到无比的自豪。[1]

在当时的情况下,绝不可能以失去犹太人的政治支持作为威胁来撬动罗斯福。乔治·布什的国务卿詹姆斯·贝克被控在1992年——当被警告如果他不认可由以色列所担保的贷款的话,犹太人可能会采取政治报复之时,曾说过:"去他们的,他们本来就没有投我们的票。"如果罗斯福面对这样的问题(当然没有),他可能会说:"去他们的,他们敢不投我票?"即便当时的形势有可能改变,但共和党的方案无疑更糟糕。战争期间,共和党人针对罗斯福的著名犹太人同事西德尼·希尔曼在全国张贴了这样的广告牌:"这是你的祖国——为何让西德尼·希尔曼来治理它。"[2]并不一定希望如此,但共和党人非常清楚,正是他们从所有

---

[1] Howard Singer, 引自 Leon Weliczker Wells, *Who Speaks for the Vanquished?*, 纽约, 1987年, 第247页。顺便说一声, 在罗斯福成了总统之后, 怀斯是不大可能称呼他为"富兰克林"的。在出版了关于这一议题的大量的热议文献之后, Singer的回忆录(记载于1971年)才发表, 既然如此, 他的记忆估计不大可靠。

[2] Steven Fraser, *Labor Will Rule: Sidney Hillman and the Rise of American Labor*, 纽约, 1991年, 第528页。

关于"犹政"（Jew Deal）和"罗森菲尔德总统"（President Rosenfeld）的言论中受益。无论如何，正是顶着多数来自共和党人的异议，罗斯福把美国带进了反希特勒的战争之中。怀斯很有可能是被他和罗斯福的独特关系所束缚，无法像他原本希望的那样努力去敦促救援。但这能改变什么呢？

对全体犹太复国主义者来说，很明显，头等重要之事就是创建一个犹太国家，它比拯救欧洲犹太人更重要，这在美国和在巴勒斯坦都一样。甚至戴维·本—古里安极富同情心的传记作者也承认，传主没有为救援做任何具有实质意义的事情，因为他一门心思都在关注战后的前景。[1] 他把救援工作委派给伊扎克·格伦鲍姆，后者却坚持"犹太复国主义高于一切"。当有建议用犹太建国基金（该基金用来购买阿拉伯土地）来开展救援时，格伦鲍姆回复道："他们将会说我是反犹主义者，我不想救援那些被放逐者，我没有一颗温暖的意第绪之心（a varm Yiddish hartz）……他们爱怎么说就怎么说。我不希望犹太人机构拨出三十万或十万英镑去帮助欧洲犹太人。并且我认为无论谁想做这种事，都是一种反对犹太复国的行为。"[2]

美国犹太复国主义者也持有同样的立场——很显然是自发地，并未受到来自巴勒斯坦的领袖的压力。在1943年5月关于犹太复国主义事务的美国紧急委员会一次会议上，纳赫姆·戈德曼辩护说："如果要公开地反对那个白皮书（不列颠限制犹太人移民巴勒斯坦的政策），那么声讨屠杀欧洲犹太人的群众大会就得停止。我们没有足够的人力同

---

[1] Shabtai Teveth, *Ben-Gurion: The Burning Ground, 1886—1948*, 波士顿, 1987年, 第847—848页。

[2] Tom Segev, *The Seventh Million*, 纽约, 1993年, 第102页。

第二章 "如果我们的同胞表现出更多的同情"

时组织两个运动。"[1]几个月之后,在一次扩大的美国犹太人会议上,犹太复国主义者突然闹出意见不合,他们决意要建立一个犹太国家,因此把非复国主义分子赶出了会场。随后,该会议的犹太复国主义领袖解散了那个以救援为核心、复国主义和非复国主义曾共同工作的联合委员会,他坚称该会议可以自行处理这类事务。曾经拥有的无论多脆弱的联合救援行动就此消失了。1944年5月,在(易名为)美国犹太复国主义紧急委员会的一次大会上,阿巴·希勒尔·锡尔弗就担忧:

> 我们过分强调难民问题已经给予我们的对手以口实,他们会说,如果救援是你们所关心的,那么为什么你们不一心一意去做,把政治放到一边啊……流散的犹太人可能会削弱犹太国家的根基,因为救援的紧迫性可能让世界接受一个暂时的解决方案……我们应当越来越强调基本的复国主义意识形态。

伊曼纽尔·纽曼同意上述说法:

> 这并不是说强调难民议题和强调复国主义意识形态之间有冲突。这是关乎重点的问题。关键的是,我们是强调当前的,还是永久的犹太难民问题……一般的非犹太人会认为犹太人问题就是由希特勒作恶所导致的难民问题。实际上,此类悲剧的反复发生是犹太人的人生特有的问题,也是必须要面对的。[2]

---

1 David S. Wyman主编, *America and the Holocaust*, 第5卷: *American Jewish Disunity*, 纽约, 1990年, 导言第viii—ix页。该引文出自Wyman对一份文献的转述,他不允许复制该文献。
2 同上, 第351—352页。也是Wyman的转述。

主张战后建国优先于紧急救援的这一决定很容易让人感到恐怖：对意识形态的狂热会漠视极度迫切的人类需要。但真是那样吗？我们可以批评这个或那个选择，而对于要把欧洲犹太人"删除掉"和专注于建设未来的这一总体决定而言，即便它令人心寒，但它是以对何者可能、何者不可能进行全面思量评估为基础的。它建立在这样的信念之上——绝大多数犹太领袖，复国主义的以及非复国主义的都相信——他们对深陷希特勒罗网中的犹太人无能为力。在收到格哈德·凌格纳来自瑞士的电报之后，纳赫姆·古德曼立马就知会了美国的犹太复国主义组织，为他同胞不幸的处境悲痛不已："一半的同胞在我们面前遭到屠杀，而另一半则不得不忍气吞声而无法阻止这个灾难。"他力劝众人不要绝望，而要为建立犹太国家而奋斗，以杜绝灾难的重演。[1] 在大约同时段的一个聚会上，古德曼说道：

> 我们无法阻止灾难；我们只能为胜利而奋斗……能够真正打击希特勒的只有一件事，那就是在美国击杀十万名纳粹分子；然而美国人不可能那样做……即便我们在二十四小时之内做了所有这些事，也依然无法拯救任何犹太人。我们感到很无助；我们所希望的就是做好记录，这将有助于我们的战后工作。

几个月之后，考虑到为营救犹太人而与德国协商无望，古德曼说道："德国应该会对此进行备案，这样历史就不会批评我们未做必要之

---

[1] Aaron Berman, *Nazism, the Jews and American Zionism: 1933—1948*, 底特律，1990年，第98—99页。

第二章 "如果我们的同胞表现出更多的同情"

事了。"[1]为"做好记录"而行动的考虑这个时候再次兴起。

人们普遍认为,无法为营救欧洲犹太人做什么。由犹太领袖所组成的一个代表团,1942年在收到来自瑞士的可怕消息之后,策划要和罗斯福总统会个面,他们所能够想到的就是要求"一个声明,就像利迪策大屠杀之后所做的那个声明",以警告那些对屠杀犹太人负有责任的人,他们将会在战后被追究。[2]声明很快就发布了。1943年春,来自YIVO(意第绪科学组织)的马克斯·魏因赖希准备向罗斯福提交一份由几百名学者共同签署的申请书,再次要求对纳粹提出警告,并请求总统"启用那些迄今为止尚未使用过的方法,来挽救那几百万被文明的敌人判处死刑的欧洲犹太人"。魏因赖希的同事露西·达维多维奇在多年之后回想起,"魏因赖希尽管智慧非凡,当他考虑实际的建议时也像我们中的其他人一样无助,他只能建议'迄今为止尚未使用过的方法'"。[3]对于绝大多数犹太领导人而言,他们都接受这个正式的共同立场,即唯一有效的营救策略就是快速的军事胜利。《全国犹太月刊》(圣约之子)"郑重声明"支持抗议运动,但警告这些运动要防止别"把我们的哪怕是一点点精力从眼前紧迫的任务中撤走……只有一个方法可以制止纳粹屠杀,即在战争中完整地、彻底地把纳粹砸碎,让它永世不得翻身……一切为了胜利!""新巴勒斯坦"(美国犹太复国主义组织)回

---

[1] 世界犹太人大会咨询委员会关于欧洲犹太人事务的会议记录,1942年10月28日(在出版物中日期被错误地写成1943年),以及1943年5月10日,见Henry Friedlander和Sybil Milton主编,*Archives of the Holocaust*,第8卷,纽约,1990年,第320—328,266—272页。这两个地方的引文都来自做记录者的转述。

[2] 在利迪策,为报复对纳粹领导人Reinhard Heydrich的暗杀,德国人屠杀了几百个捷克人。"欧洲犹太人事务特别会议附属委员会的会议记录,地点在美国犹太人大会办公室,1942年11月30日星期一",见Wyman主编,*America and the Holocaust*,第2卷:*The Struggle for Rescue Action*,纽约,1990年,第41页。

[3] Dawidowicz,*From That Place and Time*,第236—237页。

应了这种观点:"情绪的宣泄"当然无可非议,但主要的任务是"顽强地、严厉地、坚决地、勇敢地把我们所有的注意力都[转到]消灭敌人这一任务上来"。[1]

复国主义者,就像非复国主义者一样,并没有"删除"欧洲犹太人(如批评家所称的那样)。在他们看来,欧洲犹太人早已被那个他们无力控制的环境——纳粹对欧洲要塞的控制——所删除了。与此同时,复国主义者又能够利用战时人们对欧洲犹太人处境的同情以及对战后政治变化的预期,来创建一个他们深信不疑的对犹太人问题很不一样的"最终解决方案"。

他们采取这一策略,获得了极大的成功。在战争结束之前,记录显示有四分之三的国会议员支持在巴勒斯坦建立犹太共和国的方案。犹太复国主义甚至在美国犹太人中获得更加巨大的成功。毋庸置疑(特别是在犹太人之中,但在某种程度上非犹太人也是一样的),这是一种替代性的行为。一个人无法做他最想做的事情——营救欧洲犹太人。这种精力因此受到压抑,并被引导到为战后以及未来而奋斗这一事业上来。

捍卫复国第一战略,当然要依赖于作为其所凭借的基础的考量盘算之正确性。假定这个考量盘算出自善意——我觉得应当如此,那么会不会是这种情况,即美国政府在营救欧洲犹太人方面实际上无所可为?

---

[1] 这两则社论均引用于Lookstein, *Brothers' Keepers*, 第124—125页。

第三章

"抛弃犹太人"

自1970年代开始，越来越多的人相信，很多充满希望的营救机会被罗斯福政府故意忽略了。著作的标题再一次讲述了这个传奇故事：《抛弃犹太人》、《救援失败》；罗斯福在《六百万人死亡时》若无其事，并提出《被压迫者无处躲藏》；《犹太人尽可牺牲》。[1] 如果采取有力的营救措施，到底能够挽救多少欧洲犹太人？关于这一点，这些作者持有不同的看法；有些人说有好几十万，其他人则认为有几百万。据说，同盟国要对所有的大屠杀受难者负责，因为他们的冷漠坚定了纳粹继续屠杀的信心。[2]

---

[1] David S. Wyman, *The Abandonment of the Jews*, 纽约, 1984年; Herbert Druks, *The Failure to Rescue*, 纽约, 1977年; Arthur D. Morse, *While Six Million Died*, 纽约, 1967年; Saul Friedman, *No Haven for the Oppressed*, 底特律, 1973年; Monty Penkower, *The Jews Were Expendable*, 伊利诺伊州厄巴纳, 1983年。

[2] 约瑟夫·戈培尔1942年12月13日的日记经常被引用："欧洲犹太人受迫害问题被英国人和美国人看成是最重要的新闻……然而归根结底，我相信，英国人和美国人为我们消灭了犹太人这帮乌合之众而感到由衷的高兴。"(Louis P. Lochner 主编, *The Goebbels Diaries 1942—1943*, 纽约州加登城, 1948年, 第241页。)经常被忽视的是, 这则日记写于同盟国发表对屠杀（转下页）

"帮凶"和"共犯"这些词汇通常被用来指称美国（和英国）政府。黛博拉·利普斯塔特比其他人态度更温和，她认为同盟国的政策在"最终解决方案"中只是"（近乎）共犯"而已。是什么使得奥斯维辛免遭轰炸？利普斯塔特说，是华盛顿和伦敦那些关键人物所持有的对"可鄙的"犹太人的那种"刻骨的反感"之情。[1]戴维·怀曼，或许是那个诉讼团队中知名度最高的，在把反犹主义看成是"抛弃"政策的核心这一点上和利普斯塔特意见一致。[2]就如后来所宣称的，美国犹太人战争期间的过失赋予了未来一种实践教训，美国政府战时的"救援失败"也是如此：在这两种情况中，都产生了这样一份义不容辞的责任，即在以后的岁月里为了弥补过去的罪责，要对以色列给予坚定的支持。[3]

最近几十年来，美国领导人（在向犹太观众发表演说时）或明或暗地接受了对其不作为罪过的指控。为了预防因里根总统对德国比特堡军事墓地富有争议的造访而带来的直接后果，国务卿乔治·舒尔茨就说，大屠杀之后美国人民曾许诺"我们再也不会让犹太人孤立无援了"；副总统乔治·布什则承诺"美国政府再也不会无视被遗弃的犹太人的哭泣"。1993年，在给华盛顿美国大屠杀纪念博物馆的题词上，比尔·克林顿总统就说"做得实在太少了"："即便在战争开始之前，自由

（接上页）犹太人进行报复这一声明的四天前。比如 Wyman 就说——他引用了戈培尔的日记，但未提及12月17日的声明——除了提供庇护之外，如果罗斯福和丘吉尔威胁说要进行惩罚，"纳粹至少不会再相信西方世界不关心他们对犹太人的所作所为。那很有可能会减缓杀戮"。(*Abandonment*，第334页。)

1 Deborah Lipstadt, "Witness to the Persecution: The Allies and the Holocaust", *Modern Judaism* 3，1983年，第323，329页。

2 David S. Wyman, *Abandonment*，第340页。

3 参见 David Friedman, "4 000 at Holocaust Memorial Meeting"，1977年4月18日犹太电讯社每日公报公布了不管部部长 Gideon Hausner 的评论，他在艾希曼的审判中担任公诉人。

第三章 "抛弃犹太人"

的大门也被关闭了;甚至在美国和同盟国进攻德国之后,通往集中营的铁路沿线上长达几英里的重要军事目标也未受到干扰。"[1]大屠杀的美国共犯已经成了美国的大屠杀博物馆存在的主要依据之一。博物馆教育委员会主席告知媒体,那些无所作为的人"正如"实施杀戮的人一样"有罪"。[2]美国战前的移民政策和未能轰炸奥斯维辛在博物馆的常展厅中都被置于显目的位置。

有位历史学家称之为"那个被误认为是历史的令人舒适的道德故事",其所获得的普遍共识并不具有学术上的严肃性。[3]实际上,关于这一点并不存在学术上的共识,那些最博学的历史学家都认为"令人舒适的道德故事"——被戴维·怀曼在"抛弃犹太人"的故事中大肆渲染,并由此奠定了他的权威地位——不过是糟糕的历史而已:对可能被拯救的人数的评估严重夸大,而且道德的说教丝毫未考虑当时的真实处境。露西·达维多维奇是几乎不可能因对欧洲犹太人的苦难不够同情而受到谴责的人了,她就对怀曼的解释提出了最为尖锐的批评。《奥斯维辛与同盟国》一书的作者马丁·吉尔伯特就认为,美国或英国即便积极行动也不大可能救出死亡集中营中的任何一个人。《救援政治》(*The Politics of Rescue*)一书的作者亨利·法因戈尔德就怀疑,即便罗斯福政府对救援的态度更开明,是否就一定会对欧洲犹太人的命

---

[1] 舒尔茨,1985年5月10日在耶路撒冷犹太纪念馆的演讲;布什,1985年6月5日在希伯来大学建校13周年集会上的演讲——该演讲稿也刊登在Ilya Levkov主编的*Bitburg and Beyond*(纽约,1987年),所引用的评论分别在第212和216页;"1993年4月22日对美国大屠杀纪念博物馆题词的评论",《美国总统公共文件:威廉·J. 克林顿》,华盛顿特区,1994年,第479页。

[2] Helen Fagin对ABC的*World News Tonight*的评论,1993年4月21日。

[3] Henry L. Feingold对Richard Breitman和Alan M. Kraut的*American Refugee Policy and European Jewry, 1933—1945*(印第安纳州布卢明顿,1987年)一书的评论,*Moment* 17, 1992年4月,第61—62页。

运产生重要影响。[1]

在对美国是大屠杀的帮凶的控诉中有三个方面:战前严苛的移民政策,这使得欧洲犹太人无法在陷入圈套之前逃脱出来;没有抓住各种威胁、报复或者谈判的机会以改善那些陷入希特勒魔爪中的犹太人的境况;以及,最令人不满的是,美国空军既不愿意去轰炸通往奥斯维辛的铁道线路,也不愿意去轰炸那里的杀戮设施本身。对于这三点,还能说些什么呢?

众所周知,相对自由的美国移民政策随着1924年《移民法案》的通过而寿终正寝了——该法案按原籍国设置了严格的配额。该法案的种族主义意图很明显:那个配额是依据美国人的民族出身而制定的,而且它采用的是1890年而不是1920年人口普查的数据;而1890年之前,来自东南部欧洲的大规模移民潮尚未形成。1930年,随着大萧条进一步恶化,胡佛总统指示国会对法律中关涉到会造成"政府负担"的移民条款做更加严苛的解释。在这之前,一张签证可能会(但这种情况很少)因为某人"很可能"(likelihood)成为政府负担而被拒绝,而新的解释则

---

[1] 关于Lucy Dawidowicz,见 "Could America Have Rescued Europe's Jews?",收录于她的 *What Is the Use of Jewish History?*,纽约,1992年,本引用见第160页;关于Martin Gilbert,见1993年4月22日他接受全国广播电台的 *All Things Considered* 这档节目的采访所做的评论;关于Henry Feingold,见他的 "Stephen Wise and the Holocaust", *Midstream* 29,1983年1月,第46页。对怀曼《抛弃犹太人》最为系统性的批判是Frank W. Brecher, "David Wyman and the Historiography of America's Response to the Holocaust: Counter-Considerations", *Holocaust and Genocide Studies* 5,1990年(怀曼拒绝对Brecher的文章做出回应)。关于这一议题的专业历史学家的总体评论,见"关于'美国政府对大屠杀的反应和对策'的会议概要记录,1993年11月11—12日",载于Verne W. Newton主编,*FDR and the Holocaust*,纽约,1996年,第3—28页。William D. Rubinstein的近著 *The Myth of Rescue: Why the Democracies Could Not Have Saved More Jews from the Nazis*(伦敦,1997年),在我看来——并且也对其他大多数学者而言,和怀曼的倾向性一样强,只是方向不同。Rubinstein宣称无能为力的地方,怀曼则坚称大有可为。

第三章 "抛弃犹太人"

直接就把那些"可能"(possibly)变成这样的人给排除了。新法案实施之后,入境移民的总人数从1931年的242 000人下降到1932年的36 000人,其中犹太人不足3 000人。当然所有这一切都发生在希特勒上台之前。[1] 1935年罗斯福曾让国会指示美国领事馆给予难民"最为密切的关注,以及在法律允许范围内最为慷慨、最为优惠的待遇",并且恢复了那个更为宽松的"很可能"的标准。[2] 但是这个新政策并未被完全有效地贯彻实施下去,有时候这是在欧洲的美国官员的反犹主义立场所造成的。一个不大有利的因素是,许多领事和签证官员都曾就读于美国乔治城大学外事学院,而该学院那位可敬的院长埃德蒙·A.沃尔什,在一些研讨会上就反复强调过"犹太人是……(布尔什维克革命)的创造者,他们认识到这是一个发财的好机会,并且精明地、成功地抓住了它"。[3] 从1938年到珍珠港之战,德国(这时已和奥地利合并)的移民配额基本上全都被犹太人占去了。奇怪的是,在1924年种族主义法律的支配下,逃离德国和奥地利的犹太人是大比例德国移民配额(优越的雅利安人)的受益者。当然,申请人数总是大大地超出了配额,同时,给予其他国家的配额并未受到影响。(如匈牙利的配额就有长达二十五年的候补名单。)

由此而来的一个问题是,为什么没有及时修改移民法以适应欧洲犹太人所处的绝望的境况?一个理由是——当然,这只是部分的、不

---

1 David Brody, "American Jewry, the Refugees and Immigration Restriction, 1932—1942", *American Jewish Historical Quarterly* 45,1956年,第220页。
2 David S. Wyman, *Paper Walls: America and the Refugee Crisis, 1938—1941*,纽约,1968年,第4—5页。
3 Howard M. Sachar, *A History of the Jews in America*,纽约,1992年,第476页。美国国务院在战前和战时有一个普遍的感觉,那就是从长远看,对美国构成威胁的是共产主义而不是法西斯主义,而当时广泛地有这样一个感觉,即犹太人和共产主义关系密切。

49 充分的解释——没人知道他们的境况到底有多糟。1941年之前,当然1939年9月欧洲战争爆发之前也是,对于犹太人而言,问题似乎是要从极有可能的迫害(而非必然死亡)中逃脱出来。大屠杀,现在看来是长期存在于那个已被建构起来的过去之中,但在当时则存在于无法想象的未来之中。反对复国主义的善辩家们无视这个最基本的事实。他们充分利用了戴维·本—古里安的回应——当英国人在"水晶之夜"之后表示要从德国转移几千犹太儿童到英国去之时,他说:"即便我知道,把他们送到英国,就有可能拯救德国所有的(犹太)儿童,而送到巴勒斯坦,则只能拯救一半;我依然会选择后者。因为我们面对的不仅仅是对这些儿童的责任,而且是一份对犹太民族历史的责任。"[1] 不同的读者,由于他们不同的道德和意识形态立场,对这种一意孤行的说辞都会有不同的反应,即便他们对将要到来的大屠杀一无所知。但是这个说辞不得不让我们牢记这一点,即本—古里安或其他任何人都没有想到是挽救毒气室中的儿童这回事。

1939年初,美国政府就不愿意接纳德国客轮圣路易斯号上的犹太难民,他们因古巴签证被注销了而滞留在加勒比海上——这是美国历史上一段凄凉的插曲。[2] 由于对随后的大屠杀缺乏先见之明,这似乎仅仅等同于美国半个世纪之后遣返那批海地人,那也已是糟糕透了。圣路易斯号客轮的故事似乎有个美好的结局,因为那些乘客没有返回德国,而是得到了比利时、荷兰、法国和英国的庇护,只是最后一处——但

---

[1] 1938年12月7日 Ben-Gurion 在以色列工党中心(Mapai Center)的一次会议上的讲话,见 Hava Wagman Eshkoli, "Three Attitudes Toward the Holocaust within Mapai, 1933—1945", *Studies in Zionism* 14,1993年,第79页。

[2] 虽然美国难辞其咎,但国会实际上曾积极地游说古巴政府撤销它的决定(没有成功),再后来又劝说欧洲政府接收那些乘客。见 Irwin F. Gellman, "The *St. Louis* Tragedy", *American Jewish Historical Quarterly* 61,1971年12月。

第三章 "抛弃犹太人"

再一次地,谁知道呢?——才是真正安全的地方。("圣路易斯号"客轮上的乘客对巴勒斯坦犹太事务局的感激之情并不多于对美国政府的感激之情。该犹太机构拒绝了美国联合分配委员会的请求,后者试图为这些乘客寻找一个家,因为那时恰好有几百张英国政府批准的移民证书。)[1]

即便不考虑生死问题,而"仅仅"考虑人道主义援助,罗斯福政府或者组织起来的美国犹太人为何不积极敦促修改移民法——特别是在水晶之夜之后?至少这个问题是很容易回答的。首先,有很多重要的事情需要优先考虑。罗斯福总统自1938年开始,就致力于推动美国向反轴心联盟靠近,而1939年之后则致力于确保美国加入战争。罗斯福必须令大多数美国公众(特别是本土主义者和孤立主义者们)相信,他所谋求的更广泛地参与欧洲冲突符合美国国家利益——实际上是自我防卫,而不是为全球主义做好事;他不会让犹太人的利益左右美国的政策。对于那些一味把罗斯福看成是犹太人的工具的人而言,总统为犹太难民而采取的任何特别措施,都将会给孤立主义者以口实,也将会危及外交政策的重大目标——在美国犹太人中,把该目标当成头等重要之事的人数比任何一个其他团体的都多。

另外,由于美国依然深陷大萧条之中,失业率居高不下,公共舆论和国会都强烈要求缩减而不是增加现有的移民配额——甚或干脆完全停止移民。1930年代初期,一个要求削减全部配额的90%的议案在众议院获得通过,而且也有可能获得参议院通过,如果它有权立法的年限没有到期的话。此类立法在那之后不断地被提出。仿佛问题还不够糟

---

1 Yoav Gelber, *A New Homeland*, 耶路撒冷, 1990年, 第136页, 引自Tom Segev, *The Seventh Million*, 纽约, 1993年, 第44页。

似的,纳粹对德国犹太人的压迫的升级和"罗斯福萧条"最糟糕的时期1937—1938年恰好重合。失业人数自1933年开始下降;随后,状况又开始恶化,1938年一整年和1939年头几个月都在八百万至一千万之间徘徊,直到战争开始之后,经济才再一次达到了1937年的水平。这几乎不可能反驳限制主义者的那个论据,即每进来一个难民,就需要一份工作,这意味着一个美国人要失业。[1]

在议会中以及在公众中反移民的情绪如此的高涨,以至于公开地论辩这个问题似乎只会使情况恶化而不是使之舒缓;最好是远远地躲开这个足够糟糕的东西。1938年初德国吞并奥地利,随即,两位纽约犹太人议员就提交了"美国得向难民敞开大门"的议案。然而在发起人确信立法听证会只有利于限制主义者之后,他们就撤回了议案。那年之后参议员罗伯特·瓦格纳所提出的议案(允许超额的两万名犹太儿童入境)也遭遇了同样的命运。在这个议案被修改得面目全非之后,发起人决定不再提交了,任其自生自灭。支持过该议案的"德国难民儿童无派系委员会"总结说,"推动这个议案将会危及常规的移民形势",因为"此类行动将会激起生活中各种各样的排外法案"。除了"共产主义前线犹太人民委员会"之外,所有其他的犹太组织都同意这一说法。这也是几位政府领导成员的看法,也有可能是罗斯福自己的看法——这可以解释他为何没有能够坚持那些措施。这同一股社会思潮在欧洲战争爆发之后便流行开来。1940年罗斯福的移民特派员告诉他说,在仔细监控了国会两院移民委员会的所有会议之后,发现限制主义情绪是如此的高涨,以至于"任何试图放宽立法的机会都显

---

[1] David S. Wyman, *Paper Walls*,第4—7页。

第三章 "抛弃犹太人"

得非常渺茫"。[1]

在"水晶之夜"之后,罗斯福通过行政行为无限地延长了一万五千名难民(他们的旅游签证已经到期)停留在这个国家的时间。这似乎意味着可能性的最大限度,因为这个时期国会对总统特权的监督大大地严格于随后几十年的情况。再往前一步就得冒着葬送掉那渺茫的成功机会的风险。(当时有任何奋力向前的想法,似乎是不大可能的,即使有的话,民主党1938年大选的失败也会打消这种念头。)[2]作为一种实用性政治事务,任何试图进一步打开美国大门的尝试都是行不通的。[3]

---

[1] David S. Wyman, *Paper Walls*, 第24, 67—71, 93, 210—212页。有些人已经表示过犹太人在敦促放宽移民立法方面之所以失败,是因为他们有着更加强烈的利己主义动机:富裕的犹太人惧怕越发沉重的慈善负担;正在工作的犹太人惧怕经济竞争;怯懦的犹太人则惧怕这一尝试将会加剧反犹主义情绪,特别是如果获得成功。(关于这些说法的解释,参见Brody, "American Jewry"。)毫无疑问,确实有一些美国犹太人出于这些考虑而不愿行动。在那些历史格言中最明智的一句是:"如果你能想到,就有人可以做到。"但是没有理由相信这类动机是普遍存在的。利己主义的动机至少可以同样言之成理地归于那些迫切要求改变配额体系的人,他们中有共和党的Emanuel Celler和来自纽约的共和党人Samuel Dickstein。他们的主动性是严肃的吗?或者他们是为了自己广大的犹太选民而哗众取宠?

[2] "水晶之夜"和1938年民主党败选同时发生,对1942年大规模屠杀这一消息的确证又和那一年的大选失败同时发生。共和党人获得掌控众议院的八张选票,而孤立主义者在两个政党中都变得更加强大。由共和党和南方民主党共同掌控的众议院筹款委员会(The House Ways and Means Committee)就否决了罗斯福关于战时扩权的请求,其中包括暂缓实施会"影响战争物资、信息和国内外人员的调遣"的联邦法令。(见Leonard Dinnerstein, "What should American Jews Have Done to Rescue Their European Brethren?", *Simon Wiesenthal Center Annual* 3, 1986年,第281页。)就如在1938年,即便不存在这些政治上的失利,形势也不会因此而不同,但是它们提醒我们记住政府行为所受到的种种束缚。

[3] Frank W. Brecher写道:"大约有五十万犹太人试图在德国控制的欧洲之外寻找庇护,其中将近一半在美国找到了……按百分比计算,在1930年代后期到1940年代初期期间,在这个国家所有的入境移民中犹太人占了一半多,犹太人移民美国在1890—1910年达到历史最高点,然而即便在这一期间,他们所占的比例也不足15%。一句话,事实上由于缺乏对庇护的实际需要,美国在希特勒统治期间的入境移民记载并不意味着这个国家——从人道主义的角度看,对纳粹大屠杀漠不关心。"(*Reluctant Ally*,纽约,1991年,第88页。)

这或许表明,我们的心理具有令人惊奇的特质,你看,我们把技术的或者军事的障碍当成是难以克服的,而把态度的或者政治的障碍看成是能够被战胜的。因此像如下建议——美国强大的运输机群本该突袭特雷布林卡,就如恩德培的以色列人那样,战胜狱警并带囚犯逃跑——将立刻会被当作荒诞可笑的离奇幻想而遭否决。然而我们很容易设想群众对移民的态度突然逆转,这是彻头彻尾的离奇荒诞剧。实际上,比较一下我们在克服技术上的和态度上的障碍方面所获得的相对成功,或许应当彻底转变我们的期望。

有各种各样的关于商讨犹太人赎金的提议,但除了到战争结束、第三帝国倒台之时,都不了了之。绝大部提议都未曾得到有力的贯彻落实——令那些相关人员感到耻辱的是,有时候甚至被官僚习气和地盘之争所阻碍。这些机会的作用很可能被低估了。在1943年芝加哥群众集会上,伊利诺伊州的州长就强烈要求签订营救犹太人的"某种约定或协议",但他也承认"这就好比和一头饥饿、狂怒的狮子在讨价还价——它还和一只羊羔关押在一起"。[1]人们相信,纳粹主义是一头肆意攻击的野兽,可以诛之,可以远离之,但绝对无法与之谈判协商,这一信念可能抑制了人们通过协商来营救犹太人的热情。人们也同样低估了传说中统一的纳粹政权内部的冲突、猜忌以及德国与其盟国之间的紧张关系。[2]

无论如何,这样的建议都不大可能成为现实。曾有人提议从罗马尼亚赎回七万犹太人,该建议在1943年2月被传达西方世界,当时正是

---

1 "20 000 Plead:'Act Now to Rescue Jews'", *Chicago Daily Tribune*,1943年4月15日。
2 因此,Walter Laqueur就批评Nahum Goldmann,指责他没有抓住谈判的主动权,错误地认为德国的盟友们都只是纳粹的"傀儡式属国"。(*The Terrible Secret*,波士顿,1980年,第159页。)

第三章 "抛弃犹太人"

柏格森主义风行之际。该建议一出现，其可能性立刻就消失了——德国人投票否决了它。[1]还有阿道夫·艾希曼所提议的以一万辆货车来换一百万犹太人的著名建议，而且他保证，这些货车只会用在东线。这个建议看起来真是匪夷所思：为敌人提供战争装备来反对自己的盟友！无怪乎西方列强认为（许多犹太领袖也认同）这是在挑拨他们和苏联之间的关系。确实，这个建议很大一部分似乎都是在虚伪地遮掩一个与西方列强实现单边和平的危险计划。[2]担心引起斯大林怀疑的顾虑，就像一个幽灵，笼罩在所有的与德国或其盟友之间的协商计划之上。（当罗马尼亚的部队在斯大林格勒与德国人并肩作战之时，关于支付赎金给罗马尼亚的提议出现了。）当发现德国人所做的这些安排目的是为了破坏盟军的军事行动之后（明显地，这是德国以付赎金救人的可能性来吊同盟国胃口的目的之一），甚至交换生病和受伤的盟军战俘也常常被美国和英国延迟几个月，或被完全取消了。[3]对赎人交易产生不利影响的更进一步的考虑就是在1944年诺曼底登陆之前，对纳粹德国的经济封锁是同盟国策略中的核心部分，其目标是在登陆部队给予纳粹政权致命打击之前从内部削弱它。尽管这一策略最后并不是很有效，它一直被最为严肃地执行着，并且政策制定者不允许特例的存在。

希特勒死亡集中营中的犹太人提出了一个疯狂的建议，即为了阻止纳粹屠杀犹太人，同盟国应威胁要杀害他们控制下的德国平民和战

---

[1] 见Ephraim Ophir, "Was the Transnistria Rescue Plan Achievable?", *Holocaust and Genocide Studies* 6, 1991年。

[2] 对这一动机做出最具前沿性的学术解释的是Richard Breitman和Shlomo Aronson, "The End of the 'Final Solution'? Nazi Plans to Ransom Jews in 1944", *Central European History* 25, 1992年。

[3] 关于这个问题，参见Yoav Gelber, "Moralist and Realistic Approaches in the Study of the Allies' Attitude to the Holocaust", 见Asher Cohen等主编, *Comprehending the Holocaust*, 法兰克福, 1988年, 第114页。

俘。姑且不论德国关押着二十万同样可以作为人质的英联邦和美国战俘,单从道德立场看,这就不大可能被接受。有人建议说西方国家应该威胁从空中对德国平民进行报复,这也没有太大的吸引力。其实德国平民早已被锁定,但和轴心国不一样的是,同盟国仅仅针对军事目标,这是不能轻易放弃的原则。

特别是在战争的最后阶段,谈判、外交施压和威胁看上去确实有些作用,尽管那通常都较为有限。对罗马尼亚、保加利亚和匈牙利的警告好像确实有些作用。1944年对布达佩斯的袭击也许在事实上说服了匈牙利政府赶在德国倒台之前停止对犹太人的放逐。拉丁美洲国家则被迫要对那些可疑的护照给予尊重。对犹太人给予庇护的那些国家获得了美国的保证,说美国将会帮助他们支付这些费用,并会负责把他们重新安置到其他地方去。于1944年初组建的"战争难民委员会",确实做了一些重要的工作,尽管其成就经常被夸大。早些时候没有建立该委员会,这真是不幸啊,但是不到战争最后那一年,所出现的那少数几个营救机会也不大可能就会发挥作用。

在所有的"营救"建议中,那个被讨论最多的(这已经成了美国人不作为之罪孽的象征)就是——被美国军方所拒绝的——通往奥斯维辛的铁路线或者这个集中营本身应该被炸掉。未能轰炸奥斯维辛在某种程度上是美国大屠杀博物馆展览的高潮部分。在浏览了一系列死亡集中营的图像之后,游客就会看到一幅从地板直到天花板那么高的展览,以谴责对轰炸奥斯维辛这一建议的拒绝——就好像在说:"美国政府本应该能够制止这些悲剧,但它没有这样做。"和复杂的、不确定的谈判不一样的是,这个计划似乎那么的清楚明白:可行并且能够行之有效。拒绝这样一个计划似乎纯粹是无理取闹。但事实果真如此吗?

第三章 "抛弃犹太人"

轰炸铁路线的问题立马就可以被否决。大量的经验告诉同盟国轰炸铁路线基本上没有任何作用：能够命中目标的不多，而且很快就能被修复。轰炸铁路线可能会有利于战术上的行动——阻止敌人输送部队和物资长达几个小时，或者一两天。除此之外，这一方法基本没啥用处。

轰炸杀戮设施本身的问题则是一个截然不同的要求。二战最伟大的军事神话就是精确的定点轰炸，"在两万英尺的上空把炸弹投入一个泡菜桶中"。为了迎合百姓胃口，这个神话被提炼推广，然而与此同时，军事首领们都知道，战略轰炸都是极其不准确的。（秘密地）对平民实施恐怖轰炸的理由之一是，对于盟军飞行员来说，要准确地击中任何比城市更小的目标，通常都很难。就在讨论轰炸集中营期间，对奥斯维辛附近的合成燃料厂进行过两次大规模轰炸。其中一次空袭，它的主要目标有六个，而航拍照片显示，其中五个没有受到任何伤害，只对第六个造成了些许损坏。在另一次空袭中，九十六重型轰炸机从低空中投掷了一千枚五百磅的炸弹，而照片显示"只有轻微的伤害"，大部分都投到了"小仓库建筑和劳动营房中"。[1]

在奥斯维辛的犹太囚徒超过了十万名。在对杀戮设施进行空袭这一事件中他们将会遭遇到什么？没人能够确切知道，但迄今为止最为仔细的研究表明，在应这一军事要求而投掷的炸弹中，有三分之一会掉在囚犯的生活营房中，还有的则会落在囚犯工作的地方。[2] 美国空军在

---

[1] Martin Gilbert, *Auschwitz and the Allies*, 纽约，1981年，第310, 316页；但后来对所遭受的伤害有了某些更乐观的评估，见上书第330, 334—335页。

[2] 见Richard Foregger, "Technical Analysis of Methods to Bomb the Gas Chambers at Auschwitz", *Holocaust and Genocide Studies* 5, 1990年；James H. Kitchens III, "The Bombing of Auschwitz Reexamined", 见Verne W. Newton主编，*FDR and the Holocaust*，第183—217页。参见Richard H. Levy, "The Bombing of Auschwitz Revisited: A Critical Analysis", 见上书第218—272页。

考虑轰炸达考和诺德豪森的工厂时也遇到了类似的问题。在这两个地方,轰炸任务都被否决,理由是毁灭工厂必然会伤及那里的奴隶劳动者。[1](戴维·怀曼曾以超乎寻常的淡定之情建议,如果定点轰炸还不够精确,空军本来还可以从高空中实施密集轰炸。)[2]

人们常说奥斯维辛的犹太囚犯强烈要求轰炸;只要能够毁灭那些设施,自己是否会因此而被伤害,他们并不在乎。证据则是非参半。无疑有些人确实是这样想的,尽管人数可能会少于在盟军未能轰炸奥斯维辛变成了"大屠杀"叙事的一个标准类型之后宣扬这种观点的人。其他人则持激烈的反对意见。1944年秋,囚犯们知道自由近在咫尺;要是在监禁的最后几天死于盟军的军事行动,那会是多么的讽刺![3]

除了会造成大量囚犯伤亡这一问题之外,这类行动效果究竟如何呢?人们常说,对毒气室和焚烧场的毁灭会极大地打击集中营的杀人行动,以至于这类行动会被推迟或者完全被终止。这似乎极其不可

---

1 Lucy Dawidowicz,见 "Could America Have Rescued Europe's Jews?",第172页。

2 David Wyman, "Why Auschwitz Was Never Bombed", *Commentary* 65, 1978年,第43、44页;参见他的书信, *Commentary* 66, 1978年7月,第11页。本着同样的精神,John J. McCloy 的传记作者 Kai Bird 写道:"即便轰炸未曾拔掉一个毒气室—焚烧场装置,即便葬送了几千条生命,这一行动也是正当的。"("Bombing of Auschwitz Was Feasible", *Washington Jewish Week*, 1993年6月10日,第15—16页。)马克斯·韦伯在他讨论"终极目标伦理"时倒可以对照"责任伦理"来谈谈 Wyman 和 Bird。"如果一个出自善意的行动导致了恶的结果,那么,在行动者看来,不是他而是这个世界,或者其他人的愚昧,或者上帝的意志制造了这个罪恶,因此,它们应该对此负责⋯⋯那些相信终极目标伦理的人会觉得他们唯一需要'负责'的就是确保纯粹意图的光芒不被遮蔽。"(Weber, "Politics as a Vocation", 1919年,见 Hans Gerth 和 C. Wright Mills 主编, *From Max Weber*, 纽约,1958年,第121页。)

3 声称囚犯们渴望轰炸的例子,参见 Daniel Hanoch,一个12岁的奥斯维辛囚犯,在以色列举办的关于盟军不轰炸集中营的模拟审判活动上的证词。(Victor Perry, "In the Skies Over Auschwitz", *Jerusalem Post*, 1990年8月3日,第10页。)可以对比 Louis Micheels——一名曾被囚禁在奥斯维辛的荷兰医生的证词:他相信宣扬那种观点的人已经忘记了当炸弹偶然击中集中营时的"恐惧和痛苦",以及普遍的"对生的渴望"。(*Doctor 117641: A Holocaust Memoir*,纽黑文,1989年,第181—182页。)

第三章 "抛弃犹太人"

能——被必须有一个很有希望的解决方案这个信念所激起的毫无根据的猜测。虽然盟军的情报部门知道奥斯维辛的一些毒气室,但是他们不知道在伯克瑙西部森林中有两个小房子变成了杀人设施,一个已经不再使用,另一个则是备用。[1] 即便毒气室和焚烧场遭到了严重毁坏,它们也能够很快地被修复或替换。新到的匈牙利犹太人要么在木制营房里的临时毒气室被杀害,要么被枪决并掩埋在森林附近的坑井中。直到1944年底,德国人还重新启用了以前的一些方法,而不再依赖复杂的、难以替换的装置。当然在那里从未缺乏干这事的奴隶劳工。就如奥斯维辛的司令鲁道夫·霍斯在其回忆录中所说的那样,"在奥斯维辛,一切皆有可能"。[2] 撇开这一切不说,如果毒气室没能被替换,难道希姆莱就会对重新启用集体枪决法而犹豫不决?——在以前,和奥斯维辛相比较,这一方法曾在更短时间内杀害了更多的犹太人。据说,在战争阶段是军事人员的不足阻止了屠杀,但是特别行动队[3]的恐怖教训表明那么一点部队就可以杀害那么多的人!而且,难道就不能——不会——招募几百个"恐怖伊万"[4]来做这事?

在美国大屠杀博物馆,对"未能轰炸奥斯维辛"一事的展览以这一声明作为开场白:美国犹太组织反复要求美国战争部去轰炸集中营;

---

[1] Foregger, "Technical Analysis",第403页。另外,在奥斯维辛一号营还有另一个毒气室,那时候也没启用。参比 Frantiszek Piper, "Gas Chambers and Crematoria",见 Yisrael Gutman 和 Michael Berenbaum 主编,*Anatomy of the Auschwitz Death Camp*,印第安纳州布卢明顿,1994年,第173—174页。

[2] 见 John S. Conway, "The Holocaust in Hungary: Recent Controversies and Reconsiderations",见 Randolph L. Braham 主编,*The Tragedy of Hungarian Jewry*,纽约,1986年,第14页; Piper, "Gas Chambers"。

[3] 纳粹党卫队的一个组成部分,是流动武装警察部队,由保安警察、保安处和盖世太保组成,用来进攻和处决被占领国的敌人。——译注

[4] 一名纳粹死亡集中营的看守,因利用毒气室杀人而臭名昭著。——译注

这恰好和认为美国犹太人中存在支持轰炸行动的广泛共识这种普遍印象相一致。但是这一声明以及这一印象是错误的。没有任何记录显示哪个美国犹太组织曾要求战争部采取此类行动。此类要求来自欧洲占领区和瑞士的一些犹太人和犹太人团体、流亡政府以及"正统正教以色列世界组织";关于这个方面,那些来自世界犹太人大会和巴勒斯坦犹太事务局的信息鱼龙混杂并且相互冲突。一些国外犹太人团体确实曾经竭力主张此类行动,有一些则反对,还有很多摇摆不定。

该展览还有一封装裱加框的信——它是世界犹太人大会营救部负责人A. 列昂·库伯威茨基于1944年8月写给战争部长助理约翰·J. 麦克洛伊的——它传达了一位捷克国家委员会成员要求轰炸奥斯维辛的诉求(但没有背书支持)。而库伯威茨基一个月前所写的信则未被展示,在该信中他断然反对轰炸集中营:"犹太人将首当其冲。"[1]也未展示本—古里安所掌控的犹太事务局执行委员会的备忘录,它曾在6月份考虑过该主意,但认为"不要向盟军提向有犹太人的地方实施轰炸的建议"。[2]

像许多其他人一样,库伯威茨基对这个问题也很纠结。他曾一度陷入绝望,并试图通过接受那个直接出自埃罗尔·弗林电影中的主意——即那些杀人装置遭到地下组织或盟军伞兵的强力攻击——而避开犹太人伤亡这一问题。[3]犹太事务局也摇摆不定:当它在伦敦的办事

---

[1] Gilbert, *Auschwitz and the Allies*,第256页;Herbert Druks, "The Allies and Jewish Leadership on the Question of Bombing Auschwitz", *Tradition* 19, 1981年,以及"Why the Death Camps Were Not Bombed", *American Zionist* 67, 1976年12月。

[2] Eliahu Matz, "Britain and the Holocaust", *Midstream* 28, 1982年4月,第59页;Levy, "Bombing Revisited",第219—220, 271—272页。

[3] "Proceedings of World Conference", *Congress Weekly* 11, 1944年12月1日,第15—16页,引自 Rafael Medoff, *The Deafening Silence*,纽约,1987年,第160页。

第三章 "抛弃犹太人"

处提出这个建议时,巴勒斯坦的领导人否决了它。该机构的英国代表们承认轰炸不大可能有效;他们之所以这样竭力主张,是看重其象征性价值。[1]

"美国战争营救委员会"的成员约翰·佩勒,是对所有的欧洲犹太人营救计划最热心的拥护者之一,他就在整个论辩过程中与那个建议保持距离:在10月份他转达了那个建议,"让它得到它本身或许配得上的考量";[2] 只是在奥斯维辛大屠杀停止之后的1944年11月,他才表示出有保留的赞成。所以,那个轰炸奥斯维辛的提议虽然于1944年夏在美国犹太团体之间疯传,但似乎没有从中获得任何支持。

约翰·J. 麦克洛伊否决了实施轰炸这一建议,他提出的理由被斥为是明显的谎言,意在掩盖对奥斯维辛苦难者命运的有意漠视。但至少有些理由看上去是合理的。当他写到"只有调遣大规模的空军才能执行这个轰炸任务,但他们现在都投入到其他地方的决定性军事行动中去了",这时正值诺曼底登陆之后,那个时候他们确实已经投入了战斗。确实有事例支持他的这个论断:"此类行动的效果将会……令人怀疑。"他的第三个理由,轰炸"可能会刺激德国人采取更具报复性的行为",就有些匪夷所思了。他的意思大概是德国人将会重新启用集中射杀的方式而不是"更具人性的"毒气室;也可能根本就无任何意义。也许他确实意在掩盖什么,但绝非麻木不仁。对他而言,要承认定点轰炸是骗人的鬼把戏是不可能的——它不仅是头等重要的战时神话,而且也为战后宏伟的空军扩张计划奠定了群众基础。未必不可能的一种最坏的情况是,几千名奥斯维辛犹太囚徒被害了,而杀人装置却未受到严

---

[1] Gilbert, *Auschwitz and the Allies*, 第279页。
[2] Wyman, "Why Auschwitz Was Never Bombed", 第40—41页。

重的损害，这不仅将危及那个神话，而且还会对那些负有责任之人的职业生涯造成严重的后果。麦克洛伊甚至可能也在担心那些囚徒。[1]

与奥斯维辛轰炸计划的流产紧密相关的诸多因素都晦暗不明，并很可能继续如此。但是目前广为流传的说法——一个被强烈要求但被愚蠢地抛弃了的卓有成效的机会——必须应付这样一种强大的可能性，即这个被犹豫地提出的建议是一个出自善意但相当拙劣的想法，我们或许会对它被否决了而感到庆幸。

大量营救行动的实际可能性甚微（在我看来），这和美国不作为所导致的结果相关，而和其道德品质无关。一个从各方面看都更加有力得多的救援计划可能降低总人数的大概1%，2%也是可信的。考虑到所涉及的绝对人数，这确实是一项颇有价值的成就。不幸的是，认为美国的努力付出所造成的影响总体上是微不足道的这一观念，可能抑制了政府官员（以及美国犹太人）的作为。本不应该是这样，但情况似乎是，只有当我们感觉到自己的作为能够产生很大的影响，我们才会有积极性。

如果实际的可能性更大一些，也许，同样的不作为还会占上风。我们无法知晓。无论最终它的作用有多大，在和救援相关的事务中总是

---

[1] 麦克洛伊被严重妖魔化了，以至于暗示他可能拥有某种德性都是危险的。他主要地是一名为官方意义上的国家利益服务的公仆。作为战后美国派驻德国的高级特派员，当他的使命——推进德国加入到西方联盟之中——要求他大赦纳粹战犯并由此触怒犹太人之时，他这样做了；当他的使命要求他敦促Konrad Adenauer在以色列赔偿问题上慷慨一些并由此将取悦犹太人之时，他那样做了。他对于轰炸奥斯维辛这一建议的行为已经计入了犹太人账本的红色条目中，但就如我已经表明的那样，这恐怕是大错特错了。有趣的是，大约在奥斯维辛事件前一年，他就曾反对过那个顽固的战争信息办公室，因为他想为公众提供一些军队攻击纳粹反犹主义的影片："如果有些人带着这些偏见加入到军队中来，它们将难以根除。"（见Richard Breitman, "The Allied War Effort and the Jews, 1942—1943", *Journal of Contemporary History* 20, 1985年, 第140页。）

第三章 "抛弃犹太人"

可以发现大量死气沉沉、冷漠无情、机械程式化的以及麻木不仁的现象。简言之,现代官僚国家所有的那些令人厌烦的特点。如果政府面貌焕然一新,我们当然会喜欢;但是期望它变好可不只是一个小小的乌托邦。乌托邦主义有其用处——坚持一个理想的标准;但是,在我们的思想中,至少有一部分应当尽力把标准类型和我们平常所使用的那些类型区分开来。

但是我们已经过于超前了,因为人们就美国政府(或美国非犹太人,或者美国犹太人)在大屠杀这一事件上的态度所发表的难听的道德评论,还依然有待以严肃的方式出现。作为一种普遍的现实,得在战争结束二十年多年之后才会出现,届时我们再考虑这个问题。在1940年代初期,在政府内部几乎没有任何一个人——在非政府工作人员中,犹太人或非犹太人,也没有任何一个——能够理解"抛弃犹太人"这一术语。动词"抛弃"有着非常明确的含义:无视现存的承诺或义务而撤回支持或帮助。营救受到威胁的外国平民是任何一个参与了全面战争的国家之义务,这一观念对于二战期间或战争刚结束那会儿的美国人来说,是陌生的。

在战争行将结束之时,几乎所有的美国人,当然包括绝大多数美国犹太人,都为美军在打败希特勒的战争中所发挥的作用而感到骄傲;无论是否合理,都为他们自己对战争所做出的任何一点贡献而自豪。那个我们现在称之为"大屠杀"的事件——在那时对于大多数人来说,似乎仅仅指那个杀害了五六千万人的世界性大屠杀中的犹太人部分——已经结束了,这得感谢美国及其盟友所付出的努力与牺牲。而如何处理大屠杀的后遗症以及紧随而来的这场战争的其他善后事宜,如今则提上了议事日程。

第二部分
战后岁月

第四章
"难民营已经实现了其历史目的"

第二次世界大战结束五十周年纪念活动的一个中心议题是美国人"直面大屠杀"时刻的姗姗来迟,在美军解放达考、布痕瓦尔德和其他恐怖的地方时。在1995年,美国人听到那一时刻,以前的无知、疑虑和逃避是如何被震惊所代替——美国人看到大屠杀真实状况,再也不能不承认这个事实了。回顾1945年春,一份颇有影响的新闻杂志在一期特别增刊中说:"当全美国都在吃早餐之时,大屠杀便出现在报纸上了。它从无线电广播声中噼啪传来。由国会成员和编辑组成的代表团从难民营回来后声明,之前的报道并没有夸大其词。纪录片也传递了相似的消息。"[1] 每逢周年纪念日,爱德华·R.穆罗来自布痕瓦尔德的令人敬畏的广播评论录音就被不断地重复播放。那些退伍军人在全国各地的纪念仪式上,详细地讲述了他们个人的经历以及在解放后的难民营中

---
[1] "Freeing the Survivors", *U. S. News & World Report* 118, 1995年4月3日,第63页。

所揭露出来的恐怖的大屠杀情景。美国邮政服务公司发行了一枚纪念邮票，它的原型是玛格丽特·伯克—怀特那张著名的照片——铁丝网背后一些骨瘦如柴的身影，并配有说明字幕："盟军解放大屠杀幸存者，1945年初。"

一时间，解放集中营已经成了美国人面对面遭遇大屠杀的象征。华盛顿大屠杀博物馆的叙述手法就是这样设计的，所以游客初次面对大屠杀，就可以重现美军当初看到那一堆堆骨瘦如柴的尸体以及那些同样瘦弱的幸存者时的感受。集中营解放者所见到的那些恐怖的图片——就好像中国谚语所言，百闻不如一见——是游客最初看到的东西。博物馆外墙的石头上镌刻着德怀特·艾森豪威尔将军的话：

> 我所见到的东西无法用语言来描述……关于饥饿、残暴和兽行的视觉证据和言辞证明……令人无法忍受……为了从现场获取关于这些东西的第一手证据，我特意去参观了一下，以防未来有人会指责这些控诉都仅仅是"政治宣传"。[1]

但是所有这一切关于美国人"遭遇大屠杀"的言论很容易让人产生误解。这不是美国人在1945年直接或间接所遭遇到的东西。

恐怖和震惊无疑是真实的。同样真实的是美国人对集中营最初反应的深度和广度。关于通讯兵所拍摄到的集中营照片的那个巡回展览令全美国人震惊。苏珊·桑塔格回想起，当她十二岁时在加利福尼亚看到那些照片时的印象："从未有任何东西……在一瞬间就把我伤害得

---

[1] Jeshajahu Weinberg 和 Rina Elieli, *The Holocaust Museum in Washington*, 纽约，1995年，第76页。

第四章 "难民营已经实现了其历史目的"

如此刻骨铭心……当我看着那一张张照片,有什么东西破碎了……我不由自主地伤心难过起来,但有一部分情感开始绷紧;有些东西死去了;有些至今依然在哭泣。"[1]

然而这其中没有一个遭遇过我们今天所理解的那个"大屠杀"。事实上,当时的报道、证词、照片以及新闻纪录片所呈现的一切,和人们在战时对纳粹主要针对第三帝国的政治敌手所实施的暴行之表述相一致。

"犹太人"和"犹太人的"这样的术语没有出现在爱德华·R.穆罗关于布痕瓦尔德的广播中,也未出现在玛格丽特·伯克—怀特对集中营照片的解说中。[2] 艾森豪威尔将军把那些地方——他希望立法委员和记者编辑都去参观参观——描述成"曾经关押政治犯的德国集中营"。这就是那些来自国会的访客的报道中所描述的集中营的状况;而报刊编辑们的报道则提及"政治犯、奴隶劳工和许多国家的平民"。[3] 基本上,所有新闻报道、图片解说和纪录片评论都以这种方式来描述那些受难者。《生活》杂志的一名记者这样描述他在达考所见到的受害者:"来自各个国家的男人,他们被希特勒政权当做纳粹的主要敌手而挑选出来。"《星期六晚邮报》则记述了那个"以那些敢于对抗纳粹政权的人……那些无意间冒犯了纳粹的人……那些抵抗阵营的成员(或者)那

---

1 Susan Sontag, *On Photography*, 纽约, 1977年, 第19—20页。
2 穆罗广播的整个文本在 Edward Bliss, Jr. 的 *In Search of Light: The Broadcasts of Edward R. Murrow, 1938—1971*, 纽约, 1967年, 第90—95页。参见 Margaret Bourke-White, *Dear Fatherland, Rest Quietly*, 纽约, 1946年。
3 艾森豪威尔给马歇尔将军的电报,引用于致参议院和众议院联合委员会代表的报告——当艾森豪威尔将军通过参谋长马歇尔将军而提出要求,该委员会以参众两院之代表的名义去调查德国集中营的暴行和其他情况。重刊于 *Cong. Rec.*, 第79届会议第一次分会, 1945年, 第91页, pt.4: 4577—4578; 众议院代表得克萨斯州的 Luther A. Johnson 关于"编辑对德国暴行的报道"的评论, 第79届会议第一次分会, *Cong. Rec. Appendix*, 1945年5月15日, 第91页, pt.11: A2307。

些不幸地生为犹太人的人"[1]为目标的灭绝计划。

因此并非没有提及犹太人。特别是在那些更加详细的报道中,包括了犹太人和其他受害群体并且往往指出犹太人的遭遇比集中营其余的大多数人都更惨。但是在关于解放集中营的报道中,没有任何东西表明犹太人不只是其他受害者之中的一部分;也没有任何东西表明集中营除了在总体上象征着纳粹的野蛮之外还能是什么;也就是说,这其中没有任何东西和现在人们常说的那个"大屠杀"有关系。

黛博拉·利普斯塔特在她的那本关于美国媒体和大屠杀的书中把这看成是选择性失明、不可饶恕的无知——或恶意之结果:

> 即便此时那些正目睹"最终解决"之严峻后果的记者们,也可能不大理解他们看到的是什么⋯⋯他们发现要向自己——和读者——承认他们看到的是什么,这很困难⋯⋯他们未曾把此时在集中营(在其中绝大多数幸存者都是犹太人)所看到的和"最终解决"联系在一起。[2]

这是认知上的失败吗?实际上,美国人在集中营所看到的多数受害者都不是犹太人。被美军从德国集中营中解救出来的人中,犹太人大概至多只占五分之一。《大屠杀百科全书》估计在布痕瓦尔德可能不足五分之一,而在达考则可能高于该比例;在其他集中营比例也不

---

[1] Sidney Olson, "Defeated Land", *Life* 18, 1945年5月14日,第103—104页;Ben Hibbs, "Journey to a Shattered World", *Saturday Evening Post* 217, 1945年6月9日,第84页。

[2] Deborah E. Lipstadt, *Beyond Belief: The American Press and the Coming of the Holocaust, 1933—1945*, 纽约,1986年,第254,256页。

第四章 "难民营已经实现了其历史目的"

一样。[1]东部屠杀营——其中所有的或者几乎所有的受害者都是犹太人——也在盟军到达或解放之前就被苏联关闭了,当时很少有美国记者和摄影师在场。如果在当时对达考、布痕瓦尔德和1945年春被解放的其他集中营的叙述中,犹太人未曾占有突出的位置,这不是因为恶意或麻木不仁,而是因为他们自身在被解放者之中确实还不够突出。[2]

一张照片可能胜过千言万语,如果你知道你看到的是什么的话。要不然,就会如《新闻周刊》摄影师什洛莫·阿拉德所说的那样:"你得用千言万语来理解一张照片。"[3]玛格丽特·伯克—怀特的照片(抓拍到了布痕瓦尔德那些消瘦的幸存者)如今诉说着、象征着"大屠杀";我们"看到了"犹太人。1945年人们在这些照片中所看见的非常不同——并非不正确。

毫无疑问,在1945年,确实有许多美国犹太人对解放集中营给出了更具"特殊主义"的解释,一个与此更加一致的解释在后来变成了权威。但即便在这里,我们也最好记住,一般而言,美国犹太人受美国的影响至少和受犹太思维方式的影响一样多。在亲历了毛特豪森的解放之后,一位名叫弗雷德·弗兰德利的记者给家乡写了一封信,他要求把

---

[1] 整体估计,见 Henry Friedlander, "Darkness and Dawn in 1945: The Nazis, the Allies, and the Survivors",见美国大屠杀纪念博物馆,*1945: The Year of Liberation*,华盛顿特区,1995年,第24页;关于布痕瓦尔德,见 Yehoshua Robert Büchler, "Buchenwald",《大屠杀百科全书》,纽约,1990年,第1: 254—256页;关于达考,计算的依据是 Barbara Distel, "Dachau",同上,第1: 343页。

[2] 在被解放的集中营中,犹太人的存在之所以可能被淡化了,还有另外一个原因,但这一个绝不会显示出对记者们的不信任。他们经常把法国犹太人当成法国人,把捷克犹太人当成捷克人,而不是犹太人,等等。很显然这些人在那里的绝大多数时候都是作为犹太人。但是在1940年代初期,把法国犹太人看成是犹太人而不是法国人这一做法似乎是搬用了希特勒的概念。只有纳粹才会否认法国犹太人是真正的法国人,等等。美国记者的用法是"反法西斯分子"。

[3] 引自 Moshe Kohn, "Biting and Clipping",*Jerusalem Post*,1991年1月4日。

它收藏起来，每逢赎罪日就给家人朗诵。这封信多次提到犹太人是特殊的受害者。他意识到，"如果没有美国，我们，我们中所有的人，都极有可能会在毛特豪森搬运花岗岩"，这其实表达了战争年代一种普遍的情感。但他后来则说，他已经"获准去参观我们人类的同胞兄弟姐妹曾经遭受的苦难……捷克人、犹太人、俄国人……来自十五个不同地方的人们"。[1]

随着集中营的解放，人们得以一睹这些罪恶之地，这最终会产生什么样的影响呢？最初的影响无疑是巨大的，但这能持续多久呢？和那个春季其他的备受瞩目的新闻相比较，它有多特别呢？布痕瓦尔德于4月11日被解放；4月12日罗斯福总统的突然离世使这个国家陷入悲痛之中。达考于4月29日被解放；前一天墨索里尼被处决了；第二天希特勒自杀了。毛特豪森于5月6日被解放；第二天德国无条件投降。欧洲战争一结束，太平洋战争就日趋激烈——美国人总是对此更感兴趣，在硫磺岛和冲绳岛发生了最为血腥的战役，美国参与其中。随后就是原子弹轰炸广岛、长崎和抗日胜利日。来自达考和布痕瓦尔德令人恐怖的照片所造成的影响真实而深远，尽管绝大多数人并没有一味强调犹太人作为受害者的特殊性。但是，把偶遇之事精选出来，并忽视所有那些通常会弱化其影响的重要新闻，这样一来，它所造成的持久的影响就容易被夸大。

在集中营解放四十年之后，沃纳·温伯格记述了人们描述他和其他曾被关押在集中营中的人时语言的变化：

---

[1] Friendly 的信件见 *Federation Voice*，罗德岛普罗维登斯，1987年，第2—3页。

第四章 "难民营已经实现了其历史目的"

就在战争结束那一刻,我们即成了"被解放的囚徒";在随后的几年中,我们被划归在"难民"或"流民"的范畴之中……在美国我们有时被仁慈地称为"新美国人"。随后在很长的一个时期内……幸运地,我们,作为一个群体,可以匿名地活着。但有一天我发现我已经再次被归为"幸存者"。[1]

在近来的美国人用法中,"大屠杀幸存者"这一术语有着非常明确的含义:它总是或几乎总是指纳粹屠杀计划中的犹太人幸存者。对于温伯格和其他人而言,这是一个伴随终身的名号,令人反感。

但是,从地震、海难中幸存下来的人,在一段时间之后就会回归他/她之前的身份,尽管灾难可能给他们留下了伤痕。然而,"大屠杀幸存者身份"则是终身的……这规定了我余生的身份。我已经被预留给那个我曾经经历过的大屠杀了,然而在我自己看来,我是一个之前曾经生活过、随后一直生活着的人。确实,我被彻底地改变过;但我从不觉得我已经加入了一个社团之中。应当被区别出来的人是非幸存者。把幸存者另分作一类只会加重我已经遭受过的伤害;这就好比佩戴着一颗新的小小的黄星……这是一个压迫性称谓,容易让人觉得这些称谓的承担者——对他人和他们自己而言——像是一个博物馆古董、一块古化石、一个怪胎、一个幽灵。[2]

---

[1] Werner Weinberg, *Self-Protrait of a Holocaust Survivor*,北卡罗来纳州杰弗逊,1985年,第150—152页。

[2] 同上。温伯格继而认识到一个危险,即"'幸存者'这样正式的归类,很容易让人利用幸存者这一身份来吸引注意、同情、敬畏……因为他人以同情而仁慈的态度看待幸存者,所以幸存者也会以这种方式来看待他们自己,这是一个很容易掉进去的陷阱。这可能会导致这一谬误,即利用幸存者身份来为一切缺陷和失败、为那些承袭下来的或平常形成的脆弱和缺点(无论是生理上的还是心理上的)充当遮羞布"。

战后最流行的称谓——"难民"（displaced person，或 DP）并非特指，而指称（无论由何原因引起的）迁徙的临时性状况。1945年5月8日德国投降之后，在德国和奥地利有一千多万难民，其中只有极少部分是来自犹太集中营的幸存者。1945年底之前，很大一部分已经被遣返回国了，但仍然有近两百万难民。这其中包括之前的战俘和那些不愿回到他们东部家乡的奴役劳工、已经被驱赶出欧洲东部的德意志裔人（Volksdeutscher）、在波罗的海和乌克兰的德国辅助机构人员及其家属，以及各色人等——他们因各种理由而宁愿选择待在德国难民营中过危险的生活，也不愿回到家乡妻儿的身边。

战后，德国的非犹太难民人数骤减，然而在战后一年半的时间里，犹太难民的数量则增加了，尽管在总人数中他们所占的比例依然不高。在解放后的最初几个月中，几乎所有的来自西欧犹太集中营的幸存者——和许多来自东欧集中营的幸存者一样，都回到了他们的原籍国。1945年底在德国的犹太难民大概不超过五万人。但在随后的一年中，人数大为增加——因为回到波兰的犹太人不仅发现他们的家乡已经全部被摧毁，而且还感受了杀气腾腾的波兰式大屠杀的恐怖气氛。对该犹太难民数量增长影响最大的一个因素是，那些在战争期间受到苏联庇护的波兰犹太人，他们在战后的波兰那犹太人墓地做短暂的停留之后，通常就继续他们的漫漫西行之旅。后来，有一小部分犹太人加入到这一旅程之中——他们是欧洲东部战争中的幸存者，打算去西部寻找新生活。到了1946年底，犹太难民（绝大部分在德国，小部分在奥地利和意大利）的数量大约有二十五万。[1] 大概这其中的五分之一是集中营

---

[1] 这里所给出的数据都是粗略估计。各种有着良好学术声誉的资料关于战后犹太人口迁徙的所有方面的看法都有很大的差别。

第四章 "难民营已经实现了其历史目的"

的幸存者,但是从某种不确切的意义上讲,他们全都是"大屠杀"的幸存者。[1]

近年来,"大屠杀幸存者"已经成了一个备受尊敬的术语,它所激发的不仅有同情,还有钦佩,甚至敬畏。得自他们的苦难遭遇,幸存者被认为并且通常被描写成是勇敢、坚韧以及智慧的楷模。这方面看法在1945年更为复杂,特别是在犹太人之间——从总体上看,他们是唯一的对此事做了全面深入思考的人。

在战后的岁月中,怜悯同情之感充盈人间,这不仅仅表现在言辞上,而且确实地为了幸存者的利益付出了巨大的努力。为了帮助他们,美国犹太人史无前例地做了政治动员并且给予了经济上的援助。毫无疑问,这其中就有诸多对受害者之勇敢与坚韧的赞美之词。但是与这些作为和普遍的同情相伴的,有些对幸存者特征的描述,会令五十年之后的读者感到震惊,如"行走的尸体"、"活着的死人"、"人类的残骸"。(当某个曾与犹太难民共事并对他们的生命力印象颇深的人质疑这些说法之时,他就被犹太社区的领导批判为"削弱感召力"。)[2]

另外一个议题则是,已经发生了某种扭曲的演化历程。塞缪尔·卢贝尔在《星期六晚邮报》上撰文写道:"对于欧洲东部的犹太人而言,无论从心理还是生理上看,纳粹毒气室构成了一种可怕的、变态的达尔文主义。长达六年的系统性的屠杀行动,通过一道可以称之为'非自然选择'的程序,孕育了一种奇怪的顽强的存活模式。"卢贝尔还说道,纳粹的迫害"让那为数不多的幸存者,磨炼了身体、磨砺了意志、历练了智慧……这些幸存者并不是最优者,思想并不是最高尚或最

---

[1] Leo W. Schwarz, "The Survivors and Israel", *Jewish Frontier* 33, 1966年,第11页。
[2] 同上,第8页。

通情达理,性情当然也不是最温顺,但他们是最顽强的一拨人"。[1] "通常,"一位当地的犹太人官员写道,"是'来自犹太贫民窟'的一拨人而不是上流社会或者白领阶层的人存活下来了……这个小偷或小偷的头子引领着其他人,或者发展出了生存的技巧。"[2] 美国犹太人委员会的一位高层领导从欧洲写信给在纽约的一位同事:"那些幸存下来的人不是最优者……而且绝大部分都是最底层的犹太人,他们凭借诡计多端和动物本能逃脱了那个悲惨的命运——而其他更加高尚的和更有才智的人则屈服于这种命运。"[3]

许多美国犹太人所持有的这种对幸存者的消极看法,在伊休夫甚至更加流行——在这个地方,由于多年的犹太复国主义意识形态教育,使得人们倾向于鄙视流散的犹太人。巴勒斯坦一位杰出的青年领袖说,对他而言,"对流散的犹太人的拒斥……如今变成了个人对他们的仇视。我讨厌他们,因为每一个人都会讨厌那个令他感到羞耻的畸形之物"。[4] "劣者存活"这一主题反复出现。未来的以色列将军戴维·什阿尔捷曾陪同一船的幸存者前往巴勒斯坦,他就相信"那些幸存者之所以能够存活下来,是因为他们是自我本位主义的,首先考虑的是他们自己"。[5] 而戴维·本—古里安则认为,幸存者之中还包括"这

1　Samuel Lubell, "The Second Exodus of the Jews", *Saturday Evening Post* 219, 1946年10月5日,第16—17,86页。

2　Ralph Segalman, "The Psychology of Jewish Displaced Persons", *Jewish Social Service Quarterly* 23, 1947年9月,第362页。

3　Morris Wadlman 给 John Slawson 的信,写信日期不详,但收信日期是1946年8月26日 (AJCommittee Papers, FAD-1, Box 80, Israel/Palestine Partition, AJC, 1937—1948)。

4　Moshe Tabenkin, 见 Yoav Gelber, "Zionist Policy and the Fate of European Jewry, 1943—1944", *Studies in Zionism* 7, 1983年春,第141页。

5　引自 Zahava Solomon, "From Denial to Recognition: Attitudes Toward Holocaust Survivors from World War II to the Present", *Journal of Traumatic Stress* 8, 1995年,第218页。

第四章 "难民营已经实现了其历史目的"

样一批人,如果他们当初不是那么的铁石心肠、道德败坏和自私自利,他们根本不可能存活下来——在那里的经历把他们所曾保有的好品质都祸害光了"。[1]

在美国和以色列,此类认知随着时间的推移消逝了,就如那个众所周知的恶意中伤的臆测那样——即认为那些幸存者可能是通过做一些为虎作伥的可耻行为而得以存活的。渐渐地人们意识到,谁能够从大屠杀中幸存下来基本上是由纯粹的偶然因素而不是由个人的品质所决定的:不曾在错误的时间处在错误的地方,不具有鲜明的犹太特征。再重申一遍,早期的那些认知虽然令人生厌,但是在美国和以色列这两个国家的犹太人中间,并未妨碍为他们而实施的大量的努力行动。

大屠杀和以色列建国仅仅相隔三年时间。所以,几乎不足为奇的是,许多人发现,在后流亡时代的犹太人历史中最糟糕的事件(对每一个人来说)和最好的事件(对许多人而言)之间,存在着某种直接的因果的甚至有机的联系。但是,这之间确切的联系究竟是什么呢?

被断言的联系通常是超自然的。对于许多传统犹太人而言,大屠杀和以色列建国这二者(和其他所有的事情一样)都是上帝神圣计划的组成部分,也许这是以不同的方式预示着救赎日的到来。今天绝大多数不那么传统的犹太人并不认同此类说法,以及说以色列是(或任何东西可能是)对大屠杀的神圣救赎这样的观念。但是存在某种联系或者因果关系的信念,依然广为人们接受。

---

[1] 引自Tom Segev, *1949: The First Israelis*,纽约,1986年,第138页。

大屠杀与集体记忆

一个经常被宣称的联系是，大屠杀"悲剧性地证明了"犹太复国主义的正当性。这种观点自1933年开始就被犹太复国主义者公开地宣扬，在战争期间又经常被提起，随后它又出现在1948年以色列的独立宣言中，自那时至今它就没完没了地被反复吹捧。当关于大屠杀之规模的恐怖消息在1942年开始出现之时，犹太复国主义的领袖们背地里曾屡屡提及这一担忧，即犹太复国主义可能已经被削弱，甚至变成多余的了。1942年9月，犹太事务局驻日内瓦的代表理查德·利希海姆写信给纳赫姆·古德曼：

> 在刚过去的五十年中所理解所宣扬的那种犹太复国主义的基础已经不复存在了……那时主要的依据是：在欧洲东部有四百万或五百万或六百万人需要并且想要在巴勒斯坦建立家园……如今，无论战后欧洲犹太人的确切数量会是多少……都不需要如此大规模的移民了。同盟国胜利之后，把这一小部分幸存的犹太人重新安置（在欧洲）将不成问题。犹太复国主义在刚过去的二十年来向世界所宣扬的那种观点已经过时了……这或许曾是安置欧洲犹太人的一个方案，但现在一切都已经太迟了……如果我们无法表明几百万犹太人需要它，或者更重要的，想要它，我们如何能够要求建立那样一个国家？[1]

哈伊姆·魏茨曼私下里也表达了这样一种担忧，随着欧洲东部绝大多数犹太人的被害，犹太复国主义已经失去了其存在的理由，因为要

---

[1] 重刊于 Henry Friedlander 和 Sybil Milton 主编, *Archives of the Holocaust: Central Zionist Archives, Jerusalem*, 纽约, 1990年, 第380—386页。

第四章 "难民营已经实现了其历史目的"

求建立国家的"依据是要尽快把大量的犹太人转移到巴勒斯坦——这一迫切的需要将不复存在"。[1]戴维·本—古里安曾私下里坦言,他不愿去思考这个令其无法入睡的"恐怖的前景":"犹太人的灭绝(意味着)犹太复国主义的终结,因为将无人去建造巴勒斯坦。"本—古里安的官方传记作者推测,这种对自己毕生之事业将会变得毫无意义之担忧,可能使他"有意或无意地……低估了那个悲剧的严重性"。[2]一位以色列历史学家写道:"大屠杀对犹太人建国之影响与公众的设想恰好相反。它差点就阻止了以色列国的诞生。"[3]

关于大屠杀和以色列建国之间,在所有的被断言的关系中,没有一个比这种观点反复出现的频率更高、更持久:世界各国之所以支持以色列建国是因为他们有罪过(曾是"大屠杀"的帮凶)。通常这类断言并没有理论依据也没有文献资料来支撑它们,而仅仅作为不证自明的真理被提出来。"我们现在知道",泰德·舒尔茨写道,盟军在大屠杀期间的不作为之罪过"在说服所有的大国同意创建以色列国的过程中发挥了极其重要的作用"。[4]另一位作者写道,西方世界"在1947年底通过投票而决定支持犹太人建立自己的国家,以部分地弥补他们曾作为纳粹大屠杀的帮凶这一罪过"。[5]戴维·霍洛维茨写道,大屠杀"在非犹

---

1 致Meyer Weisgal的信,见Aaron Berman, *Nazism, the Jews and Amercian Zionism, 1933—1948*,底特律,1990年,第107—108页。

2 Shabtai Teveth, *Ben-Gurion: The Burning Ground, 1886—1948*,波士顿,1987年,第854, 860页。参见Dina Porat, "Ben-Gurion and the Holocaust",见Ronald Zweig主编, *David Ben-Gurion: Politics and Leadership in Israel*,伦敦,1991年,第161页。

3 Evyatar Friesel, "The Holocaust and the Birth of Israel", *Wiener Library Bulletin* 32, 1979年,第59页。

4 Tad Szulc, *Then and Now: How the World Has Changed Since World War II*,纽约,1990年,第63页。

5 Eric Alterman, "West Bank Story", *Present Tense* 16, 1989年3—4月,第19页。

人中制造了一种负罪感"。[1] "西方世界的领袖,特别是美国的,"丹·拉维夫和尤西·梅尔曼写道,"无法逃脱这种罪责。一个羞愧的、内疚的战后的西方世界如今支持着犹太人在巴勒斯坦建立一个独立国家的这一要求。"[2]

无论西方国家的罪责是以色列国的促成者这一断言有多自信,出现的频率有多高,都是一个天大的错误。没有证据可以表明,那些支持以色列建国的国家中(为了实用目的,它们投票支持联合国1947年11月分而治之的解决方案),有任何一个国家是因为对大屠杀的"负罪感"而行动的。那个希望削弱英国以便在中东站稳脚跟的极其重要的社会主义阵营不是;那些贡献出了最多票数的拉丁美洲国家不是;那些提供了所需要的联合国三分之二多数票的其他国家也不是。最经常受到罪恶的帮凶之指控的盟国——大不列颠(在战争开始前它就关闭了前往巴勒斯坦的移民之路)就不赞成分而治之的方案。曾细致研究过联合国所有会议记录的以色列历史学家伊芙亚塔·弗里泽尔发现:

> 在这些国家所表达出来的意见中鲜有迹象可以表明大屠杀影响了他们的立场……那些(出席过联合国关于巴勒斯坦特别会议的)犹太复国主义的代表们仅仅间接提及了这个话题……假如

---

[1] David Horowitz, *Holocaust and Rebirth: Lectures Delivered at a Symposium Sponsored by Yad Vashem — April 1973*,耶路撒冷,1974年,第157页。

[2] Dan Raviv 和 Yossi Melman, *Friends in Deed: Inside the U.S.-Israel Alliance*,纽约,1994年,第22页。关于这类无处不在的断言的其他例子,见Jack Zipes, "The Paradox of New Anti-Semitism in Emancipated Europe", *Hungry Mind Review*, 1991年夏,第16页;美国—以色列总工会文化交流研究所比拉Seymour Siegel, *The Impact of Israel on American Jewry: 20 Years Later*,纽约,1969年,第23页;Abraham R. Besdin, "Reflections on the Agony and the Ecstasy", *Tradition* 11,1971年春,第66页。

第四章 "难民营已经实现了其历史目的"

> 有人认为,联合国成员的大多数都是从具体的利益和政治现实、而非任何的忏悔怜悯之情感出发来考虑巴勒斯坦问题,这也合情合理……如果超级大国之间的共识确实非常重要,那么附和苏—美的主张,就很正常也容易理解。[1]

实际上,并不是说这个决定需要某些诸如"罪责"之类特别的附加的解释,它本身就完全是一个理性的决定:有充分的理由投票支持它,而没有理由反对它,除了那些与阿拉伯世界有着特殊联系的国家之外。

那么美国的情况如何?尚未有证据可以证明,对大屠杀期间不作为的负罪感在美国政府对以色列独立国家地位的(犹疑不决的、态度矛盾的)支持中发挥了任何作用。如果说有任何一个美国政治团体可能会面临帮凶之指控,那就是国会和五角大楼,而它们却自始至终地反对分而治之。杜鲁门总统是关键的决策制定者,他否决了他的外交政策智囊们的意见,没有证据表明有任何一丝赎罪的念头曾经闪过他的脑

---

[1] Evyatar Friesel, "Holocaust and Birth of Israel",第55,58页。他关于大屠杀和以色列的诞生之间的联系的论证似乎获得了以色列历史学家的赞同。见Dan Michman, "She'erit Hapletah, 1944—1948: Rehabilitation and Political Struggle", *Holocaust and Genocide Studies* 7,1993年春。David Vital,犹太复国主义历史学家的领袖之一,就指责这种观点是"荒谬的":"现代以色列产生于,或者打个比方,降生于大屠杀——或许这是列强们扔给不幸者的一根骨头,这是一份姗姗来迟的忏悔和仁慈,想要弥补那些不幸者所遭遇的苦难。对战争刚结束时英国和美国的政策稍加研究便可以发现,这种说法极不符合事实。"("After the Catastrophe: Aspects of Contemporary Jewry",见Peter Hayes主编,*Lessons and Legacies: The Meaning of the Holocaust in a Changing World*,伊利诺伊州埃文斯顿,1991年,第348页注1。)一些反对大屠杀和以色列建国之间存在联系的意见具有意识形态意味。Shmuel Katz——一个伊尔根老兵,也是首相梅纳赫姆·贝京的顾问——就发现,把它们联系起来实属"滑稽",也贬低了"五十年来的政治史,以及那条滋润了(以色列)之根基,由汗水、鲜血和生命汇集而成的河流"之价值。而且,这个联系"和阿拉伯政治宣传中的一个持久的话题相一致——即以色列是西方列强为了弥补他们在欧洲大屠杀中的罪过而强加给阿拉伯的;因此阿拉伯成了'帝国主义'的替罪羊"。("The Holocaust and Israel", *Jerusalem Post*,1979年3月16日。)参见Benjamin Netanyahu, *A Place among the Nations: Israel and the World*,纽约,1993年,第29—30页。

海。这个时候,美国新教徒可能被期待在任何有关大屠杀的忏悔话语中都要率先垂范,但是如果有组织的新教教会在战后确实谈论过美国的罪责,也只是声明,它自己"由于对原子弹不负责任的利用……而感到深深的懊悔"。[1]无论如何,新教教会在关于建立一个犹太国家的事件上陷入了分裂。[2]天主教会(至少是天主教的媒体)总体上在面对这个想法时都较为冷淡。[3]

在战争期间和战争结束之后,犹太复国主义者偶尔还说过,美国,或者"西方",可恶地忽略了大屠杀,所以人们就要求建立一个国家以补偿这一过失。但是此类说法典型地是出自犹太人内部之讨论,它们几乎未影响公共舆论,这意味着此类言论并未指望取信于非犹太听众。[4]一小撮美国基督徒只是泛泛地提到一个犹太国——作为对整个基督教世界曾经的反犹主义罪疚的补偿(尽管未提及美国在大屠杀期间的不作为);但没有理由相信这些被散播的评论会引起广泛的共鸣。而且,

---

1 Federal Council of Churches 声明,1946年3月,见 Lawrence S. Wittner, *Rebels Against War: The American Peace Movement, 1933—1983*,费城,1984年,第126—127页。也可参见 Paul Boyer, *By the Bomb's Early Light: American Thought and Culture at the Dawn of the Atomic Age*,纽约,1985年。

2 见 Hertzel Fishman, *American Protestantism and a Jewish State*,底特律,1973年。

3 见 Esther Yolles Feldblum, *The American Catholic Press and the Jewish State, 1917—1959*,纽约,1977年,第55页。

4 Stephen Wise 经常发表这种看法。见他的 "United Nations vs. Mass Murder", *Opinion* 13, 1943年1月,第5页;美国犹太人大会商业和专业联合会新年信息, *Newsletter*, 1944年9月29日;世界犹太人大会协商会议上的演讲, *Opinion* 15, 1945年9月,第74页;致英美调查委员会声明, *Congress Weekly* 13, 1946年1月25日,第11—12页;"Our People's Future", *Opinion* 18, 1948年8月。参见 Israel Goldstein, "A Time for Penitence",见 Stephen S. Wise 主编, *Never Again! Ten Years of Hitler*,纽约,1943年,第81页。对这个概括(对美国的"共犯"这一词并未有煽动性地使用)的一个不完全而有些模糊的例外情况,是一些犹太报纸所发起的一个小小的倡议,其起因是 Collier 在1947年10月公开出版 Henry Morgenthau 那本日记中那段提到国务院是救援行动之阻碍的摘录。(Bruce J. Evensen, *Truman, Palestine, and the Press: Shaping Conventional Wisdom at the Beginning of the Cold War*,纽约,1992年,第113页。)但是在 Morgenthau 的文章中,并没有证据可以表明他意图利用这一点,无论如何,这没造成什么影响。

第四章 "难民营已经实现了其历史目的"

那些提及西方之罪过的非犹太人并非必然就会得出复国主义的结论。对罪过与补偿这一话题的最清晰的表述出自著名的报刊专栏作家多萝西·汤普森:"犹太人之救赎必有……一部分是来自基督教世界的忏悔行动。"汤普森在战争期间曾呼吁赋予犹太人无限制移民巴勒斯坦的自由,然而本人则成了战后美国最为著名的反犹太复国主义者之一,并担任亲阿拉伯的美国中东之友协会主席一职长达五年。[1]

那么,美国人为支持犹太人建国做了什么呢?首先,我们应该避免去夸大这种支持:大多数美国人对此并不关心。那些来自非犹太公民的支持犹太人建国的信件、请愿书和决议案"汹涌而来",装满了白宫和议会的邮袋,这是犹太复国主义组织的能量和那些持"为什么不?"观点的人(他们向这些人征集签名)之功劳。[2] 各种各样的论据在议会的论辩中提出(尽管它们几乎不是论辩,因为没有反对的意见)。人们无数次提到签署了贝尔福宣言的1922年国会决议案——它赞成犹太人的家乡在巴勒斯坦这一说法。据说基督教世界拖欠着犹太民族一笔长期的债务:

> 登山布道者是一个犹太人……这个犹太人,为了拯救那个邪恶的世界,自己痛苦地死在了十字架上……我们对犹太人应尽的古老

---

[1] Dorothy Thompson, "Why the Zionists Are Right", *Palestine* 2, 1945年2月, 还可以参见Louis L. Gerson, *The Hyphenate in Recent American Politics and Diplomacy*, 堪萨斯州劳伦斯, 1964年, 第154页; Peter Kurth, *American Cassandra: The Life of Dorothy Thompson*, 波士顿, 1990年, 第382—384, 422—429页。

[2] 在这方面,海外犹太人游说他们的同伴(即欧洲社会主义者和工会领袖)也产生了同样的影响。犹太劳工委员会的Emanuel Muravchik说其"形成了这样的印象,他们说,'好的,为什么不?我们不反对它,所以我们在[联合国]会投票支持它',对这个议题并没有……深厚的感情"。引自Menahem Kaufman, *An Ambiguous Partnership: Non-Zionists and Zionists in America 1939—1945*, 耶路撒冷, 1991年, 第271页。

义务……被最近的那些事极大地扩大了。[没有]那些著名的犹太博士……我们就依然没有原子弹；而没有原子弹日本就依然未被征服。[1]

犹太人值得被当作战时盟国来对待这一话题颇为盛行。犹太人应该有一个国家，"不仅仅是因为我们感激他们十年来与我们狠毒的敌人所作的斗争，而且也是对他们那五百万光荣的受害者致以敬意"。[2]然而"表面上看犹太人是攻击的目标……实际上我们所有人都是受害者"。希特勒真正的目标是"犹太—基督教传统……从他们无家可归、也毫无防御之中他发现了……在那个装备精良、组织良好的社会中最薄弱的地方，那里就是他进攻的地方"。[3]许多国会代表反复强调英国的罪责。这些幸存者"至今还活着，这仅仅因为艾森豪威尔、布拉德利和巴顿赶在他们被移送到焚烧场之前占领了德国……也许本该能够营救出一百多万人，但由于英国白皮书僵硬、悲催的运作而大打折扣"。[4]对于许多人来说，犹太复国主义计划有某些很美国式的因素。美国毕竟是诞生于反抗英国殖民主义的斗争之中。而对于《波士顿先驱报》的编辑（毫无疑问还有其他人）而言，犹太复国主义的事业似乎和"征服印第安人，以及一个落后的民族必然要让路给一个更加现代和更加

---

[1] 西弗吉尼亚众议院代表Matthew M. Neely之评论，第79届会议第1次分会，*Cong. Rec.*，1945年12月10日，第91页，pt. 9: 11743—11746。

[2] 伊利诺伊众议院代表Melvin Price对"德国的希伯来人"的评论，第79届会议第1次分会，*Cong. Rec. Appendix*，1945年9月18日，第91页，pt.12: A3924。

[3] Henry A. Atkinson博士，见加利福尼亚众议院代表Helen Gahagan Douglas关于"巴勒斯坦"的评论，第79届会议第1次分会，*Cong. Rec. Appendix*，1945年10月4日，第91页，pt.12: A4184。

[4] 康涅狄格参议院议员Brian McMahon对"犹太—巴勒斯坦议题"的评论，第79届会议第1次分会，*Cong. Rec.*，1945年9月28日，第91页，pt.7: 9244—9245。

第四章 "难民营已经实现了其历史目的"

务实的民族"并没有什么两样。[1]

但最为重要的是对幸存者之境况的同情——有时候人们会把这点与那些论据和其他支持犹太人建国的各种理由结合起来,有时候则是单独的。无论是根植于世俗人道主义传统或者基督教的博爱,或者仅仅是对那些苦难悲催无家可归的幸存者之本能反应,就如在其他地方那样,在美国,人们也急迫地想为他们做些什么。然而杜鲁门支持以色列建国的动机是复杂的——国内选举的考量、犹太朋友和同事不断的进言都是重要因素;自解放那天起他对幸存者真诚的关心是显而易见的。英美调查委员会和联合国巴勒斯坦问题特别委员会的成员造访了犹太难民营,显然地,他们被这次经历所感动。[2] 美国人以及其他人之所以支持犹太人建国,是出于道德的考虑,而非完全是出于政治的和地理政治的考虑,这不是对大屠杀本身的反应,更不用说是悔罪的表现,而是对幸存者之困境的关心。

以色列是整个世界为曾是大屠杀的共犯这一过错而赎罪——这个神话是如何发展起来的,这不大清楚。在最近几年中,忏悔的言论萦绕着大屠杀,我们已经听得够多,以至于我们都开始认为这种言论在1945年就风靡于世了。即便是像耶胡达·鲍尔这样一般小心谨慎的学者,也会写下这样的内容:当美国部队在征战法国和德国长达十个月之后看到死亡集中营的惨状之时,他们深深地感到内疚,"他们认识到,自由世界为阻止大屠杀做得太少了"。[3] 政治领袖们的回忆——认为大屠杀影响了政治决策——都是回溯性重建之产物,实际上在当时未曾有影

---

1 英美调查委员会成员 Frank Buxton,引自 Leonard Dinnerstein, *America and the Survivors of the Holocaust*,纽约,1982年,第96页。
2 见 Ilan Pappé, *The Making of the Arab-Israeli Conflict: 1947—1951*,伦敦,1994年,第28页。
3 Yehuda Bauer, *The Jewish Emergence from Powerlessness*,多伦多,1979年,第68页。

响。[1]人们对此的观念有一个明显的滑移过程,即从相信美国及其盟友是有罪的,到相信他们应该感到内疚,到相信他们必须感到内疚,再到相信他们确实感到内疚——这是一个牵强附会的演变历程。有些人似乎把对幸存者的同情和对大屠杀的内疚混为一谈(前者到处都是,后者则缺乏同时代的证据支撑),这是一个奇怪的等式。美国人对1994年卢旺达大屠杀或者对1988年亚美尼亚大地震的同情以及为受害者提供的援助,都不表明他们对制造这些灾难的事件感到什么内疚。那些灾难发生之后,在美国的援助拨款中,即便是较小的一笔,也比它为以色列建国付出的成本要高——后者费用为零。事实上,关于支持以色列建国的一个不大重要的论据是它可以节省美国纳税人的钱,因为这些难民将会离开美国占领区,这样就减轻了美国照看难民之负担。[2]认为以色列建国是忏悔的西方世界的补偿行为这一观念,有可能仅仅是为了引起一些人的道德和审美的情感而已。在某种不大确切的范围之内,就像许多神话一样,这个神话由于其有用性可能还在流传着:如果最初美国对以色列建国的支持,部分地是为了弥补它曾是大屠杀之帮凶这一罪责的话,那么,这个永远无法被完全取消的义务就要求不断地支持以色列。[3]

---

1 Clark Clifford 在1991年的写作中,记述了在白宫召开的一次重要会议,他在此呼吁美国要尽快承认以色列,因为和其他国家一样,我们也应当"弥补"大屠杀中的罪行。("Serving the President: The Truman Years—1", *New Yorker* 67, 1991年3月25日,第63页。)但是当时的记录,包括Clifford自己精心准备的他的报告的纪要,都根本未提及大屠杀,更别说"赎罪"了。(*Foreign Relations of the United States*, 1945, 华盛顿特区,1967年,第972—978页。)

2 见杜鲁门致参议员Walter George的信,见Robert J. Donovan, *Conflict and Crisis*, 纽约,1977年,第321—322页。

3 在这一段文字的初稿完成几天之后,我收到了来自美国以色列公共事务委员会(AIPAC)全体成员的请求信。"对于有良知的美国人来说,以色列是对在大屠杀中死去的六百万犹太人的庄严的承诺。因此在1948年美国是第一个承认以色列的国家……也因此自那时候起我们就已经是其最强大的盟友。保护以色列是一个荣誉和责任问题。"(强调字体为原文自带。)

第四章 "难民营已经实现了其历史目的"

这里有一个广泛流传于犹太人圈子的类似的神话,即美国犹太人——由于对他们的不作为而怀有负罪感,在战后变成了犹太复国主义者。爱德华·沙皮罗把犹太人对犹太联合募捐会(the United Jewish Appeal)的捐赠的大幅度增长归因于"他们的负罪感——因未曾尽力营救欧洲犹太人而产生"。[1]另一位历史学家写道,美国犹太人委员会那位非犹太复国主义主席在面对英美调查委员会之时,就要求准许幸存者前往巴勒斯坦,"证明他由于在营救欧洲犹太人免遭毁灭这一事件上做得很不够而良心不安"。[2]

美国犹太人在战争期间以及战后确实以前所未有的热情(最初是为无限制的移民巴勒斯坦,随后是为建国)而奔波忙碌着。这就是他们变成了犹太复国主义者的表现吗?对有些人而言可能是这样的。但是对于大多数人而言,这个"难民式犹太复国主义"或"应急式犹太复国主义",和犹太复国主义运动的传统支持者的世界观鲜有相似之处。这是一个能够为大屠杀幸存者做事的机会,愿意为他们做事,不是因为悔罪,而是,在战争期间,因为救援似乎是不可能的,而战后,则因为救援在之前显得不可能。这是为那个受挫的欲望——为欧洲犹太人做点什么——所提供的情感发泄的出口。

当"罪疚"这一术语在战后出现之时,它通常指不能够、而不是不愿意对救援施加影响。一位社区领导谈及他的支持建国的运动"减轻了他精神上由于没能够营救那六百万而产生的沉重的负罪感"。[3]筹款呼吁中的特色是这个标语:"这么多年过去了,如今……我们可以接近

---

[1] Edward Shapiro, *A Time for Healing*,巴尔的摩,1992年,第62页。
[2] Kaufman, *Ambiguous Partnership*,第208页。
[3] "This Is Our Home: America and Israel—Public Opinion Studies",1951年5月16日。(AJCommittee Papers, Box 252, Political Philosophy, 1949—1958, This Is Our Home.)

他们，我们可以帮助他们。"接着是："以前，我们只能无助地站在纳粹领土的边界之外等待着那一小部分人来投奔我们，如今我们可以主动走向他们，给予他们物质上的帮助，现在制约我们的不再是敌人的力量，而仅仅是我们自身慷慨的程度。"[1]

另一种罪疚——尽管，再一次地，并非对懦弱无为的忏悔——是对不配享有的安全和特权之内疚，即一种深刻的感受，可以称之为"幸存者的愧疚"（尽管是不必要的）。美国犹太人敏锐地意识到，只是因为地理环境这一偶然因素才令他们免于遭受欧洲同胞所遭遇的命运。在20世纪初的基什尼奥夫大屠杀期间，纽约一位意第绪语作家写了一首诗，该诗被阿瑟·赫尔茨伯格描述为"充满了愧疚和痛苦之情，因为在美国的他安然无恙，而他那些在欧洲的弟兄则身陷危难"。[2] 在第二次世界大战行将结束之时，类似的情感在美国犹太人之中非常普遍。

无论如何，我们也不应当夸大美国犹太人转变——即便是转变成"难民式犹太复国主义"——的速度或规模。犹太劳工委员会、圣约之子协会以及美国拉比（改革）中央会议在战争结束之后的两年多时间内都拒绝支持犹太人建国，直到美国政府批准之后才转变立场。[3]

其他的团体则有其他的考虑。（正统）正教以色列组织在联合国巴勒斯坦特别委员会面前阐述了犹太人建国的种种弊端之后，提出接受犹太人建国这个建议以换取遵守宗教仪式方面的让步，另一个重要的

---

[1] 底特律福利联合会执行董事Isidore Sobeloff的评论，见Martin M. Cohen主编，"Notes on Fund Raising"，*Jewish Social Service Quarterly* 22，1945年12月，第177页。

[2] Arthur Hertzberg, "Speaking the Reader's Language: How a Yiddish Magazine Has Stayed Alive"，*New York Times Book Review*，1992年12月20日，第14—15页。

[3] Kaufman, *Ambiguous Partnership*，第243，252—253页。

第四章 "难民营已经实现了其历史目的"

考量是担心如果正统派被指责阻挠这一计划的话,"上帝之名会被亵渎"。[1] 之前是非犹太复国主义、乃至反犹太复国主义的美国犹太人委员会在最终决定支持犹太人建国之前权衡考虑了多个方面的因素。一位名叫弥尔顿·希默尔法布的工作人员,讲述了美国犹太人委员会在1946—1947年之所以会转变它对犹太人建国的一贯反对立场的两个理由:

> [转变的第一个理由是,]犹太难民的绝望境地以及移民到除巴勒斯坦之外其他国家的机会[之渺茫],都会令反对分治的意识形态立场变得不如从前那么重要,如果不是简直不人道的话。这和一种真实的恐惧密切相关,即犹太国之建立所可能引发的任何政治邪恶相较于可能有的灾难性后果——[比如]在他们营地中的犹太难民很可能会起义[和美国部队发生冲突]——都是微不足道的……
>
> 第二个理由是,很明显,不建国的后果可能会比建国更加糟糕。巴勒斯坦的恐怖分子活动,以及他们的支持者在这里装腔作势、信口开河……使得一部分美国犹太人委员会成员怀疑一个犹太国家是否是最大的敌人。他们渐渐觉得,犹太人建国之后,纽约的日报至少不会再尖叫地把大卫王酒店的爆炸和英国士官被绞刑当作头条新闻了;总之,"邪恶的终结总比邪恶的无止境要好"。[2]

---

[1] Menachem Friedman, "The State of Israel as a Theological Dilemma",见 Baruch Kimmerling 主编,*The Israeli State and Society: Boundaries and Frontiers*,纽约州奥尔巴尼,1989年,第184页。

[2] Milton Himmelfarb to members of Staff Committee on Palestine and AJC Programs, "AJC Position on the Jewish State", 1947年12月31日(AJCommittee Papers, FAD-1, Box 78, Staff Meetings, 1947—1948)。

因此，各种不同的考虑促使各色美国犹太人为在巴勒斯坦建立一个犹太国而四处奔波。在其中，是否有一部分人是因为悔罪（因相信他们过去没有尽力去营救而感到内疚）而行动的？也许有吧——但是，没有证据证明这类感情是普遍存在的或者是有影响的。就像一般而言的美国的罪过这个观念，很大程度上都是回溯性建构之产物，也是玩弄罪责这一想法的产物。好比那个更加流行的神话那样，它也可能是这一认知的产物——即悔罪这一观念对于持续的动员是有用的。

尽管也有各种其他方面的考量因素，对于美国犹太人委员会和其他的犹太组织以及大部分美国犹太人而言，最终地，犹太难民的需求和对幸存者的同情才是决定性的。无论如何，并不是美国犹太人"变成了犹太复国主义者"。确切地说，幸存者对新的家国之渴望压倒了一切，它让美国犹太人中的关键部分与反犹太复国主义划清了界限，不久之后，后者作为一种重要的思潮便消失于美国犹太人的生活之中。

在无数的说法中，幸存者才是把大屠杀和以色列立国这二者挂起钩来的不可或缺的中项。对于绝大多数人来说（联合国中的各国政府以及各民族，全世界的犹太人），这实质上是一种自发的同情之感，以及一种自发的想要尽可能地帮助他们重建家园的尝试。但是，幸存者所发挥的作用并非全是自发的——最引人注目的是，在巴勒斯坦及其他地方，犹太复国主义的领袖们利用他们来实现复国主义的理想。和其他人一样，这些领袖们也很真诚地在关心幸存者，但与这种关心共存的，是一种或多或少的敏锐的意识，即该如何利用他们来为复国主义工程效力。

自希特勒上台伊始，本—古里安以其传记作家所称的"他的感谢灾难……的哲学"为行动指南，所以他强调"我们的兴趣是利用希特

第四章 "难民营已经实现了其历史目的"

勒……来建设我们的国家";"苦难越深重,犹太复国主义的力量就越大"。[1] 1942年10月,他告知犹太复国主义的执勤人员:"灾难就是力量,如果把它引导到一个富有成效的行动方向之中去的话;犹太复国主义的总计谋就是它知道如何不把我们的灾难导向绝望或堕落——如在那些流散的犹太人之中的情况那样,而是把它变成一种具有创造性的和可资利用的资源。"[2] 美国犹太复国主义领袖阿巴·希勒尔·锡尔弗在战争期间告知观众,曾经有两艘方舟陪伴着犹太儿童穿越大沙漠抵达应许之地。"信念方舟"承载了律法的石碑,"死亡方舟"承载了犹太祖先约瑟的肉身。锡尔弗说,如今,另一艘死亡方舟——它运载着被希特勒所杀害的几百万犹太人,"正带领我们……越陌度阡通往巴勒斯坦"。[3]

伊休夫在战争期间所能够做的此类极小的救援努力,毫无疑问代表着一种尽力而为的真诚尝试。但是其动机也包括一种担心:那些幸存下来的人可能会不在乎犹太复国主义,如果后者不在意他们的话。当一位欧占区空投使命团成员——其最著名的成员是汉娜·森内什——问本—古里安他们的核心任务是什么之时,他答复"犹太人应当知道以色列这片土地是他们的国土和根据地",他们的使命就是确保那些幸存者"会一起去敲响巴勒斯坦那扇紧闭的大门"。[4]

1　Shabtai Teveth, *Ben-Gurion: The Burning Ground, 1886—1948*,第850页。

2　同上,第853页。

3　Aaron Berman, "Rescue in the Opening Rounds of the American Jewish Conference", *Holocaust Studies Annual* 1,1983年,第138页。

4　Yehiam Weitz, "The Positions of David Ben-Gurion and Yitzhak Tabenkin vis-à-vis the Holocaust of European Jewry", *Holocaust and Genocide Studies* 5,1990年,第1995页。一个摩萨德特工于1944年在君士坦丁堡警告说,指望幸存者在战后会给予支持是不现实的,除非加大救援的努力。否则,"他们的指控将会蜂拥而来,令人痛苦不堪,伊休夫必将永远无法从中摆脱出来"。(引自 Dalia Ofer, *Escaping the Holocaust: Illegal Immigration to the Land of Israel, 1939—1945*,纽约,1990年,第205页。)

在兰兹伯格难民营获得解放之后，本—古里安对犹太幸存者发表了演讲，他告诉他们：

> 你们将在未来的斗争中发挥决定性的作用。我知道你们经历过什么，这样要求你们实属不易。但你们必须这样做，因为你们是一个极为重要的因素。你们不仅仅是一群贫困的人，也是一支政治力量……你们不应该凭主观臆想而应当从犹太民族的立场出发去看待你们自身。[1]

伊休夫的特使有意地把在德国美占区中的犹太幸存者作为关注的焦点，以便让美国去敦促英国准许他们前往巴勒斯坦。对非法移民的募集被转移到了相对完善的犹太社区，这样难民营可以继续施加压力，而伊休夫又可以得到壮大。总体说来，帮助幸存者只是非法移民的次要意图。借用以色列历史学家安妮塔·沙皮拉的话来说，它"首要的是一个为了犹太国家而战斗的战场"。[2] 并且这很大程度上是一个公共关系的较量。出埃及号远航船——满载着大量的幸存者，他们最终又被送回到了德国——是这场战斗中最伟大的胜利。船长相信让这些游客在巴勒斯坦海岸登陆是可能的，但是他的想法被同船的上级摩萨德代表否决了：目标是"向全世界展示我们有多么的贫困、多么的弱小和多么的无助，而英国政府是多么的残酷无情"。[3]

---

[1] 引自 Leo W. Schwarz, *The Redeemers: A Saga of the Years 1945—1952*，纽约，1953年，第51页。

[2] Anita Shapira, "The Holocaust and World War Ⅱ as Elements of the Yishuv Psyche until 1958"，见 Alvin H. Rosenfeld 主编，*Thinking about the Holocaust*，印第安纳州布卢明顿，1997年，第76页。

[3] Michael J. Cohen, *Palestine and the Great Powers: 1945—1948*，普林斯顿，1982年，第254页。

第四章 "难民营已经实现了其历史目的"

在难民营中,伊休夫的特使组织了幸存者的活动——至关重要的是,这些难民向英美调查委员会和联合国巴勒斯坦特别委员会出示了他们希望去哪里的证明。结果就是支持犹太人建国,这多令人满意。78 在联合国的调查中,超过97%的难民都答复说巴勒斯坦是他们的目标。许多人还写道:"第一个选择,巴勒斯坦。第二个选择,焚烧场。"[1] 巴勒斯坦是许多难民的第一选择,而偏好其他选择的幸存者则常常心甘情愿地把自己的真实意图隐藏起来。[2] 但是他们还有一些外援。犹太事务局的外交使节向母国汇报说,他们已经成功地阻止了听证会上"不受欢迎的"证人证词的出现。其中一位写信给他巴勒斯坦的女友说:"我们应当经常更换风格和笔迹,这样他们才会认为是那些难民在填写调查问卷。"[3]

结果,大约有三分之二的幸存者自欧洲去了巴勒斯坦(以色列),三分之一去了美国。至于这在多大程度上代表着一种自发的选择则存在争议。露西·达维多维奇曾在难民营与难民们共事过,她说关于"如何施加压力反对移民至除巴勒斯坦之外的其他地方"这事她很清楚。她尖锐地评论道,"犹太复国主义者相信'只要目的正当,便可不择手段',政治目标高于人道主义需要"。[4] 似乎清楚的是,存在着诸如此类的压力,有时候甚至是强迫。但压力有多大,以及它在多大程度上影响

---

[1] Michael J. Cohen, *Palestine and the Great Powers: 1945—1948*, 普林斯顿, 1982年, 第101—102页; Lubell, "Second Exodus", 第86页。

[2] 许多曾信誓旦旦地声称"要么巴勒斯坦,要么死亡"的难民领袖们,他们自己都选择了美国。(见 Abraham S. Hyman, *The Undefeated*, 耶路撒冷, 1993年, 第378页。)

[3] Ilan Pappé, *Arab-Israeli Conflict*, 第27页; Zeev Tzahor, "Holocaust Survivors as a Political Factor", *Middle Eastern Studies* 24, 1988年, 第442页。

[4] 致编辑的信, *Commentary* 34, 1962年8月, 第168页。

了结果,则远非清楚明了。[1]可行的选择之时机重要得多。耶胡达·鲍尔就觉得,如果美国移民早些开放,或者以色列建国被推迟了,那个比例很可能就会倒转过来,即仅有三分之一会选择以色列。[2]

到了以色列建国的时候,一些犹太精英对德国的难民问题产生了某种厌倦情绪。查普林·亚伯拉罕·克劳斯纳,是一位激进的犹太复国主义者,曾和犹太幸存者共事过,并且在更早的时候对他们还较为同情,如今他也敲响了警钟:

> 绝大多数人都无所事事……卷入黑市的人至少有30%。这还不包括那些在(可以称为)"灰市"之类或者基本食物市场上交易的人……道德败坏的人急剧增加。几乎不存在一种人们坚守的道德标准。没有什么东西是错误的,没有什么东西是不被宽恕的,无论有多么严重,耸耸肩膀或者来一句套话,"他依然是一个犹

---

[1] 巴伐利亚共同分配委员会的董事据说曾谈及"恐怖主义",他大概有些夸大其词地说,如果犹太难民说不想去巴勒斯坦,那么他们将付出生命的代价。(Pierce Williams致Harold Glasser的信,1948年7月27日,AJCommittee Papers, GS 10, Box 133, Immigration, 1948—1949, DPs, Screening。Williams报于了他和Samuel Haber的一次会谈。)William Haber是美国军事机构的官方犹太顾问,他曾向国内的犹太组织报告说,当一位美国上将反对拙劣的征兵方法之时,他让这位上将确信极可能是那个报道"夸大其词了"。他接着说,"幸运的是,哈罗德上将尚未知晓所有被采纳的方法"。("[1948年]4月13日和20日与……哈罗德上将的会谈纪要",见Haber Papers, Box 51, Reports of Adviser。)在另一则报道中,Haber说至少在一开始,压力是"较为粗鲁的,它通常反映了这些人从其压迫者那里学来的技巧"。(1948年6月10日报告,AJCommittee Papers, FAD-1, Box 33, Germany, West, 1949, Haber Reports。)美国难民委员会委员Ugo Carusi就埋怨"犹太复国主义者曾提交过关于那些达到参军年龄的男子的诽谤性的、不真实的故事——他们想设法去美国而不是去巴勒斯坦,是因为抱着这样一个希望,即被美国拒绝反而可以前往巴勒斯坦"。("与Ugo Carusi的电话访谈记录,1948年9月21日",附在Max Isenbergh于1948年9月21日致Joel D. Wolfsohn的信中。[AJCommittee Papers, GS 10, Box 124, Immigration, Septermber 1948.])

[2] Yehuda Bauer, "Jewish Survivors in DP Camps and She'erith Hapletah",见*The Nazi Concentration Camps: Proceedings of the Fourth Yad Vashem International Historical Conference*,耶路撒冷,1980年,第503页。参见Bauer,*Jewish Emergence*,第66—67页。

第四章 "难民营已经实现了其历史目的"

太人"……这意味着……被解放的集中营受害者已经受苦很多年了……急需康复。事实并非如此……绝大多数人都不是集中营受害者……依目前的形势看……我们可以预计大概有30%的人[在那时候依然留下来的人中]将会去巴勒斯坦……

必须强制他们去巴勒斯坦。他们尚未准备好去理解自己的地位或者未来的前景。对他们而言,美元就会逐渐变成最伟大的目标……犹太社区整体上[必须]转变自身的政策,而不要老是给难民创造舒适条件——尽可能让他们不舒适……必须牢记我们是在和一个病人打交道。别去问他们,而是告诉他们该干什么。在不久的将来,他们会感谢我们。[1]

在一次犹太人团体为商讨克劳斯纳的报道的会议中,与会人员对他的图片是否过于夸张这一点存在争议,并且不支持他要求使用强力这一建议。然而,大家都意识到道德败坏和黑市活动的猖獗,都认为应当为那部分不想去巴勒斯坦的犹太难民做些事情,在当时看来,也不像能够打破那时正在实施的美国移民限制条例。纳赫姆·戈德曼叙述了一个令其他人会产生共鸣的话题:

难民,一般而言,并不代表今天以色列地(Eretz Yisroel)所需的最佳人选……为该国利益计,我们必须选择那些更加合适的人选,年轻的、有意愿的人们,而不是那些必须被强迫的人。除此之外,难民也不再能够为巴勒斯坦提供任何的政治合法性。这个观

---

[1] Abraham Klausner报告摘要,1948年5月2日,AJCommittee Papers, GS 10, Box 125, 1948年5—6月。

点不会再给马歇尔将军留下什么印象了,因而从犹太人建国这个角度看,这就是一个和政治无关的东西。我们已经处在一个野蛮阶段,在此,国家利益高于一切。

除了那些丧失工作能力的之外,那些不愿去巴勒斯坦的难民理应被赶往德国经济中去。"说难民会抵制'振兴德国'这一托词在这个不大体面的形势下不再被人们接受了。"[1]

威廉·哈伯,当时是美国军事机构官方犹太顾问,在以色列建立之后立刻就写了一篇文章,在其中他反复地说到了难民曾经发挥的作用:"难民营,包含最引人注目的犹太人集群,迫切要求一个新的家,由此已经发挥了他们的历史作用——即强调建立犹太人国家之需要。"而今后,"为了他们自己的利益",也必须让他们对自己的未来有一个务实的看法。[2]哈伯的副手亚伯拉罕·S. 海曼少校也表达了类似的看法:

> 通过把无家可归的犹太人和他们对家园之渴望戏剧化,难民营发挥了其历史作用……严重怀疑犹太难民是否可以继续充当一个压力集团……巴勒斯坦那些问题的解决不会考虑欧洲难民问题的存在与否……如果难民作为一个压力集团永远存在,那么不仅以色列和犹太难民不能指望从中获益,而且恰恰相反,这个

---

[1] 犹太人合作组织讨论拉比Abraham Klausner所提出的关于难民处境之建议的会议(1948年5月4日),AJCommittee Papers, GS 10, Box 125, 1948年5—6月。Stephen Wise不同意Goldmann的建议,特别是那个要求难民进入德国经济的建议。

[2] 给美国犹太人会议的Meir Grossman的信,1948年6月10日,见Abraham J. Peck主编,*The Papers of the World Jewish Congress, 1945—1950, Archives of the Holocaust* 第9卷,纽约,1990年,第326页。

第四章 "难民营已经实现了其历史目的"

群体如此的复杂,以至于它毒害了非犹太人的思想并催生了排犹主义。[1]

尽管有更多的幸存者会去巴勒斯坦,还是有越来越多的人前往美国——最终有十多万人在此获得庇护。但无论是他们当初的到来,还是他们许多年中的表现,都对激发美国人对大屠杀的兴趣作用不大。

由于严苛的移民法依然有效,而且公共舆论几乎异口同声地反对废除它,要把大屠杀幸存者带到美国来需要特别的努力。这些努力的细节在其他地方被详细叙述过,在此不复赘述了。[2] 就我们的目的而言,关于这一过程的少许几个方面的信息特别适用,它们都致力于反对将美国人的注意力集中于大屠杀之上。

第一个方面是那个服务于幸存者移民事务的计划项目由非犹太复国主义者所承担,这些人通常有德国犹太人背景——在美国犹太人中他们是最不倾向于强调犹太人特性的一群人。在战争刚结束之时,面对那个有待讨论的要求批准十万名犹太幸存者前往巴勒斯坦的建议,甚至那些非犹太复国主义者也在拖延移民美国的工作,唯恐这类行动会妨碍幸存者们在巴勒斯坦的定居计划。1945年,主要是由于对幸存者的同情所促动,杜鲁门总统一方面敦促英国准许十万名犹太难民前往巴勒斯坦,与此同时还发布了一道准许难民进入美国的紧急移民指

---

1 "关于欧洲犹太难民问题的陈述以及如何处理的梗概",日期不详,但它出自国内的证据(该证据是在以色列建立之后不久出现的),见 Haber Papers, Box 54, Germany, Reports of Advisers to Gen. Clay.

2 特别参见 Leonard Dinnerstein, *America and the Survivors of the Holocaust*,纽约,1982年。除非有其他的记录,否则本节的信息来自 Dinnerstein 详尽无遗的工作。

令。(最终,有超过四万名难民由于该指令而来到美国,其中大概有三分之二到四分之三是犹太人。)美国的犹太复国主义者难以组织一场反对人道主义指令的运动,但是,他们对把注意力从巴勒斯坦转移开的任何举动都很冷淡。[1]

1946年,当发现英国在短期内不大可能准许十万名犹太人前往巴勒斯坦之时,反犹太复国主义的"美国犹太教委员会"以及非犹太复国主义的"美国犹太人委员会"的领导都决定得为难民争取特别移民立法。游说活动所需要的百万美元预算中的三分之二是由那个美国最著名的反犹太复国主义者莱辛·罗森沃尔德的家族所捐赠。该运动发起者的目标是接纳十万名犹太幸存者。但是,在立法中详细说明入境者的宗教信仰是不可取的并且也和美国的传统相悖,既然犹太人估计占所有难民的25%,那么他们所敦促实施的法律在四年之内就将吸纳共计四十万名难民。为了达到这个目标,难民事务公民委员会便成立了——它表面上与宗教派别无关,但实际上大部分资金和人员配备都来自犹太人。

由于它想要的那种立法的性质、所建立的那个普世教会联盟,以及企图在国会和其他地方避开反犹主义对该议案的反对,难民事务公民委员会(CCDP)——无论论它的倾向是什么,都刻意轻视难民之中犹太人的存在价值。在这个过程中,它又进一步强化了这一倾向,即在叙述纳粹主义受害者之时运用笼统抽象的而非明确具体的概念。CCDP的公开出版物通常都把难民人口当作一个整体描述为集中营幸存者,但其实他们又不是。人们经常说至少有四分之三的难民是基督徒。美国犹太人委员会的一位官员这样描述他们所想要的那种宣传报道:"它把非

---

[1] 比如参见Theodore N. Lewis, "Men and Events", *Opinion* 16, 1946年2月,第14页。

第四章 "难民营已经实现了其历史目的"

犹太人的或者是那些计划在除了纽约或芝加哥之外其他地方定居的人作为典型故事。"[1]CCDP一位犹太裔成员在看到《纽约每日新闻》上一张摄有一对貌似犹太人夫妻正在登岸的照片之时反应沮丧:"应该有所行动以缩减或者完全消除[这种]类型的报道……为了让人们理解难民不全是犹太人这一观念我们已经花费了几千美元,如果我们还继续看到这类照片……我们的运动——公共关系方面——就将彻底完蛋。"[2]

在反移民之风盛行的年代里,任何一类难民提案的通过都是一种胜利。在某种程度上,这场运动的"普世教会"之本质已经获得了成功。一位共和党议员抱怨"他在家乡街道上散步,总会遇到像诸如他的银行家、屠夫或者前主日学校的教师把他叫住说:'议员,为何你不是一名好的基督徒?为何你和难民作对?'"[3]但是那部最后于1948年出现的法律包含了若干条如下倾向的条款——和其他群体相比,犹太难民被置于不利的地位,以至于杜鲁门不大情愿地签署了这个法案。然而最终结果是,该法律在实施过程中克服了那些对犹太难民的歧视性条款,随后那些条款在1950年的修正案中被删除了。到了1950年代初,大约有十万名幸存者来到了美国,后来数量有所增加——好些在一开始去了以色列的人,后来又来到了这里。

到来之后,大屠杀幸存者并不那么显眼,甚至在美国犹太人中也是这样。他们总体上还很年轻,刚开始学习英语,而且还要集中精力去重建他们的生活。有一些分散在美国各个地方,而大多数都定居在城市

---

[1] Selma Hirsh致Louis Neikrug的信,1946年4月26日,AJCommittee Papers, GS 10, Box 148, Refugees, 1945—1950年。

[2] Leo J. Margolin致George Hexter的信,1947年4月16日,AJCommittee Papers, GS 12, Box 29。那张有争议的照片出现在1947年4月2日 *New York Daily News* 上。

[3] 议员Alexander Wiley,引用于Dinnerstein的 *Survivors*,第147页。

犹太社区之中,尤其是在纽约;至少在初期若干年中,他们都独来独往,除了接受救助之外很少和现存的犹太社区组织打交道。

据说幸存者的记忆是那么令人痛苦,以至于他们都在尽力抑制这些记忆,只有在多年之后才敢于诉说他们曾经的遭遇。无疑这通常是真实的,但是大量证据表明,许多人愿意(事实上是很想)讲述他们的经历,却故意不这么做,除非是在他们自己的圈子之内。以色列和美国的幸存者都发现听众不大愿意聆听他们的苦难经历。根据伊思利尔·古特曼的说法,巴勒斯坦犹太人是带着一份"不得不具有的耐性"去聆听幸存者的故事,这份耐性也很快就耗光了。[1]美国一位幸存者回想起他姑姑的教导:"如果你想在美国有朋友,就别老是讲你的经历。没人对此感兴趣,如果你要讲,第一次他们会听,然后下一次他们就会怕和你见面了。再也不要去讲了。"[2]在某种不确知的范围之内,幸存者的沉默是对"市场"之顾忌的反应:很少人对此感兴趣。(三四十年之后,随着需求的增长供给也增长了。)

但是情况比心照不宣的考量还要复杂。幸存者总是被告知——在美国和巴勒斯坦又都是一样——他们应该向前看,而不是向后看;尽可能地忘记过去并继续建设新生活,这才是他们的利益所在。1947年,犹太慈善联合会的一则广告讲述了一个"典型的"被记忆所困扰的难民家庭的故事,并总结说:"他们应该去巴勒斯坦,或美国,或英国,或其他某个地方,在那里他们能够忘记过去。"[3]美国犹太人或在伊休夫的犹太人就已经对这个在后来成了陈词滥调的想法——即幸存者的记忆是

---

[1] Israel Gutman, "Remarks on the Literature of the Holocaust", *In the Dispersion* 5/6, 1966年春,第127页。

[2] 引自 William B. Helmreich, *Against All Odds: Holocaust Survivors and the Successful Lives They Made in America*,纽约,1992年,第38页。

[3] 同上,第49页。

第四章 "难民营已经实现了其历史目的"

值得珍藏的"宝贵的遗产"——表示过怀疑。事实上,幸存者在1940和1950年代所接收到的信息与他们在1980和1990年代所接收到的信息存在着怪异的对称性。早些时候,他们被告知:即便他们想要讲述大屠杀,也不应该这么做,这对他们有百害而无一利。后来,他们被告知:即便他们不想讲述"大屠杀",也必须这么做,这对他们有百利而无一害。在这两种情况下,都是其他人知道什么是最好的。

帮助难民重新在美国定居的行政部门的头衔意味深长:"新美国人联合服务处"。当然这种对摒弃过去的强调在巴勒斯坦甚至更加严重。在前面章节中所提及的那两名幸存者中,沃纳·温伯格,在美国,依然是沃纳·温伯格;而那个新生的以色列人什洛莫·阿拉德则早已孕育出了曼弗雷德·戈德堡。

就像在以色列那样,在美国,幸存者的融合过程就是一个把大屠杀扔进历史之中的问题。一位重量级美国犹太人官员说,难民必须被照看好,因为他们代表着"在反对希特勒种族思想的战争中的未尽之义务"。[1] 照看幸存者连同以色列国之建立意味着清理掉那个最近才终结的冲突之遗留问题,这显得尤为紧迫,因为新的冲突如今又开始出现了。

---

1 Adolph Held, "Community Relations Aspects of the DP Problem",全国社区关系咨询委员会1947年3月全体会议上的致辞(NCRAC Papers, Box 2, Plenary Sessions, 1947年)。

第五章

"那是过去,而我们必须应付今天的事"

到了1940年代后期,乃至整个1950年代,在美国的公共生活中,谈论大屠杀都成了一件尴尬的事。这不是因为有部分美国人在想到他们对大屠杀的反应时有任何的羞耻或负罪感——如许多人所声称的那样。确切地说,这是世界联盟的革命性变化所导致的结果。这些变化要求美国在意识形态上做出影响深远的调整,在此之后,谈论大屠杀不仅仅毫无益处,而且还会被看成是有意作梗。

在二战期间,纳粹德国普遍被认为是人类邪恶与堕落的化身。(日本,作为"次人类",属于另一个类别。)来自解放集中营的报道,尤其是照片,则强化了这种观念。确实,它们回溯性地为界定战争的意义提供了象征物。艾森豪威尔将军安排了所有有空闲的部队去参观了解放集中营,他说:"我们被告知美国大兵不知道他们为了什么而战。现在,他

第五章 "那是过去，而我们必须应付今天的事"

们至少会知道是为了反对什么而战。"[1]

二战是一场"正义之战"：人类正义的力量与迄今为止世界上最邪恶的政权做斗争。盟军美德之光环给了我们的苏联盟友，他们在打败德国人的过程中发挥了最为重大的作用，也遭受了最为惨重的损失。在战时的新闻媒体中，苏联总是被绚丽的词汇所描述：尽管它在很多方面都和美国截然不同，但它依然是"我们"中的一员——若从道德以及军事上与"他们"加以比较的话。

所有这一切在1945年之后都以惊人的速度发生了变化。俄国人从不可或缺的盟友变成了不可妥协的死敌，而德国人则从不可妥协的死敌变成了不可或缺的盟友。1945年，美国人为苏联军队捣毁柏林而欢呼雀跃；1948年，美国人为对抗苏联威胁而组织空运去保卫"勇敢的柏林人"。罪恶的化身——无限堕落的典型——已经转移到另一个地方了，公共舆论应该被动员去接受这个新的世界观。强化旧观念的象征物也不再起作用了。事实上，它们现在是严重地功能失调了，提醒着美国人，我们的盟友不久前还是被人们当作怪物的。

从理论和修辞的层面看，从一组结盟向另一组结盟的转变，通过乞灵于极权主义范畴而变得优雅了。这个范畴出现于两次世界大战期间，但只有到了1945年之后才广为流行，它指的是纳粹和共产主义政权的某些特征，据说这是判定它们"本质上相同"的依据，也是它们区别于传统独裁统治之处。这些共同的特征包括：一个全面的意识形态系统、一种中央控制的经济、一个政党的独裁政治、对所有反对派毫不留

---

[1] 引自 Robert H. Abzug, *Inside the Vicious Heart: Americans and the Liberation of Nazi Concentration Camps*, 纽约, 1985年, 第30页。

情的消灭，以及被无所不在的秘密警察所恐吓的民众。这类政权被认为具有无限的扩张性，也无法从内部加以改革；它们只能被外力所推翻。[1]

无论这个理论的分析性价值如何，在1940和1950年代，它在否定幼稚的人们的看法（即同盟关系的逆转像演戏一般）方面，发挥了绝好的意识形态功能。那只是表面现象，该理论宣称；在西方人看来，冷战其实是二战的延续：一场反抗超级敌人的斗争，反抗极权主义，起初在德国，随后是苏联。

在冷战初年，"极权主义"这一名号是一个强有力的修辞武器，它顺利地把人们的憎恨从德国转移到苏联这个新的敌人头上。预料到一段时间之后出现的公共议题，《时代周刊》在集中营解放后的一个月之内就警告切莫把它们的恐怖归结为德国的罪行。确切地说，它们是极权主义的产物，只有当我们采取适当的反对苏联的道义立场，受害者之死才会有意义。[2] 原则上，该理论宣告对"右和左的极权主义"都同样反对。而实际上，1945年之后，随着轴心国的战败，它专门地被用来反对左翼政权。

---

1 关于这个理论的完整的、半官方的陈述，见Carl Friedrich 和Zbigniew Brzezinski, *Totalitarian Dictatorship and Autocracy*, 马萨诸塞州剑桥, 1956年。对这个理论的发展史写得最好的是Abbott Gleason, *Totalitarianism: The Inner History of the Cold War*, 纽约, 1995年。也可参见Herbert J. Spiro 和Benjamin R. Barber, "Counter-Ideological Uses of 'Totalitarianism'", *Politics and Society* 1, 1970年11月；以及Les K. Adler 和Thomas G. Patterson, "Red Fascism: The Merger of Nazi Germany and Soviet Russia in the American Image of Totalitarianism, 1930s—1950s", *American Historical Review* 75, 1970年4月。在学术界，这个理论的解释力在1950年代中期之后越来越弱了。东欧卫星国革命的高涨以及在苏联恐怖得到控制并且确实大为缩减了（这二者从那个理论看都是不可能的），这导致学者越发对极权主义作为一个分析范畴感到怀疑。在随后若干年中，第三帝国（the Third Reich）的历史学家越来越质疑，纳粹德国是否如这个理论所宣称的那样是一个自上而下的严密组织。到了1980和1990年代，这个理论以及与之相伴随的纳粹和苏联一样的论调，在大学已经不受欢迎了。

2 "The End of Belsen?", *Time* 46, 1945年6月11日, 第36页。

第五章 "那是过去,而我们必须应付今天的事"

为了鼓动一种新的观念,冷战不仅把援引大屠杀这种做法变成了"不恰当的暴行",而且对极权主义本身的理论研究也把大屠杀边缘化了。在极权主义这个名目之下,集中营中对政治对手的残酷迫害以及奴隶劳工营是把纳粹德国和苏维埃俄国连接在一起的重要纽带。对这个议题的反复强调强化了那个早已存在的倾向,即用政治的而非种族的术语来定义纳粹受害者。反之,对这一点——即谋害欧洲犹太人的纳粹行为应该是这个政权最重要的特征——任何的暗示,更别说明确界定,都会削弱论证那两个政权体系具有相同本质的论据。所以,在关于极权主义的浩如烟海的文献资料之中,大多数都只是无关痛痒地偶尔提及大屠杀,除此之外,我们找不到其他任何东西。

极权主义理论对德国的罪行这一问题也具有重要的意义。在战争期间,美国官方声明强调,借用助理国务卿阿道夫·波利的话来说,谋杀欧洲犹太人之罪责"普遍存在于德国民众之中,[事实上]这应该是在处置德国人之时需要考虑的基本因素之一——那时候,他们面临着最终的决定性的失败"。波利说,有一条证据可能对如何处理战败的德国人相当重要,即那时候德国人是否决心采取行动阻止屠杀,还是"以抱怨恐惧为由搪塞过去"。[1]

极权主义理论暗示着一种更加理解的态度;事实上,它倾向于大赦。根据这个理论,既然"恐怖笼罩着整个社会",那么,在极权主义国家内部反抗是不可能的。即便是对纳粹的行动计划给予了积极的支持,也不能被认为是有罪的,因为"极权主义政权强调狂热的全体一致

---

[1] "助理国务卿小波利的演讲,抗议德国人惨无人道地对待欧洲德占区的平民(特别是犹太人)的群众大会,1943年5月2日,星期天,下午3点,波士顿花园。(由波利先生的行政助理Robert G. Hooker, Jr. 先生以波利先生的名义所发表,波利先生因病未出席会议。)"复写打字稿,Boston Jewish Community Relations Council Papers, Box 207, World War II — Miscellany。

（而不仅仅是消极的默许）"。[1]该理论几乎不构成美国之所以放弃那些粗暴对待德国人之计划的理由，但它确实有助于形成一个宽容的态度。[2]

极权主义理论——更确切地说，就是从二战开始一直到冷战结束，美国都被卷入到了一场持续的反对极权主义的战役之中，只是表现形式不同而已——还有另一必然的结论。如果说当初由于对抗纳粹极权主义的紧迫性而使得美国和苏联极权主义者结盟的话（很少有美国人，当然也很少有犹太人，反对这个战时的联盟），那么，人们如今如何能够反对与那个至多以前是极权主义的国家结盟，以对抗苏联极权主义？

美国难民政策的演变就是一个可以清楚说明冷战如何能边缘化大屠杀的例子。那些发起要求接纳难民之运动的人，在关注大屠杀受难者中的犹太幸存者之时，都把目光回溯到第二次世界大战。但是到了1947年，在这类运动中，大多数人都把目光转向了新出现的冷战。

该运动项目新招募来的基督教组织，相对于"历史久远的"纳粹主义，他们对帮助那些逃离共产主义的人更感兴趣，他们的公开出版物清楚地表明了这一点。难民事务公民委员会的犹太人领袖有一段时间抵制过这一主题，但到了1948年初，该委员会也强调这些难民正在逃离共

---

[1] Friedrich 和 Brzezinski，引自 Spiro 和 Barber，"Uses of 'Totalitarianism'"，第132，137页。
[2] 极权主义理论所暗含的对积极或消极参与纳粹罪行的理解态度，使该理论在战后德国十分流行。这个理论以及冷战期间对它的宣传还有一个额外的好处，即试图赋予纳粹德国的东线战争以一种追溯式合法性。或许，这不是一场获得了最佳支持的战斗，但这样一场战斗及其目标现在被普遍认为是正确的。毫不奇怪，就如一位德国历史学家在1970年代所言，极权主义理论成了"西德政权的准官方意识形态"。(Wolfgang Wipperman，见 Gleason 的 *Totalitarianism: The Inner History of the Cold War*，第157页。) 也可以参见 Eberhard Jäckel，见 Gina Thomas 主编，*The Unresolved Past: A Debate in German History*，纽约，1990年，第84—85页。

第五章 "那是过去,而我们必须应付今天的事"

产主义。[1]

对于犹太领袖来说,比为难民立法赢得支持所需的论调更为麻烦的是,社会普遍地对这一立法的意义有了不同的看法。自运动之初,犹太领袖们就认识到,如果他们成功地让法案获得了通过,那么"将存在这样一种可能,即会有更多的反犹分子从中得利"。[2]但是在1946年,他们却想起了欧洲东部的基督徒——这些人顶多只是假定的反犹主义分子。当该法案在1948年和1950年以难民法形式出现时,甚至更重要的是,当人们都清楚该法案将会如何被执行之时,这就逐渐变成了一桩攸关欧洲东部的武装党卫队老兵、亲纳粹的德意志裔人(他们被从东部的家乡中驱赶出来)以及"名义上的"纳粹党成员的事情。就如国际难民组织的一位官员说的,他们不是纳粹主义的受害者而是"盟军胜利的受害者"。[3]

难民事务公民委员会中的基督教团体和犹太组织一起,删除了难民法中那些歧视犹太人的条款。他们对于犹太人对德意志裔人或前纳粹党卫队成员获准进入之抗议——甚至对于要求这些人接受严格的筛选——则甚少同情之感。[4]正如犹太人团体反对极权主义的原则性声

---

[1] 见社论,*Christian Century* 64, 1947年4月23日,第515页; Haim Genizi, *America's Fair Share: The Admission and Resettlement of Displaced Persons, 1945—1952*,底特律,1993年,第74,76,77—78页。

[2] George Hexter致John Slawson的信, 1946年10月2日(AJCommittee Papers, GS 10, Box 126A, Immigration, 1946年9—10月)。

[3] 国际难民组织一位匿名的官员引用David W. Nussbaum的话,"难民法让亲纳粹者进入了美国,而把犹太人挡在了门外", *New York Post*, 1948年11月19日,第2页。

[4] 犹太媒体呼吁对难民作更加严格的筛选,但是一些犹太领袖对此态度暧昧。他们指出,筛选这一事务很可能会被冷酷无情的军事人员执行,而无论如何,"犹太难民和非犹太人一样……处境岌岌可危,因为他们既没有任何证明文件,也没有伪造的文件"。除此之外,他们害怕形成这一印象,即"犹太人只关心他们自己不幸的弟兄,并试图把所有的非犹太难民排除在外,正向寻求获准建立一个犹太盖世太保这一目标前进"(Sidney Lisofsky致John Slawson的信,1949年1月6日,AJCommittee Papers, GS 10, Box 124, Immigration, 1949年1—2月)。

明并不能阻止他们为曾是共产主义者的犹太人争取进入许可权,同样的道理,基督教团体对极权主义同样真诚的敌视也不能阻止他们为曾是纳粹分子的教徒争取准入许可权。1948年后期,一名犹太裔记者在《纽约邮报》上撰文指出,非犹太难民中很大一部分是纳粹的帮凶。这一说法被耶稣会杂志《美利坚》(America)指控为"'反基督主义',与反犹太主义……相差无几"。[1]犹太团体和基督教团体之间差点就撕破脸了。

难民委员会,在国务院的支持下并且经美国信义会教友积极游说之后裁定,拉脱维亚和爱沙尼亚原纳粹党卫队部门的成员有权以难民身份进入美国。[2]当难民委员会在1950年和新教、天主教以及犹太人私人机构的官员会晤之时,"全国天主教福利大会"的代表就争辩说,难民法中那些阻止极权主义者以难民身份进入的条款的本意只是为了阻止共产主义者,而不是纳粹主义或法西斯主义分子。令那些在场的犹太人代表沮丧的是,只有他们和难民委员会中一位犹太裔成员不同意该说法。[3]

在他们私下的会议中,各类犹太机构的领袖气馁地讨论,是否有什么办法可以遏制这个趋势。显而易见,答案是:几乎没有。动机异常复杂难以理清头绪。那些公开指责并要求取消整个难民计划(由于其走向)的美国犹太人大会的代表是犹太复国主义者——他们向来都不信任该计划,因为它得以让幸存者离开以色列。诸如美国犹太人委员会

---

[1] David Martin, "Jews, Christians — and 'Collaborators'", America 80, 1949年1月1日,第344—345页。

[2] Haim Genizi, America's Fair Share,第93—94页。

[3] NCRAC移民委员会, 1950年6月19日, AJCommittee Papers, GS 10, Box 121, Immigration, 1950年6—12月。

第五章 "那是过去,而我们必须应付今天的事"

和反诽谤联盟这类团体,则关心如何维持他们和基督教组织之间的关系而乐于忍气吞声。也许准许东部欧洲的党卫队老兵进入是令人讨厌的,但那大部分都是"农民……往往目不识丁……政治上并不积极……只是被普遍的政治风向拽掇着而随波逐流"——该见识被这些人在这个国家的后续记录所证实。[1] 美国犹太人委员会的尤金·海韦希对他的同事争辩道,德意志裔人确实是声名狼藉和危险的,但是他们在这里的危害比在德国要小。[2] 然而,这是一个学术议题。难民计划一开始是为了帮助大屠杀幸存者,但到了1950年代初期则变成了流离失所的斯大林政权受害者,而非时髦的希特勒政权受害者,而且在关于难民的讨论中大屠杀几乎不再被提起了。难民计划之运动的犹太人发起者对它的走向已经完全丧失了影响力。他们唯一的选择就是,痛快地还是不情愿地适应新的冷战气候。

更加重要的是,冷战所带来的美国对德政策的巨大转变。在二战刚结束那会儿,不仅仅是美国犹太人极力支持要对战败的德国人严加处置。暴行之影响鲜明地体现在解放集中营之中,许多基督徒也相信,德国人应该会、也将会长久地被贴上该隐的记号。在盟军占领德国之初,禁止与德国人深交的禁令以及去纳粹化、对那些与该政权所犯之罪密切相关的人员进行司法审判的全面计划,都是德国贱民身份的象征。

但是这种贱民身份并未持续很久。非友好政策并未经得起德国小姐们的诱惑。全面肃清德国社会之计划首先成了这一需要的牺牲

---

[1] Sidney Lisofsky 致 John Slawson 的信,1949年1月6日。
[2] Eugene Hevesi, "Political Considerations Involved in the Problem of Admission of German Expellees to the United States", 备忘录,1950年2月23日,AJCommittee Papers, GS 10, Box 134, German Expellees, 1950年, sec. 12。

品——占领者必须找到有经验的管理干部，其中很大一部分都是前纳粹成员。就司法诉讼而言，无数的德国人被卷入到了纳粹的这种或那种罪行之中，这意味着谁被起诉、谁不被起诉只是一个偶然性的问题。（一个商人被判入狱，因为他的公司承建了毒气室，后来该定罪又被撤销了，因为发现他的公司根本就没有签订合约：1940年代初他很倒霉，1940年代末他很幸运。）[1] 还有其他实际的问题。但主要的是与苏联之间快速形成的对抗关系引起了美国对德政策的大转变，促成了征服者向不久前刚被征服者示好的非同寻常之景观，概括起来实际上就是一句话："一切都被宽恕了。"去纳粹化之政策被废除，各类赦免大量涌现出来；德国的"民主再教育"对希特勒的罪行关注甚少，而对如何对待斯大林给予了更多的关注。最重要的是，美国政府正在为德国重整军备而铺就坦途，并正在把纳粹之过去扫进历史的垃圾堆，这已经显而易见了，这是德国精英阶层在合作对抗苏联的战斗中所得到的奖赏。

美国犹太人被这个快速的变化所震惊。然而，犹太人组织对德国的快速复兴和重整军备之行动表达了他们的抗议，这里面有些东西是仪式性的，是关于他们之抗议的"郑重声明"。早在1947年，美国犹太人委员会在华盛顿的代表就说过，政策制定者整个地对德国的纳粹之过去漠不关心，在他们眼中，德国仅仅是对抗布尔什维克主义的一个堡垒。他们对这一立场的信奉"如今是如此的根深蒂固，以至于任何想要改变它的想法都无法产生"。[2] 1949年，该委员会的外交政策专家尤金·海韦希就断定："就德国的情况而言，美国几乎完全丧失了在二战

---

[1] 关于这个案例的讨论，见"Summary of Discussions at Luncheon Meeting Re: Amnesty of Nazi War Criminals"，1951年3月13日，NCRAC Papers，Box 68。

[2] David Bernstein致John Slawson的信，1947年12月11日，AJCommittee Papers，FAD-1，Box 23A，Germany，1947年5月—12月。

第五章 "那是过去,而我们必须应付今天的事"

中取得的来之不易的胜利。"[1]

在1940年代晚期和1950年代初期,美国犹太人领袖被拉向了两个方向。一方面,大多数美国犹太人都具有强烈的反德国情绪,而领袖们自己对此也深有同感。另一方面,他们特殊的义务就是维护犹太人在美国社会的声誉与地位。总的说来,面对日益高涨的冷战动员,这就意味着要确保别让人觉得犹太人落伍于其他美国人。此外,想要公开地反对德国从大屠杀中复兴也有实际的限制。

其中一个限制就是,担心会进一步固化人们对犹太人由来已久的负面看法。在比较神学之中没有任何课程,会像这类主题——即在旧约中上帝的复仇和新约中上帝的爱与宽恕这二者之间进行比较——那样在美国各地的主日学校中被孜孜不倦地教授着。最近的经历已经证明了这一持续的趋势。战争结束之时,罗斯福总统已经漫不经心地签署,继而又迅速地否决了,那项由美国财政部长亨利·摩根索所提出的让德国永久地非工业化("牧化")之计划。陆军部长亨利·斯廷森私底下称摩根索的计划是"疯狂复仇的犹太主义"。这个看法不仅仅在政府圈子内普遍流行,而且,当共和党人在1944年大选中把攻击摩根索计划当作一个核心议题之时,它由此进入了公众领域之中。[2] 战争结束之后,一位颇有影响的反共产主义记者就指责对战争罪行之审判的继续是"政治上的失策",这部分地是拜"被一种完全可以理解的复仇欲望所激励的"犹太人所赐。[3]（1948年,美驻德军政府就禁止推进利用犹

---

[1] 备忘录, Eugene Hevesi 致 John Slawson, 1949年11月16日, AJCommittee Papers, FAD-1, Box 25, Germany, West, 1949—1951。

[2] Henry Morgenthau Ⅲ, *Mostly Morgenthaus: A Family History*, 纽约, 1991年, 第363, 372, 388—390页。

[3] William Henry Chamberlin, "Vengeance Not Justice", *Human Events* 6, 1949年5月18日; 重刊于 *Cong. Rec. Appendix*, 1949, A3434—35。

太难民作为平民侦查员这一项目,理由是他们不大可能做到充分的"公正和客观"。)[1]《星期六晚邮报》一位编辑,在一篇题为"纽伦堡之判决打击了德国的狂热并捍卫了西方世界"的文章中,认为正在进行的审判带有一丝"摩根索主义……一个不真实的道德和仇恨的混合物"之痕迹。[2]在他们的国际讨论中,犹太人团体的代表们反复地说到,必须要让公众相信他们的对德态度并不是源于任何的"报复之心"或"复仇"之欲望。[3]所以,在面向一般观众的犹太声明(不像犹太人的"内幕"谈话)之中,都很少提及德国对犹太人所犯下的罪行。相反地,他们唤起了美国人广泛的兴趣和对冷战的思考:放弃去纳粹化之做法将会为苏联的政治宣传提供素材;德国将会成为一个不可靠的盟友;它重整军备和对前纳粹分子之雇佣将会令欧洲其他国家心寒。

犹太人关于"大屠杀"和纳粹主义的公共话语在冷战初期还会遇到一重更加严厉的约束:担心给人造成这是在强化一个不那么古老但更具潜在威胁的陈规陋习这种印象。

犹太人与共产主义的联系之风行肇始于布尔什维克革命。在一战之后红色恐怖期间被驱逐出美国的大多数"外国的煽动者"都是犹太人。在两次大战期间,无论是美国还是欧洲,共产主义犹太人都是最重

---

[1] Jay Mathews, "'48 Nazi Hunt Barred Jews", *Washington Post*, 1985年7月21日, A6。该文所引述的那项指令不包括那些获得美国公民身份不满十年的人,但实际上它几乎在每一种情况下都暗含着犹太难民的意思。

[2] 1950年11月25日期刊社论,重刊于 *Cong. Rec., Senate, 1950, 15777*。这位编辑继续说道,对终止审判之呼吁"并不意味着我们对纳粹主义的态度有任何的变化……确切地说,这意味着对国际生活之事实有了更好的理解"。

[3] NCRAC关于公开的反犹主义的委员会,会议记录,1949年6月24日(AJCommittee Papers, GS 10, Box 8, Anti-Semitism, 1946—1950);NCRAC执行委员会报告,1950年6月29日,NCRAC Papers, Box 32;NCRAC德国事务委员会报告,1951年3月16日,NCRAC Papers, Box 68。

第五章 "那是过去,而我们必须应付今天的事"

要的反犹宣传力量。二战期间的俄美联盟暂时抑制了对犹太人亲苏维埃主义的指控。然而,这一事实——即美国犹太人,出于一些明显的理由,在战争期间成了红军最重要的支持者,并在其他的美国人放弃很久之后还对苏联经常保持着积极的情感——则帮着为1945年之后重申指控做好了准备。[1]

露西·达维多维奇——后来作为一名大屠杀历史学家闻名于世,但这些年则是美国犹太人委员会的共产主义专家——忙于为委员会造表,以便计算出在各类调查机构中的那些"怀有敌意的证人"之中,犹太人所占的比例。她发现,犹太人通常占总数的75%甚至更多。[2]最为糟糕的是,在主流的犹太组织之中制造了某种类似恐慌的东西,那就是犹太人出现在了间谍控诉案之中:《亚美》(*Amerasia*)杂志案件、加拿大间谍网、朱迪思·科普林案——最终,朱利叶斯和埃瑟尔·罗森堡案、莫顿·索贝尔案、哈里·戈尔德案以及戴维·格林格拉斯案给犹太人的公共关系造成了灭顶之灾。

犹太组织狂热地反对把犹太人与共产主义等同起来,但这是一个

---

[1] 犹太组织在支持援助俄国的专项基金这一请求中表现突出。Stephen Wise提到,为了保卫他们的故乡,苏联军队也"帮着几百万犹太人对抗那个企图灭绝整个犹太民族的惨无人道的敌人……作为美国人,我们欠着苏联军队和人民一个大大的人情。作为犹太人我们对他们有着特殊的义务,即便是部分地偿还给他们,对我们而言也是一种特殊的荣耀"。("联合犹太人战争行动"新闻发布会,1942年9月28日,AJCongress Papers, Box 67, United Jewish War Effort/ AJC。)一位当地的犹太人领袖发现,尽管犹太人此类特别的作为很有价值,它们"在将来某个时候有可能会令我们陷入尴尬之境"。(Henry W. Levy致Louis E. Kirstein等人的信,1942年5月9日,波士顿犹太社区关系委员会文件,Box 26, AJC, 1939—1942年。)

[2] Lucy Dawidowicz致John Slawson的信,1953年5月1日,AJCommittee Papers, GS 12, Box 173, HUAC, 1953—1960; Dawidowicz, "Report on Jews and Non-Jews in the Press Re Communism", 1953年6月12日,AJCommittee Papers, GS 10, Box 246, Communism, 1951—1953; Dawidowicz致Slawson的信,1954年6月15日,AJCommittee Papers, GS 10, Box 249, Jews-Communism, 1950—1959。

棘手的问题。他们应该坚持说（确实如此）只有一小部分犹太人是共产主义者，或者对苏联有好感。但同样正确并且越发明显的是，这些年中有很多（也许是大多数的）美国共产主义者是犹太人。（美国犹太人委员会1940年代后期的一份备忘录引用了一个私密的FBI评估数据，即共产主义党派的50%—60%的成员是犹太人；几年之后，它的共产主义委员会主席认为犹太人的数量在这些党派中所占的比重甚至更大，"因为其他团体的成员已经成群结队地逃离了其党派"。）[1]

在1940年代后期和1950年代，共产主义者和亲共者言辞上最显著的特征之一——特别是主流犹太组织都尽力与其划清界限的那些犹太共产主义者和亲共者——就是他们的言辞乞灵于大屠杀的频繁性。此类乞灵成了他们反对冷战动员的决定性论据，至少在犹太人圈子中是

---

[1] "Jewish Involvement in CP-Controlled Groups"，第4页，AJCommittee Papers, GS 10, Box 249, Jews-Communism, 1948—1949年；S. Andhil Fineberg致共产主义委员会成员的信，1952年11月21日，AJCommittee Papers, Box 246, Communism, 1941—1953。稍后，该委员会的另一位成员则估计有三分之二的党派成员是犹太人。Joseph Gordon致Morris Fine的信，1954年1月25日，AJCommittee Papers, GS 10, Box 253, Political Philosophy, 1947—1961, Totalitarianism。在我看来，如何看待共产主义党派中的犹太人，最具学术性的方式要数Nathan Glazer的 *The Social Basis of American Communism*（纽约，1961年）一书。在共产主义党派中的一些重要岗位上以及在那些被指控为共产主义者的人之中，犹太人所占的比例都经常过高。（这些党派中的非犹太成员更有可能是普通的工联主义者。）刚才引用的关于"犹太人的复杂情况"的备忘录，注意到了共产主义杂志 *Political Affairs* 的主编以及编委会另外四位成员中的三位是犹太人，为当期刊物撰写过文章的五个美国人中也有四个。该备忘录也注意到了该党派的青年联盟（美国争取民主青年组织）信笺抬头的八个名字之中，"有四位基本确定是犹太人，三位看上去也是"（第10，5页）。在纽约，因拒绝说出他们是否是共产主义者而被解雇的八位中小学教师全都是犹太人。（S. Andhil Fineberg致Charles Y. Lazarus的信，1952年4月4日，AJCommittee Papers, GS 10, Box 249, Jews-Communism, 1950—1959。）在众议院非美共产主义者活动委员会的一份对费城教育系统的调查中，那些被称为共产主义者的人"几乎100%"都有一个"犹太式发音的名字"。Edwin J. Lukas致Ben Herzberg的信，1954年5月7日，AJCommittee Papers, GS 112, Box 180, US Govt Loyalty & Security, 1954。在一份迈阿密的调查中，138位被冠以共产主义者的人中有135位"拥有犹太人的名字"。（Manheim S. Shapiro致A. Harold Murray的信，1954年11月8日，AJCommittee Papers, GS 10, Box 246, Communism, 1954—1957。）

第五章 "那是过去,而我们必须应付今天的事"

这样。

大屠杀主题出现在了亨利·华莱士1948年的总统竞选活动之中——特别是在对纽约观众的演讲稿之中。有人认为,只有华莱士给力的表演才能阻止"希特勒主义大屠杀的重演"。[1]华莱士有份竞选传单印有一张布痕瓦尔德尸堆的照片并配有台词:"杜鲁门总统!难道你把它忘了吗?"该传单宣告:"你释放了像伊尔斯·科赫那样的纳粹刑讯专家。""这就是你把马歇尔计划的数十亿都拨给了它的那个西德……支持华莱士就是支持毁灭德国的纳粹主义。"[2]在纪念华沙犹太区起义五周年之际,共产主义杂志《犹太人生活》坚称该起义清楚地表明抵制美国纳粹主义的必要性——哈里·杜鲁门就是一个典型例子。[3]《犹太人生活》的编辑路易斯·哈拉普告知众议院非美活动调查委员会,他不想回答它所提出的问题,因为该委员会正在美国营造着"和六百万犹太人遭到屠杀之时同样的境况"。[4]一封致议员约瑟夫·麦卡锡的助手罗伊·柯亨的公开信告诉他:

> 美国犹太委员会的代表,就像德国犹太委员会和华沙犹太社区犹太委员会的代表那样,总想为它自己购得安全保障……你将会像德国和华沙犹太社区犹太委员会的成员那样被铭记,若是果真如此,那将会和那些令所有民族的历史感到耻辱的卖国贼、叛

---

[1] 引自Arthur Liebman, "The Ties That Bind: Jewish Support for the Left in the United States",见Ezra Mendelsohn主编, *Essential Papers on Jews and the Left*,纽约,1997年,第341页。
[2] 传单复印件作者所有。
[3] Morris U. Schappes, "Resistance Is the Lesson", *Jewish Life* 15,1948年4月,第14页。
[4] 众议院,《共产主义的渗透方法》(教育,第6部分):《非美活动调查委员会听证会》,1953年6月29日,第83届会议,第1次分会,华盛顿特区,1953年,第1900页。

徒、投机分子、阿谀奉承之徒……在一起。[1]

毫无疑问有些乞灵是自发的,但是把大屠杀当作典型也是共产主义政党的政策。党派的成员们被劝告在反对德国重整军备之时,"关键的是要勾起人们对上次战争之恐怖经历——集中营和毒气室——的记忆,还要像念标语那样反复地念叨'牢记布痕瓦尔德和达考''牢记六百万死难者''牢记华沙',并且在传单和其他材料上不断翻印表现纳粹暴行的照片"。[2]

没有哪里比在朱利叶斯和埃瑟尔·罗森堡党人之中更多地谈论大屠杀了。罗森堡夫妇自己都经常乞灵于此。在审判中,朱利叶斯证实苏联"在摧毁那个屠杀了我六百万教友的希特勒野兽的过程中做出了最大的贡献,我对此感到无比激动"。[3]他致信他的律师,"我们不是暴政的第一批受害者","我们有六百万教友和几百万其他的纳粹主义无辜受难者走进了死亡室"。[4]罗森堡案经常被描述成美国大屠杀的前奏。来自共产主义控制的民权大会的威廉·L. 帕特森就警示过:"把这两位无辜的美国犹太人处以私刑,除非美国人制止了它,否则它就预示

---

1 Arthur D. Kahn, "Letter to Roy M. Cohn", *Jewish Life* 19, 1952年7月, 第8页。

2 *Party Voice*(纽约共产党公报), 1955年1月, 引自 "Memorandum on Communist Propaganda Plans to Exploit the Issue of Rearming West Germany", 1955年2月28日, AJCommittee Papers, FAD-1, Box 39, West Germany Rearmament, 1950—1960。

3 引自朱利叶斯·罗森堡1952年11月28日写给Emmanuel Bloch的信,见 Robert 和 Michael Meeropol, *We Are Your Sons: The Legacy of Ethel and Julius Rosenberg*, 波士顿, 1975年, 第159页。罗森堡的信似乎是为了出版而写作的;无论如何它们都会被出版。但是这方面至少没有理由怀疑他的真诚。几年之后他战时的苏联助手谈到,他经常讨论希特勒对犹太人的迫害并"想尽其所能反抗纳粹主义"。(Michael Dobbs, "Julius Rosenberg Spied, Russian Says", *Washington Post*, 1997年3月16日, A01。)

4 1953年2月12日信件,见 *Death House Letters of Ethel and Julius Rosenberg*, 纽约, 1953年, 第134页。

第五章 "那是过去,而我们必须应付今天的事"

着一场希特勒式的以整个美国的犹太人为攻击目标的种族灭绝浪潮即将来临。"[1]罗森堡夫妇被定罪之后,呼吁宽大处理的人往往把他们的命运与大屠杀始作俑者的相比较。埃瑟尔·罗森堡致信艾森豪威尔总统说:"今天,这些恐怖的大屠杀刽子手、这些可憎的种族主义者正优雅地接受着仁慈之福而且有很多还恢复了公职,然而与此同时,这个伟大的民主的美国则正打算着要野蛮地摧毁一个渺小的毫无危害的犹太人家庭。"[2]以罗森堡夫妇之名而并未太多提及大屠杀的公共事件似乎成了罕见现象。经常地——以及在他们的葬礼上,"华沙犹太社区之歌"就会响起。

在整个1950年代直到1960年代,犹太组织都致力于从各个方面阻止,或者至少是限制,在公众心目中把犹太人和共产主义相联系的趋向。他们主要的合作事业是"好莱坞项目",在其中他们共同招募了一个西海岸的代理人,由他负责游说电影制作方切莫对犹太人表现出丝毫的冷漠之情。好些游说活动就处理过犹太—共产主义这一问题。电影《我嫁给了一个共产党人》的制作人承诺会确保共产党人不会有"一个具有一丝一毫犹太色彩的名字"。[3]另一个电影制片厂正在制作一部反共产主义影片,其总经理很有信心地说"他是一个'狂热的'犹太人,我应该相信在那个故事里他会正确对待犹太人"。[4]在电影《红色威胁》中,"影片中的那个犹太人是唯一一个真正具有同情心

---

1 引自"The Defense of Ethel and Julius Rosenberg: A Communist Attempt to Inject the Jewish Issue",1952年3月,AJCommittee Papers,GS 12,Box 139。
2 1953年6月16日信件,见Meeropol, *We Are Your Sons*,第225页。
3 来自好莱坞代表的第2号报道,1948年10月15日,NCRAC Papers,Box 51。
4 第8号报道,1949年3月4日,NCRAC Papers,Box 51。

的人"。[1]好莱坞代表对极端麦卡锡主义的《我的儿子约翰》很有热情，因为那个核心的宗教符号是"摩西得自上帝的石碑笺"。[2]在华纳兄弟《联邦调查局的大红人》影片中对待犹太人的方式引起了一些不安，但最终并没有提出抗议，因为"华纳先生毫无疑问会对来自犹太人社区的批评而感到恼火——那会危及他对犹太福利基金的大量捐赠"。[3]

尽管有个体差异，每个犹太组织都各自忙于各类大体相似的日常工作。来自美国犹太人大会的戴维·皮特戈尔斯基就说，把犹太人等同于共产主义者这一做法很危险，而消除这一危险就是各类犹太机构在这场全世界对抗苏联的战斗中所能做出的最主要的贡献。大会对其人员进行了彻底的清洗，并把左翼分会赶出了大会，其中就包括一些最大的分会。[4]反诽谤联盟和美国犹太人委员会一道，都表示愿意和众议院非美行动委员会分享其档案资料，这样就只有那些真正的犹太共产主义者会被传唤出庭作证。[5]正是美国犹太人委员会在这个领域表现最为积极——在这些年中它最富有，并和那些主要的犹太组织保持着

---

1 第10号报道，1949年5月23日，NCRAC Papers，Box 51。

2 第41号报道，1952年2月25日，同上。

3 第31号报道，1951年6月11日，同上。NCRAC也在追踪外国电影。它热心地向会员机构汇报波兰电影《最后一站》，该电影涉及到奥斯维辛。Jules Cohen、NCRAC的全国协调员说："我们相信，如果这部影片能够定期地放映，它将会激发起人类的良知，由此，此类暴行很可能不再被允许侵袭人类文明。"但是他接着又谨慎地说：尽管对那个已经被红军解放了的集中营的电影叙事（他推断）再现了历史的原貌，"这些场景能够被理解成亲俄罗斯的宣传。从当前的东西方关系看，它表明关于犹太社区关系处策划的提升在本地放映时上座率的任何行动，都应该从实地出发去考虑其影响"。（Jules Cohen致NCRAC成员机构的信，1949年3月22日，AJCommittee Papers，GS 10，Box 228，Film-Movies [L—O]。）

4 NCRAC执行委员会会议记录，1950年10月10日，第11页，NCRAC Papers，Box 32；Isaac Toubin致大会官员的信，1950年7月19日，AJCongress Papers，Box 3。

5 Marcus Cohen致John Slawson，关于由该委员会、反诽谤联盟、犹太战争老兵和非美行动委员会代表所组成的代表会议之报告的日期不详的备忘录，1953年7月2日，AJCommittee Papers，GS 12，Box 173，HUAC，1946—1955。

第五章 "那是过去,而我们必须应付今天的事"

最为友好的联系。据诺曼·波德霍雷茨的说法,月刊《评论》上态度强硬的反苏文章就是"某秘密计划的其中一个部分,该计划是为了证实并非所有的犹太人都是共产主义者"。[1]该委员会一位工作人员保证可以和《时代周刊》《生活》以及纽约的几家报社达成这样的共识,即不刊登来自读者的对那些受到指控的共产主义者的犹太人身份所写的评论文章。他同时声称,通过非美行动委员会,已经成功地阻止了法庭对"至少三位著名的(本该被匿名传唤的)……美国犹太人"的传唤。[2]经过其员工充分的论辩之后,美国犹太人委员会参与了麦卡锡主义者对抗共产主义的全美会议并在资金上给予了支持;该委员会也和其他主流犹太组织一样,对要求宽容罗森堡夫妇的抗议活动漠不关心。[3]委员会员工埃德温·J.卢卡斯带着一丝黑色幽默在一份内部的备忘录中说,"尽管人们不敢抱有这类狠毒的想法,似乎可能出现的却是,目前一些针对犹太人的咄咄逼人的态度可能倒会间接地排除掉——但仅仅是暂时地——当判决被执行之时"。[4]露西·达维多维奇(以她自己的名义而非作为委员会的雇员发表文章)在《新领袖》杂志上争辩道,除

---

[1] Norman Podhoretz, *Making It*,纽约,1967年,第101页。

[2] Solomon Andhil Fineberg Papers, 1/1(关于共产主义的文件); Fineberg Papers, 1/7(美国犹太人委员会[共产主义分委会],1947—1964); Fineberg致John Slawson的信,1950年10月6日, AJCommittee Papers, GS 10, Box 248, Communism/Program Activities, 50—55。

[3] Edwin J. Lukas致John Slawson的信,1950年5月2日, AJCommittee Papers, GS 12, Box 4, All-American Conference to Combat Communism; John Slawson致Nathan E. Cohen的信,1951年5月10日,GS 12, Box 4。会议的全国执行董事Robert W. Hansen确实向美国犹太人委员会索取过钱财,他意识到如果没有委员会的参与和捐助,全美会议"可能容易变成一个极具法西斯倾向的危险组织"。(Hansen致"亲爱的Joe"[可能是Joseph J. Woolfson]的信,1951年6月26日, AJCommittee Papers, GS 12, Box 3, All-American Conference to Combat Communism。参见Edwin J. Lukas致Walter Mendelsohn的信,1955年6月28日, AJCommittee Papers, GS 12, Box 3, All-American Conference to Combat Communism。)

[4] Lukas致John Slawson的信,1951年4月24日, AJCommittee Papers, GS 12, Box 182, US Govt, Loyalty Security, 1944—1954。

了亲共产主义者之外,某个人也有可能是出于良知而反对对罗森堡夫妇的死刑判决,前提条件是除非他/她也反对对赫尔曼·戈林的死刑判决。[1]

同样地,把公众意识中的犹太人和共产主义区分开来是犹太组织在国内领域的当务之急,这支配着"犹太人的对外政策"。在与德国有关的议题之中,对于提及"大屠杀"有着实实在在的禁忌,除了私下的和犹太人内部的交谈之外。总是乞灵于大屠杀的左翼犹太人已经引发了人们的怀疑;对"报复"的指控依然令人心有余悸,并且从总体上看存在着一种倾向,即不愿运用那些可能暗示美国犹太人不是从"十足美国式"的立场来看待问题的论据。在战后的最初几年中,犹太人在反对德国快速重整军备过程中结交过非共产主义的异教盟友。但到了1940年代后期,除了共产主义党派及其外围组织之外,所有非犹太人都已经把德国看成是冷战的盟友了。只有和共产主义者在该议题上的结盟之前景才令犹太人领袖强烈地感到不安。

这种两难困境的典型例子,即犹太组织发现他们自己在关于德国工业博览会这一议题上就存在分歧,该博览会由美国军方所赞助并计划于1949年在纽约展览。所有的犹太组织都认为该展览会是一个坏主意并相信这会让德国的实业家重新崛起——他们曾是狂热的纳粹分子。有些犹太人圈子呼吁要对该博览会进行围攻:意第绪语报纸《那天》(*The Day*)敦促其读者把它当作"我们对六百万殉难者最为神圣的义务"而采取抗议行动。当然共产主义团体也打算加入进来。既然认为围攻者只由犹太人和共产主义者组成这一想法是可怕的,那么全国

---

[1] "The Rosenberg Case:'Hate-American' Weapon", *New Leader* 35, 1952年12月22日,第13页。

第五章 "那是过去,而我们必须应付今天的事"

的犹太组织就会反对由其成员及其能够影响到的人去围攻。[1]但是,正如那位全国社区关系咨询委员会(综合组织)的执行董事问的,犹太人团体能够在"激发起反对[博览会]的公共舆论的同时,控制住我们的支持者不去围攻它吗?"[2]布鲁克林的犹太人团体只是在获得全国性的组织将会有所行动这一保证之后,才被劝止住不单独行动。[3]

在关于这一"行动"应是什么的共同协商之中,美国犹太人委员会的乔治·赫克斯特表达了对报复之嫌疑的担忧。他提醒该团体:

> 在公众意识中,针对德国的摩根索计划被人们普遍地看作是犹太人的计划;如果该看法被犹太社区——由于采取那些看似是证实了美国犹太人急切地想要报复德国人的行动——所怂恿,那么就有可能会给人造成这样的印象,即美国犹太人成了一块政治飞地。那样的话,美国犹太社区将会被孤立,并由此给所有犹太人带来严重危险……我们不能够忍受被存在于犹太社区中的任何情感所逼迫;对这一问题的所有复杂情况,我们当然必须承担领袖之责并教育犹太社区。[4]

---

[1] NCRAC 关于公开的反犹主义的委员会,会议记录,1949年3月18日,AJCommittee Papers, FAD-1, Box 23A, Germany, January-April 1949; Mordecai Kosover致Simon Segal的信,1949年2月24日, AJCommittee Papers, FAD-1, Box 35, Germany/ West, Industrial Exhibition, 1949—1951。要令犹太退伍老兵——在全国的犹太组织中他们是一些我行我素的人——放弃围攻博览会的想法,纽约州长Herbert Lehman需要有特别的理由。美国犹太人委员会一位职员意识到,博览会被安排在和华沙犹太区暴动周年纪念日同一天,这"无疑将被纽约各类犹太组织作为他们集会示威的一个标语"。(Kosover致Seger的信,1949年3月7日,FAD-1, Box 35。)

[2] NCRAC关于公开的反犹主义的委员会,会议记录,1949年3月18日,AJCommittee Papers, GS 10, Box 6, Anti-Semitism, 1946—1950。

[3] 同上,1949年4月6日。

[4] 同上。

所有的协商会议讨论的都是共产主义的问题。全国社区关系咨询委员会(NCRAC)的执行董事提醒其成员,"(对工业博览会的)反对会被看成是对德国复兴的反对,并因此也会被看成是反对美国政府官方的对俄态度——以及通过简单的推理就可以得出,这是亲苏情感之表现"。[1] 最终,部分得益于全国社区关系咨询委员会之努力,围攻行动被限制在只针对那些被确认为亲共产主义的团体范围之内。主流犹太组织的联合声明对该博览会未有丝毫的批评,仅仅对德国的工业政治表示了一般性的关注,并表示支持德国的经济复兴,这样德国就可以成为对抗极权主义威胁的一个堡垒。[2]

在面对涉及德国和大屠杀的问题之时,该如何控制那些情绪激动的犹太人,这在犹太人团体的商讨会上经常被反复说起。费城犹太社区关系委员会一位代表就说到,需要教导犹太人学会获知一些超越"可以理解但是荒谬的情绪性观点"的东西。[3] 他的来自克利夫兰犹太社区

---

[1] NCRAC 执行委员会,会议记录,1949年3月21日,NCRAC Papers, Box 32。

[2] NCRAC 新闻发布会,1949年4月7日,AJCommittee Papers, FAD-1, Box 35, West Germany, Industrial Exhib., Organizations, 1949。犹太组织在辩论接下来该怎么做之时,知晓了如果非共产主义者去围攻,受雇于博览会的公共关系公司想要干什么。他们计划联系纽约大学、纽约城市大学以及哥伦比亚大学校园里的青年共产主义者,由其携带着公司所提供的标语"穿插于围攻队伍之中"。这些标语说:"带着纳粹记号的肥胖的德国资本家和肥胖的美国资本家联手,建立起了一个新的战争产业,为了战争的利润而罔顾人民的苦难。"与此同时,一位报纸的记者会设法把正在接受审判的某一位共产主义党派领袖说成是攻击了德国的博览会。公司的总策略是"宣传共产主义对博览会的反对……报纸将挑选共产主义的反对意见作为报道内容……非共产主义团体特别是犹太人的反对意见可能偃旗息鼓——因为他们担心被认为支持共产主义者"。(Selma Hirsh 致 Murray Gurfein 的信,1949年4月1日,AJCommittee Papers, FAD-1, Box 35, Germany/West, Industrial Exhibition, 1949—1951。)在1949年4月21日给 John Slawson 的信中,Hirsh 写道:"我们曾经考虑过可能曝光,但是随着事件的进展,在这个时候公之于众似乎无法获得什么……实际上,在博览会上没有发生暴力事件,并且那些微不足道的围攻,绝大多数都被确认是共产主义者(这令博览会管理者非常满意)。"(AJCommittee Papers, FAD-1, Box 35, Germany/West, Industrial Exhibition, 1949—1951.)

[3] NCRAC 德国事务委员会,会议记录,1951年3月16日,AJCommittee Papers, FAD-1, Box 42, West Germany, Re-Education, NCRAC, 1949—1951。

第五章 "那是过去,而我们必须应付今天的事"

关系委员会的同事赞成全国性组织有必要引导其支持者远离"情绪性反应"。[1]美国犹太人委员会一份员工备忘录谴责了这一情况:"大多数犹太人对德国和德国人的认知依然被强烈的情绪所蒙蔽。"[2]全国社区关系咨询委员会的艾尔伯特·沃斯班认为如果犹太组织"迎合犹太社区中……那股深厚的情感",[3]那会是一个可怕的错误。《评论》杂志主编艾略特·科恩论及有必要教导犹太人形成一种"务实的、而非惩罚性的和相互指责的态度",因为德国"支撑着西方民主文明的未来"。[4]

所有这一切指出了冷战危机所助长的各个方面的分歧:犹太人私下和公共交谈之间在与德国及大屠杀有关的议题上持久存在的分歧,还有自发的个人和审慎的官方之间的分歧。这些年来,许多(不是全部)犹太社区领导人认识到,犹太大众的态度令人遗憾地落后于时代变化的要求。一位犹太官员向某同事抱怨,美国犹太人"在与共产主义做斗争的过程中,压根儿就没有像他们反对纳粹主义那样采取措施或尽全力。我知道,他们会说两次世界大战以及六百万被害犹太人的问题。但那是过去,而我们必须应付的是今天的事情"。[5]

---

1 NCRAC德国事务委员会,会议记录,1951年3月16日,AJCommittee Papers,FAD-1,Box 42,West Germany,Re-Education,NCRAC,1949—1951。

2 "德国问题:执行委员会会议的背景备忘录:1951年5月6日",AJCommittee Papers,FAD-1,Box 26,Germany,Lay Committee,1949—1952。

3 NCRAC德国事务委员会,会议记录,1951年3月16日。

4 员工政策委员会,会议记录,1951年3月21日,AJCommittee Files。形式上有些差别。美国犹太人委员会有着更多的稳定的支持者,以及一套娴熟稳重的应付政府官员的传统策略,它对"控制情绪用事"最为关注。美国犹太人大会的普通员工常常具有近期移民背景,也因而它通常更具挑衅性,从理论上说它更不关注这一点,但在实际上没那么大区别。圣约之子反诽谤联盟在某种程度上介于这二者之间。强烈反共产主义的犹太劳工委员会在这一点上和美国犹太人委员会结成了同盟。

5 G. George Freedan致S. Andhil Fineberg的信,1950年2月16日,AJCommittee Papers,GS 12,Box 3,All-American Conference to Combat Communism。Freedan是犹太战争老兵处的官员,也是美国犹太人委员会老兵事务顾问。

我们绝不应该把犹太官方包装过的公共姿态与美国犹太人"围坐于餐桌"之时的情感混为一谈,特别是涉及到冷战期间的大屠杀言论禁忌时。但是这些禁忌(和其他禁忌一起,这将在下一章讨论)意味着大屠杀尽管具有广泛的认同性,在很大程度上只是犹太人自个儿的伤心事。没有官方的许可,它不可能成为一个公共社群的象征;没有官方的支持,对于许多人来说,至少其重要性会显著下降。

冷战的主要影响在于对谈论大屠杀之限制,然而在有一个领域,它则可以被征用于新的斗争。冷战初期美国犹太人对外政策的核心就是抗议苏联集团的反犹主义。一个具体的目标则是1952年底在捷克斯洛伐克对鲁道夫·斯兰斯基和共产党的其他犹太领袖进行审判。毫无疑问,犹太人团体在他们的抗议之中的表现,以及他们对"反犹太复国主义"运动给东欧犹太人所造成的更大范围之威胁的担忧——在1953年初斯大林死后这种担忧有所减弱——都是真诚的。但是说他们认识到了其抗议起着国内的"防御之功能",也没有任何疑问。一份关于美国犹太人委员会的计划(它的目标是对抗苏联反犹主义)的备忘录指出,"即便在国外没有危在旦夕的犹太人,美国对犹太人安全的关注也会要求我们采取行动。苏联的政策提供了一些不能被忽略的机会……以加强美国犹太人委员会国内计划的某些重要方面"。[1]另一份则说道,"布拉格审判是一个我们所曾遇到的最好的机会,可以使犹太人和共产主义在大众眼中相分离"。[2]一份员工讨论纪要记录了这一普遍共识,即"犹太公众对这一论题的惊人的强烈抗议将有助于在公众意识中把犹

---

[1] "AJC Program to Combat Soviet Anti-Semitism: Objectives and Themes", 1952年5月29日,Solomon Andhil Fineberg Papers, 1/7, AJCommittee(Committee on Communism), 1947—1964。

[2] Joseph Gordon致Staff Committee on Communism, 1952年11月24日,同上。

第五章 "那是过去,而我们必须应付今天的事"

太人和共产主义区分开来"。[1]《评论》杂志的编辑也想到了对苏联反犹主义的抗议提供的"绝好的机会"——正值人们对罗森堡案所造成的公共关系之后果感到担忧之时。[2]

大屠杀被大量引述。一篇发表于《新领袖》之上的关于布拉格审判的文章宣告,"斯大林为他的'关于犹太人问题的最终解决方案'做好了准备"。[3]有位编辑一周后说道,斯大林的目标是"清算希特勒之后的遗留问题"。[4]"斯大林将在希特勒失败的地方获得成功,"《评论》杂志上一篇文章写道,"他终将把中欧和东欧的犹太人彻底灭绝……那个与希特勒的灭绝政策比肩的政策近乎完满。"[5]美国犹太人委员会一则新闻简报爆料了一个荒谬的谣言——东德政府依据纳粹的种族法在逮捕"非雅利安人"。[6]全国社区关系咨询委员会一则新闻简报宣称,在匈牙利的镇压活动"仅仅是通往俄国奥斯维辛之途中的第一站"。("对此

---

1 关于共产主义问题的员工委员会,会议记录,1952年11月25日。
2 Elliot Cohen致John Slawson的信,1952年12月12日,同上。美国犹太人委员会对组织一场关于苏联集团反犹主义的运动有些犹豫不决。Samuel H. Flowerman担心"人们可能会说,即便是像俄国这么可怕的地方,犹太人也不被承认"。(Flowerman致John Slawson的信,1950年7月31日,AJCommittee Papers, GS 12, Box 181, US Govt Loyalty & Security, 1950。)在斯兰斯基之审判这一案件中,另一位员工警告,切莫"表现得好像我们在极力捍卫斯兰斯基是一位优秀的共产主义者"。(员工政策委员会,会议记录,1952年12月4日,AJCommittee Papers)。另一位员工则质疑委员会宣传册上所谈及的在捷克斯洛伐克有"十一名犹太人被杀"这一说法。"也许,"他说,"认为他们是共产主义者——曾经是犹太人——更为明智"。(Philip Jacobson致Ethel Phillips的信,1953年3月26日,AJCommittee Papers, GS 10, Box 224, Book Reviews, 1951—1961。)在1950年代初期这些异议被压制下去了,但它们显然还在发展;在1950年代后期,委员会以此为基础中止了对苏联集团反犹主义的宣传长达三年之久。(特别项目委员会,会议记录,1962年3月1日,AJCommittee Papers, GS 10, Box 248, Committee/ Staff/ Special Projects。)
3 Peter Meyer, "Stalin Plans Genocide", *New Leaders* 35, 1952年12月15日,第5页。
4 "A Time for Protest", *New Leaders* 35, 1952年12月22日,第31页。
5 Bela Fabian, "Hungary's Jewry Faces Liquidation", *Commentary* 12, 1951年10月,第330, 334页。
6 新闻稿,1953年1月27日,AJCommittee Papers, FAD-1, Box 25, Germany, East, 1951—1953。

我将全力以赴,"全国社区关系咨询委员会一位职员向其一位同事写道,"因为这是对'犹太人是共产主义者'这一指控的委婉且充分的回答。")[1]即便是在那些相对罕见的场合——即犹太组织推进与大屠杀直接相关的工作之时,也具有冷战的倾向性。当美国犹太委员会邮寄出一百册关于大屠杀的德语选集之时(一种对出版商的隐性补贴形式),其总裁的附信指出认识到"在某种程度上纳粹主义和共产主义基本上是一对极权主义的双胞胎"的重要性。[2]当反诽谤联盟于1961年出版《解剖纳粹主义》,宣布其发行的快讯指出该书强调了纳粹主义和共产主义大体类似。[3]

到目前为止,我完全专注于冷战影响之下犹太人的大屠杀言论——如何要么避而不谈,要么求助于反苏之目的。之所以专注于此的理由在于,在这些年中几乎没有关于大屠杀的任何的非犹太人言论。一个不完全的例外是对《联合国种族灭绝公约》的讨论(如我们将看到的,是一个很不完全的例外)。如果今日"种族灭绝"(genocide)这一词汇立刻就令人联想到大屠杀,那么这种联想在冷战初年则更成问题。[4]

那个独创了"种族灭绝"这一术语并且扮演着联合国公约主要说客角色的人,是出身于波兰犹太人的拉斐尔·莱姆金。虽然该术语并非出现于大屠杀之前,但是莱姆金的注意力在许多年之前已经转向了

---

1 Joseph Roos致Jules Cohen的信,1951年7月9日,NCRAC Papers,Box 21(新闻附稿)。

2 Irving M. Engel,1956年3月21日,同时还有Léon Poliakov和Josef Wulf主编,*Das Dritte Reich und die Juden*,AJCommittee Papers,FAD-1,Box 24,Nazism-Germany,1954—1956。

3 Stan Wexler致诸社区关系委员会,1961年7月20日,AJCommittee Papers,GS 10,Box 252,Political Philosophy,Nazism,1945—1950—1961。

4 由于一些我们在此无需关心的原因——主要由于保守主义的议员毫不妥协地反对——美国直到1986年才批准这个《种族灭绝公约》。若要综观其整体内容,见Lawrence J. LeBlanc,*The United States and the Genocide Convention*,北卡罗来纳州达拉莫,1991年。

第五章 "那是过去,而我们必须应付今天的事"

此类现象。很显然,他小时候阅读的《君往何处》(*Quo Vadis*,此书叙述了罗马帝国时期基督教殉难者的故事)促使他转向这一由国家支持的针对某些群体的屠杀行为——儿时的阅读记忆被后来许多事件所充实,在一战期间土耳其人对亚美尼亚人的大规模杀戮中达到顶峰。[1]毫无疑问的是,是纳粹罪行的最近事例把种族灭绝置于联合国的议程之上,但是从一开始,莱姆金就一般性地界定了纳粹计划:"纳粹领导人赤裸裸地表达了他们的意图:消灭波兰人、俄罗斯人;从人口和文化上摧毁阿尔萨斯—洛林地区的法国元素,摧毁卡尔尼奥拉和克恩滕州的斯拉沃尼亚元素。在消灭欧洲犹太人和吉普赛人方面他们基本上达到了目标。"[2]

在1948年联合国大会上一致通过采纳该术语之时,《种族灭绝公约》对罪行的界定非常宽泛,它包括但远不止大屠杀。种族灭绝是想要"整个或部分地,对一个国家的、民族的、种族的或信仰的等等之类的团体"给予摧毁。那些可能构成种族灭绝的行动还包括,为达到此种摧毁而给受害者造成严重的"心灵创伤"或恶化了其"生活的境况"。(联合国否决了苏联的企图——它极力想添加一段话语,以令种族灭绝这一概念更加接近纳粹主义罪行。)尽管这一概念运用范围广泛,在接下来的五十年里,人们见证了几千万人死于联合国所清楚界定的种族灭绝行为之中,然而联合国从未启动对种族灭绝之罪行的控诉程序。从一开始,"种族灭绝"就是一个概念装置而非司法机构,它被用以纯粹宣传之目的。而在冷战时期的美国,其目的就是反对苏联。

---

1 见"1953年1月30日《种族灭绝公约》的作者 Raphael Lemkin 教授和 Joseph P. Burns 先生('WNHC-TV 学院圆桌会议'主持人)所讨论的种族灭绝(苏联最新罪行)",复印件见辛辛那提犹太社区关系委员会文件,67/7。

2 Raphael Lemkin, "Genocide", *American Scholar* 15,1946年3月,第227页。

在游说美国正式批准《种族灭绝公约》过程中，除了向犹太人团体演说之外，莱姆金自己使用的几乎全是冷战的论据，很少提及大屠杀。在他主要的支持者之中（经济上的和政治上的），是立陶宛裔美国人和乌克兰裔美国人。[1] 这非常自然，因为关于苏联对其国内许多国民团体的屠杀之指控是莱姆金游说活动的主要议题。对于德裔美国人，莱姆金则提出，战后把德裔驱逐出东欧以及苏联对德国战俘的长期关押都构成种族灭绝罪行。[2] 对种族灭绝和《种族灭绝公约》的讨论（在1950年代期间逐渐消失）几乎未涉及大屠杀；他们基本上只关注苏联集团的罪行——常常是真实的，但有时候也是想象出来的。[3]

种族灭绝是一个一般性范畴，并且能够找到一些例子以满足那时的需要。大屠杀有个令人尴尬的具体特性，并且它对于当代的目的而言是"不恰当的暴行"。令人尴尬的暴行是美国领导人在战争期间曾经面对的一个问题。数千被捕的波兰官员的尸体在卡廷森林被发现，

---

1 关于这些团体和莱姆金之间的经济联系，见 Lev. E. Dobriansky（Ukrainian Congress Committee of America）致 Lemkin 的信，1954年6月23日，Lemkin Papers, American Jewish Archives, 1/4；Pius Grigatis（Lithuanian American Council）致 Lemkin 的信，1952年5月16日，1953年11月10日，1954年9月22日，Lemkin Papers, 1/7。

2 Lemkin 致 George Eberle 的信，1951年11月8日，Lemkin Papers, 2/1；Lemkin 致 Hans Steinitz 的信，1957年4月18日，Lemkin Papers, 2/5。

3 当美国犹太人团体加入到倡议正式批准《种族灭绝公约》这一运动中之时，他们小心翼翼地指出，这绝不是小范围犹太人的问题：他们说，纳粹屠杀了"将近九百万平民"（原文如此），仅仅就其规模而言是独一无二的。（NCRAC 立法信息备忘录，1950年2月3日，复印件见辛辛那提犹太社区关系委员会文件，67/6。参比 Herman L. Weisman, NCRAC 会员备忘录，1953年3月30日，辛辛那提犹太社区关系委员会文件，67/6。据称，当代同类现象的例子就是"希腊红军劫持28 000名希腊儿童，并且……仅仅因为其国籍就把他们押到铁幕之后"。（美国犹太人委员会种族灭绝选辑草案，附于1951年12月27日 Ralph Bass 致 Edwin Lukas 的备忘录，AJCommittee Papers, GS 10, Box 93, Genocide Convention, AJC Membership Education, 1947—1961。）犹太机构说，《种族灭绝公约》未能获得正式批准，这令美国丧失了"面对世界舆论之裁判，正式谴责共产主义对少数民族之迫害的一个潜在有效手段"。（Herman L. Weisman, NCRAC 会员备忘录，1953年3月30日，辛辛那提犹太社区关系委员会文件，67/6。）

第五章 "那是过去,而我们必须应付今天的事"

情况渐渐清楚,他们是被我们的俄国盟友而非德国敌人所杀害!对刽子手身份的确认会让盟军美德与轴心国邪恶之间华丽的对决赛变得复杂化。罗斯福总统和战争信息办公室尽他们最大的努力去确保该问题不被曝光。[1]当波兰流亡政府呼吁国际红十字会对此开展调查之时,这加速了波兰与俄国关系的恶化,而美国媒体则严厉地批评波兰人提出了一个可能威胁反希特勒联盟的议题。主流报刊则刊登了题为"团结第一"和"只有希特勒会受益"的社论。[2]《时代周刊》则论证说,无论谁杀害了卡廷受害者,但是纳粹分子早已经杀害了"许多、许多倍一万个波兰人"。[3]这类论据预示了(当德国必须重整军备以应对苏联威胁之时)人们对待那些纠缠于大屠杀的犹太人的态度。不论那些提出这一议题的人有何善意,在二战期间对卡廷惨案喋喋不休在客观上就与公共舆论之必要动员相抵触——的的确确,客观上在为纳粹分子的目的服务。主流波兰裔美国人组织在战争期间对卡廷惨案保持了沉默,"以免遭到破坏盟军团结之指控"。这在某种程度上也预示了许多犹太人组织在战后相似环境之下的反应。[4]当然,在战后,谈及大屠杀或其他德国人的罪行都被认为是毫无益处的,而谈及卡廷森林惨案以及其他的苏联暴行则的的确确是有益的。

---

[1] Crister S. 和 Stephen A. Garrett, "Death and Politics: The Katyn Forest Massacre and American Foreign Policy", *East European Quarterly* 20, 1987年1月,第437—441页。
[2] 1943年5月2日《纽约时报》,以及1943年4月27日《纽约先驱论坛报》,见David G. Januszewski, "The Case for the Polish Exile Government in the American Press, 1939—1945", *Polish-American Studies* 43, 1986年,第62页。
[3] "Good for Goebbels", *Time*, 1943年4月26日,第32页。
[4] Robert Szymczak, "A Matter of Honor: Polonia and the Congressional Investigation of the Katyn Forest Massacre", *Polish-American Studies* 41, 1984年,第33页。

第六章

"不符合犹太人的最佳利益"

在战争末期与1960年代之间,任何一个生活在这些年的人都能够证实,大屠杀在美国的公共话语中极少出现,并且在犹太公共话语中情况也好不了多少——特别是说给非犹太人听的言论更是如此。

只有一小部分书籍谈论到它,在这些书籍之中,除了像《安妮日记》等极个别之外,都鲜有读者青睐。[1]这期间在美国能够看到的两部大屠杀历史叙事都来自国外,而且都没有引起太多的关注。杰拉尔德·赖

---

1 另一个例外是John Hersey的小说《墙》(*The Wall*),它把Emmanuel Ringelblum的华沙日记改编成小说,该书卖得很好,或许部分原因在于作者的名誉:若干年之前,Hersey的《钟归阿达诺》(*A Bell for Adano*)获得了普利策奖,还有他的《广岛》(*Hiroshima*)已经成了一个重要的文化事件。美国犹太人委员会推广了《墙》这部书,还资助了一个以此为蓝本的电台广播剧并于1950年开播。电影票房则化为了泡影。百老汇版本(被Millard Lampell改编成戏剧)在演出了119场之后本来要关闭了,但在小提琴家Isaac Stern的妻子努力筹款之下还是获得了一个喘息的机会。Morton Wishengrad把该戏剧的失败归结为它被"犹太人的剧院悄无声息地联合抵制了……他们反而青睐《花街神女》(*Irma La Douce*)及《尤姆树下》(*Under the Yum Yum Tree*)"。(致Commentary 31的信,1961年4月,第364页。)关于该剧票房失败的另一个相似的解释来自David Boroff。("The Living Arts", *American Judaism* 9,1961年逾越节,第15页;9,1961年普林节,第13页。)

第六章 "不符合犹太人的最佳利益"

特林格的《最终解决》被一位匿名的出版商分销出去了,据我所知它也没被大众发行出版物所评述过。莱诺·波利亚科夫的《仇恨祈祷书》(Bréviaire de la haine)也同样如此;得益于一位犹太商人的资助,它得以被翻译成英文,书名为《收获仇恨》,但仅仅销售了几百册。赖特林格和波利亚科夫的书都未能引起重要历史刊物的注意。高级中学和大学历史教科书对大屠杀的处理极其草率——实际上还经常压根儿不出现。[1] 鲜有非犹太报纸和杂志提到大屠杀,即便有也常常敷衍了事。

在电视这一新媒体之中,只有一小部分剧本触及到大屠杀。在1960年代之前的电影之中(《安妮日记》再一次是例外)几乎没有触及这一主题的——并且1960年代也不多。阿兰·雷奈的《夜与雾》(Nuit et brouillard, 1955)常常被作为一部大屠杀影片而被铭记,但实际上它主要讲述的是德国针对法国抵抗运动成员的行动,"犹太人"这个词语并未出现。(雷奈打算把该影片当作对那时发生在阿尔及利亚战争中之暴行的一个警告。)[2]《纽伦堡审判》(1959年的一部电视剧,在1961年被拍成了电影)也经常被当作一部大屠杀影片,但它只是顺带提到了对犹太人的杀戮,而自始至终都在重点讲述纳粹主义的其他罪行。《纽伦堡审判》尽管全由著名演员出演,《安妮日记》尽管有原书受到的那么多关注和对影片铺天盖地的宣传,还是都不怎么叫座。[3]

1　见 Gerd Korman, "Silence in the American Textbooks", *Yad Vashem Studies* 8, 1970年,第183—202页。

2　见 Charles K. Krantz, "Alain Resnais' *Nuit et Brouillard*: A Historical and Cultural Analysis", *Holocaust Studies Annual* 3, 1985年,第107—120页。事实上,"犹太人"这一词汇出现过一次,被以法国口音顺带说到,也未配有英文字幕。剧本作者 Jean Cayrol 是一位曾被送往毛特豪森集中营的反抗者(résistant)。

3　犹太电影顾问委员会,1962年10—11月报道,NCRAC Papers, Box 51;第27号报道,1969年2月,NCRAC Papers, Box 52。为完备性起见,还应该注意到,大屠杀在《百战雄狮》(*The Young Lions*, 1958)的结尾处短暂出现,在《凯恩兵变》(*The Caine Mutiny*, 1954)和《出埃及记》(*Exodus*, 1960)中都被简要提及。

其他领域也有着同样的缺憾。除了在逾越节的仪式中偶尔提到之外，当代美国犹太宗教思想家关于大屠杀都无话可说，并没有为该事件的宗教纪念活动做任何准备。[1]世俗的纪念活动绝大部分仅限于幸存者之中。在整个1950年代，世界犹太人大会在鼓励全球的犹太人团体举办每年一度的关于华沙犹太区起义的纪念活动方面都不怎么成功。没有什么地方比他们在美国所获得的成功更少了。世界犹太人大会的档案满是对失败的倾诉和失望。犹太音乐家协会对该活动"态度冷淡和漠不关心"；多数大学希勒尔[2]俱乐部"都感觉到当地的环境都已经到了这样的程度，以至于认为这类纪念活动要么不明智要么毫无实际意义"；与美国犹太人大会的成员的一次会谈表明了"这些圈子对该纪念活动的关注是多么的少！"世界犹太人大会每年都会收集那些（包含着或大或小的犹太社区的）国家关于纪念活动的信息。有一年，世界犹太人大会的艾萨克·施瓦茨巴特道出了美国报道的本质，"非常糟糕——即便对印度尼西亚也是如此"。[3]

除了在犹太教堂的墙壁上有一些纪念徽章之外，并未曾建立纪念碑或纪念馆之类的东西。以任何标准看——当然，与1980和1990年代大屠杀主题的无所不在相比较——这些年无人对这一议题有太多的话

---

1 Rufus Learsi（一个笔名，倒过来拼写的以色列人名）领导了一场要求在他家乡的逾越节仪式中提到大屠杀的运动，该运动得到了极大的支持，当然也有一些批评。Learsi的逾越节仪式委员会的文章被保存在美国犹太历史学会之中。

2 Hillel，公元1世纪初耶路撒冷犹太教圣经注释家。——译注

3 见以下记录：Isaac Schwarzbart，1952年11月1日（World Jewish Congress Papers，F20，Tenth Anniversary）；拉比Aaron Gewirtz致Schwarzbart的信，1956年6月22日（WJC Papers，F22，April 1956—USA）；Schwarzbart"关于华沙犹太区起义纪念"的备忘录（WJC Papers，F23，Fifteenth Anniversary）；Schwarzbart关于美国犹太人大会的Julius Schatz发给他的备忘录的笔记，1952年5月9日（WJC Papers，F19）。在1951年，Schwarzbart写信给美国犹太人大会的David Petegorsky："有必要指出……我们的分会在听到那个最大的犹太社区（拥有几百万有欧洲血统的犹太人）居然忘记了华沙犹太区起义之时将会有些惊讶。"（WJC Papers，F19，Eighth Anniversary.）

第六章 "不符合犹太人的最佳利益"

想说,至少在公共场合是如此。

当谈及公共大屠杀话语,我们拥有同时代的记录可资利用(即便在这里,总体上是关于它不存在的记录),从中得出有充分依据的概括也是可能的。当说到大屠杀在私底下被谈论或思考到什么程度了,我们的基础不牢靠,因为证据少、不完整,还常常是间接的,而且其可信度有时也有问题。所以我们最好对这个结论保持试探性的态度。(至于私下交谈,我仅限于和犹太人之间,因为基本上没有证据和非犹太人相关。)

对此事发表评论的当代观察家,因美国犹太人在战争结束至1960年代期间对大屠杀谈论得——或者如他们所说,思考得——如此之少而颇感惊讶。内森·格雷泽1957年的《美国犹太教》一书,是关于1950年代犹太人的唯一的学术性调查,他发现大屠杀"对美国犹太人内心生活的影响极其微弱"。[1]是年,诺曼·波德霍雷茨在《知识分子与犹太人的命运》(一个似乎允许围绕大屠杀进行讨论的题目)一文中对当代犹太人的态度做了调查。它甚至未被提起。[2]关于战后美国犹太人对大屠杀的反应,有一本未出版的学术研究著作。利奥·鲍嘉特(后来日渐成了公共舆论方面声誉良好的分析家)是1940年代后期芝加哥大学社会学的研究生,他的毕业论文恰好是关于这方面的内容。鲍嘉特首先假设,这么重要的事件"会通过群体的行为和信仰之变化来展现它自己"——确切地说,"美国犹太人的反应将会是越发感觉到群体的团结与凝聚,并可能带有某种精神错乱的征兆"。[3]他验证该假设的方法之

---

[1] Nathan Glazer, *American Judaism*, 芝加哥,1957年,第114—115页。这也是Lothar Kahn所得出的结论,见 "Another Decade: The American Jew in the Sixties", *Judaism* 10,1961年春。

[2] Norman Podhoretz, "The Intellectual and Jewish Fate", *Midstream* 3,1957年冬。

[3] Leo Bogart, "The Response of Jews in America to the European Catastrophe, 1941—1945", 芝加哥大学硕士论文,1948年,第4页。

一是从一定数量的年轻犹太人中征求长篇书面声明。结果发现,除了那两个曾在战争末期的欧洲部队中服役的人之外,并未显示出"欧洲犹太人的灭绝对那些书写声明的人有任何真实的情感上的影响,或者影响到了他们的基本观念"。该项目的核心是实施一套以一百名不同背景的芝加哥犹太人为调查对象的开放式问卷。他的芝加哥样本的反应使他得出结论说:"欧洲犹太人被杀案对美国犹太人的情感和基本思维方式并未产生强烈的影响。"[1]

所出版的三部评论集为大屠杀在年轻美国犹太人的思想中所起的作用提供了间接的证据。1957年,《新领袖》连载了十八篇个人文章以弄清"自广岛事件以来,五百万美国人心中想的是什么?"至少三分之二的反馈者是犹太人。在回答什么因素使得他们的想法得以形成之时,他们提到了从大萧条一直到冷战的各种历史事件。没有一个投稿者提到大屠杀。[2] 两部其他的评论集(这次只限于犹太人)出版于1961年,恰好过了我们的关注期。当人们对大屠杀的谈论热情高涨之时——由逮捕阿道夫·艾希曼所引发(这将在下一章讨论),极有可能的是,关于大屠杀在1950年代的重要性程度,他们提出了一个夸大了的指数。有三十一人参加了《评论》"犹太性和年轻知识分子"的专题研讨会。少数几个人顺带提到了大屠杀,只有在两个案例中投稿者才谈到它,而且是以暗示犹太身份日益凸显于他们的意识之中这种方式谈

---

[1] Leo Bogart, "The Response of Jews in America to the European Catastrophe, 1941—1945", 芝加哥大学硕士论文, 1948年, 第216, 146页。尽管严格说来不是一则同时代的报道, 人们也可能加上社会学家Herbert Gans的回忆录, 当他研究1949—1950年帕克森林中的犹太人之时, 大屠杀"几乎从未被提及, 其记忆在那里建立犹太社区过程中不起丝毫作用"。(Gans, "Symbolic Ethnicity: The Future of Ethnic Groups and Cultures in America", 见Gans等主编, On the Making of Americans: Essays in Honor of David Riesman, 费城, 1979年, 第207页。)

[2] 这一系列文章始于1957年3月11日,结束于1957年7月22日。

第六章 "不符合犹太人的最佳利益"

论的。[1]那年年底,季刊《犹太教》举办了一个关于"我的犹太人申明"的论坛,有二十一人参加,与《评论》投稿者相比,他们的看法大多数较为古典并更少世俗性。只有一个人(他在德奥合并之后逃离了奥地利)提到了大屠杀。[2]

在历史学家之中有一个规则,好的历史学家都更相信同时代的文献资料而非若干年之后创作出来的回忆录——即对回忆的重新加工和整理。无论其价值何在,许多具有高度责任心的犹太人的回忆录和传记都支持了那个同时代的表明大屠杀就不该被太多谈论的证据。艾伦·德昭维茨——成长于20世纪四五十年代布鲁克林一个具有浓厚犹太人色彩的社区,就想起他的同学和家人都未曾谈论过大屠杀。[3]丹尼尔·J.埃拉扎尔是一个严守教规的犹太人,后来移民到了以色列,据他说,在底特律充满复国主义的氛围中,在同一时期,西班牙内战是一个比大屠杀更具有象征意义的事件。[4]年轻时,诺曼·波德霍雷茨在他身为哥伦比亚大学生的四年期间对犹太神学院的学习有着十足的犹太忠诚。他1967年的回忆录《成功》(*Making It*)详述了他年轻时代许多颇具影响力的事件,而大屠杀未被提到。[5]但还有其他的回忆录,特别是最近几年,在其中作者说到大屠杀在他们小时候即1950年代颇有影响。

---

1 *Commentary* 31,1961年4月,第306—359页。其余两位投稿者的评论在这一点上则显得模棱两可。

2 *Judaism* 10,1961年秋,第291—352页。

3 Alan Dershowitz,*The Best Defense*,纽约,1982年,第10页。

4 Daniel J. Elazar, "Detroit, the Early 1950s: 'Habonim Was Looked at as a Bit Wild'",见J. J. Goldberg和Elliot King主编,*Builders and Dreamers: Habonim Labor Zionist Youth in North America*,纽约,1993年,第173页。

5 我没有算上他的这句评论,当1953年他在迪克斯堡接受基础训练之时,他被那种和"汉娜·阿伦特在《极权主义的起源》一书中所描述的纳粹集中营"相类似的感觉所淹没。(Norman Podhoretz,*Making It*,纽约,1967年,第134页。)

左翼活动家托德·吉特林,在写他年轻时支持核裁军之事时,回想起对于他和他的朋友而言,"美国的炸弹……在我们的人生中是一个最接近于奥斯维辛的邪恶等价物。当那一时刻到来,我们立即抓住了机会清除那个离最初创伤最近的东西"。[1] 其他作者记得它(确确实实)是一个反复出现的噩梦,就好比达芙妮·莫金的《梦见希特勒》的文章标题所示,或者梅瑞狄斯·塔克斯的叙述——每天晚上"在床底下寻找来自火星的人、女巫和纳粹"。[2]

那些关于大屠杀在1950年代被谈论、被思考的深度与广度的回忆录差异非常之大,以至于任何一般性的概括都会遇到许多反例,因而它们只能被试探性地提出来。无论如何,我们目前为止所看到的资料并不代表所有的美国犹太人阶层,因为其兴趣中心是涂鸦阶层。除了我所提到的直接的和间接的证据,我们不得不问,假如没有大量的公共讨论,那么是否可能有那么多的私下谈论?这两个领域并非全然自治。似乎可能的是,如果私底下有大量的讨论,这应当会比已有的多得多地映现在公共讨论之中,反过来也是一样的。即便我们谈论自己的直接经验和情感,也得依赖于文化背景提供给我们一张适当反应的清单。有时候窃听恋人间的谈话,会注意到谈话的频率和谈话的内容是高度模式化的,而且是以通俗文化模式为基础的。当转向那些被大量谈论的重大事件之时——如肯尼迪总统之死或戴安娜王妃之死,我们私下所说之事要么是对公共所谈之事的直接反应,要么是对它们的反思。公共话语不仅仅会塑造私人话语,而且也是其催化剂;它释放出这样的信息,即"有些事情是你应当谈论的"。而如大屠杀在1950年代的情况

---

[1] Todd Gitlin, *The Sixties*, 纽约, 1987年, 第25—26页。

[2] Daphne Merkin, *Dreaming of Hilter*, 纽约, 1997年; Meredith Tax, "Speak, Memory: Primo Levi's Living History", *Voice Literary Supplement*, 1986年3月, 第12页。

那样,当公共交谈不多时,相反的信号就会被释放出来。当然,此类信号并不能激发所有人对它们的反应——在这一案例中,它不大可能激发那些其家人不久以前才移民进来的人,或那些生活在犹太人密集区的人,或那些持有强烈的传统犹太认同的人的反应。但是我认为这些消极的信号很有可能引起了相当多的人的反应。

这些年对大屠杀的谈论不够多,这可以从多方面加以解释。就如我在导言中所评论的那样,在那里我也概述了其原因,我不认为可以在那个引起了"压抑"的"创伤"之中找到解释。在我看来,更有成效的做法是考虑选择性,尽管是隐秘的且非完全有意识的选择,比如这一信念,即幸存者最好别老是纠缠于过去与冷战带来的禁忌——我已经讨论过的。在求助于这个时期的一些总体原则(它们影响着那些边缘化大屠杀的决定)之前,让我们看一看几个具体的拥有特殊因素的领域。

关于电影,人们有时会说,犹太人主管在这一行业是如此杰出,但他们不情愿因制作有关犹太主题的电影去引起对他们自身犹太性的关注或者把自己推向狭隘主义的指控之中。可能存在这种情况。与此同时,电影和电视都总是被声名狼藉的"底线"所控制着。战争期间,当一名雇员建议达利尔·F. 扎努克制作一部关于集中营的电影之时,他嘲讽道:再也没有任何东西比它"更难吸引观众了";每一个这样的项目最终都"失败了"。[1] 在1950年代及随后的几年之中,犹太组织在好莱坞的代表报告说,此类评判对于承接与大屠杀相关的项目而言是一个持续的障碍。[2]

---

1 Otto Friedrich, *City of Nets: A Portrait of Hollywood in the 1940s*,纽约,1986年,第179页。
2 Allen Rivkin,1962年10—11月报告,以及第27号报告,1969年2月,NCRAC Papers, Box 51。不仅关涉到美国消费者的偏好,德国也是好莱坞海外市场的重要组成部分。(见"Films' New Nice-Nasty Nazis", *Variety*,1958年4月16日。)

大屠杀与集体记忆

对大屠杀进行犹太神学讨论之逃避，反映了对传统解释的普遍不满——它把犹太人的灾难说成是由犹太人的罪孽所激发的上帝之警告。我发现，在战后初年对大屠杀的犹太宗教解释中，只有一个例子提供给了普通观众，而且这还是那个传统的解释。犹太神学院校长路易斯·芬克尔斯坦在1951年接受了《时代周刊》的封面故事采访。

> 在四十年前我还是神学院的学生之时，似乎……我们的信仰不能幸免于难……那位一世纪的伟大拉比埃利泽曾经说过："在犹太民族忏悔之前，弥赛亚是绝不会到来的。"当他们问道："如果犹太民族不忏悔会怎么样？"他回答道："上帝将会让一位比击杀他们的哈曼更坏的王崛起，然后他们就会忏悔了。"这就是刚刚发生的事情……六百万……那可怕的灾难——我们这个时代精神和物质整体的危机，把美国犹太人带回到他们先辈的信仰之中。[1]

自1960年代后期以来，各种宗教的声音都试图提供不同的解释，以替代把大屠杀理解成上帝的惩罚或者犹太人与上帝之间特殊契约的终结之类解释。即便在那时，这些声音也未能对普通犹太人的宗教意识产生显著的影响。但是在1950年代，则没有这类声音。[2] 拉比尤金·博罗维茨曾提出关于战后对大屠杀的犹太神学讨论还有一个禁忌。在他

---

[1] "A Trumpet for All Israel", *Time*, 1951年10月15日, 第52页。
[2] Emil Fackenheim后来成了一名重要的"大屠杀神学家"，他回想起他之前曾逃避这一议题。"一个人不一定要是犹太人的敌人或是冷漠的犹太人，才会在大屠杀出现之时改变话题……我就曾经做过这样的事……原因是潜藏着恐惧，即如果一个犹太人真实诚实地全面正视该丑闻，结果就会是犹太教的绝望。"（Fackenheim, "Jew of Fidelity", 见Harry James Cargas主编, *Telling the Tale: A Tribute to Elie Wiesel*, 圣路易斯, 1993年, 第114页。）

第六章 "不符合犹太人的最佳利益"

看来,大多数犹太人在这期间实际上都是不可知论者,都放弃了对那位能够实施惩罚和奖励的上帝的信仰。他们参加犹太人集会,是为了在把犹太人当作新教—天主教—犹太人这种三合一之一部分而接纳的文化中找到一个满意的位置:"大声抗议那个容忍此类暴行的上帝将会对基督教美国暴露出犹太人的完全缺乏信仰,因而会危及犹太教作为美国同等信仰之一的地位。"[1]

后来,幸存者在发起大屠杀纪念活动方面起着重要的作用,特别是在地方层面上。但是在战争结束后的头一个十年,幸存者还相当年轻且忙于在一个新的国度寻找落脚之地。他们的英语水平一般不怎么可靠,并经常与主流的美国犹太生活保持着一定的距离。大多数纪念活动发生在幸存者社区之内,并未努力邀请其他人参与进来。拉比欧文·格林伯格回想起那些年出席过一个大屠杀纪念仪式,像其他局外人一样,敏锐地意识到自己不属于那里。他说,"它让人感觉到像撞见了葬礼一样"。[2]

(实际上,有一个重要的且受到广泛关注的事实上的大屠杀纪念仪式,不是幸存者所发起的。美国犹太人抵制德国货与禁止赴德旅游,这都是自发的,从未正式宣布过。这里有许多矛盾。由于赔款的影响,以色列一度被德国耐用消费品所淹,这个时候美国犹太人则刻意避开了大众汽车和德国根德牌收音机。不像1492年之后那条不准进入西班牙的正式禁令主要是被最直接受牵涉的塞法迪[3]所遵守,那些在战后最不可能遵守不准去德国旅行的非正式禁令的美国犹太人,是在1930年代

---

[1] Eugene Borowitz, "Rethinking Our Holocaust Consciousness", *Judaism* 40, 1991年秋, 第390页。
[2] 引自Edward T. Linenthal, *Preserving Memory: The Struggle to Create America's Holocaust Museum*, 纽约, 1995年, 第6页。
[3] 即Sephardi, 指西班牙或葡萄牙籍的犹太人或其后裔。——译注

逃离希特勒的具有德国血统的犹太人。在一个有些类似的象征行为的范畴中——尽管这一次更具公共性——战后犹太人反对那些与纳粹政权有这样或那样牵连的音乐家在美国出现或工作。)[1]

除了这些具体领域之外,关于那些禁止谈论大屠杀的综合考虑我们能说什么呢？最强有力的禁忌之一是直截了当和一目了然的。大屠杀是一幅令人恐怖的景象,思考它会令人痛苦和恶心,它是那类令我们多数人都不愿多看的事物。这种自我保护式的厌恶通常被认为是一种道德上的堕落。诚然,有充分的理由相信,对我们来说躲避那些令人不安的景象意味着缺乏道德和政治上的责任心——如果直接地面对它们,我们可能被感动进而采取有用的行动。当然,这是对大屠杀期间旁观者转移开他们的视线进行批判的基础。但在战后最初的岁月中,大屠杀被历史化的程度远远超过今天——它被当作那个随着纳粹德国战败而结束的时期的一个恐怖特征。在战后的年代中,大屠杀并未获得作为(通过沉思它就能获得的)永恒真理或教训的持有者这样超然的地位。既然大屠杀已经结束并被处理完了,那么就没有实际的好处来补偿因凝视这样恐怖的景象而带来的痛苦。这毫无疑问是普遍流行的美国观念,也是相当多犹太人所持有的看法。美国犹太人大会的季刊《犹太教》一位作者调查了战后的场景,他评述说对于"绝大多数美国犹太人来说……世界其他地方以前所发生的事碰巧是:在其他时间和其他

---

[1] 1940年代后期,犹太人纠察队强制取消了一个在卡耐基音乐厅举行的由 Walter Gieseking 所演奏的音乐会(并迫使他离开了这个国家),而一批重量级犹太音乐家,则威胁要抵制,并成功地确保取消了芝加哥交响乐管弦乐团与乐团指挥 Wilhelm Furtwängler 之间的合约。对挪威歌手 Kirsten Flagstad 的出场也有抗议,因为她丈夫是忠诚的纳粹党成员。在1950年代,有些抗议活动反对指挥家 Herbert von Karajan 和女高音 Elizabeth Schwartzkopf(二人都曾是纳粹党成员)的到来。

第六章 "不符合犹太人的最佳利益"

地方"。[1]老是想着这些恐怖的场景在很多人看来似乎像不健康的偷窥狂。即便是那些有着敬业精神的人也常常难以忍受这类景象。在叙述他的同事们在战后初年不情愿去研究大屠杀问题之时,历史学家劳埃德·加特纳回想起了"厌恶和反感的抑制作用"。[2]

1945年那一年,不仅完全曝光了死亡营的恐怖,而且也揭露了另一种恐怖。相对于大屠杀,广岛事件对美国人的影响要大得多,也更为持久,这纯粹是出于完全理性的理由,和"比较恐怖学"没有关系。如果说大屠杀是那个刚刚过去的时代之象征,那么,作为核毁灭之象征的广岛事件,则界定了现在和将来。不像大屠杀那样,广岛事件在美国人看来确实有着迫切的经验教训,这使得躲避它都会令人不齿。对许多人来说,包括重量级牧师在内,观看广岛之伤亡图片获得了"上帝饶恕我们"的教训。而对于几乎所有的美国人而言,所获得的经验教训则是"上帝啊——这可能是我们"。

不仅仅基督教和平主义者,而且像莱因霍尔德·尼布尔这样的反和平主义基督教神学家,都认为美国人犯下了一个道德上不可饶恕的罪过——由此,我们已经"严重违背了上帝之法则,并对日本人民犯下了弥天大罪"。[3]美国最为著名的新教牧师之一哈利·艾默生·福斯迪克,依然坚持认为德国理应为其"骇人听闻的血腥酷刑和灭绝项目"而

1　Lothar Kahn, "Another Decade: The American Jew in the Sixties", *Judaism* 10, 1961年春,第10页。

2　Lloyd P. Gartner, "Jewish Historiography in the United States and Britain", 见 A. Rapoport-Albert 和 S. J. Zipperstein 主编, *Jewish History: Essays in Honour of Chimen Abramsky*, 伦敦, 1988年,第227页。加特纳补充说道:"人们也感觉到,高密度的研究和接触可能会妨碍幸存者的心理康复。"

3　Federal Council of Churches 和 Commission on the Relation of the Church to the War in the Light, 基督教信仰下教会与战争关系委员会的声明, 1946年3月,引自 Mark Silk, *Spiritual Politics*, 纽约, 1988年,第25页。除了 Niebuhr 之外,该委员会的成员还包括 John Bennet 和 Henry P. Van Dusen,他们全都是或曾经是反和平主义的干涉主义者。

受到惩罚,但是广岛事件之后他认为美国人"没有资格无辜地清洗我们的双手以及谴责他人的罪行"。[1]《纽约先驱论坛报》一位编辑发现,"以下想法令人不安——美国机务人员已经制造了一个在整个人类历史上毫无疑问必定是最大规模的同步屠杀事件,其伤亡人数甚至和纳粹或古代的更有条不紊的大屠杀相比也不相上下"。[2]刘易斯·芒福德写道,"我们的目标不一样,但是我们的方法和人类最凶残的敌人所使用的并无二致"。[3]

如果说只是少部分美国人觉得美国是恐怖暴行的罪魁祸首,绝大部分人则毫不怀疑他们自己可能和广岛的人们遭遇同样的命运。媒体把这个景象带回了国内。当地报纸刊登了整个广岛遭到毁灭的社区之图片;《生活》则用九页的篇幅描述了未来的核战争——以技术人员在第五大道的公共图书馆前(幸存的)狮像漠然的眼神之下,检测纽约市瓦砾碎石的放射性而结束。[4]

就如我们在前一章所看到的,在集中营获解放那个时候,有那样一些人,他们力称美国人应该直面那些恐怖景象,从而才能全面理解纳粹之罪行。但是就已经发生的"直面"情况看,这只是暂时的。在仅仅几个月之后发生的广岛事件中,美国人具有更加强烈的身临其境之感。与大屠杀不同,美国人在其中既是行凶者也是潜在的受害者;与大屠杀不同,有许多实际理由要求经受直面恐怖的考验。人类学家鲁思·本

---

[1] 见 Harry Emerson Fosdick, *On Being Fit to Live With: Essays on Post-War Christianity*, 纽约, 1946年, 第76—77页。

[2] 引自 Donald Porter Geddes 等, *The Atomic Age Opens*, 纽约, 1945年, 第58页。

[3] Lewis Mumford, "The Morals of Extermination", *Atlantic Monthly* 204, 1959年10月, 第39页。

[4] Robert Lane Fenrich, "Imagining Holocaust: Mass Death and American Consciousness at the End of the Second World War", 西北大学博士论文, 1992年, 第96—98页; "The Thirty-six Hour War", *Life* 19, 1945年11月19日, 第27—35页。

第六章 "不符合犹太人的最佳利益"

尼迪克特写道，为了把握我们的前途命运，有必要去面对"那些被烧焦和遍体鳞伤者无穷无尽地蹒跚在路上之场景，那些活埋……以及呕吐、化脓和慢慢折磨的死亡"。[1] 经济学家斯图尔特·蔡斯极力主张"我们所有人，儿童和成年人"，都应该看看广岛的照片和电影。"我们应该看看那些死去的人、受伤的人、被摧毁的医院以及那种种剧痛。[这些图片]应该在每一个剧场上映……我们应该坦诚地、努力地接受这些未经装饰过的恐怖图片。[只有]第一手经验能够令我们坚守拯救我们的文明之使命。"[2] 另一位著名的作家则竭力主张大毁灭的戏剧性重现，"直到人们……亲眼目睹了它们[并且]突然感觉到自我毁灭的可能性"。[3] 虽然美国公众直面广岛事件这一恐怖幽灵的意愿时而高涨时而低落，但从不缺乏新的激励：苏联建造了第一座核电站并研制出了热核武器，安全防护狂躁症，对试验辐射性的担忧以及古巴导弹危机。而这些年来对美国人来说，没有什么与之相当的激励能够让他们去思量纳粹主义的恐怖。

各类作者都把奥斯维辛和广岛事件作为一对可怕的、象征着人为大规模死亡的双胞胎来谈论，并未在它们之间展开易招人怨恨的比较。对有些人来说，奥斯维辛是那个即将到来的更大规模的大屠杀之序幕，就如在电影《海滨》、《人猿星球》和《奇爱博士》中所表现的那样，这是全人类真正的"最终解决方案"。物理学家 I. I. 拉比就说过，核军备竞赛是"许多国家一起同时奔向烧烤箱，就如奥斯维辛的那些囚犯一

1　Ruth Benedict, "The Past and the Future"（评约翰·赫西的《广岛》）, *The Nation* 163, 1946年12月7日, 第656页。

2　Stuart Chase, *For This We Fought: Guidelines to America's Future as Reported to the Twentieth Century Fund*, 纽约, 1946年, 第119—120页。

3　Henry Seidel Canby, "Mass Death in Miniature", *Saturday Review of Literature* 28, 1945年9月8日, 第18页。

样"。[1] 伯纳德·罗森伯格在《犹太人前沿》和A. 阿尔瓦雷斯在《评论》上撰文,把大屠杀看成是核战争的一次"预演"或"一个小规模试验"。[2] 当然,有人会沉浸在大屠杀和核破坏的恐怖细节之中,这不是不可能,如约翰·赫西和罗伯特·K. 利夫顿等人就是那样做的。但是对于大多数人来说,心理平衡似乎要求他们最多关注其中一个,并且他们一般会选择以关涉现在和未来而非过去之问题为出发点的那一个。

在我们正研究的这个时期的一些年之后——在1970年代,当大屠杀进入了美国文化的中心之后,它似乎成了当代意识的一个适当的象征。美国社会的精神面貌自那时以来一直陷于低潮。前十年见证了约翰和罗伯特·肯尼迪以及马丁·路德·金被暗杀。激进主义者的"运动"之希望、自由主义者的伟大社会之希望、黑人和其他人的人权改革之希望,全部都已经破灭了。那是越战和水门事件的年代。[3] 大屠杀成了那个希望破灭的年代的一个合乎时宜的阴郁象征。

相比之下,战后那些年则特别乐观积极。越南战争令美国人四分五裂;第二次世界大战曾让他们团结一致。尽管(对一些人而言,或许因为)蘑菇状的乌云可能出现在了地平线之上,美国人从来没有这么高兴和乐观。小说家赫伯特·戈尔德把他的文本当成给创作那些"关于快乐人民的快乐问题的快乐故事"的电视写手的操作指南,并把他

---

[1] 引自Robert Jay Lifton 和Eric Markusen, *The Genocidal Mentality: Nazi Holocaust and Nuclear Threat*,纽约,1990年,第9页。

[2] Bernard Rosenberg, "Balance Sheet of Madness", *Jewish Frontier* 12, 1955年6月,第6—7页; A. Alvarez, "The Literature of the Holocaust", *Commentary* 38, 1964年11月,第65页。

[3] 约翰·肯尼迪与罗伯特·肯尼迪分别于1963、1968年被刺,马丁·路德·金也于1968年被刺。越战是1955—1975年,水门事件发生于1972年。——译注

第六章 "不符合犹太人的最佳利益"

1950年代的文集命名为《快乐问题时代》。[1]战争的胜利,再加上大大出乎人们意料的战后飞速发展的经济,使得美国成了目前世界上最富有最强大的国家,这样它和它的人民当然会认为他们站在亨利·鲁斯说的"美国人的世纪"门口了。

在美国社会中,没有哪一个团体比美国犹太人更加全心全意地沉醉于这种热情奔放的气氛之中。在战后十五年或二十年里,反犹言论遭到了批判,并几乎消失于公共领域之中。民意调查在衡量个人情感方面是一个不精确的工具,但还是有其价值所在,它们表明了在战后的岁月中反犹主义急剧下降了。1946年一个由美国犹太委员会所委托的未公布的民意调查在全国范围内抽样询问了非犹太人这样一个问题,即在这个国家中是否有"一些民族、宗教或种族团体构成了对美国的威胁"。18%的受访者说是犹太人。到了1954年——在此之后该问题被取消了——该比例下降到了1%。[2]其中更大的影响则是,反犹主义所设置以阻止犹太人在美国生活中各个方面地位上升的关卡的快速崩溃。[3]几乎肯定的是,大屠杀是战后美国反犹主义急剧衰败的原因之一,但是证据却是矛盾的。[4]其他社会和文化的因素可能具有同等或者更大的重

---

1 Herbert Gold, *The Age of Happy Problems*, 纽约, 1962年, 第4页。

2 Marshall Sklare致John Slawson的信, 1958年10月20日, AJCommittee Papers, GS 10, Box 8, Anti-Semitism, 1942—1958。一份有益的关于调查结果的摘要, 见Charles Herbert Stember等, *Jews in the Mind of America*, 纽约, 1966年。1946年, 64%的调查都报告说在过去六个月中听到了反犹主义评论。到了1959年, 下降到了12%, 其中1951年下降最显著。(Leonard Dinnerstein, *Anti-Semitism in America*, 纽约, 1994年, 第151页。)

3 例外情况很少且大多不大重要。少数社交俱乐部、度假胜地以及富人社区还在做最后的坚持。在1960年代, 据说某些工业区的豪华套房不完全对犹太人开放, 但无论如何那里的关卡都很快就崩塌了。

4 这衰退的节奏和其他种族憎恶感的同时下降, 意味着是那些不同于大屠杀的因素发挥了作用。尚未有学者对此现象做过系统的论述, 但在本书中展开了有趣的讨论, 见Stember等, *Mind of America*, 尤其见第142—144, 216, 265—269, 290—297, 377—399页。

要性，特别是这一事实，即今天的犹太人"外来性"前所未有的少。到了1950年代，有四分之三的美国犹太人在本国出生——大部分是这个国家第三代犹太人。在此我们没必要关心反犹主义衰落的原因，那时候的人们也不大关心。在战后的岁月中，犹太人很快就会明白它衰落的事实以及他们能够方便地在所有领域崛起，由此在盛行的乐观文化氛围中他们也成了热心的参与者。菲利普·罗斯认为：

> 我和其他的同辈犹太儿童兴致勃勃地抓住了战后的机会——神奇地感觉到每一个人都可以获得不少于其他任何人的机会，人们能够做任何事情，并不会被任何东西所阻挠——这种兴致大都来自我们对生活于其中、归属于其中的无限民主的信仰。难以想象，自越战以来成长于美国的任何一位有识之士会拥有我们这种毫不含糊的感觉——在刚战胜希特勒纳粹主义和日本军国主义那会儿身为花季少年，感觉自己属于这个地球上最伟大之国度。[1]

所有这一切都意味着，美国社会在对待犹太人方面越来越与对待其他美国人没什么两样，并把他们看作是美国社会的一个内在的而不是外来的部分。爱德华·沙皮罗以一体化的一对双生象征符号——1945年的美国小姐贝丝·迈尔森[2]和汉克·格林伯格[3]（他在那年的第九局大满贯本垒打中为底特律老虎队赢得了美国职业棒球联赛冠军，并继续带领老虎队在世界联赛中夺冠）——开始了他的战后美国犹太人

1　Philip Roth, *The Facts*, 纽约, 1988年, 第123页。
2　Bess Myerson, 历史上第一位犹太裔美国小姐。——译注
3　Hank Greenberg, 犹太裔棒球明星。——译注

第六章 "不符合犹太人的最佳利益"

史。[1]就如越来越多的美国人认识到犹太人和其他美国人之间并没有太大的区别,越来越多的美国犹太人自己也这样认为。是统一主义者的而非特殊主义者的观念成了战后几十年的规则;"发肤之下皆兄弟"和"同是一家人"之风气盛行于世。黑人尚未被有效地纳入该保护范围之内,但是犹太人和犹太团体确实竭尽了其所能推进这一事业。美国犹太委员会一位官员回想起,在1940年代后期她的第一个任务,就是在各大媒体上推销能够表现"犹太人和其他任何人一样好;他们不全是知识分子,也是足球运动员"这样的故事。[2]关于美国历史的战后"共识学派"(它强调团结而非分裂美国人)的三位主要发起人都是犹太人,注意到这一点是很有意义的。[3]

最近几十年,许多人坚持认为持续性地接触大屠杀能够制衡幼稚肤浅的乐观和华而不实的普遍主义。这个论证颇有分量。就我们直接的目的而言,可以把这个观点倒过来讲。摒除令人厌恶的形容词,那些持有总体乐观和普遍主义观点的人——诸如1950年代的美国人,包括美国犹太人在内——并不会想把大屠杀置于其观念的中心。它是当时风气中一个不合宜的标志,这当然是它处于边缘地带的主要原因之一。

战后积极乐观和普遍主义的气氛不仅延缓了对大屠杀的讨论,而且还粉饰着所谈论的内容。当然,人们不能把大屠杀变成一个令人兴奋的经历,但是人们能够做的,借用当代一首流行歌曲的歌词来说,是"加强正能量"和"倾听乐观之声"。这样做的方法之一就是把华沙犹

---

[1] Edward Shapiro, *A Time for Healing: American Jewry Since World War II*,巴尔的摩,1992年,第8—15页。
[2] 对Selma Hirsh的采访,1987年1月5日,口述历史集,AJCommittee Papers,第16—17页。
[3] Daniel Boorstin、Louis Hartz和Richard Hofstadter(他是半个犹太人)。

太区起义说成是大屠杀的核心象征。世界犹太人大会的纽约办公室解释道：

> 人们的想象力和心灵之声源自勇气、献身、英雄主义、自卫的光辉榜样、力量和骄傲之行为，而不是源自对一般性灾难的哀悼、消极被动的失败主义以及毁灭……华沙犹太区起义……因而激发起了人们的想象力，并且相对于其他事件它成了"大灾难"更典型的象征。[1]

那些参与了这次暴动的人早已展示了他们的信念，即"人道终将胜利，尽管野蛮暂时占了上风"。[2]

保持对大屠杀作积极乐观性表达的另一种方式是把幸存者战后成功的生活变成关注的焦点。不像往后的年代关注重点转移到他们伤痕的持久性，1950年代对幸存者的描述主要是突出他们在战胜过去方面的成功。《纽约时报杂志》上一篇有关幸存者的文章报道说："大多数人都适应美国人的生活方式，就好像是天生如此。"所获的经验则是："无论灾难有多么深重，人类的精神……是坚韧持久的。"[3]在电视节目《一天的女王》(Queen for a Day)中，被加冕的选手可以实现他们想要的那个愿望，由观众对参赛者所说愿望的反应选出谁能获此殊荣。比尔克瑙集中营幸存者莉莉·迈耶，当她说"每一次我看着自己的左臂，看见

1　世界犹太人大会："纪念华沙犹太区起义会一直是国家的永久纪念日吗？"，1954年，WJC Papers，Box F21。

2　I. Schwarzbart，"华沙犹太区起义的持久意义"，1951年4月9日，WJC Papers，Box F19，Eighth Anniversary。

3　Gertrude Samuels: "Five Who Came Out of the Terror"，*New York Times Magazine*，1952年8月3日，第52页。

第六章 "不符合犹太人的最佳利益"

上面的刺青,就会回想起那恐怖的过去……如果能够清除我的刺青,该有多好!"她就被赋予了这一荣誉。[1] 汉娜·布洛克·科纳是一名韦斯特博克、特雷西恩施塔特、奥斯维辛、毛特豪森集中营幸存者,她的丈夫和父母都被杀害了。在一个同样流行的节目《这是你的人生》(This Is Your Life)中详细叙述了她的经历,很多人包括她自己都对此感到惊异,该节目的主持人拉尔夫·爱德华兹说道:

> 走出黑暗、恐惧和绝望,一个新的世界、新的生活在等待着你,汉娜·科纳。这是你的人生。即便当你的心惦记着那些没有你那样幸运的人之时,你也要谦卑地为美国所给予你的丰厚馈赠而庆幸……你人生中那永不会忘却的悲惨经历,汉娜,已经被你在美国这里所寻找到的幸福所抚慰……在你最困难的时刻,美国对你伸出了友谊之手。你的感激之情表现在你毫不动摇地热爱和忠实于这片收留你的土地。[2]

甚至比对大屠杀的乐观描述更加广为流传的是,它的普遍主义的结构——它强调纳粹主义受害者的多样性,而非犹太受害者所具有的独特性。我们已经看到,无论是在战争期间还是在战后,大屠杀作为一个犹太特性的概念实体都几乎不存在。我们同样已经看到,犹太人在1945年那些从德国集中营中解放出来的人中是一个相对少数的族群,

---

1　Peter Hellman, *The Auschwitz Album: A Book Based Upon an Album Discovered by a Concentration Camp Survivor, Lili Meier*,纽约,1981年,第xxiii页。
2　Jeffrey Shandler, "'This Is Your Life': Telling a Holocaust Survivor's Life Story on Early American Television", *Journal of Narrative and Life History* 4, 1994年,第50—51页。在1950年代到1960年初期间,在该节目单上还另有五集类似的节目。

难民工作的紧迫性以及冷战对一个无差别的种族灭绝制造者之极权主义的强调，都强化了那一个普遍主义的结构。这不仅仅是一种非犹太人的认知；普遍主义的方法经常被犹太人组织运用于这些或其他语境之中。美国犹太人委员会一位官员就电影《灵与肉》（Body and Soul）剧本的一句台词，"在今天的欧洲那帮人正在杀害像我们一样的人，仅仅因为他们是犹太人"，致信好莱坞经理。"说犹太人在欧洲只因为他们是犹太人而被杀，这非常不符合实情，"他说，"因为纳粹把反犹主义和反犹太人的暴行当作一个宣传的武器，首先是为了攫取权力，继而是为了利用权力。"[1] 一份由美国犹太人大会的职员为他们当地的一位领导起草的发言稿，指出犹太人是"头号"和"最为悲惨的"受害者，但坚称"希特勒认为只有消灭了犹太人，他才能成功地摧毁犹太—基督教文明，并以原始的异教取而代之"。[2] 反诽谤联盟的领袖，在观看一部反诽谤联盟的幻灯软片《解剖纳粹主义》之时，认为该电影对犹太人的遭遇过于专注了。他们想增加一些展现数百万非犹太人也被害了的镜头。[3]

最近几十年来，主流犹太组织早已乞灵于大屠杀以论证反犹主义是一类非常狠毒和凶残的仇恨形态。但是在战后最初几十年中，他们关注的重点（被当代学术观点大大强化了）是关于所有形式的偏见的共同心理根源。他们的研究活动、教育方面的和政治方面的行动项目都一致性地淡化了不同歧视对象之间的差别。如果偏见和歧视都是一

---

[1] R. C. Rothschild 致 Charles Einfeld 的信，1947年3月14日，AJCommittee Papers, GS 10, Box 227, Mass Media, Films-Movies（A—K）。

[2] "Radio Broadcast for Rochester"，1948年12月15日，AJCongress Papers, Box 49, Community Service Bureau。

[3] （反诽谤联盟）全国计划委员会纽约区会员大会，会议纪要，1961年12月19日，AJCommittee Papers, GS 12, Box 16, ADL Activities, 1945—1961。

第六章 "不符合犹太人的最佳利益"

模一样的,他们就有理由说,他们能够通过比如反对那些针对黑人的歧视和偏见来服务于犹太人自卫的事业,这就和直接攻击反犹主义一样。这种逻辑还反映在他们对资源和能源的分配之中。(当我浏览美国犹太人大会的文件时,我发现,在1949年的研究计划清单中,有一项关于"对一个新来的少数族裔团体的调整"的研究。我猜想这涉及了犹太难民。错啦,这是一项关于"一个最近抵达犹他州某小镇的波多黎各黑人团体的社区关系的研究"。)[1]

1950年代对大屠杀最为著名的描写,则是由艾尔伯特·哈克特和弗朗西丝·古德里奇夫妻团队自《安妮日记》改编而成的舞台剧和电影。1955年的百老汇剧院创造了轰动性票房纪录,并荣获普利策奖、托尼奖最佳剧本奖以及纽约剧评人协会奖。作为一名侦察部队的官员,乔治·史蒂文斯曾制作过一部关于解放达考的电影——现在不停地在华盛顿大屠杀博物馆播映,他制作和导演的1959年电影版本赢得了几百万观众。犹太人团体对舞台剧和电影的改编都很赞同并且积极地推进这一事业。全国社区关系咨询委员会、主流犹太组织的协调机构都热心地推进这部电影,因为它"描写了犹太人在犹太性中寻找到了慰藉和力量,描写了无私的基督徒勇敢地冒着生命危险从纳粹那里营救犹太人,以及因为它唤起了人们对纳粹的犹太人灭绝之计划的恐怖和厌恶之情"。[2]

---

1 Stuart W. Cook 致 David Petegorsky, 1949年2月21日, AJCongress Papers, Box 19。关于战后犹太防御机构的目标的大量信息,见 Stuart Svonkin, *Jews Against Prejudice: American Jews and the Fight for Civil Liberties*, 纽约, 1997年。
2 Jules Cohen 致全体会员的信, 1959年4月6日, AJCommittee Papers, GS 10, Box 229, Film/Reviews, NCRAC, 1951—1961。

在那些受到全面好评的改编剧本出现四十年之后，它们变成了几乎每一个书写这个主题的人都会痛恨的关于大屠杀的描述。1950年代引起观众兴趣的东西——《安妮日记》的"普遍主义"，体现在个性特征和观点见解中，以及她敞亮的乐观主义——恰好就是令1990年代的作者义愤填膺的因素。在那些痛斥对大屠杀的普遍化和"去犹太化"（"盗走了我们的大屠杀"）的批评者中，哈克特的改编剧作为这类改编中最恶名昭彰的典型而不断地被提起，并且是此类诉讼案件中的主要证据。[1] 辛西娅·奥齐克在《纽约客》发文，认为安妮故事的普遍化这一做法已经走得太远了，其结果的危害非常大，要是她的日记"被烧毁、消失、遗失了"，该有多好。[2]

《安妮日记》的百老汇和好莱坞版本确确实实都是积极乐观的和普遍化的。就如某个很有代表性的评论所说，"那个日记自身……就是一份感人的关于精神经久不衰的文件"。[3] 舞台剧和电影在落幕前都重复着《安妮日记》原稿中的话："无论如何，我都依然相信人们在内心里是真正善良的。"导演加森·卡宁曾敦促哈克特夫妇删除那些摘自日记中的台词——在其中安妮评论说犹太人经常遭受磨难。他认为，这是"特

---

[1] 对于此类言论的一个抽样调查（挂一漏万），见 Edward Alexander, *The Holocaust and the War of Ideas*, 新泽西州新不伦瑞克，1994年；Ilan Avisar, *Screening the Holocaust*, 印第安纳州布卢明顿，1988年；Judith E. Doneson, *The Holocaust in American Film*, 费城，1987年；Sidra Ezrahi, *By Words Alone: The Holocaust in Literature*, 芝加哥，1980年；Lawrence L. Langer, "The Americanization of the Holocaust on Stage and Screen"，见 Sarah Blacher Cohen主编，*From Hester Street to Hollywood*, 印第安纳州布卢明顿，1983年；Deborah E. Lipstadt, "America and the Memory of the Holocaust, 1950—1965"，*Modern Judaism* 16, 1996年10月；Alvin H. Rosenfeld, "Popularization and Memory: The Case of Anne Frank"，见 Peter Hayes主编，*Lessons and Legacies: The Meaning of the Holocaust in a Changing World*, 伊利诺州埃文斯顿，1991年；Stephen J. Whitfield, "Value Added: Jews in Postwar American Culture"，*Studies in Contemporary Jewry* 8, 1992年。

[2] Cynthia Ozick, "Who Owns Anne Frank?"，*New Yorker* 73, 1997年10月6日，第87页。

[3] "Still Young in Spirit"，*Newsweek* 53, 1959年3月30日，第98页。

第六章 "不符合犹太人的最佳利益"

殊的呼告"。若安妮终将出现在舞台剧和电影之中,那么他宁可让她说:"我们不是唯一遭受过苦难的民族……有时候是这一个……有时候又是另一个。"[1]

几乎任何一个人在那个时候都不会说,那个被广泛运用的乐观化和普遍化的方法有任何的不妥之处,因为它不仅是一种时髦,还获得了那位似乎拥有最高解释权的人——安妮的父亲奥托·弗兰克的认可。在后来的年代中,用"有时候是这一个种族……有时候又是另一个"的说法替代《安妮日记》中关于犹太人过去之遭遇的句子会大受争议,但是在1950年代中期这几乎不被提起。大多数评论家都强调戏剧(以及后来的电影)对《安妮日记》的忠实程度。

小说家迈耶·莱文的舞台改编剧被奥托·弗兰克和制作方否决了,他表达了一种不同的声音。一开始莱文的委屈与入选的改编剧的内容毫无关联,而与其作者的身份关系密切。他致信奥托·弗兰克,说到他对"挑选了一个非犹太人来写这个剧目而感到恶心和愤怒……把它交给一个非犹太人来做是极其可耻的。我无法容忍这种现象。我会到能够从事这种创作的地方去写作"。[2] 他没完没了地、如痴如醉地、不顾一切地从事这方面的写作——直到1981年他去世为止,这场持久的战斗几乎让他精神失常。无论如何,在反对把安妮的经历普遍化或反对把她的乐观主义作为关注焦点方面,莱文并不处于有利的地位。1952年《安妮日记》出版那会儿他在《纽约时报书评》评论此书时,向

---

[1] *The Diary of Anne Frank*,由 Frances Goodrich 和 Albert Hackett 改编成戏剧,纽约,1956年,第168、174页;Kanin,引自 Lawrence Graver, *An Obsession with Anne Frank: Meyer Levin and the Diary*,伯克利,1995年,第89页。

[2] Meyer Levin 致 Otto Frank,1952年12月25日,引自 Graver, *An Obsession with Anne Frank*,第52页。

潜在的读者保证"没有令人伤心的犹太社区的故事,没有精选的系列恐怖故事":

> 一个人如此强烈、如此亲密地感觉到人性的普遍性,这是多么奇妙的生活。这些人可能就生活在隔壁;他们的……情感、焦虑和满足是那些任何地方都存在的人类特性及其成长之表现……这个聪慧的、极其出色的年轻女孩让人们回想起了无限的人类精神中那种凄美的喜悦。[1]

在《大会周刊》(Congress Weekly,这是美国犹太人大会的喉舌)的一篇评论中,莱文引述了安妮对这样一个时刻的憧憬,即"再一次地,我们是人民,而不仅仅是犹太人":

> 从本质上说,她的书是一首生活之歌,无论身处何种境况,无论遭遇何种威胁……如今全世界都在忍受着同样的危急感,等待着不久就会到来的战争之厄运。正是这一理由,才使得安妮的书能够打破派系的界限……对于所有阅读她的文字的人来说,"我们再一次是人民"这一时刻已经到来了。[2]

在哈克特的《安妮日记》改编剧上映之后,莱文为极力论证他的演绎的优越性,坚称他们已经呈现出了一个"去犹太化"的版本,而他的则具有更加真实的犹太性。但是他的演绎只是一个孤独的倾诉,在1950年

---

[1] Myer Levin, "The Child Behind the Secret Door", *New York Times Book Review*, 1952年6月15日,第1,22页。

[2] Myer Levin, "A Classic Human Document", *Congress Weekly* 19, 1952年6月16日,第13页。

第六章 "不符合犹太人的最佳利益"

代几乎未获得任何的支持。[1]

那个近年来被反复提出的控诉——哈克特的版本系统性地把安妮去犹太化了,只有对那本原始日记和剧本二者都进行一种非常具有选择性的阅读才能站得住脚。就如文艺学者罗伯特·奥尔特所发现的那样,安妮的犹太人认同只占边缘地位;对她而言,"作为一个犹太人,就像是长雀斑或生为左撇子那样……[它]没有明确的内容或者深深的共鸣"。至于剧本中那句虚构的"有时候是这个种族……有时候又是另一个",奥尔特评论说"这并不一定违背了该书的精神"。他得出结论说:"人们不可能让一份已经具有普遍性的文献去'普遍化'了。"[2]

从《安妮日记》在美国的第一版中,就有人评论到,它的作者并不具有十足的犹太性,这评论在语气上和精神上截然不同于奥尔特。《犹太社会研究》的一位评论家抱怨道:

---

[1] 我找到的在1950年代唯一(够格的)对莱文公开表示支持的是一名芝加哥拉比:Jacob J. Weinstein, "Betrayal of Anne Frank", *Congress Weekly* 24, 1957年5月13日,第5—7页。哈克特的改编版创作出来,莱文的努力则集中于创作他的版本的正当性。许多人承认这个"文明的自由主义者的"呼吁,而并未表达出对莱文手稿的偏爱——见过该手稿的人即使有也很少。自1970年代以来,莱文已经成了"反普遍主义者"的英雄,他获得了较之前多得多的支持。虽然我不同意Lawrence Graver的某些论断,但他的书 *An Obsession with Anne Frank* 是一本可信的编年史。Ralph Melnick的书则不同,见 *The Stolen Legacy of Anne Frank: Meyer Levin, Lillian Hellman, and the Staging of the Diary*,纽黑文,1997年。Melnick不仅接受了莱文的偏执狂妄想,而且增加了他自己的一些新东西(比如参见Melnick,第208页)。

[2] Robert Alter, "The View from the Attic", *New Republic* 213, 1995年12月4日,第41—42页。另一名大屠杀文学的学者James E. Young则与这一观念——安妮具有十足的犹太性,被恶毒地去犹太化了——保持着距离。他写道:"即便安妮感受到了几百万人的苦难[Young在这里援引了《安妮日记》中的说法],在她的被同化了的世界观环境中,她似乎是一个极其敏感和聪明的人类社会成员,而不是把她自己当作那个集体的犹太人悲剧中的一部分。"(*Writing and Rewriting the Holocaust*,印第安纳州布卢明顿,1988年,第27—28页。)

> 在安妮的肖像画中人们思念的是对任一特定的犹太价值的爱慕之情……[她]被剥夺了精神的力量以及犹太传统中固有的慰藉。有大量的证据可以表明那些来自东欧的儿童（成年人也一样）更为成功地经受住了纳粹的折磨。谁知道呢——或许源自犹太主义的力量本来可以（might）给予她在贝尔森被解放之前的几个星期中坚持下去所需要的忍耐力吧。[1]

关于安妮（因其不完全的犹太人认同）这一大屠杀受难者的糟糕的象征，几年之后犹太大屠杀纪念馆的伊思利尔·古特曼表达了一个相似的抱怨：

> 安妮·弗兰克和许多东欧社区中的犹太年轻人不一样。一名荷兰女孩，并不是犹太民族生活和犹太式大氛围的一个有机部分……在其他的书籍中我们开始熟悉一种不同的环境，不仅仅是一两个犹太人家庭，而是深深地植根于犹太生活的一整个片段。[2]

最近大屠杀文学专家劳伦斯·兰格提及了安妮在实践犹太宗教仪式方面的失败，她的日记未讨论过那两年的逾越节，以及她总体上"对犹太人的议题关注有限"——作为考虑把她的日记清除出重要的大屠杀精

---

1 Leo. W. Schwarz 的评论，*Jewish Social Studies* 14, 1952年，第379页。在最后一句话中，我用"might"（这更符合 Schwarz 所清楚表达出来的意思）代替了他的用词"may"。

2 Israel Gutman, "Remarks on the Literature of the Holocaust", *In the Dispersion* 5/6, 1966年春，第123页。

第六章 "不符合犹太人的最佳利益"

品著作之列的时机是否已经到来的依据。[1]

在剧本中所添加的和删除的某些方面内容淡化了安妮和她家人的犹太色彩,然而在其他方面剧本又更浓重地渲染了他们的犹太性,当时的犹太评论家所关注的内容已被后来的评论家所忽略。那些为两本犹太复国主义杂志《犹太人前沿》和《中游》供稿的剧评家们指出,有一次,当安妮在日记中顺带提到光明节(Hanukkah)之时,立即补充道"圣尼古拉斯节更有趣得多",然而剧本却对光明节大书特书而对圣尼古拉斯节则忽略不计。"所有这一切对于犹太人的传统习俗来说都是有益的公共关系,"《中游》杂志的评论家说道,"但这不是安妮·弗兰克在她的日记中所说的内容。"[2]

最近一些年来,评论家们抱怨改编剧删除了《安妮日记》中的犹太复国主义信息。爱德华·亚历山大在一篇题为"窃取大屠杀"的文章中,指责改编者已经"把安妮对希望生活在一个犹太人的家园的所有相关论述都从舞台版本中删除了"。[3] 实际上,安妮在日记中引述了她姐姐玛戈特想要成为一名巴勒斯坦助产婆之渴望,以作为那个她"一点也不热心的""狭隘的受拘束的存在"的一个例证。对于她自己来说,她渴望在巴黎和伦敦住上几年,学习语言和研究艺术史,"看美丽的服装和有趣的人们"。就她的民族意识而论,"战后我第一个愿望就是我可以成为荷兰人!我热爱荷兰,我喜欢这个国

---

[1] Lawrence Langer, "The Uses — and Misuses — of a Young Girl's Diary", *Forward*, 1995年3月17日,第5页;"A Playwright's Obsession with the Story of Anne Frank", *Forward*, 1997年9月19日,第14页。

[2] Henry Popkin, "The Diary of Anne Frank", *Jewish Frontier* 23, 1956年1月,第30—31页; William Schack, "Diary into Drama", *Midstream* 2, 1956年春,第2—4页。

[3] Edward Alexander, "Stealing the Holocaust", *Midstream* 26, 1980年11月,第48页。

家……即便我必须自己给女王写信,我也不会放弃,直到达到了我的目标为止"。[1]

无论发生在1950年代的安妮"普遍化"的内容是什么,与近年来对她的"特殊化"相比,实是显得有些苍白。《安妮日记》没有被哈克特夫妇、加森·卡宁、乔治·斯蒂文斯或任何其他人扭曲成为一份积极乐观的和普遍主义者的文件;它是这样一份文件,并且正是这一事实使它被1950年代的美国人,包括大多数有组织的犹太社区所接受了。[2]每一代人都会以令其满意的方式重构大屠杀、表现大屠杀。

关于战后美国文化还有另外一个层面,即它引导着犹太人在他们自己的意识中排斥大屠杀。在他们如何向其他人表现自己方面,这种倾向甚至更加明显。

如今受害者之地位已备受珍视,而在1940和1950年代它引发的至多是一种带有蔑视的同情。这是一个人人都在尽力躲避的标签。自力更生的牛仔和获胜的战争英雄是被人们所认可的(具有阳刚之气的)楷模。很少人会把自己看成受害者,而愿意被其他人这样看待的人就更少了。美国犹太人(至少是移民之后的那一代人中的年轻男性犹太人)也像其他美国人一样热情地接受了这些规则,这很大程度上受到了加里·库珀和约翰·韦恩的影响。他们为数几十万,像美国武装部队的成员那样,是战后胜利文化的创始人。就像以色列人"否认"流

---

[1] Netherlands State Institute for War Documentation, *The Diary of Anne Frank: The Critical Edition*,纽约,1989年,第636—637,601页。这些记录从因安妮被捕而《日记》终结之前不久开始。正好在《日记》的开头——在其家人进入秘密占领区之前——安妮公开说过她十二岁那年就开始参加一个犹太复国主义俱乐部的集会,但后来退出了。(同上,第201页。)

[2] 如果说安妮长得像一位美国少年这一事实使得美国非犹太人可能把她看成像他们自己的孩子,那么对于美国犹太人来说则不然。

第六章 "不符合犹太人的最佳利益"

散的犹太人受害者之境况（在很大程度上包括大屠杀在内）那样，美国犹太人以相似的方式把大屠杀所象征的受难者看成是那个同样被他们抛在身后的旧世界的一个特色。许多年之后，一位犹太记者回想起汉克·格林伯格和贝丝·迈尔森在1945年对于他的意义（那一年他十岁）："汉克和贝丝都是胜利者，像迪马吉奥和格拉布尔一样——仅仅更加时髦而已。他们作为美国人就像苹果派和七月四日独立日——作为犹太人就像乳酪和赎罪节。他们属于胜利者、而不是受害者家族之成员。"[1]

战后犹太人对受害者之身份的放弃——随之把自己与那个身份的最新和最可怕的象征隔离开来，很大程度上都是自发的和心照不宣的。但这也是策略性考量之结果。

在二战行将结束之时，美国犹太人委员会发起了一个关于美国反犹主义的学术会议，集合了许多当时社会科学界的重要人物。此后不久，委员会首席执行董事约翰·斯劳森向全国社区关系咨询委员会的一个会议通报了其研究结果。他一开始就指出在专家看来，热衷于反犹主义者表面上声称犹太人很强大，但在潜意识中知道他们很脆弱，这种观念激起了其肆虐的冲动。因此，他说，犹太组织

> 应该避免把犹太人描写成脆弱、受难和痛苦的样子……必须删除或者至少是缩减关于受难犹太人的恐怖的故事……我们应该让犹太人的形象正常化……战争英雄的故事是绝佳的……犹太人应该被描写成像其他人**一样**，而不是不一样。犹太人脆弱的形象必须被删除……为了唤醒世界的良知——作为唯一一种有可能缓

---

[1] Andrew Kopkind, 引自 Shapiro, *Time for Healing*, 第15页。

解我们欧洲兄弟的悲惨困境的方法——我们不得不公布了纳粹所犯下的大规模暴行。那是不可避免的……

> 首先应该去识别和分析那些似乎能够把美国犹太人和美国非犹太人区分开来的特征,其次应鼓励把犹太人的风俗加以改造以适应这个国家中盛行的习俗。[其含义]既非分立也非同化,而是通过文化整合的途径做出调整以适应美国的环境……保持积极有用的品质并逐渐去除毫无益处和过时的品性,以便形成值得拥有的美国品性。[1]

这是一个完美的结合——在专家们认为受害者形象加重了而不是减轻了反犹主义,和斯劳森提倡犹太人形成"值得拥有的美国品性"这二者之间。在那些应该被抛弃的"毫无益处和过时的品性"之中,是哀哭、抱怨或者自怨自艾的犹太人那常见的消极形象——这是作为受害者的犹太人所具有的耻辱性标记。

在那些主流的犹太组织之中,斯劳森的美国犹太人委员会在争取转变受害者形象方面是最兢兢业业的。在流亡学者马克斯·霍克海默(当时是该委员会主管科学研究的负责人)提出劝告——"对关于暴行的故事喋喋不休……可能会对许多人的潜意识造成不良影响"[2]之后,该委员会就中止了制作关于纳粹暴行的相片专辑这一项工

---

1 "关于反犹主义的科学研究:[美国犹太人委员会]执行副总裁John Slawson于1944年9月11日在NCRAC所发表的文章",见AJCommttee Papers, GS 10, Box 9, Anti-Semitism, 1938—1960, Speeches, 7, 9, 13, 14。Slawson把那些社会科学家们所提出的更加微妙的和有条件性的观点过于简单化了。(参见会议速记报告,AJCommittee Files。)

2 防御政策委员会会议记录,1945年5月16日,AJCommittee Files。参见关于大众传媒教育委员会会议记录的怀旧式叙述,1960年12月1日,AJCommittee Papers, GS 12, Box 40。

第六章 "不符合犹太人的最佳利益"

作。《评论》杂志的编辑艾略特·科恩批评了1947年的电影《穿越火线》(*Crossfire*),该电影讲述的是一个犹太人被一名反犹主义战士所谋害的故事。他说,那些制作方最好"为它的犹太人找到一个更为积极上进的人物形象,而不是那个野蛮暴力之下永远无助的受害者的模式化印象"。

> 施虐狂和大屠杀之展览并不会自动导致反感和排斥。相反,它可能会把禁忌和可怕的东西变得习以为常,把隐藏的情绪和公开的行动联系起来……多位仔细的观察家都相信,那些关于布痕瓦尔德的恐怖可鄙的纪录片画面唤醒了非常含混的情感;犹太人的尸堆就像屠夫的肉铺,这一景象贬低了犹太人生命的价值。[1]

美国犹太人委员会一位成员对1958年的电影《我与上校》(*Me and the Colonel*,由丹尼·凯耶扮演一位从纳粹的网罗中逃离出来的犹太难民)深感忧虑。它强化了那些"长久的根深蒂固的刻板印象……被猎杀的流浪者,总是忍受着普遍的仇恨和蔑视"。[2]

认为对大屠杀的重点宣传未达到预期目标还有其他的理由。一部关于纳粹主义的电影被播放给全国几千名高级中学的学生观看,以观察其影响。认为犹太人在美国受到了不公正对待的学生比例,在看过这部电影之后下降了三分之一强:它设置了一条"不公正对待"的标准,使得对美国歧视性做法的关注变得毫无意义。玛丽·亚霍达——

---

1 Elliot Cohen, "Letters", *Commentary* 4, 1947年10月,第348页。
2 Ethel C. Phillips致Isaiah Terman的信,1958年8月6日,AJCommittee Papers, GS 10, Box 228, Films-Movies(L—O)。

和霍克海默一样,也是该委员会赞助的《威权人格》(*The Authoritarian Personality*)的作者之一——认为"这里每一个在利用纳粹暴行做宣传的人都应该非常严肃地看待这些数据"。[1]

以上所展现出来的各种看法并非全都反映了犹太领袖之间的共识,但是在一点上那些主要的犹太机构之间有着惊人的一致性:都认识到这一危险性——推动普及大屠杀意识不可避免地会进一步强化犹太人作为受害者的形象。1940年代后期向主流犹太组织所提出的一项请求的命运清楚地表明了这一点,那就是,恳请他们对在纽约市建立一个大屠杀纪念馆的建议给予支持。该建议已经获得了几位著名的犹太人和非犹太人的支持,但如果没有犹太机构的赞助它就无法再往前推进了。在三个不同的时刻(1946、1947和1948年)全国社区关系咨询委员会(NCRAC)的组织,包括美国犹太人委员会、反诽谤联盟、美国犹太人大会、犹太劳工委员会和犹太人战争老兵处的代表们,都一致否决了这个主意——并有效地制止了这项动议。他们担心的是这样一种纪念物会让美国人把犹太人总是当作受害者来看待:这会是"一个对犹太民族之软弱无能和无力自保的永久纪念";这"不符合犹太民族的最

---

[1] Marie Jahoda 致 Dorothy M. Nathan 的信,1945年6月29日,AJCommittee Papers, GS 10, Box 7, Anti-Semitism, 1944—1945, Mass Media, Films, "Tomorrow the World"。还有其他的各种各样的理由被提出来是为了淡化大屠杀。Eugene Hevesi 是美国犹太人委员会对外政策专家,1951年,有人就发起一项对犹太大灾难之起因的学术调研的建议咨询于他。他指出了他认为开展这一项研究的危险性所在。"今日犹太人之地位,"他一开始说道,"占领着道德高地,我们'依赖于'那悲惨的六百万被害的犹太人而生活着。[一项研究]也许能够发现犹太人事实上在某些国家掌控着大量的经济实力……开启这一整个问题……将会危及犹太人那有利的道德立场。"因此 Dr. Hevesi 质疑实施这一建议的明智性。这样一项研究可能会提供某些事实,而它们能够被解读成是大灾难自身的合理性证明。"(Morroe Berger 致 John Slawson 的信,1951年4月10日,AJCommittee Papers, GS 10, Box 92, AJC–CCJO, Genocide Convention, 1947—1952。)Berger 概述了那些出席了关于该建议的讨论会的人员的观点。

第六章 "不符合犹太人的最佳利益"

佳利益"。[1]

整个1950年代,绝大多数美国犹太人领袖的判断都保持着这个样子。[2] 而在1960和1970年代,环境的变化将促使他们改变判断。

---

[1] 来自NCRAC的Jules Cohen概括了由各类犹太机构所提出的反对意见,见"特别委员会与为欧洲六百万犹太人建美国纪念馆团体代表的会议记录,1947年9月10日",AJCommittee Papers, GS 12, Box 15;"关于为欧洲六百万犹太人建纪念馆团体的备忘录:NCRAC对此议题之考虑经过",1948年5月10日,NCRAC Papers, Box 32。对受害者形象的逃避被一致性地当作主要的反对意见而提出,但还有其他的:它意味着其他项目中的资源的转移;此类纪念活动更适合欧洲。在1947年美国犹太人大会的成员讨论那个筹建纪念馆的建议的会议上,所达成的共识是:"总体上,注意力应该集中于帮助活着的犹太人,而不是纪念已故的犹太人。"(AJC办公委员会会议记录,1947年7月22日,WJC Papers, A76/5.)

[2] 如此一来,比如当在纽约组建纪念馆的主意在1950年代后期又重新流行起来之时,美国犹太人大会的Israel Goldstein在备忘录中写道,他不认为这是个好主意。"在以色列有犹太大屠杀纪念馆。在巴黎有令人难忘的纪念碑。此类纪念物在以色列具有意义。在巴黎也有意义,因为那个悲剧就发生在欧洲的土地上。对我而言,在纽约建造一个这样的东西似乎没什么重要性……对于此类东西,我们最好离它远远的。"(Goldstein致Isaac Toubin的信,1958年2月10日,WJC Papers, F23, Fifteenth Anniversary。)

第三部分

过渡时期

第七章

"自我憎恨的犹太女人撰写亲艾希曼系列文章"

就如我们已经看到的那样,在整个1950年代,在美国对大屠杀的谈论并不多。正如我们大家所知,自1970年代后期开始它才被大量地谈论。在这一章以及接下来两章中,我们来看看这改变是如何发生的。

乐意谈论大屠杀这一新的风气之所以形成,部分取决于冷战文化的某种松动——在之前它是被禁止的。冷战绝对没有结束——的确,约翰·F. 肯尼迪与艾森豪威尔相比,是一个更加狂热得多的冷战分子,并于1960年代早期在古巴导弹危机中见证了最为危险的冷战时刻。依然有一些人反对谈论大屠杀,其理由是它会削弱大西洋联盟。并且大屠杀依然在为冷战之目的所利用。(拉博·亚瑟·戈德堡的秘书——他1961年给阿姆斯特丹的安妮·弗兰克故居送了一个花圈——带来了来自肯尼迪总统的消息:安妮的言辞,"是在面对骇人的专制制度的情况下写下来的,在今天依然具有重要的意义,因为有数百万读者生活在另一个同样的专制制度的……阴影之下"。)[1] 斯大林之死和麦卡锡的倒台、东欧有限的自由化和中苏交恶、对核军备竞赛的合法性批判的兴起,或许最重要的是1940年代后期和1950年代初期的意识形态宣传水准难以为继——所有这一切都有益于放松对大屠杀言论的管制。或者(但结果是一样的)人们可以争辩说,到了1960年代初期,冷战的观点已被深刻全面地制度化了,以至于提醒别忘记二战的盟友这一点也不再能够威胁到它。

1960年,威廉·L. 夏伊勒破纪录的畅销书《第三帝国的兴亡》引起了整个美国社会的共鸣。在这些议题被疏忽了几年之后,该书大张旗鼓地把纳粹主义和二战置于美国文化地图之中。[2](在夏伊勒那部长达1 200页的书中,用来描写欧洲犹太人被害的篇幅占其中的2%—3%,据我所知,没有评论家对这部分发表看法。)在1950年的最后一周中,那些在西德犹太集会上涂纳粹标志的青年暴徒首先在欧洲其他地方、随后在美国发现了其仿效者。爆发是短暂的,但是它和其他诱因一起把纳粹主义送回到了头版头条之中。另一个报章头条的强占者是乔治·林肯·罗克韦尔,他的小型美国纳粹党成功地挑起了对抗,并由此收获了大量的新闻报道。在1960年的头几个月中,东德政权加速了揭露著名西德官员的纳粹经历的运动,这让人们,尤其是犹太人,对波恩共和国是否彻底地中断了和第三帝国的联系产生质疑。美国犹太人委员会领导人开始思考他们在接受"批评德国正中了共产主义者的下怀"

---

1 "Kennedy, Praising Anne Frank, Warns of New Nazi-like Peril", *New York Times*, 1961年9月20日,第5页。

2 见Gavriel D. Rosenfeld, "The Reception of William L. Shirer's *The Rise and Fall of the Third Reich* in the United States and West Germany, 1960—1962", *Journal of Contemporary History* 29, 1994年。

第七章 "自我憎恨的犹太女人撰写亲艾希曼系列文章"

这样的逻辑方面是否走得太远了,以及破坏行为的爆发是否意味着应该把更多的注意力引到纳粹主义不仅存在于德国也存在于美国这一教导中。[1]美国犹太人委员会一位高级官员认为,当"对纳粹主义和集中营还记忆犹新"之时,涂抹纳粹标记无论在欧洲还是在美国都是不可思议的。犹太教员和社区领导人被告知,他们必须更加努力地为保持这类记忆的鲜活性而工作。[2]

这些东西本身就是使对大屠杀的谈论持续增长的诱因吗?我们永远不会知道,因为接踵而至的是一味大得多的催化剂:戴维·本—古里安给以色列国会那激动人心的公告,即以色列情报人员在阿根廷抓捕到了阿道夫·艾希曼并把他秘密地转移到了以色列,以便对他进行审判。

美国人对以色列公告的反应是复杂的。对该罪犯被捕获和将被问责这一事,所有人都表达了满意之情。但是非常多的人对艾希曼被捕的方式感到不满,并否决了以色列对司法权的要求。在本—古里安公告公布后的最初几周,有超过三分之二多数的报刊编辑都以这样或那样的方式表达了不悦之情。[3]《新共和》杂志认为以色列"最好是承认错误并把艾希曼交还给阿根廷政府"。[4]纽伦堡审判美国首席检察官特尔福德·泰勒指出,以色列的行为危害到了纽伦堡所确立的原则——即

---

[1] David Danzig致John Slawson的信,1960年3月4日,AJCommittee Papers,FAD-1,Box 25,Germany — West,1959—1961;Samuel Kaminsky致区域负责人的信,1960年6月21日,AJCommittee Papers,GS 10,Box 253,Political Philosophy,Nazism,1960。

[2] Israel Goldstein博士的演说,AJCongress Papers,Box 13。

[3] "The Impact of the Eichmann Trial"中的评估,(反诽谤联盟)*Facts* 14,1961年8—9月,第203页。

[4] "Israel and the Law",*New Republic* 142,1961年6月20日,第5页。

种族灭绝罪行是对国际社会的侵犯，并不是受害方的私人事务。[1]犹太人所有的报刊通常都在批评家的行列之中。《华盛顿邮报》认为，计划的本质内容就是"一场以审判为幌子的激情的游戏……是对法律形式的滥用"。[2]《纽约邮报》则说，该审判应该在德国举行，因为它"在对此类审判的教育价值的需求方面，远远多于以色列……以色列法院的死刑审判可以被解释成一个简单的报复行为；在德国终身监禁是一个更有意义的判决"。[3]像哈佛大学的历史学家奥斯卡·汉德林和哥伦比亚大学法学院的赫伯特·韦克斯勒这样重要的犹太学术界人士都因程序上的理由而加入到了谴责以色列的判决的队伍之中。[4]

还有两条其他的媒体评论思路（有时候各自分开，有时候又结合一处）更加麻烦一些：审判有益于苏联人，以及它阐明了基督教的宽恕与"犹太人的报复"之间的区别。《华尔街日报》写道，审判不仅存在着唤醒反德情感之风险——这只会让共产主义者得利，而且它还会被笼罩在"旧约式报复的气氛之中"。[5]一位一神教牧师写道，他发现在"犹太人追捕纳粹分子和纳粹追捕犹太人"之间基本不存在道德上的区别。[6]这种观点的一个强有力的版本出现在天主教报刊《碑》（The Tablet）之中：

---

1 Telford Taylor, "Large Questions in the Eichmann Case", *New York Times Magazine*, 1961年1月22日。

2 引自以色列大使, "Analysis of U.S. Editorial...Comment on Israel and the Middle East", 1961年4月8—14日, AJCommittee Papers, GS 12, Box 40。

3 "In the Case of Eichmann vs. Humanity", *New York Post*, 1960年6月2日。

4 Oscar Handlin, "The Ethics of the Eichmann Case", *Issues* 15, 1961年冬; Herbert Wechsler, 引自 Pnina Lahav, "The Eichmann Trial, the Jewish Question, and the American-Jewish Intellectual", *Boston University Law Reviews* 72, 1992年5月。

5 引自美国犹太人大会, "The Opening of the Eichmann Trial: A Study of Press Reaction", 第12页（AJCongress Papers, Box 36）。

6 Paul E. Killinger, "Mercy for Mass Murder", *Unitarian Register* 139, 1960年10月, 第6页。

第七章 "自我憎恨的犹太女人撰写亲艾希曼系列文章"

最近遍布各大报刊的关于艾希曼事件所有的一切,让我们痛苦地想起依然有一些颇具影响的人们——像老夏洛克——索要那"一磅肉"……他们是一个力量强大的团体,很大程度上要为这个国家的无条件投降之要求负责——它延长了第二次世界大战的期限,也要为那个无耻的摩根索计划负责——它试图把我们那被征服的敌人降格为卑贱的奴隶。这完全同样的想法就是臭名昭著的纽伦堡审判的底色。那些同样相信"以眼还眼"的人在今天依然顽固不化和不知廉耻。宽恕不存在于他们的天性之中,甚至对那些彻底被征服的人也毫无宽恕之心。对于这些乖戾的想法而言,不存在宽恕之类的言辞。[1]

在对审判的抨击的频度和强度上均超过其他所有刊物的大众发行杂志,是威廉·F. 巴克利的《全国评论》(National Review)。它对艾希曼的第一个评论是值得关注的,因为当所有其他的媒体都在报道他的几百万受害者之时,它却大谈艾希曼被"普遍地认为是消灭几十万人的罪魁祸首"。[2] 两周之后,该杂志回到了这个主题之上,开始抨击那个"险恶的"审判"运用一系列事后法律……以便给暗杀行为奠定法理基

---

[1] The Tablet 中牧师 Charles E. Curley 的观点,引自"The Impact of the Eichmann Trial",第207页。The Tablet 是布鲁克林罗马天主教教区的一家报业,以野蛮著称,并不能代表主流的天主教报刊。语调更为典型的是耶稣会期刊 America。"现在确定到了得把人类历史上那些悲惨凄凉的时期永远合上的时候了。一个健全健康的世界性社区无法牢固地建立在恐惧和报复精神的基础之上。"("Trial of a Nazi", America 105, 1961年7月29日,第564页。)"从所有的卑鄙、罪恶和悲惨的细节中,去挖掘在纳粹手中的世界犹太人的经历,这是一种良好的心态或者健康的心理吗?基督徒和犹太人相互间的正确理解是否能够建立在这个基础之上? 相对于常常近乎变态地不断重现重演过去,历史可以更好地传授它的教训。"("Eichmann the 'Christian'?", America 106, 1962年3月24日,第814页。)

[2] "Where Is Israel?", National Review 8, 1960年6月4日,第352页。

础"；它是"一个国际性的复仇机构"。[1]随后,《全国评论》对艾希曼的报道转向了反犹主义的"幽默"。该杂志描写了一对粗俗的犹太人夫妻的谈话："西尔维亚"对"麦伦"在他们的中央公园西侧寓所谈起有关艾希曼（和黄金，以及发型师）的事，与此同时，她"在一张巨大月牙形、双层镀金的法国乡村式折叠沙发床上……修指甲"。[2]稍后,《全国评论》杂志分派了一个编辑去调查共产主义者是如何从"憎恨德国运动"（借助艾希曼审判之时机，该运动更是风起云涌）中获利的。[3]当审判公开后，该杂志对此做了最为全面的描述：

> 在未来几周内我们必定会遭遇到大量的关于艾希曼的信息……我们预测国家将会对这一切感到厌烦，并且是出于非常明智的理由。在一年中也只有一个星期，基督教教会是在沉重地注视着耶稣基督的十字架。三个月——这是以色列政府对审判期限的最低估计——太长了……每一个人都知道那些事实，并且知道很多年了。对我们而言，不会出现更多的戏剧性情节或悬念了……除了那些骇人听闻的东西……如清点尸体、烘尸箱和从死人身上拔下的几公斤黄金……还有正在进行的一项以质疑德国为

---

[1] "The Law and the Eichmann Case", *National Review* 8, 1960年6月18日, 第382页。此后不久，另一位编辑强调"犹太人共同体并不是世界的立法者"。("Israel Against the Jews", *National Review* 8, 1960年7月2日, 第415页。)

[2] W. H. von Dreele, "The Gold Problem", *National Review* 10, 1961年1月14日, 第17页。几周之后，它刊登了一则有关纽约一家广播公司的事件，该公司已经和以色列政府就发行关于那场审判的电影签订了合约，并向广播电视网降低了价格。人们可想，这并不具有多大的新闻价值，但它为杂志提供了机会评论说,"他们必须认识一个能够获得这些信息并批发给他们的家伙"。(*National Review* 10, 1961年3月11日, 第134页。)

[3] "Let's All Hate Germany, Comrade", *National Review* 10, 1961年3月25日, 第172页。这个议题三周之后再次被重申，该杂志的新闻通讯抱怨"反对德国之怒火是如何［被］艾希曼案件煽动起来的"。(*National Review Bulletin* 10, 1961年4月15日, 第2页。)

第七章 "自我憎恨的犹太女人撰写亲艾希曼系列文章"

目的的研究尝试……这一切都是:怨恨、猜忌、不宽恕、推进共产主义目标。[1]

该杂志对这一审判的最终观察评论是表达了一份满意之情:尽管以色列宣传人员努力地挑起了整个世界对恐怖故事的胃口,然而尤里·加加林的太空飞行和猪湾入侵事件——都恰好和审判开始的时间相同,它们把艾希曼逐出了报刊头版。[2]

巴克利的《全国评论》所采取的立场确实不像是典型的媒体评论,但是它正好代表着犹太组织所担忧的那一种激烈反应类型。人们无法确定该审判如何才能被美国所接受,这使得那些重要的犹太人团体在如何回应艾希曼被捕和受审这一事情上陷入了一种紧张的矛盾心理之中。

在前一章我们已经知道,人们对把犹太人描写成受害者这一方面有着广泛的不满,对展示暴行可能会促发反犹主义有着深深的忧虑。以色列人通常也同意这一看法。迈耶·格罗斯曼是犹太事务局执行委员会的一名长期成员。在审判前夕,他反对"犹太人在伤痛愈合多年以后,脱光衣服向世界展示身上的伤疤,像老乞丐一样。以色列国创造了一个捍卫自己权利的、不畏艰险勇于战斗的、勇敢独立的犹太人形

---

[1] "Thoughts on Eichmann", *National Review* 10, 1961年4月22日,第238—239页。

[2] "Propagandists of the World, Arise!", *National Review* 10, 1961年5月6日,第271页。如果杂志上有后来的评论,我没有看到。在艾希曼被捕前后,它以社论形式批判了"一群犹太人"——他们"辱骂了"美国纳粹党党魁George Lincoln Rockwell。("Let Us Try, at Least, to Understand", *National Review* 10, 1961年6月3日,第338页。)次年,它解释道,和Rockwell的声明相反,他并未被*National Review*所"雇佣";它给予了他一笔借款以推广该杂志,而当他无法把杂志发送出去时,他"迅速且和善地"返还了款项。("Notes and Asides", *National Review* 11, 1961年11月18日,第331页。)

象——这将被那个成天哭诉着自己过去的苦难的陈旧形象所替代"。[1] 本—古里安非常担心会发生一场世界性的激烈反应,所以他命令摩萨德[2]在审判期间密切监视反犹主义的行动。[3]

在美国,好几个犹太领导人私下表达了对审判在宣扬犹太人的受害者形象方面的担忧;所有人都认为,至少在一些人际圈中它会激怒反犹主义,这是极有可能的。美国犹太人大会指出,人们普遍认为该审判可能会给以色列和美国犹太人带来"反向效应"。一份大会备忘录说,苏联太空飞行和猪湾入侵事件减少了审判开庭的版面,这也"并非全是不幸";这"有助于防范媒体上那些不相称的、惊动一时的和不自然的重点报道"。[4]反诽谤联盟一份发给地方下属机构的备忘录敦促犹太人别老是举行关于审判的公开会议,要相信"美国人民即便没有此类活动也会全身心关注这个问题,他们不应该受到鼓动"。[5]反诽谤联盟也担心该审判可能会"有损许多人心目中犹太人那公正无私和宽厚仁慈的形象"。它向其成员保证,死刑判决是极其不可能的。"这似乎是犹太人普遍的态度。"它如是断言。反诽谤联盟置身于艾希曼囚禁和以色列对司法权的要求之事外,强调美国犹太人不能对以色列的行为承担责任。[6]"正统犹太教会联盟"的一位代表担心,"通过图片令人回忆起纳粹分子所犯下的暴行和恐怖,这种做法会引导普通公众排斥那些暴行的受害者,由此可能会对美国观

---

  1 格罗斯曼评论的改编版,见 *Jerusalem Post*,1961年3月31日,第5页。
  2 即Mossad,以色列情报机构。——译注
  3 Michael Keren, "Ben-Gurion's Theory of Sovereignty: The Trial of Adolf Eichmann",见 Ronald W. Zweig 主编, *David Ben-Gurion: Politics and Leadership in Israel*,伦敦,1991年,第45页。
  4 美国犹太人大会,"Opening of the Eichmann Trial",第1,2页。
  5 Arnold Forster 致 ADL 区域办公室,备忘录,1961年3月7日,ADL 缩微胶卷,"一1974",艾希曼。
  6 "Notes on the Adolf Eichmann Trial",1961年2月13日,ADL 缩微胶卷,"一1974",艾希曼。

第七章 "自我憎恨的犹太女人撰写亲艾希曼系列文章"

众带来消极的影响"。[1] 美国犹太人委员会的一位员工也说到了这种忧虑,担心在媒体和电视中展现那些"令人毛骨悚然的细节"可能会引发公众对犹太人的批评——因为后者把这些恐怖的东西强加给了前者。[2] 另一位则担忧非犹太人可能会得知,"当《弥基录》(*Megillah*)的朗读者读到哈曼和他的十个儿子被绞死之时,犹太人都在犹太教堂中快乐地欢呼着,年年如此且长达两千多年"。[3] 在委员会内部存在着争论。一些人试图谴责以色列对"法律规范的侵犯",并因此"维护我们在我们的天然盟友之中的好名声以及美国的自由"。其他人则忧虑这种立场会疏远犹太人的舆论。[4] 最终,没有发布任何声明。

反诽谤联盟和美国犹太人委员会(美国犹太人大会则不一样)都致力于用一种普遍主义的形式向公众展现艾希曼案件。审判一开始,首席检察官基甸·霍斯纳把艾希曼置于一个从法老到哈曼、赫梅利尼茨基和彼得留拉这一脉的谱系之中。在耶路撒冷,复国主义的道德训诫——大屠杀是对犹太人流散生活的回报;身居犹太国之外的犹太人很脆弱——被反复阐明。但是按照反诽谤联盟的说法,以色列政府的意图是"提醒世界的良知要警惕极权主义的可怕后果"。该审判"并不是一个专为犹太人辩护的案件……发生在欧洲犹太人身上的事情……很有可能会发生在被极权主义所压迫的其他民族身

---

1 改编自拉比 Samson R. Weiss,见 "NCRAC 中东发展动态中的社区关系形势委员会会议记录摘要,1960 年 7 月 18 日",ADL 缩微胶卷,"一1974",艾希曼。

2 Robert Disraeli 致 John Slawson 的信,1960 年 11 月 1 日,AJCommittee Papers, GS 12, Box 41。

3 S. Andhil Fineberg, "Capital Punishment and the Eichmann Case",1961 年 12 月 18 日,AJCommittee Scientific Research Department Files, Box 5,艾希曼审判,剪报/宣传。

4 大众传媒教育委员会会议记录,1960 年 10 月 20 日和 12 月 1 日,AJCommittee Papers, GS 12, Box 40。

上"。[1]在一个与广播、电视执行董事的会谈中（该会谈的目的是试图影响对审判的报道的政治倾向性），美国犹太人委员会领导约翰·斯劳森告诉他们，审判的目标是直面"仇恨和极权主义……以及它们在当今世界的持续出现"。强调的主题是"这理应永远不会在任何地方的任何人身上重演"和"这是放任偏执成长的下场"。[2]

犹太机构所预料的激烈反应并未发生，仅有少数例外情况。对以色列的批评在艾希曼被捕到开启审判期间大大减少了，然而在审判开始之后甚至更多了。无论该审判对犹太人的受害者形象的描绘有什么样的消极影响，都被以色列犹太人因逮捕和审判艾希曼造就的激进主义形象所抵消了。尽管有人不断地抱怨着犹太人的复仇心，这种声音在这事发生期间变得越来越弱了。似乎不可置疑的是，紧随着该审判而来的，是美国犹太人摆脱了在谈论大屠杀方面的大量禁忌。除了发现谈论大屠杀的危险被夸大了，或者这危险随着时间而减小之外，他们还有了更多的东西谈论：无论是对该审判的直接报道还是关于它的那些历史深度报道，在其中多得多的大屠杀信息随处可见了。

最终，对于我们的目的而言，关于艾希曼审判最重要的是，这是第一次，那个被我们称之为大屠杀的事件本身作为一个实实在在的东西呈现给了美国公众，它区别于一般而言的纳粹野蛮行径。在美国，"大屠杀"这一词汇第一次被牢固地贴在了欧洲犹太人被害这一事件之上，这是该审判的结果——使得它成了讨论关于该词用法的一些争议的一个方便的立足点。

---

1 Arnold Forster, "The Eichmann Case", *ADL Bulletin*, 1961年3月, 第1—2页。
2 Isaiah Terman致区域负责人和行政助理的信，1961年3月24日，AJCommittee Papers, GS 12, Box 40。

第七章 "自我憎恨的犹太女人撰写亲艾希曼系列文章"

近些年来,据说这个词汇变得不合时宜讨人嫌了,因为它的初始含义是用火焚烧的宗教祭祀活动;故而它代表着一个险恶的把犹太苦难基督教化之做法。基于这些理由,以及那些可以被称为文化民族主义的原因,希伯来语中意指大灾难的词汇"shoah"被认为是较好的——一个纯粹犹太人的和纯粹世俗的术语,免去了可憎的神学内涵。事实上,古老的原初含义只对那些试图挑起争端的人来说才相关。《牛津英语大词典》给"victim"下的第一条定义是,"一个被宰杀并被作为祭品而献给某些神灵的活体动物"。自二战之前很久以来,在"holocaust"的日常用法中,它总是被用来描述大范围的特别是火所造成的破坏,并没有比"victim"承载着更多的神学意蕴。在《希伯来圣经》中,"shoah"被不断地用来描述那些因上帝造访而带给犹太人的惩罚——几乎也没有更可接受的内涵。[1]

"Holocaust"被广泛运用在与纳粹屠杀计划的相关现象始于1960年代,不是非犹太人阴谋之结果,而是来自以色列的舶来物。大量报道艾希曼审判的美国记者学会了使用这个词汇——许多年以来,以色列人选择把它作为"shoah"的英译。真正说来,这种选择始于犹太国的建立。在1948年以色列独立宣言的序言中提到了"纳粹 shoah",在以色列官方的英语译文中,译成了"纳粹 holocaust"。[2] 自1950年代晚期开始,犹太大屠杀纪念馆的英文出版物一般都会把"shoah"翻译成"holocaust"。美国记者保罗·雅各布斯,在一则来自耶路撒冷(他在那

---

[1] 对"holocaust"进行意识形态批判的一个例子,参见Zev Garber 和 Bruce Zuckerman, *Modern Judaism* 9,1989年5月。关于"shoah"的宗教内涵,参见Uriel Tal, "Excursus on the Term: Shoah", *Shoah* 1: 4, 1979年,第10—11页; Dalia Ofer, "Linguistic Conceptualization of the Holocaust in Palestine and Israel, 1942—1953", *Journal of Contemporary History* 31, 1996年。

[2] "Proclamation of Independence", *Palestine Year Book* 4,第66页。

大屠杀与集体记忆

133 里采访艾希曼审判）的新闻报道中写道："大屠杀，作为纳粹对欧洲犹太人的灭绝惨剧，在以色列获得了它的名字。"[1] 那原先属于多个术语其中之一的东西到了1960年代早期，则成了（通常还是不大写）最为常用的一个；而到了1960年代后期，它则变成了明显的占据支配地位的一个（通常得大写了）。

艾希曼审判确实让美国公众第一次直接面对着作为一个不同寻常的——以及独具犹太含义的——实际存在物的大屠杀，然而到目前为止它绝非像后来那么不同寻常，或那么独具犹太含义。不大清楚的是，犹太组织尽力强调该审判是对极权主义的一个控诉这一点，在多大程度上影响了媒体的报道，如果确实有影响的话。媒体自身确实是倾向于以这种方式来叙述，并且也确实这样做了。（媒体当然不会去强调，事实上也很少能够领悟到该审判试图带回国内的那些严厉的犹太复国主义教训。）在报刊社论中比任何其他议题都更受重视的，是把艾希曼审判当作对极权主义永久威胁的警告这一话题。就社论所指出的西方列强应对大屠杀负责而言，最为常见的是在早期盟国抵抗希特勒的失败，这是"绥靖政策的教训"，而该政策目前正被用于对付苏联。在基督教媒体中有些社论具有自我批判性，然而至少还有同样多的是自吹自擂的，强调基督徒拯救者的作用。（在全国天主教福利大会新闻服务处分发给天主教报纸的七篇关于艾希曼案件的文章中，有五篇讨论了这个内容。）这些报刊的所有内容都从该审判中获得了"兄弟会周"（Brotherhood Week）的教训；曝光率比任何其他词组都要高的是"人对人的残暴"。[2] 美国犹太人委员会成员米吉·戴克特在一份国际备忘录

---

[1] "Eichmann and Jewish Identity", *New Leader* 44, 1961年7月3日，第13页。

[2] George Salomon, "The End of Eichmann: America's Response", *Amerian Jewish Yearbook* 64, 1963年; AJCommittee, *The Eichmann Case in the American Press*, 纽约，无日期。

194

第七章 "自我憎恨的犹太女人撰写亲艾希曼系列文章"

中分析了报刊对艾希曼案件的反应。她认为美国报刊评论中的普遍主义及它的"自由民主世界观"的包装,都表明该审判"绝非在提醒世界牢记犹太人的命运,至少在美国,它可能早已把这个内容的簿册永远地合上了"。[1]

关于艾希曼审判还有一个尾声:由汉娜·阿伦特1963年发表于《新纽约客》的关于该审判的系列文章(同年以书名《艾希曼在耶路撒冷:一份关于平庸的恶的报告》公开出版)所引发的抗议。这位德国犹太人流亡哲学家一度成了美国犹太人的头号公敌。[2] "自我憎恨的犹太女人为《新纽约客》杂志撰写亲艾希曼系列文章"登上了一家犹太报纸的头条。[3] 反诽谤联盟,在反对它所谓的"邪恶之书"的抗议运动中,向它的分支机构签署并发送了一些对她的书进行恶意中伤的评论。[4] 美国犹太出版协会则散布了一份攻击阿伦特书籍的长达四百页的文稿。[5] 如此大动干戈究竟为了什么?

《艾希曼在耶路撒冷》是一部难懂的著作,回想起来,或许最好的理

1　Midge Decter, "Study of Press Reactions to the Eichmann Case", AJCommittee,科学研究部文件,Box 6,研究:艾希曼审判、媒体反应、Midge Dector备忘录。

2　阿伦特因其1951年的著作《极权主义的起源》(*The Origins of Totalitarianism*)而闻名全球。在希特勒上台之初,她曾因非法的犹太复国主义运动而被纳粹分子拘捕。获释之后她逃到了法国,在此她为青年阿利亚组织(Youth Aliyah)工作。在战争期间曾被拘押在法国维西的居尔,她后来逃脱并设法到达了美国,在此她再一次为犹太组织工作,最终与主流犹太复国主义决裂。关于她的人生,以及关于围绕《艾希曼在耶路撒冷》的争论的更多细节,参见Elisabeth Young-Bruehl, *Hannah Arendt: For Love of the World*,纽黑文,1982年。

3　*Intermountain Jewish News*, 1963年4月19日,第4页。

4　Arnold Forster致ADL区域办公室的信,1963年3月27日,Hannah Arendt Papers, Box 47, Corres. Jewish Orgs.。

5　Jacob Robinson, *And the Crooked Shall Be Made Straight: The Eichmann Trial, the Jewish Catastrophe, and Hannah Arendt's Narrative*,费城,1965年。

解是把它作为阿伦特正在进行的那项对极权主义本质研究的一部分。对于我们的目的来说，这本书有趣的地方在于，围绕它的争议所暴露出来的1960年代早期犹太人的敏感性，以及它怎样把我们的注意力引向在大屠杀的讨论中能持续引起共鸣的那些话题。

　　第一类对阿伦特的非难与她对待艾希曼本人的方式相关。美国犹太人大会主席拉比约阿希姆·普林茨声称，她充满同情地把他描写成一个"温和的、被误入歧途的人"。[1]一则由反诽谤联盟所散布的被描述为"精准的"评论说，阿伦特对艾希曼不能"反击那些在作者眼中明显的'不公正惩罚'"表示了遗憾。[2]历史学家芭芭拉·塔奇曼指出，阿伦特写作是出于"一个刻意想对艾希曼辩护给予支持的愿望"。[3]

　　这所有的一切不仅仅是错误的，而且完全背离了事实。阿伦特对艾希曼的憎恨和鄙视在她的书中每一页都表现得很明显。不像那个时候的许多人，包括许多犹太人那样，她既不去批判以色列审判他的权限，也不去批判死刑判决。阿伦特著作的副标题是她在艾希曼身上所发现的最具震撼性的东西，即他的令人恐怖的平凡：远非像以色列检察官所描述的那样是一个恶魔般的怪物，他是一个温和的、盲目的，然而非常高效的官僚，主要的激励因素是个人野心；他虽热心地执行命令，却无法影响政策；他甚至并没有刻意的反犹主义之心。通过"平庸的恶"，阿伦特所要表达的意思是：

---

[1] Joachim Prinz, *Arendt Nonsense*, 纽约, 1963年, 美国犹太人大会所散发的小册子。

[2] Leo Mindlin, "During the Week", *Jewish Floridian*, 1963年3月15日。(复印件附在1963年3月27日Forster备忘录之中。)

[3] Barbara Tuchman, "The Final Solution", *New York Tims Book Review*, 1966年5月29日, 第3、12页。

第七章 "自我憎恨的犹太女人撰写亲艾希曼系列文章"

> 邪恶的行为大规模地发生,这不能被追溯到执行者的任何特别的邪恶、病理或者意识形态信念,他所具有的个体特征仅仅是可能特别的肤浅……无论那些行为有多么的骇人听闻,执行者既不像怪物也不是恶魔……[邪恶]能够像霉菌一样扩散至整个世界,造成毁灭,正是因为它并不扎根于一处……正是最为普通的动机,并不算特别地邪恶(像施虐狂或者羞辱他人之心或权力欲之类),把艾希曼打造成了这样一个可怕的恶人。[1]

这离那个占据支配地位的形象——一个可怕的施虐狂和一个拥有巨大权力的积极的反犹主义者——相去甚远。根据反诽谤联盟的说法:

> 艾希曼他自己积极地策划着那个冷血的、无意义的以消灭一整个民族为目标的计划,这是人人皆知的常识……艾希曼个人就持有把消灭犹太人当作"解决"犹太人问题的一个手段的想法,并且……这些是他从他的纳粹老板那里所接受到的仅有的命令……也许他本该能够成功地向他上司建议犹太人大规模移民他乡,[但]他选择了毒气室、焚烧场和肥皂厂。[2]

阿伦特的降级版艾希曼无疑会犯众怒,因为它能够被解读成贬低

---

[1] "平庸的恶"这个术语并没有出现在《新纽约客》的文章中;在该书中也只是在结尾处用了一次,而且未做出详细解释。在此我把阿伦特在以下文献中的评论汇编在一起,见"Thinking and Moral Considerations", *Social Research* 38, 1971年秋, 第417页, 和她对一篇演讲的注解。("哥伦比亚/犹太学生/艾希曼/1963年7月23日", 见Hannah Arendt Papers, Box 49, 私下对犹太批评家的回复, 1963年。)我已经对该演讲的注释的标点符号做了更正。

[2] "Notes on the Adolf Eichmann Trial", 1961年2月13日, 分发给ADL分支机构的备忘录, ADL缩微胶卷, "一1974", 艾希曼。

了以色列的成就及诋毁了这一断言,即他是永无休止的反犹主义的一个恰当的象征。但更重要的是,阿伦特所描绘的艾希曼形象打乱了经年累月根深蒂固的假想——这从来都不是受欢迎的做法。诺曼·波德霍雷茨在写下它"违背了我们关于人性的一切知识"之时,显然表达了许多人的看法:"没有一个参加过纳粹党,更别说党卫军的人,能不至少是个恶毒的反犹主义者;若不相信,我们将对反犹主义之本质一无所知……没有一个庸人能够把如此邪恶的工作做得这么好;若不相信,我们将对邪恶之本质一无所知。"[1]当他说传统的说法——纯粹恶对纯粹善——也比她的说法更可取之时,波德霍雷茨也表达了一个普遍的感觉:"错综复杂、冷漠无情、充满矛盾和歧义。"[2]《纽约时报杂志》一位作者曾说,阿伦特描绘的形象是"以那个被达尔文、马克思、弗洛伊德、巴甫洛夫和其他人著作所论证的'科学的'实体为基础,而对世界进行行为主义、唯物主义解释的必然结果",他说,这很可能会被"接受犹太—基督教的自由意志原则"的人所拒绝。[3]

当艾希曼审判还在进行时,并且在阿伦特写作这个主题之前很久,耶鲁大学心理学家斯坦利·米尔格拉姆就做了一些能够为阿伦特的论证提供大量支持的实验,随后还有一些。阿伦特说过,在极权主义的条件下,普通道德上的顾虑很可能会崩溃,对权威命令的服从能够引导非常正常的和普通的人去实施、或者协助实施残暴的罪行。米尔格拉姆招募了一批来自纽黑文这个并不特别极权的城市的市民,去参与

---

[1] Norman Podhoretz, "Hannah Arendt on Eichmann: A Study in the Perversity of Brilliance", *Commentary* 36, 1963年9月, 第206页。

[2] 同上, 第201页。

[3] Constantine Fitzgibbon, "Again the Issue of German Guilt", *New York Times Magazine*, 1963年8月18日, 第17页。

第七章 "自我憎恨的犹太女人撰写亲艾希曼系列文章"

那个被描述成是关于痛苦对学习之影响的实验。实验要求他们,作为"老师",当"学生"(实际上是一个演员)给出了错误答案时要对其施加越来越痛苦的电击("老师"相信这是真的)。较强层级的电击在他们所操作的(假的)控制器上被描述为"极限强度电击"、"危险:重型电击"、"XXX"。当某人把电击程度提升到不同的点之时,"学生"大喊"让我出去","我无法忍受这个痛苦",以及痛苦地尖叫。超过60%的老师继续(他们相信这是真的)把电压推高至最大。在那些被分派去大声读出问题的附属角色之中(他们并不直接操作电击),有超过90%的人坚持到了最后。[1]

在1960年代中期,米尔格拉姆著作的读者范围开始超出《变态心理学杂志》(*Journal of Abnormal [?] Psychology*)的读者群。到了那个时候,阿伦特版本的艾希曼也已经进入了公共话语领域。在实验后的一次采访中,一位"老师"告诉米尔格拉姆:"就像我妻子说的:'你可以把自己称作艾希曼。'"[2] 从1960年代开始,在阿伦特的艾希曼象征和米尔格拉姆的实验对象的象征之间形成了一种协同效应,被用来讨论从越战到烟草行业的每一件事,理所当然也反映在大屠杀的讨论之中。这在很大程度上是接受了阿伦特所描绘的艾希曼形象的一个结果(借助米尔格拉姆的帮助),在美国的词汇中,"只是执行命令"从减罪请求变成了诅咒式的控诉。[3]

从长远看,几乎所有的学者最终都接受了阿伦特的论点,即典型

---

[1] 对该实验最为深入浅出的叙述是Milgram的 *Obedience to Authority: An Experimental View*,纽约,1974年。

[2] Milgram, *Obedience to Authority*,第54页。

[3] 还有一些人拒绝接受Milgram和其他人从他的发现中所推论出的含义。见Arthur G. Miller, *The Obedience Experiments: A Case Study of Controversy in Social Science*,纽约,1986年。

的大屠杀行凶者都"正常得令人可怕",并且绝对不是积极亢奋的反犹主义。以色列大屠杀历史学家耶胡达·鲍尔写道:"德国人并不需要仇恨犹太人而才会去杀害他们……人们猜想,若是他们接到了屠杀所有波兰人或所有法国人的指令,他们也会做得这么高效。"[1]正因为如此,大屠杀学者已经否决了丹尼尔·乔纳·戈德哈根(以及其他人)的论点,即世世代代有系统地把对犹太人的杀气腾腾的仇恨社会化是造就大屠杀的一个必要条件。[2](那是一个令人欣慰的论证:如果如此根深蒂固和源远流长的仇恨是大屠杀的一个必要的前提条件,那么我们比许多人所想象的要安全得多。)但是想用传统方法来表现行凶者的欲望依然很强大——这就是为什么戈德哈根的书卖得那么疯狂的原因。

第二类对阿伦特的非难有一部分和第一类一样执迷不悟,有一部分则并非没有合理性。这些责难与她在大屠杀期间对待犹太人的方式有关。广为人知的是她曾因犹太人温驯地接受死亡而怪罪他们。世界犹太组织首领纳赫姆·戈德曼就因阿伦特指责犹太受害者"懦弱及缺乏抵抗的意志"而当着一位纽约观众的面攻击她。[3]在全国社区关系咨询委员会一个专门会议上,与会者想知道如何对据称来自于她的谴责——犹太人"驯服地走向坟墓"——做出回应。[4](其中一个建议是重新制作一部关于华沙犹太社区起义的好莱坞电影。)[5]并且这种说法持

---

[1] Yehuda Bauer, "Reflections Concerning Holocaust History",见 Louis Greenspan 和 Graeme Nicholson 主编, *Fackenheim: German Philosophy and Jewish Thought*,多伦多,1992年,第166—167,169页。

[2] Daniel Jonah Goldhagen, *Hitler's Willing Executioners: Ordinary Germans and the Holocaust*,纽约,1996年。

[3] 引自 Young-Bruehl, *Hannah Arendt*,第349页。

[4] NCRAC 特别委员会会议记录,1963年4月23日,ADL 缩微胶卷,"—1974",艾希曼。

[5] Julius Schatz 致 Phil Jacobson 的信,1963年5月27日,NCRAC Papers, Box 50。

第七章 "自我憎恨的犹太女人撰写亲艾希曼系列文章"

续存在:《犹太百科全书》中一份关于阿伦特的记录说,在她的书中她责怪了受害者"未能抵抗"。[1]

再一次地,人们归咎于她的东西正是她所写内容的反面。确实,在《艾希曼在耶路撒冷》一书中,她顺便评述了犹太人的抵抗很少见、很乏力并且没有什么影响——但是她说,在残酷的极权主义统治下这是不可避免的。"没有一个非犹太人团体或民族会表现得不一样。"她如是强调。在她的书中,她说检察官不断向犹太人提出他们为什么没有进行抵抗这种问题是"残忍的且愚蠢的"。她认为它们是把以色列的英雄主义与流散的犹太人那据称的"唯唯诺诺的温驯"这二者加以比较的宣传尝试。[2]

那么,为什么人们会如此频繁地强调她责怪过犹太人的不抵抗?部分解释是她把犹太人的抵抗说成是无足轻重的这一不友好的定性,从而就打破了那个关于犹太人曾普遍抵抗的神话,由于各种原因,自战争以来,这类抵抗被孜孜不倦地宣传。这并非犹太人的特性:所有那些曾生活于(及死于)希特勒欧洲的民族都会夸大他们抵抗的荣耀,法国也许是最为著名的例子了。顺服于暴君的统治被认为是羞耻的,历史因此而被调整。犹太发言人比绝大多数人都更有理由宣称他们的人民曾积极地抵抗过,既然从一开始就有许多犹太人嘲讽那些"像绵羊一样走向屠宰场"[3]的人。对犹太人抵抗的崇拜在以色列特别地强烈,在那里犹太大屠杀纪念馆(Yad Vashem)的全称是"犹太大屠杀纪念馆先烈与英雄纪念局"。(正被讨论的英雄主义几乎总是属于犹太复国主义团体的。)但在美国也是同样,犹太人抵抗的深度和广度是大屠杀纪念活动

---

[1] *Encyclopedia Judaica*,耶路撒冷,1971年,3:406。
[2] Hannah Arendt, *Eichmann in Jerusalem*,纽约,1963年,第201,108页。
[3] 该短语被用于这一语境始于犹太抵抗领导人及诗人阿巴·科夫纳(Abba Kovner)。

中的一个主要议题——每年一度的对华沙犹太区起义的缅怀成了纪念活动的主要仪式。因此这个在大屠杀中最不具有典型性的事件就成了它的象征——一个暗示性证据，隐含了许多犹太人因没有重大的犹太人抵抗行动而感觉到的那种（相当没有道理的）耻辱。在艾希曼审判期间，反诽谤联盟一位高级官员写道："也许一百万……犹太人被杀害之时正在抵抗纳粹压迫者，正在反抗希特勒的坦克，他们并非死于可怜兮兮地跪地求饶，而是死于血战到底。"[1]

阿伦特也被卷入了反对两位杰出的犹太作家的战斗之中，在她的书出版前不久他们已经嘲讽了"犹太人的顺从性"，认为欧洲犹太人在几个世纪中形成了一种懦弱和顺从的态度，甚至形成了一种"死亡的愿望"。布鲁诺·贝特尔海姆在《哈珀斯杂志》上谴责了弗兰克一家毫无防备地拥挤在秘密附属建筑内。他们应该去购买一杆枪并杀掉那位前来抓捕他们的警察。他说，如果犹太人反抗了，死亡人数就会少得多。[2]劳尔·希尔伯格的《欧洲犹太人的覆灭》一书因出版于艾希曼审判期间而引发了广泛的关注。他的书中到处都是对犹太人不抵抗的蔑视性评述。而在阿伦特《新纽约客》系列文章发布之前，她就曾在一本犹太复国主义期刊上责备过贝特尔海姆。她驳斥了他所认为的犹太人因"犹太区思维"(ghetto thinking)而未能采取抵抗行动这一看法："存在着像倒置的沙文主义这样的东西，在谈论犹太民族的过失时应该小心别掉进了这个陷阱之中……在这种形势下任何社会的、种族的群体，都会表现出类似的行为……贝特尔海姆先生在没有问题的地方寻找犹太人

---

[1] Arnold Forster, 1961年5月10日的耶路撒冷报道，见他的 *Square One*，纽约，1988年，第288页。

[2] Bruno Bettelheim, "The Ignored Lesson of Anne Frank", *Harpers' Magazine* 211, 1960年11月，第46页。参见他的 *The Informed Heart*，伊利诺伊州格伦科，1960年，以及 "Freedom from Ghetto Thinking", *Midstream* 8, 1962年春，在其中，该论据被扩展了。

第七章 "自我憎恨的犹太女人撰写亲艾希曼系列文章"

的问题。"[1]

尽管如此,阿伦特还是被卷入了犹太作家在抵抗议题上针对希尔伯格和贝特尔海姆的战火之中。部分原因是在她自己的著作中利用和评价过希尔伯格的学识。更重要的是,希尔伯格和贝特尔海姆两人都支持她著作中所表达的最具争议和挑衅性的论点:欧洲犹太人的领导人——在德国,在西欧被占领的国家,在东部犹太区,可恶地配合了德国人的谋杀计划。[2]

"对于一个犹太人来说,"她写道,"犹太领袖们在摧毁他们自己这个民族过程中所发挥的作用毫无疑问是整个恐怖故事中最黑暗的一章。"

> 无论犹太人生活在哪里,都有能够被识别出来的犹太领导人,并且这种领导,几乎没有例外地,以这种或那种方式,以这种或那种理由,在协助着纳粹分子。全部真相是如果犹太民族真的没有组织和领导,那就会一片混乱并且痛苦不堪,但被害的总人数就几乎不会在四百五十万和六百万之间。

她之所以这样写,她说是因为"它对纳粹所造成的在可敬的欧洲社会中……不仅在施虐者之中,而且也在受害者之间的整个道德的崩溃,提

---

[1] 致 *Midstream* 8 的信,1962 年 9 月,第 86 页。
[2] 在 1964 年 4 月 20 日一封致 Karl Jaspers 的信中,阿伦特写道:"我没有听说过任何的关于希尔伯格站在我这一边的信息。他现在正在谈论一些有关犹太人'死亡的愿望'之类的废话。他的著作确实非常优秀,但仅仅是因为他在其中只报道了事实。他的导论,谈论的是一般性的和历史的问题,在猪圈中是经不起检查的。"参见 Lotte Kohler 和 Hans Saner 主编,*Hannah Arendt — Karl Jaspers Correspondence: 1926—1969*(1985 年;英译本,纽约,1992 年),第 550 页。

供了最具震撼性的洞察"。[1]

再一次地,可以说她的看法被批评家们歪曲了。尽管阿伦特写的是领导人(通常会清楚地把犹太大众和那些代表他们发言和行动的人区分开来),她常被指控说过"犹太人"配合了纳粹分子。[2] 这个区别并非不重要。但并不像争议的其他方面那样——在那里她合情合理的陈述被完全颠倒,而在这个问题上她自己的陈述笼统、夸张,挑衅性地表达,并被往往不准确的事实陈述和支撑着,简直不可理喻,以至于要对她所受到的类似的待遇表示愤怒是困难的。

在对阿伦特的断言表现出的愤怒反应中,有几个方面是值得注意的。第一是那个经常出现的论断,即在犹太人通敌这个议题上阿伦特说出了一些全新的东西。这不是事实。许多公开出版的日记和自传满纸都是对犹太委员会(Judenraäten)[3] 官员以及他们雇佣来作为帮凶、叛徒和凶手的犹太区警察的指责。在一个于以色列举行的完全公开的审判结束之后,一位政府官员被法官告知,在他战时与纳粹分子的交易过程中他已经"把自己的灵魂卖给了魔鬼"。[4](该判决在上诉中被推翻。)对犹太委员会的全面谴责是梅纳赫姆·贝京的自由党在整个1950年代的主要议题。事实上,审判艾希曼的那些法律就是被建立起来以便惩罚犹太人通敌者的。那个惩罚纳粹分子及其帮凶的法律只是在形式上把纳粹分子囊括在内,但别指望任何一个纳粹分子会被抓捕归案。每

---

1 Arendt, *Eichmann in Jerusalem*,第104,111页。

2 这个区别是希尔伯格所拒绝接受的:对他来说,那些领导人"代表着一种历史悠久的犹太人对危险的反应之本质"。(Raul Hilberg, *The Politics of Memory: The Journey of a Holocaust Historian*,芝加哥,1996年,第150—151页。)

3 该委员会是根据德国人的指令,在欧洲纳粹占领区的犹太社团内部所建立起来的,并负责执行纳粹的犹太人政策。——译注

4 W. Z. Laqueur,"The Kastner Case", *Commentary* 20,1955年12月,第509页。

第七章 "自我憎恨的犹太女人撰写亲艾希曼系列文章"

一个人都承认,它真正的目标是幸存者中的那些通敌者。在艾希曼被捕之前,几十个以色列犹太人依据该法律已经被起诉了。(尽管判决被减轻,但还是有一些人被判处了死刑。)[1]

这些问题在美国并没有这么大,但不是没人知道——在那些熟悉日记和自传文学的人之间当然不是,在幸存者社区内部也当然不是。在1950年代初期,犹太共产主义者用"犹太委员会"(Judenrat)这一术语来代表犹太反共产主义者,正是因为他们知道在犹太人当中它是一个邪恶的绰号。[2]但我所知道的唯一的一个例外——1950年在《生活》杂志上的一篇文章,该文讲述的是纽约一家拉比法院起诉一名幸存的犹太人集中营官员,指控他把另一个囚犯殴打致死——对这一事件的讨论被控制在犹太人之间。[3]阿伦特之所以触犯了众怒,很大程度上是因为她当着众多非犹太听众的面讲这些问题。

确实,相当多的犹太人及所有幸存者都知道她所描述的这一现象。但是知道和想去面对不是一回事。劳尔·希尔伯格讲述了在哥伦比亚向他的博士导师(Doktorvater)——意志刚强的马克思主义流亡学者弗朗茨·纽曼介绍他论文中讲述"犹太人是如何帮着毁灭自己的"那一部分:"纽曼没有说这个研究违背了任何事实,也没有说它被研究过了。

---

[1] Hanna Yablonka, "The Formation of Holocaust Consciousness in the State of Israel: The Early Days",见 Efraim Sicher 主编,*Breaking Crystal: Writing and Memory after Auschwitz*,伊利诺伊州厄巴纳,1997年。

[2] "Judenrat"继续以这种方式被运用于犹太人内部的交流之中。1971年反诽谤联盟总裁为捍卫本组织利益,反驳了批评把有关犹太防御联盟的信息提供给FBI的论调。"指控说,反诽谤联盟或任何其他的犹太机构在为政府当局提供信息,是类似于纳粹期间欧洲'Judenrat'叛徒的所作所为,这暗示在美国政府和纳粹政权之间有相似之处。我们中所有的人都会不假思索地否决任何此类的比较。"(Seymour Graubard 致NJCRAC全体会议的声明,1971年6月25日,复印件见美国犹太历史学会 JDL files。)

[3] Loudon Wainwright, "'You Are the Man Who Killed My Brother'", *Life* 29, 1950年12月11日。因为证据不充分,该听证会无果而终。

他说：'这太多了接受不了——砍掉它。'我删除了这一章节，并默默下决心要把它修改成一部更大的作品。"[1]

此时此刻，大屠杀还未像后来那样被神圣化。但是对于运用除了纯粹恶对抗纯粹善这些术语之外的词汇来讨论大屠杀，已经有了大量的发自内心的抵触。阿伦特无法忍受这些规则——她对复杂性和模糊性极力强调——不难理解，这种做法显然是那些犯众怒最深重的事情之一。（不可否认，还有她那冷嘲热讽的表达方式，也触怒了许多人。）

大量尖锐的对阿伦特的批判都预见到了她所写内容的恐怖后果。"对于我们民族的所有的敌人而言"，它是"一个可以从中获取恶毒谣言的源泉"。[2] 来自反诽谤联盟的阿诺德·福斯特预言"反犹分子将会把阿伦特的这份文件当作一份证据——它证明了犹太人对发生在他们同一个教派中的那六百万人身上的事情所犯之罪孽并不少于其他人"。[3] 但它涉及的不仅仅是反犹分子的问题；它还和道德资本的耗尽相关。全国社区关系咨询委员会的一个支委开会研究了阿伦特著作的影响。其成员一致认为她的结论"为那些基督徒提供了一个现成的'借口'——他们曾放任纳粹大屠杀无限制地发展，直到为时已晚，而如今他们没有正视自己在这件事情上所应承担的全部责任"。[4]

在我看来，在那些要求制止对"协助过"刽子手的犹太个人或犹太机构去下一揽子判断的理由当中，正当的和不当的都有。一个不当

---

[1] Hilberg, *Politics of Memory*, 第66页。

[2] *The American Zionist* 中 Mosez Torcyzner 的观点，引自 Richard I. Cohen, "Breaking the Code: Hannah Arendt's *Eichmann in Jerusalem* and the Public Polemic: Myth, Memory and Historical Imagination", *Michael: On the History of the Jews in the Diaspora* 13, 1993年, 第68页。

[3] Arnold Forster 致 ADL 区域办公室的信，1963年3月11日，NCRAC Papers, Box 67。

[4] NCRAC 特别委员会会议记录，1963年4月23日，ADL 缩微胶卷，"—1974"，艾希曼。

第七章 "自我憎恨的犹太女人撰写亲艾希曼系列文章"

理由是要恪守恶魔般的行凶者和圣人般的受害者之间泾渭分明的区别。在坚称把凶手和受害者混为一谈是"一种精神疾病"的同时，普里莫·列维强调一个"灰色区域"的存在。

> 相信一个诸如纳粹主义之类的糟糕透顶的政府会圣化其受害者，这是非常幼稚、荒唐的，且犯了历史性的错误；相反，它会贬低他们，它会把他们变得与它自己相类似……压迫越深，在被压迫者之间越发普遍的就是一种通敌意愿，带着它所有的无穷的细微差别和动机。[1]

另一个不当理由是那个"莫论他人是非，以免被人非议"的怯懦的训谕，如果人们听从了它——这是不可能的——只会导致一种无所适从的相对主义。还有一个不当理由是，心怀恶意的人们会为了可恶的目的而引用你的评判。这没什么好处。（那些否认者说："连那位犹太人耶胡达·鲍尔都承认奥斯维辛死亡者人数被夸大了。"）

关于要求不下一揽子判断的一个正当理由是，那些重要的区别、例外情况、资格资质及细微差别都会因此而被一扫而光。那些一心要证明他们认为的重要理论观点的人很可能忽略了这一点，就如阿伦特那样，其他人为了其他目的也会这么做。另一个正当的理由告诫我们，在对那些处于极权主义恐怖下的人们所做的道德选择进行评价之时至少要非常谨慎，在这种环境下，选择所受到的束缚极其巨大——对于参与者来说几乎不像是选择。没人比汉娜·阿伦特更清楚这一点了，但是严苛的道德主义阿伦特战胜了精明老练的分析师阿伦特。

1　Primo Levi, *The Drowned and the Saved*, 纽约，1988年，第40, 43页。

阿伦特争议之后，出现了大量的关于犹太委员会的学术著作。其中有很多著作在创作之初就打算去驳斥阿伦特，但是证据被证明是模棱两可和自相矛盾的。在1980年代初期一次于以色列召开的学术会议上，似乎全体接受了索尔·弗里德兰德的建议，即"在客观上犹太委员会可能是欧洲犹太人灭亡的一个工具，但在主观上这些执行者并不清楚这个作用，即便他们知道，他们中的一些人——乃至大多数人——都曾根据他们非常有限的策略上的可能性竭尽全力地延缓被灭绝"。[1]

1960年代初期那桩最后的"大屠杀事件"试图解决那个依然备受关注的问题："教皇庇护十二世的沉默"——在战争期间他未能谴责大屠杀。在今天，这是犹太发言人公开地并且通常是愤怒地谈论的话题，然而在1960年代初期，重要犹太组织却避免对此发表评论或者想方设法消除它。

把教皇的沉默置于议程之上的是剧作《代理人》(*The Deputy*)的布告——该剧由年轻的德国新教徒剧作家罗尔夫·霍赫胡特创作，将于1964年初在百老汇上演。[2]他的剧作严厉谴责了庇护的不作为，并把它归因于他的亲德倾向、他的反共产主义立场，及他把最为狭隘的梵蒂冈利益看得至高无上。在欧洲，该剧作的演出在每一个地方都激起了愤怒的对抗，有时还伴有暴力；反抗者通常是新教徒和天主教徒，而犹太人则袖手旁观。但是由于各种原因，美国则是一个截然不同的游戏场。

---

[1] Yehuda Bauer 和 Nathan Rotenstreich，*The Holocaust as Historical Experience*，纽约，1981年，第237页。

[2] 该剧标题有多种英文翻译，如 *The Vicar*、*The Representative*，其对应的德语原文为 *Der Stellvertreter*，指的是基督在世间的代表（教皇）的官方职位。Rolf Hochhuth 的文稿以 *The Representative* 为名出版（伦敦，1963年）。

第七章 "自我憎恨的犹太女人撰写亲艾希曼系列文章"

几乎所有的犹太组织，特别是反诽谤联盟和美国犹太人委员会，都非常积极地参与到各宗教间的对话之中，其议题是"搞好关系"和"难道我们不能好好相处吗？"《代理人》肯定不好，对和睦共处没有好处。天主教发言人公开和私下都要求他们的犹太对话人给犹太人的制作方和导演施压要求取消该剧作，或至少和他们一起谴责它。[1]他们含蓄地说如果鞋子穿在了其他人脚上——如果备受争议的是这样一部剧作，它玷污了那位世界上最受人崇敬的犹太领袖的名誉的话，犹太人会毫不犹豫地要求他们（那样做）。而犹太人团体的回旋余地被这个事实限制了，即在1958年庇护去世时，他们都竞相恭维他在战时为营救犹太人而发挥的作用。[2]

还有一个更加紧迫的考量。所有这一切都发生在最为糟糕的时候：正值紧张政治活动的高潮之际——在罗马召开的梵蒂冈第二次大公会议上，正在讨论一个拒绝与反犹主义来往并宽恕犹太人在耶稣之死中所犯之罪的声明。形势非常严峻，关乎该声明是否会被搁置或被削弱，就如阿拉伯国家那些宗教保守人士和神职人员所希望的那样。美国高级教士在敦促接受该声明的活动中处于最前沿，这表现了他们的美国泛基督主义背景。他们中的许多人肯定会把这当成来自美国犹太人的一记耳光，对此他们将如何反应？

所以……尽管没有成功，美国犹太人委员会为阻止该剧作上演尽

1　Jules Cohen 致 Phil Jacobson 等人的信，1963年6月20日，AJCommittee Files, IAD, 1963—1964, "The Deputy," Corres., A—Z; Judith Hershcopf, "The Church and the Jews: The Struggle at Vatican Council II", *American Jewish Yearbook* 66, 1965年，第115页。

2　见 "Eisenhower Airs Grief of Nation", *New York Times*, 1958年10月9日，第24页；"Sorrow Is Voiced by Public Figures", *New York Times*, 1958年10月10日，第12页。据我所知，关于庇护在大屠杀期间的沉默的唯一一篇评论是在他去世时，一位作家为法国共产主义报刊 *L'Humanité* 所撰写的。("Dulles to Attend Rites for Pontiff", *New York Times*, 1958年10月11日，第11页。)

了最大的努力——并确保让教会的官员知晓它已经尽力了。该委员会还试图让媒体的管理者低调处理该争议。[1]它最后发表的公开声明删除了早期草稿中含蓄地批判庇护之沉默的那段话，而乐于把这个问题留给"未来的历史学家"。[2]反诽谤联盟走得更远：它的对外事务专家约瑟夫·李希滕为全国天主教福利大会写了一个为庇护的沉默辩护的宣传小册子(反诽谤联盟也发行过)。"一个正式的声明会挑起纳粹分子的残酷报复，也会极大地阻挠未来那些代表犹太人利益的天主教的行动。"他说，证据表明这是最好不过的事了。[3]其他几个犹太人领袖也抨击了该剧作：犹太战争老兵处的一位官员说它"除了延续那个关于我们在天主教世界中的弟兄的'谎言'之外，没有任何实际意义"。[4]尽管有些犹太领袖个人包括几个拉比组织的官员支持该剧作，绝大多数都克制不发表评论。[5]一些犹太人杂志并未赢得本组织赞助者的支持而刊发了一些批评庇护的文章。[6]

天主教发言人，如果没有完全妥协的话，总体上似乎对犹太人的反应颇为满意。该剧目并未被大多数批评家断定为获得了戏剧化的成功。艾尔弗雷德·卡辛表达了一种普遍的反应，他说它让他回想起

1　John Slawson致Irving Salomon的信，1963年11月20日，Isaiah Terman致CAD专业人员的信，1964年2月21日，均出自AJCommittee Files, Vattican/ Der Stellvertreter/ Interreligious Catholic-Jewish/ 1963—1965。

2　初稿，出处同上；最终声明见AJCommittee Files, DOM 1963—1964, "The Deputy"。

3　Joseph Lichten, *A Question of Judgment: Pius XII and the Jews*，华盛顿特区，1963年，第4页。

4　引自"Der Stellvertreter—(God's) Deputy: Background Memorandum for Domestic Affairs Committee Meeting, January 20, 1964", AJCommittee Files, DOM, 1963—1964, "The Deputy"。

5　这些包括拉比大会主席Theodore Friedman拉比和美国希伯来教会联盟副主席Jay Kaufman拉比。(Robert C. Doty, "'The Deputy' Is Here", *New York Times*, 1964年2月23日，第3页。)Kaufman传阅了一封致同僚的信件，敦促他们尽快安排剧院晚会，"这样的话在最初几个星期中观众席就会坐满"。(Kaufman致"同事"的信，1964年1月28日，AJCommittee Files, IAD, 1963—1964, "The Deputy," Corres., A—Z。)

6　这包括*Commentary*、*Congress Bi-Weekly*、*Jewish Frontier*和*Midstream*。

第七章 "自我憎恨的犹太女人撰写亲艾希曼系列文章"

"约翰·加菲尔德时期一部反纳粹影片"。[1] 全国巡演计划被取消了,是否因为对剧院老板施加了压力,如制作方所坚称的那样,或基于其他理由,这是说不清楚的事。1965年梵蒂冈第二次大公会议最终产生了一个关于反纳粹主义和弑神者的声明:并不像许多人所期望的那么强大,也并不像许多人所担心的那样羸弱。同一年,教宗保罗六世在把庇护十二世升格为圣徒这方面迈出了第一步。

艾希曼审判,连同关于阿伦特著作和霍赫胡特剧作的争议,成功地打破了美国公共舆论在大屠杀这一话题上长达十五年的近似沉默局面。作为这个进程的一部分,在美国文化中出现了一个独特的事物叫做大屠杀——它本身就构成为一个事件,而并不仅仅是纳粹野蛮暴行之总体的一个部分。讨论重点转移到犹太受害者而非德国施虐者,这使得讨论在持续的冷战气候中更加合宜了。虽然美国犹太人在1960年代初期在把大屠杀置于议程之上这方面并未积极主动,但是许多人体会到在这一议题上的沉默局面的终结是一种释放。与此同时,就如我们已经看到的那样,犹太"官方"对审判、阿伦特著作和霍赫胡特剧作的反应通常是焦虑的、尴尬的和防御性的——象征着犹太人在大屠杀公共谈论这一问题上普遍的暧昧之情。这很快就会发生翻天覆地的变化,大屠杀在美国犹太人为危机四伏的以色列所作的斗争中被经常地借用——确实,它被当作一个武器而挥舞着。

---

[1] Alfred Kazin, "The Vicar of Christ", 见 Eric Bentley 主编, *The Storm over the Deputy*, 纽约, 1964年, 第103页。

第八章
"'为造成的苦难'提交一份账单"

近些年老生常谈的是,以色列和大屠杀是美国犹太"民间宗教"的两大支柱——这两个象征把美国犹太人(无论是信众还是非信众,无论是政治上的右翼、左翼还是中道)紧紧捆绑在一起。但是在整个1960年代中期,和大屠杀一样,以色列在美国犹太人的意识中并不是太突出,至少未出现在那种意识的公共表达之中。在1960年代后期和1970年代初期,以色列对美国犹太人而言变得重要得多了,并且在一系列螺旋上升的相互交往之中,对以色列的关心以乞灵于大屠杀的方式被表达出来,反之亦然。

是美国的犹太复国主义运动使得美国犹太人为了巴勒斯坦的犹太民族家园之利益而变得异常活跃。在那个家园建立之后,美国犹太复国主义却被以色列首相戴维·本—古里安故意且狠狠地打击了一番。许多美国犹太复国主义领袖支持本—古里安在以色列的对手;无论如

第八章 "'为造成的苦难'提交一份账单"

何，为了筹款和游说的双重目的，他认为，与更加富裕且更具政治关系的美国非犹太复国主义犹太人建立联系更为重要。[1]虽然所有的美国犹太人领袖，连同他们的成员，总体上都支持以色列，但他们各自对这个新国家的忠诚度则是参差不齐的。反诽谤联盟的内森·佩尔穆特后来成了一名坚定的犹太复国主义者。在1967年之前，他在其回忆录中写道，他对以色列作为漂泊的犹太人之家园而存在感到高兴，但是"我对'犹太人的家园'并没有感情……在一个你颇为想去的地方的清单中，以色列排在了巴黎、英格兰、日本之后"。[2]露西·达维多维奇曾为美国犹太人委员会工作，她在后来几年中也成了以色列的一个狂热支持者。在1950年代她是这个新国家的尖锐批评者，把以色列接受德国赔偿之意愿与它对被迫背井离乡的巴勒斯坦人的不负责任相比较。"道德准则，"她写道，"不能那样多变。"[3]像美国犹太人委员会这样的团体更具以色列导向，但1961年它的总裁约阿希姆·普林茨则想声明"犹太复国主义——对于所有的实用目的而言——已经死了"。[4]在1956年西奈战役期间，代表以色列利益的美国犹太人游说活动悄无声息且缺乏自信；在紧随其后的大选中，曾经狠狠斥责过以色列人的艾森豪威尔，比他1952年获得了更多的犹太人选票。[5]尽管他们越发繁荣了，美国犹太人给以色列的捐赠在1967年之前的那些年却不断下降。在1950年代晚期开展的一项研究中，中西部郊区的犹太人被问到，作为一个好的犹

1　对于这个过程，见Melvin I. Urofsky, "A Case in Search of Itself: American Zionism after the State", *American Jewish History* 69, 1979年9月。

2　Nathan Perlmutter, *A Bias of Reflections*, 纽约州新罗谢尔, 1972年, 第73—74页。

3　Lucy Dawidowicz对Joseph B. Schechtman所著 *The Arab Refugee Problem*（见 *New Leader* 36, 1953年1月19日, 第23—24页）一文的评论。

4　Joachim Prinz, "Beyond the Zionist Dream", *Congress Bi-Weekly* 28, 1961年1月16日, 第6页。

5　Isaac Alteras, "Eisenhower, American Jewish, and Israel", *American Jewish Archives* 37, 1985年11月；William Schneider等, "Bloc Voting Reconsidered", *Ethnicity* 1, 1974年, 第356页。

太人,哪种行为被认为是必不可少的。21%的受访者说是"支持以色列",相比之下,有58%的受访者的回答则是"帮助贫弱者"。[1]虽然没有办法衡量以色列在1960年代中期对美国犹太人到底有多重要,但清楚的是,肯定不像它后来那么重要。

无论这些年美国犹太人思考或谈论以色列如何的多或少,在何种程度上他们对以色列的支持会取决于对大屠杀的记忆?在此,也难以给出精确的回答,除了说这种联系与后来相比松弛得多了。

在以色列的建立为大屠杀幸存者提供了一个家园之后,犹太人的公共话语中把以色列和大屠杀联系在一起的频率明显下降了。确实,有时候大屠杀出现于筹款募捐活动之中,但是与1940年代后期以及1960年代后期以来相比,这种情况在1950年代和1960年代初期要少得多。一些美国犹太复国主义者竭力强调这种联系,但他们的总体影响颇成问题。那些密切关注以色列言论的人(美国犹太人中很少一部分)所获得的消息鱼龙混杂。

一方面,以色列领导人声称对大屠杀拥有某种象征性所有权。对此类声称的一种明确肯定,是犹太大屠杀纪念馆那个给予所有在欧洲被害的人追认以色列公民身份之计划。[2]以色列的所有权在艾希曼审

---

[1] Marshall Sklare 和 Joseph Greenbaum, *Jewish Identity on the Suburban Frontier*, 纽约, 1967年, 第322—324页。在受访者之中, 47%的人认为支持以色列是"受欢迎的"; 32%的人认为它对评判一个人是否好犹太人没有影响。至于"帮助贫弱者", 其数据分别是37%和5%。

[2] 由于美国非犹太复国主义者的反对,该计划几十年来都未启动。尽管犹太大屠杀纪念馆因可以理解的理由而试图掩盖这个事实,它预算基金的一半都来自德国的赔偿。这部分赔款由犹太对德物质索赔大会管理——这是一个国际组织,其中一位高级官员是美国犹太人委员会的Jacob Blaustein。他基于意识形态理由反对以色列对大屠杀的霸权断言,并拒绝批准那项公民计划所需要的资金。人们普遍同意,死后公民身份只有以个体为基础才能被赋予,即当一位受害者亲戚或好友提出专门申请之时。在1985年,那个时候原先的反对被忘记了,全面的死后公民身份才得到承认。(见 Ronald W. Zweig, "Politics of Commemoration", *Jewish Social Studies* 49, 1987年春; "Holocaust Victims Given Posthumous Citizenship by Israel", *Los Angeles Times*, 1985年5月9日, 1: 26。)关于最初冲突的细节,见 AJCommittee Papers, FAD-1, Box 285。

第八章 "'为造成的苦难'提交一份账单"

判期间被重申。本—古里安说,以色列是"那六百万的继承人……唯一继承人……如果他们活着,他们中的相当大一部分将会投奔以色列"。[1] 与此同时,若干个因素有效地降低了以色列与欧洲大灾难之间的联系。以色列在1960年代之前表现自己的方式淡化了大屠杀;面向未来而非过去;强调流散的犹太人生活的堕落和以色列强健的"新犹太人"之间的非连续性。大屠杀纪念日被大规模地忽视了,中小学校教科书对大屠杀也很少关注。那些年以色列人不大愿意像美国犹太人那样把犹太人描写成受害者。[2] 大多数美国犹太人所持有的以色列形象不是一个被记忆困扰的幸存者之国度,而是一个以古铜色皮肤、蓝眼睛的年青以色列人为代表的国度,他们扛着锄头行走在田野之中,并高歌——"把沙漠变成绿洲"。[3]

众所周知,1967年春对于美国犹太人和以色列之间的关系而言是一个戏剧性的转折点。不是那么戏剧性地,并且是以不那么彻底的方式,它也标志了他们与大屠杀之间正在变化的关系中一个重要的阶段。

在逐步升级的中东冲突中,阿拉伯发言人宣布了他们的决定,即"将以色列从地图上抹去"及"把犹太人赶下海"。有位发言人说"幸

---

1 Ben Gurrion,引自 Tom Segev,*The Seventh Million*,纽约,1993年,第330页。
2 所有以色列学者都认同直到1960年代,在一些方面直到1970年代,大屠杀在以色列人的自我理解和自我表现中所起的作用相对较小——至少在公共话语中是如此。比如参见 Eliezer Don-Yehiya, "Memory and Political Cuture: Israeli Society and the Holocaust", *Studies in Contemporary Jewry* 9,1993年。
3 那个占支配地位的描述的歧义性,可以在那部对塑造美国人心目中的以色列犹太人形象无疑最具影响的作品中找到: Leon Uris《出埃及记》的电影版。大屠杀的联系出现于那个心灵遭受创伤、由集中营幸存者转变成恐怖分子的 Dov Landau (Sal Mineo) 身上。最为积极的人物形象是那些强健的土著以色列人,他们为了国家的战斗始于大屠杀之前很久——这集中体现在 Ari Ben Canaan (Paul Newman) 身上。如果说,把以色列和矮小、阴暗和受伤的 Sal Mineo 联系起来的美国犹太人少于把它和高大、自信及蓝眼睛的 Newman 联系起来者,这似乎是一个合理的猜测。

存的犹太人将获得帮助回到他们的母国"，但是，他补充说，"幸存者会很少"。[1]绝大多数美国犹太人，包括很多之前未对以色列表现出有丝毫兴趣的人在内，都处于极度担忧之状态，并投身于一系列的集会和筹款活动之中。事实上，以色列几乎没有过严重的危机。在六月的战争爆发前不久，总统林登·约翰逊的情报专家曾讨论以色列摧毁敌人是否需要一周或十天。[2]但这不是美国犹太人的理解，对他们来说，以色列处于毁灭的边缘——形塑我们的反应的，是我们对现实的感受而非现实本身。虽然战前美国犹太人在为以色列所做的动员中对大屠杀的直接引述少得出奇，但是关于一场新的大屠杀的想法显然出现了。[3]对于许多人来说，大屠杀突然之间从"仅仅是"历史（尽管很惨）变成了即将到来的可怕的前景。

在几天之内，当以色列部队羞辱了他们的阿拉伯联合敌人，并占领了耶路撒冷和约旦河西岸、叙利亚戈兰高地、加沙和埃及西奈之时，绝望就变成了兴奋。六日战争——还有它的焦虑的序曲和胜利的结尾，对有组织的美国犹太人的日程造成了持久的方向性影响。以色列登上了日程之首——在筹款、游说及选举政治中。美国反诽谤联盟长期官员奥斯卡·科恩写信给一位友人说，到了1970年代有组织的美国犹

---

[1] 引自 Lucy Dawidowicz, "American Public Opinion", *American Jewish Yearbook* 69, 1968年, 第204页。

[2] Robert S. McNamara, *In Retrospect: The Tragedy and Lessons of Vietnam*, 纽约, 1995年, 第278页。

[3] "少得出奇"反映了我自己的惊奇，当我在美国犹太历史学会阅览"近东危机资料集"之时。学会当时的董事 Bernard Wax 意识到一个历史性的时刻即将来临，并收集了二十箱关于犹太人对这整个国家之危机的反应的材料。当我开始浏览这些材料时，我期待能发现几百处对大屠杀的调用，但是，尽管有一些——在犹太教堂的公告里、学生的传单中、这个或那个演讲中——数量比预期的少得多。这是一个主观的评判，但我相信大多数阅览过该资料集中那几千份文献的人都有这个感觉。

第八章 "'为造成的苦难'提交一份账单"

太人已经成了"以色列政府的一个办事机构……天天都遵从着它的指示"。[1]普通犹太人的态度经历了一场深刻的"以色列化"。好的犹太人的标志变成了他或她对以色列的忠诚度。不履行宗教义务、几乎完全的犹太文盲,甚至近亲结婚,全部都是被容许的;对以色列事业缺乏热情(更别说对以色列的公开批评)则是不可原谅的。这种变化扩展到了语言之中,如kippa代替了yarmulke,如以色列语(西班牙系犹太人的)的希伯来发音——Shabbat代替Shabbos,bat而不是bas——占据了支配性地位。在居室中陈列以色列人工制品变成了一种像在门柱上贴平安符那样的义务了。(在其中没有任何有关以色列的知识是必需的。1980年代一项调查发现,知道主要政敌梅纳赫姆·贝京和希蒙·佩雷斯是不同党派成员的美国犹太人远不及三分之一。)[2]

在美国犹太人对以色列的关系之中,六日战争是造就他们之间新型亲密关系的一个直接的和最为重要的原因。关于大屠杀及美国犹太人所制造的大屠杀和以色列之间的关系,难以找出一个单一的决定性时刻。我们必须不仅要去看六日战争,而且还要看1973年的赎罪日战争[3],以及强化了那些事件之影响的国内形势的发展(这将在下一章考查)。但六日战争当然是很重要的。在战争前夕对一场新的大屠杀的担忧在美国犹太人的意识中留下了标记。同样重要的是作为军队英雄的犹太人形象为消除那个脆弱消极的受害者的老印象而发挥作用,我们已经看到,那种印象之前抑制了犹太人对大屠杀的谈论。(关于把在

---

[1] Oscar Cohen致Philip Perlmutter的信,1978年6月28日,Oscar Cohen Papers, 2/6/O—Q。Cohen补充说:"我经常想,为何民意调查对'犹太人比美国更忠实于以色列吗'这个问题的反响没有更高呢。"

[2] Charles S. Leibman和Steven M. Cohen, *Two Worlds of Judaism: The Israeli and American Experiences*,纽黑文,1990年,第83页。

[3] 即第四次中东战争。——译注

越南的摇摇欲坠的美国军队交给莫西·达扬将军一事,有许多笑话和漫画。)

以色列"奇迹般的"胜利使得要把大屠杀整合进犹太人的宗教意识之中也变得更加容易了。对于具有任何丝毫的传统宗教信仰的犹太人来说,大屠杀都提出了最为严肃的问题。这不仅仅是所有宗教传统所共享的那个古老的神正论问题:人们如何把一个全知全能及仁慈的上帝与无穷无尽的苦难协调一致。对于虔诚的犹太人来说,这个问题超出了神正论范畴:如何把大屠杀与那个契约——上帝对犹太民族的特殊保护关系——协调起来。这里有一个传统主义者所给出的答案:就像以前的大灾难一样,大屠杀是上帝给予那些未能遵守契约的犹太人的另一个警告,"严酷的爱"。这种解释对极端正统派圈子之外的很少犹太人有吸引力;大多数都发现它很讨人嫌。一个普遍的反应是逃避:据报道,一所犹太宗教学校的校长就禁止教授大屠杀,因为它"令上帝难堪"。[1]

但是以某种似乎引起了许多犹太人的兴趣的方式,六日战争提供了一个关于"大屠杀和救赎"的民间神话。用雅各布·纽斯纳的话来说,这是一个救赎的神话:"黑暗之后就是光明;穿越死亡之途……然后,历经苦难和血肉的锤炼,进入新世纪。"

> 欧洲犹太人的灭绝只有在6月9日这一天——因奇迹般的胜利,以色列国庆祝以色列人民回到耶路撒冷圣殿的古城墙——才能变成**大屠杀**。在那一天,欧洲犹太人的灭绝获得了(即使不令人

---

[1] Alan L. Berger, *Crisis and Covenant: The Holocaust in American Jewish Fiction*, 奥尔巴尼, 1985年, 第213页注释33。

第八章 "'为造成的苦难'提交一份账单"

愉快,但至少是能办到的)这样一个结局,它可以把事件转变成神话,并赋予象征物一个唯一的、不可避免的含义。[1]

拉比欧文·格林伯格后来成了总统的大屠杀委员会(该委员会建议在华盛顿建立一个博物馆)的负责人。在六日战争结束之后,他写道,这给了上帝第二次机会:

> 在欧洲,他在履行他的职责方面失败了……如果不能安然度过六月,甚至会是一个对契约更具致命性的毁灭。(当我们听到战争爆发的新闻之后,一个外人问我:如果战败了我们将会干什么?我的回答是:你将会在犹太教堂之外看到一块牌子说,我们关门了。)[2]

在以神学方式看待大屠杀的最为普遍的方法之中是那个hester panim观念,即上帝暂时性地"隐藏起他的脸"。对于有这种倾向的人来说,1967年战争的结果就是隐藏结束的证据;他(上帝)已经回来工作了。[3]

---

1 Jacob Neusner, *Death and Birth of Judaism: The Impact of Christianity, Secularism and the Holocaust on Jewish Faith*,纽约,1987年,第268—269、279页。

2 American Histadrut Cultural Exchange Institute, *The Impact of Israel on American Jewry: 20 Years Later*,纽约,1969年,第12页。

3 Hester panim是一个颇具吸引力的观念,因为它避免了把大屠杀当成是由犹太人的罪孽所引起的上帝有意的行为。但这不是一个很令人满意的解决方法,因为犹太教律法(申命记31:17)非常清楚地说到,上帝之所以会隐藏起他的脸是因为他对犹太人感到愤怒,并且由于他(上帝)的回避,"他们将会被毁灭并且许多罪恶和不幸将会降临到他们头上"。关于这个内容的文学作品非常多;David Wolpe对此有个很好的介绍,见他的文章"*Hester Panim* in Modern Jewish Thought",*Modern Judaism* 17,1997年。

大屠杀与集体记忆

但六日战争的遗产,具体说来是战争之后一段时期内庆祝胜利之情绪,并未清晰地表明大屠杀在美国犹太人意识之中的中心地位。战争结果表明对出现一场新的大屠杀的担忧(尽管无可厚非)是多余的。它似乎在教导着在万恶旧时代的犹太人之脆弱与新时代犹太人的战无不胜之间的彻底断裂。诚如雅各布·纽斯纳所言,大屠杀连同六日战争一起如今能够被整合成一个救赎的神话。但是,用他的话来说,这类神话讲到了"古人和新人,战胜死亡和哀伤……前事之逝去"。[1] 如果1967年的胜利结束了以色列的痛苦,那么大屠杀也可能已经以这种方式进入了美国犹太人的意识之中——作为那个救赎神话中的次要的、被历史化和超越了的成分。但是大屠杀并不是通过这种方式而占据了美国犹太人意识中的关键位置的。确切地说,就像许多其他的民族神话,它被用来定义一个持久的、或许是永远的犹太人境况。

是1973年10月的赎罪日战争在使许多人迷恋这种世界观的过程中起着决定性的作用。虽然以色列最终胜利了,但是这个胜利,只是早期那些重大的和可怕的失败以及大量的以色列伤亡所换来的。能够从灾难中逃生在很大程度上得归因于战争期间美国的空运物资。对于以色列人和美国犹太人两者来说,战争的影响都非常深远。以色列的无坚不摧和自立自足的幻觉就名列于这场战争的伤亡表中。一个相关的损失就是那个在传统上由犹太复国主义者所做的,在流散犹太人的脆弱(在大屠杀中达到高潮)与能够在犹太人家园中寻找到的安全之间的比较。对于犹太人来说,无疑地,世界上没有什么地方会比以色列更不安全了。

---

1 Jacob Neusner, *Death and Birth of Judaism*,第269页。

第八章 "'为造成的苦难'提交一份账单"

人们对于以色列在世界上越来越孤立这一点很担忧。在六日战争期间,西方大多数人都为以色列的胜利而欢呼。但由于各种原因,到了1973年以色列甚至和昔日的好友也疏远了。美国政府依然支持以色列,但是谁能确信这种支持能维持多久,特别是如果它被证明代价不菲的话?从美国的对外政策来看,大力支持以色列可能势必承担另一项花费。首要的是,刚刚摆脱越南之噩梦的美国人,对于要做出牺牲去保护一个远在世界另一端、处于更强大的邻国的威胁之下的小国,会如何反应?一个可能的反应是"已经去过了,已经做过了"。

在美国犹太人之中(以色列人也一样),脆弱和孤立的以色列之处境被看作与三十年前欧洲犹太人之处境存在着可怕的相似。1967年5月那短暂的、很快就消散了的对一场新的大屠杀的担忧变成了一个持久的梦魇。那首《全世界都和我们作对》的歌曲能够爬上以色列排行榜之首,在美国辛西娅·奥齐克写下"全世界都希望犹太人死",都是1973年战争之余波。虽然在下一章我们将会发现,还有其他因素发挥着作用,但正是在这同一时间,在美国谈论大屠杀不仅"兴起"而且还变得越来越制度化了。[1]

有时候,特别是在内部非正式的犹太人交谈中,把以色列的困境和大屠杀联系起来是一种本能反应而非深思熟虑:这种联系不带有丝毫的策略算计或者修辞效果的考量。我们不仅仅看私人谈话的总量,还要看犹太社区组织在提升"大屠杀意识"方面的大规模投资情况。策略算计——即考虑什么方法可能达到想要的目的,并且根据算计形成

---

[1] 是在1974年,那个把各种犹太组织的工作整合起来的机构——全国犹太社区关系咨询委员会——要求其会员机构赞助全国范围内的"大屠杀日"活动,推进大屠杀进入中小学,以及把大屠杀列入犹太—基督教对话中的优先项目。(J. J. Goldberg, *Jewish Power: Inside the American Jewish Establishment*, 马萨诸塞州雷丁,1996年,第191页。)

有效的方案——是被选中的社区领导该去做的事。他们的关注点及对如何前进所做的选择受到选民的观点影响和制约。但如果他们的工作获得了成功，他们也可以重塑那些观点。在该程序运行一段时间之后，就不可能分清楚何者是自发的、何者是被造的。

赎罪日战争之后，美国犹太领导人面对着一个极为苦恼的问题，美国犹太人杂志《时刻》(Moment)编辑伦纳德·费恩对该问题做了总结：

> 一种复杂的恐惧感自1973年10月以来就困扰着我们。它根植于我们对犹太人之脆弱性的新认识，如今被普遍地视作永恒的，或许甚至是终极的……以色列可怕的孤立状态、阿拉伯人的急剧崛起……以色列对美国几乎完全的依赖——所有这些都是我们目前忧虑的方方面面。
>
> 我们没有把握找到一种能为以色列提供论证的方法，具有充分的说服力，以至于能够让人们克服石油禁运、阿拉伯经济报复的威胁……以至于能够说服后越战时代的美国去承担保卫以色列所带来的风险和负担……赌注如此之巨大，风险如此之明显，我们寻找那些最为有力的论据……我们试探性地说话，以便测试一种方法相对另一种的力量。[1]

当美国犹太领导人设法去理解以色列的孤立和脆弱的原因——那些可能暗示了补救方法的原因之时，那个得到最为广泛的支持的解释是，关于纳粹对犹太人所犯罪行之记忆的消失，以及一代人忽视大屠杀

---

[1] Leonard Fein, "Right in the First Place", *Moment* 1, 1975年9月, 第28页。

第八章 "'为造成的苦难'提交一份账单"

这一现象的出现,使得以色列丧失了它曾经获得的支持。在那些强调这种论据的人之中,有两位反诽谤联盟的高级官员,阿诺德·福斯特和本杰明·爱泼斯坦,他们把它运用于那本在赎罪日战争刚结束之时创作的、引起了广泛讨论的著作之中。

> 二战后很长一段时间内,对纳粹种族灭绝的六百万犹太人受害者的同情……有助于打开这里的和国外的那些长时间对以色列关闭大门。当然以色列国是整个世界对纳粹主义的犹太人受害者之同情的直接受益者……
>
> 在战后的世界中……非犹太人世界继续把犹太人看作是受压迫者这种观点所持续的时间难以置信地短暂。在集中营野蛮的照片震惊整个世界之后二十五年……犹太人已经不再是受害者了。

他们争辩说,正是大屠杀已经被忘却这一事实使得"全世界对犹太人的同情和友谊明显下降了"。他们总结说,犹太人仅仅在被看作是受害者的情况下才会被非犹太世界所接受。当其不再被当作受害者之时,整个世界发现这"难以接受"并且更加努力地"重新将其看作受害者"。[1]

我们都对这种解释感兴趣——它清楚地说明我们的麻烦是其他某个人的过错,我们没有过错。实际上,以色列地位下降最为重要的原因不是任何一个人的过错。这是全球思想潮流在犹太复国主义事业的刚

---

[1] Arnold Forster 和 Benjamin R. Epstein, *The New Anti-Semitism*,纽约,1974年,第1—2,3,13—14,309,316页。

刚开始和瓜熟蒂落之间大规模变迁之结果。当政治上的犹太复国主义在1890年代降生之时，正值欧洲扩展的高潮之际，那时，欧洲在非欧洲领域定居，世界范围内欧洲拥有主权的军事基地的建立，以及把西方的光明带给蒙昧无知的东方——都显得再正确和合适不过。犹太复国主义并非简单或单纯是这种现象的一个例子，远非如此，但它肯定也属于那个范畴。确实，西奥多·赫茨尔论证了巴勒斯坦的犹太国将会成为西方文明反对东方野蛮暴行的一个前哨，并且许多支持犹太复国主义的基督徒依然这样看待以色列。到了1948年以色列建国之时，思想潮流正在发生变化，而到了下一代这成了一股汹涌的浪潮，殖民帝国被一扫而空、非欧洲民族反对当地欧洲人的起义成了一种时髦。在1950年代，以色列苏伊士运河危机——由前帝国主义国家不列颠和法兰西共同导演——几乎被所有人谴责为一种不合时宜的新殖民主义运动。"移民政权"成了一个辱骂之词。并且这个转变被政治性地制度化了，联合国大会被许多最近从欧洲统治中解放出来的非欧洲国家的代表所控制。

在1967年之前，所有这一切对以色列的国际地位都有一些影响，但问题并没有那样严重。以色列和许多新独立的非洲国家有着友好的关系。随后是六日战争——它的巨大胜利，及领土的扩张。对于犹太人来说，渺小的以色列对其更加强大的邻国的胜利令人想起了大卫和歌利亚。对世界上许多人来说，它唤醒了对以前的事件（墨西哥的科尔特斯、印度的克莱夫）的痛苦记忆——一小股欧洲军队征服了"土著人"。像许多人倾向于的那样，将殖民主义的类比延伸来看，以色列如今已经成功地把她自己确立为约旦河西岸和加沙地区一百多万巴勒斯坦人的统治者。六日战争刚结束，戴维·本—古里安以退休之身恳求他的同胞要采纳任何能够获得的条件归还被占领的土地。他说，占有它们

第八章 "'为造成的苦难'提交一份账单"

会歪曲乃至破坏犹太国。[1]他被忽视了。在战争的一年内,随着在新获得的土地上定居的犹太人前所未有的多,以色列开始创造"地上的事实"。1969年,以色列首相果尔达·梅厄以令人想起"一块没有人民的土地是给一个没有土地的民族所准备"的语言,宣布巴勒斯坦人是不存在的。[2]在1970年代初期,以色列拒绝了埃及总统安瓦尔·萨达特的和平提议。还有像1973年初以色列攻击利比亚的客机,导致几百名平民游客之死这样的事件。这里的关键并不是要去论证1967年之后以色列该对中东所有的问题负责,这当然是不真实的——另一方也犯了很多罪行和错误。这里只是想指出,解释以色列世界地位的下降并不依赖于那个关于"正在消失的大屠杀记忆"的假设。

对大屠杀犹太幸存者的同情当然是1947年促使联合国积极推进在巴勒斯坦建立一个犹太人国家的因素之一。但是这个决定对巴勒斯坦人的要求也给予了同样的尊重,这就是为什么联合国会投票决定分而治之的原因。1967年之后,特别是1973年之后,世界上大多数国家都逐渐发现,中东冲突的根源其实是巴勒斯坦为实现联合国最初意图而进行的姗姗来迟的斗争。然而,犹太人组织有强有力的理由去忽视这一切,而把以色列的困境说成是源自世界对大屠杀的遗忘。大屠杀叙述框架允许一个人把任何批评以色列的合法理由当作不相关的东西置之不理,甚至允许逃避对是非对错可能有的复杂性的思考。除此之外,美国犹太组织对中东近期发生的事件无能为力,也极难影响其未来,但他们可以去唤醒大屠杀的记忆。所以,那个"正在消失的记忆"的解释为行动提供了一个日程表。

---

1 见 Arthur Hertzberg, *Jewish Polemics*,纽约,1992年,第30页。
2 Golda Meir, "Who Can Blame Israel?", *Times*(伦敦),1969年6月15日,第12页。

当然，乞灵于大屠杀在动员支持以色列的活动中远非唯一被贯彻的修辞策略。根据观众和背景之情况，人们可以证明以色列对美国具有重要的战略意义，或强调苏联给予以色列的敌人的支持。对于一些基督教观众来说，《圣经》的要求是有效的。正如我们将会看到的那样，相信谈论大屠杀对以色列有帮助这一点远非是促使犹太组织策划如此之多的"大屠杀纪念活动"的唯一原因。要找到把大屠杀刻意引入对中东的讨论之中这方面的例子，相对而言较为容易。更难说清楚的是，大屠杀话语的潜在功能在多大程度上能够巩固对以色列的支持。偶尔有些迹象表明确实如此。仅仅在反诽谤联盟的高级官员发布这一声明——关于纳粹主义对犹太人所犯罪行之记忆的渐次消失导致了以色列的孤立——后几个月，反诽谤联盟就决定开始着手一项雄心勃勃的颇具风险的大屠杀纪念项目。它的公共关系顾问提交了一份关于该项目所应采取的形式的备忘录。这份备忘录在结尾处强调所做的每一件事都应该"以一个有力的'我控诉'（J'Accuse）为潜台词——它如今正在'为造成的苦难'提交一份账单"。[1]

在联系大屠杀与以色列方面不存在一种统一的话语——有许多种，它们出自不同的作者，采取不同的形式，面向不同的观众，强调不同的主题。在某种程度上，这些各种各样的途径成功地赢得了它们的目标受众，整体的效果大于其部分之和。在中东乱局能够按大屠杀叙述框架所理解的情况下，它的复杂暧昧的事实之真相消失于该背景之中。目前的冲突被赋予了"大屠杀"所有的非黑即白的道德明确性，

---

[1] Sidney Wallach 日期不详的备忘录，附于 Nathan Perlmutter 1947年5月17日致 Oscar Cohen 的备忘录之中，ADL 缩微胶卷，第228卷，大屠杀，1971—1974。

第八章 "'为造成的苦难'提交一份账单"

它对于以色列的事业来说,正像人们常说的以色列对于美国那样,是一项战略资产。根据美国犹太人委员会的大卫·辛格的说法,大屠杀的否认者们试图"剥夺犹太民族和以色列国的道德资本"。[1]对纳粹暴行的错误解释可能具有同样的影响:爱德华·亚历山大抱怨那些把大屠杀"普遍化"的人试图掠夺犹太人已经累积起来的"道德资本"。[2]其他人则抱怨"绑架"或"盗用"了某种东西,它越发普遍地被称为取自大屠杀的"道德资本"。[3]某个犹太组织的领导人声称,基督教象征在奥斯维辛的出现"可能最终影响以色列",既然以色列国的很大一部分合法性"是建立在大屠杀期间发生在犹太人身上的事情这一假定之上的"。[4]

于是,具体的联系往往不如那些含混不清的象征性的联系那么重要。因此,当美国以色列公共事务委员会(AIPAC)试图通过游说去制止把美国的飞机出售给沙特阿拉伯之时,它给大会的每一位成员邮寄了一份电视连续剧《大屠杀》的小说副本。[5]反诽谤联盟的奥斯卡·科恩曾就基督徒和犹太人全国会议所赞助的大屠杀活动向该组织的主席提出建议:

---

[1] David Singer对Deborah Lipstadt的 *Denying the Holocaust* 一书的评论,*New Leader* 76,1993年5月17—31日,第19页。

[2] "Stealing the Holocaust",*Midstream* 26,1980年11月,第47页。

[3] David Twersky写到过一名巴勒斯坦人试图"绑架……犹太人从大屠杀中汲取的道德资本"。("Palestinian Tactics, Palestinian Goals",*Partisan Review*,1988年夏,第452—453页。)Frederick Krantz说,主要的问题不是对大屠杀的否定,而是"对它的道德资本的盗用"。("'The 'Holocaust Analogy' and the Media: The Lebanon War and Today",*Midstream* 34,1988年2—3月,第22页。)

[4] 犹太人企业联盟(Amcha)的全国董事Judy Balint引自Lee Moriwaki,"Crosses at Death Camps Anger Jews",*Seattle Times*,1994年9月17日,第A10页。

[5] "Book by Green Seen as Help to Israel's Lobby",*American Examiner — Jewish Week*,1978年4月30日。

> 除非在大屠杀和犹太人今天的地位之间存在着一些联系，要不然我觉得我们……从这些关于大屠杀的大会中不能获得什么，无论它们有多精彩……特别是我会提及以色列和该国家所面临的危险以及它必须接受的支持。这个主题加上对大屠杀的讨论一起，令那些讨论会和座谈会更加有意义得多了。[1]

在报道华盛顿大屠杀幸存者的一次集会之时，沃尔夫·布利泽意识到虽然以色列官员和美国犹太人政治活动分子"总是小心翼翼地……把它装扮成一个非政治的事件"，虽然他们"在制造联系之时尽力克制不要走太远"，但他们都同意"提升公众对大屠杀的意识……必然会提升对以色列的同情感和支持"。[2]海曼·布克班德服务于总统吉米·卡特的大屠杀委员会之时也表达了相似的看法。他希望关于建立一个纪念馆的建议会"有助于维持和增强美国人的意识和良知——这对于保持我们对以色列的忠诚非常关键"。他马上补充说这和"希望让那些官员参与到自觉支持以色列的行动之中"并不是一回事。[3]在两年之内，他似乎已经改变了对这一限制的想法。在西德被认为出售了武器给沙特阿拉伯那个时候，布克班德曾以美国大屠杀纪念理事会成员的身份——尽管他清楚地表示过，他不是为该理事会说话——致信德国驻美大使。华盛顿博物馆计划现在正在完善之中，他说，"德国人在这个博物馆中将会被如何看待，很可能会受到你在出售武器给沙特阿拉伯

---

1 Oscar Cohen 致 David Hyatt 的信，1980年9月4日，Oscar Cohen Papers, 1: 18/H。
2 Wolf Blitzer, *Between Washington and Jerusalem*，纽约，1985年，第9—10页。
3 Hyman Bookbinder 致 Michael Berenbaum 的信，1979年3月16日，AJCommittee Papers, Washington Subject Files 1967—1986, Box 11, Chron. Corres.。

第八章 "'为造成的苦难'提交一份账单"

这一事件上所做的决定之影响"。[1]

在大屠杀和以色列事业之间的模糊关系之外,明确的主题也形成了。人们把阿拉伯与纳粹做一般性的联系,把巴勒斯坦与纳粹做具体的联系。在某种程度上,这仅仅是一个修辞花样的问题。("巴解组织的方格头巾已经替代了希特勒的黑衫。")[2]在某种程度上,这是劣质小说中的比喻。在列昂·乌里斯的《出埃及记》之中(小说和电影都是),巴勒斯坦恐怖主义是由一个逃脱的纳粹分子在幕后策划的。在许多的恐怖小说(像弗雷德里克·福塞斯的《敖德萨档案》)之中,执迷不悟的纳粹分子协助着阿拉伯摧毁以色列。但是,关于纳粹主义和巴勒斯坦运动之间连续性的严肃论据也被提了出来。"阿拉伯人不能自欺欺人说他们在大屠杀中没有发挥作用,"美国以色列公共事务委员会的负责人 I. L. 凯南如是说。[3]列昂·维瑟尔蒂尔写道:"巴勒斯坦人,或者他们中的许多人,都是希特勒在中东的小助手。"[4]巴勒斯坦人是谋害欧洲犹太人的帮凶这一断言在某种程度上是一个防御性的策略,这是对巴勒斯坦那种抱怨——如果以色列是对大屠杀的赔偿,说巴勒斯坦的穆斯林应当捡起那张记满了欧洲基督徒罪行的账单就是不正义的了——先发制人的反应。说巴勒斯坦人是大屠杀的帮凶这一断言主要是建立在耶路撒冷的穆夫提案基础之上的——他是二战之前巴勒斯坦民族主义领袖,逃脱了英国的监禁,并于战争期间在德国寻求庇护。穆夫提在

---

[1] Hyman Bookbinder 致 Peter Hermes 大使的信,1981年1月22日,AJCommittee Papers, Washington Subject Files 1967—1986, Box 11, Chron. Corres.。武器销售并没有通过,但是这与 Bookbinder 的威胁几乎没有任何关系。

[2] Bernice S. Tannenbaum,哈达萨主席,致信 *New York Times*,1979年4月29日,18E。

[3] I. L. Kenan, "Twisted Comparison Cheapens Memory of Holocaust", *Near East Report* 22, 1978年5月3日。

[4] Leon Wieseltier, "Palestinian Perversion of the Holocaust", *New York Times*, 1988年6月12日,第27页。

许多方面都令人不齿,但是战后那些说他在大屠杀中起着任何重大作用的声明都从未得到过支持。[1]这并未阻止那部四卷本的《大屠杀百科全书》的编辑们把他当作主角。介绍穆夫提条款的篇幅是戈培尔和戈林的两倍多,比希姆勒和海德里希二者之和还要长,比艾希曼的还要长——在所有的传记性条款之中,它的篇幅也只是略微地被希特勒的记录所超越。

在大屠杀言论的议题中,最经常被用来支持以色列的是"世界的沉默"、"世界的冷漠"以及"放弃犹太人"。这些自1945年以来一次次被谈论,但绝大多数都仅限于犹太人内部交流之中;在面向一般受众的评论中它们出现得不多。[2]这在1967年有了某种变化。在六日战争之前的焦虑期,耶鲁大学散发的一份传单劝告基督徒,"因为他们与以色列人民的特殊关系,当其生存受到威胁之时他们不能再一次沉默"。[3]以色列胜利之后,一些曾参与过泛基督教联合对话的犹太人领袖对基督教教会组织在危机期间的"沉默和冷漠"感到气愤,并说要暂缓此类对话。但怒气很快就消失了,特别是当犹太人参与者私底下承认他们不能责怪基督徒没有意识到以色列对美国犹太人有多重要,因为他们自己并未说明这一点——确实,在某种程度上他们自己

---

[1] 关于战后反对穆夫提的运动,见 Aaron Berman, *Nazism, the Jews, and American Zionism: 1933—1948*, 底特律,1990年,第161—162页。对于把巴勒斯坦经由穆夫提与大屠杀联系起来的持续努力之例子,参见,比如 Saul S. Friedman, "Arab Complicity in the Holocaust", *Jewish Frontier* 42, 1975年4月; Elliot A. Green, "Arabs and Nazis — Can It Be True?", *Midstream* 40, 1994年10月。关于穆夫提的职业,见 Philip Mattar, *The Mufti of Jerusalem: Al-Haj Amin al-Husayni and the Palestinian National Movement*, 纽约,1966年。

[2] 这类内部交谈的例子,见 Joseph Tennenbaum, "They Might Have Been Rescued", *Congress Weekly* 20, 1953年2月2日,第5—7页;"艾希曼", *Jewish Frontier* 32, 1960年7月,第3页; Herbert B. Ehrmann, 主席演讲,1961年4月29日,AJCommittee Papers, GS 12, Box 41。

[3] 近东危机资料集中日期不详的传单,美国犹太历史学会,Box 4。

第八章 "'为造成的苦难'提交一份账单"

都未认识到这一点。无论如何,他们起初的愤怒反应限于非常狭小的圈子里。[1]大多数犹太人对他们的异教徒邻居所给予的支持力度感到满意。[2]巧合的是,杂志《看》(*Look*)在1967年连载了阿瑟·莫尔斯的《六百万人死亡时》一书,它对美国战时行为提出了强烈的控诉。当莫尔斯的书于次年出版之时,它在犹太人报章和大众传媒中受到了广泛且充分的评论,但是(就我所知)评论未表明它的内容对以色列的境况有任何的现实意义。因为,在六日战争的胜利情绪之中,它似乎没有这种意义。

在1973年之后彻底变化了的形势之下,对战时沉默、冷漠和放弃的指控似乎确实很有意义。自赎罪日战争后开始,它们就进入了美国大屠杀谈论的中心。埃利·维瑟尔写道,在他成年以来第一次"对噩梦可能会再来一次感到恐惧"。他说,对犹太人而言,"世界依然未变……对我们的命运漠不关心"。[3]马丁·佩雷茨认为用"漠不关心"这个词来描写美国在大屠杀中的作用是不恰当的;它曾经"默许甚至可能还协助过"。他警告如果以色列面临被摧毁的威胁,这种情况真有可能会再一次发生。[4]在对卡特总统对待中东过于"不偏不倚"的担心之中,戴维·怀曼完成了一篇关于战时未能轰炸奥斯维辛的文章,他发现美国

---

1 见Sol I. Littman致ADL区域办公室的信,"与基督教团体讨论中东危机之指南",1967年6月29日,近东危机资料集,美国犹太历史学会,Box 3; Marc H. Tannenbaum, "Israel's Hour of Need and the Jewish-Christian Dialogue", *Conservative Judaism* 23, 1968年冬。

2 见Dawidowicz, "American Public Opinion"; Marshall Sklare, "Lakeville and Israel: The Six-Day War and Its Aftermath", 见他的 *Observing American Jews*,新罕不什尔州汉诺威,1993年。

3 Elie Wiesel, "Ominous Signs and Unspeakable Thoughts", *New York Times*, 1974年12月28日,第23页。

4 Martin Peretz, "A Cold Compress of Sympathy", *New Republic* 178, 1978年4月29日,第46页。

面对犹太人困境的不作为对当前具有教益。[1] 在教皇约翰·保罗二世与阿拉法特会晤之时,《新共和》一位社论作家则因此想起了"庇护十二世对犹太人被灭绝的冷漠"。[2] 那个流行的观念在此很重要——即一般而言整个世界都因负罪感而支持以色列建国,美国尤其如此。以色列的存在因此正好是世界之罪过的证据。如果说此类罪孽已经部分地被以色列之建立这一事件所抵消,那么全部抵消——如果这是可能的话——就要求对以色列不断地支持。

并非所有的为支持以色列而乞灵于大屠杀之行为都是针对异教徒。它们对准的常常是犹太人,以激励他们为了以色列的利益而更加努力,从而确保后辈们从大灾难中获得的是正确的经验教训。"永不重演"的口号是犹太人勉励自己的箴言。"永不重演,我们的意思是,关于那些想要毁灭犹太人的人的意图方面,我们将永远不再让其他人玩弄我们,或者我们将永远不再被自己玩弄,"弥尔顿·希默尔法布说道,"我们将永远不再依赖于那根不可靠苇草:开明意见。我们将永远不再做得少于竭尽全力。我们将永远不再因做得不够而把自己置于自责的境地。"[3]

自1960年代后期以来,对"我们的胆怯"、"我们的懦弱"以及"我们的失败"的谈论在美国犹太人的大屠杀言论中占有突出的地位。明确的寓意是,在以色列面临危险的情况下需要做出不同的行为。值得关注的是,那些表面上是自我批评实际上则是自我夸耀的东西:不像那时候的他们,今天的我们不胆怯、不懦弱,也不会失败。并且很大程度

---

1 David Wyman, "Why Auschwitz Was Never Bombed", *Commentary* 65,1978年5月,第46页。
2 "Papal Profanity", *New Republic* 187,1982年10月4日,第12页。
3 Milton Himmelfarb, "'Never Again!'", *Commentary* 52,1971年8月,第73页。

第八章 "'为造成的苦难'提交一份账单"

上这都是一种内部交流,因为如果过度报道,那么这一论据——美国犹太人在大屠杀期间并未要求采取行动——就会危及到那个对美国政府不作为的控诉。[1]

"如果您未见过奥斯维辛,您是否会感谢以色列?"这是犹太报刊上一篇关于那个"生者行军"运动的报道的大标题——成千上万的犹太青年参观了波兰的死亡营,在那里举行了一系列大屠杀纪念日的悼念仪式,然后飞回以色列,在以色列庆贺独立日。[2]美国青少年与来自世界范围的犹太年轻人一起参加了那场精心策划的"大屠杀到救赎"之盛会,在其中,犹太复国主义者的消息被强调。在奥斯维辛,一名美国拉比,什洛莫·里斯金,告诉他们:"这个世界被划分成了两部分:那些积极参与纳粹行动的人以及那些消极地配合纳粹行动的人。"[3]在迈登涅克[4],另一名拉比告知那些小孩子说集中营能够在几小时之内再一次运转起来。[5]全副武装的以色列安全卫士全程陪护,并想方设法让这些青年人相信他们在波兰时刻都处于危险之中。"直接奔向巴士车,发生了任何事都不要停。"[6]那帮小孩子收到了这个信息。一名来自克利夫兰的参与者说:"六百万人被一个国家——德国(在那里,犹太人正幸福地生活着)杀害了。我讨厌去比较它们之间的相似之处,但是犹

---

[1] 这种担心大概是华盛顿大屠杀博物馆那个非常虚伪的声明(即美国犹太人组织曾敦促轰炸奥斯维辛)的理由。见本书第三章,第75—77页。

[2] Carl Schrag, "Can You Appreciate Israel If You Haven't Seen Auschwitz?", *Baltimore Jewish Times*,1990年4月6日。

[3] Tom Hundley, "Two Views of Horror", *Chicago Tribune*,1993年5月9日,第1页。

[4] 迈登涅克,波兰东部纳粹集中营所在地。——译注

[5] Kevin Griffin, "Haunted Look at Unforgettable Horror", *Vancouver Sun*,1994年5月19日,第B7页。

[6] Pham-Duy Nguyen, "Shocking Memories", *St. Petersburg Times*,1992年7月20日,第1D页。

太人正在美国幸福地生活着。"[1]"我没有看到为流散的犹太人留下任何一块地方",另一名学生说。[2]一名加利福尼亚的学生说道:"我们今晚就离开这个恐怖的地方,明天我们就会在以色列了。我只想回家并且我现在知道明天我就会在家里了,我真正的家,以色列。"[3]"太可怕了,我无法继续,真希望我已经在以色列了",来自康涅狄格州的一个女孩如是说。[4]以色列记者尤西·克莱因·哈勒维报道说,当犹太大屠杀纪念馆的一位官员高兴地描述了一位刚参观集中营回来的女孩对以色列的依恋之情时,他就"感到恶心"。"我们觉得能够把小孩子恐吓成犹太复国主义吗?"他质问道。[5]建立在对生者行军运动参与者的调查基础之上的试探性答案似乎是:能。[6]一位犹太教员对该游行进行了评论,他的结论是参与者"接受了犹太复国主义的观念,这是城郊犹太学校花费好几个小时都无法传递出去的思想"。[7]

---

[1] 引自 Tom Hundley, "Two Views of Horror"。

[2] Rebekah Denn, "Marching in the Steps of the Dead", *Jerusalem Post*, 1990年5月4日。

[3] Sandi Dolbee, "Days of Remembering", *San Diego Union-Tribune*, 1994年5月13日,第E1页。

[4] Tom Sawicki, "6 000 Witnesses", *Jerusalem Report* 4, 1994年5月5日,第33页。

[5] Yossi Klein Halevi, "Who Owns the Memory?", *Jerusalem Report* 3, 1993年2月25日,第31页。

[6] William Helmreich 所做的调查,见 Sawicki 的报道"6 000 Witnesses"第33页。(游行参与者比其他年轻犹太人大概更加有可能会说他们在考虑移民以色列,但没有证据表明他们事实上确实这样做了。)在大屠杀救赎这一剧目中,生者行军运动并不是唯一的活动。在它开始前的一些年,一个相似的旅程为犹太人联合募捐委员会的"年轻领袖"骨干组织起来。另一种版本是犹太青少年重走犹太难民奔赴海法的旅程,重现了《出埃及记》的行程。一名不大友好的以色列评论员暗示"可惜我们没能充分利用我们的潜能,比如,在马察达周围,我们能够利用'罗马人'、'反叛者'以及大规模自杀而形成一种巨大的吸引力,这将为这些孩子的父母省下往返票的费用"。(Meier Shalev, 引自 Allision Kaplan Sommer, "'Two-Four-Six-Eight, We Deserve a Jewish State'", *Jerusalem Post*, 1994年7月15日。)

[7] Richard Wagner, "Reflections on the March of the Living", *Jewish Education* 56, 1988年夏,第41页。

第八章 "'为造成的苦难'提交一份账单"

回想起来——尽管过了好久才看清楚——利用大屠杀来动员支持以色列的高峰在1970年代后期。令这一点难以看出的原因是，十足的动力使得这一实践活动在那之后还能够维持一段时间。在救赎日战争爆发之后的最初几年间，对以色列的脆弱以及被孤立被围攻之境况的感受在美国犹太人之间几乎是普遍的现象，这把对大屠杀意象的运用基本上变成了一种本能反应。

但自1970年代后期开始，把犹太人在希特勒欧洲的境遇与在当代中东的境况进行类比变得越来越不合适了。1979年戴维营协议，是以色列总理梅纳赫姆·贝京和埃及总统安瓦尔·萨达特签署的，它把那个最大最强的阿拉伯国家从反以色列联盟中分离出来。萨达特是那些被美国犹太人描述成纳粹分子的阿拉伯领导人之一，因为作为一名二战期间抗英的埃及民族主义领袖，他把德国当做事实上的盟友。但是这位"尼罗河的希特勒"真的能够被梅纳赫姆·贝京温暖的拥抱抱住吗？

当然，这未能让贝京减少对大屠杀的调用：在他的总理任期内（1977—1983年）这经常出现在他的演说中。如果西德总理赫尔穆特·施密特谈及巴勒斯坦人的权利的话，那么贝京就会很快地反驳说施密特，二战期间一位纳粹国防军的官员，"对希特勒的忠诚坚持到最后一刻"。[1] 巴勒斯坦解放组织是一个"新纳粹组织"。[2] 所有这一切在1982年的黎巴嫩战争中达到高潮。在贝京看来，给贝鲁特的平民造成巨大伤亡具有其合理性，因为1982年恰好就像1945年：贝鲁特的阿拉

---

[1] "Sounding off with a Vengeance", *Time* 117, 1981年5月18日, 第37页。
[2] William E. Farrell, "Israel Affirms Conditions on West Bank Talks", *New York Times*, 1981年8月20日, 第A15页。

法特就是帝国总理府地堡中的希特勒。[1]有那样一些人,他们学着贝京的样子,更加倾向于以大屠杀语言描写中东冲突。但是总体上,贝京对这类比喻的混乱使用让他名誉扫地。以色列以前的战争得到了以色列人口的全力支持。1982年该国严重地分裂了,许多以色列人认为贝京的大屠杀强迫症已经导致了一种注定要倒霉的危险之境。《耶路撒冷邮报》一篇文章结尾评论道,战争的碑文应该是:"这里长眠的是一个了不起的民族的国际地位和道德诚实。死于一个错误的类比。"[2]这个论据也经常被美国作家所提及。"有多少过去才算够?"罗杰·罗森布拉特在《时代周刊》上问道。"什么时候,对历史的虔诚之情不再是一个对抗当下和未来之错误的武器,并开始摧毁那些试图从中寻求保护的人?"[3]

大屠杀的问题以一种出乎意料和令人尴尬的方式进入了关于中东的讨论之中,即把它与萨布拉和夏提拉难民营中基督教长枪党民兵对巴勒斯坦人的残杀——包括许多老人、妇女和儿童——联系在一起。附近的以色列部队把民兵派遣到难民营中,用照明弹照亮了这些地方,并在后来声称不知道发生了什么。戴维·希普勒在《纽约时报》中写道:"对于一个从希特勒死亡营中崛起的国家来说,'这不是我们干的'和'我们不知道'这些回答是不充分的。对于一个牢记着六百万犹太人在其他人背转身之时被屠杀的民族来说,行为准则更严苛,这些问题也更麻烦。"[4]相似的评论也出现在了其他的美国媒

---

[1] Ilan Peleg, *Begin's Foreign Policy, 1977—1983*,纽约,1987年,第67页。

[2] Ze'ev Mankowitz, "Beirut Is Not Berlin", *Jerusalem Post*,1982年8月4日,第8页。

[3] Roger Rosenblatt, "How Much Past Is Enough?", *Time* 120, 1982年9月20日,第42页。参见Richard Cohen, "When Jews Lose Their Tolerance for Dissent", *Washington Post*, 1982年9月26日,第B1页。

[4] David Shipler, "Anguish over the Moral Questions", *New York Times*, 1982年9月24日,第A1页。

第八章 "'为造成的苦难'提交一份账单"

体中。[1]

整个1980年代,特别是1987年巴勒斯坦暴动(intifada)发生之后,大屠杀框架对于思考以色列境况变得更加不合情理了。今天,以色列的军事力量在该地区显然具有优势。很显然,以色列的安全问题越来越少地源自境外的敌对势力,越来越源自它对一百五十万巴勒斯坦人长期的军事统治。美国人不断地大量面对关于以色列军队射击和殴打那些扔石头的巴勒斯坦年轻抗议者的电视画面。有个广为流传的报道说,以色列国防部长伊扎克·拉宾处理抗议者的方法是:"武力、威力、打击";而总理伊扎克·沙米尔的政策是:"在巴勒斯坦人和以色列军队之间重新铸造一堵恐惧之墙……把死亡的恐惧置入那个区域的阿拉伯人之中。"[2]

把以色列称作"新纳粹"——就像共产主义集团和第三世界的有些发言人所做的那样,理所当然地激怒了犹太人。作为一个外国占领政权,野蛮地对待它统治下的那些人,纳粹德国既不是第一个也不是最后一个。即便是民主政权(英国在印度,法国在阿尔及利亚)在镇压风起云涌的民族主义叛乱之时,最终还是犯下了许多暴行。但是对于许多美国犹太人和以色列人来说,纳粹之意象浮现于心中——尽管它总是被带着歉意和以非常有分寸的形式提起的。一名美国拉比说:"我们怪罪好人在纳粹时期的沉默。在以色列当然没有种族灭绝。此类比较是可憎的。[但是]暴风突击队并不是从烘尸箱,而是从街上的殴打开

---

[1] "'不知道'的借口",Mary McGrory写道,"从犹太人的口中刺耳地传来。这是一个他们在自己的大屠杀期间所听到的借口。"("After the Massacre, the See-No-Evil, Hear-No-Evil Excuses", *Washington Post*, 1982年9月23日, 第A3页。)*Newsweek*认为它是"一个令人厌恶的讽刺"——这场屠杀"使得以色列部队变成了历史上经常施加于犹太人身上的那类暴行的帮凶了"。(Tom Mathews, "The Troubled Soul of Israel", *Newsweek* 100, 1982年10月4日, 第30页。)

[2] Thomas A. Sancton, "Israel: Crisis of Conscience", *Time* 131, 1988年2月8日, 第39页。

始的。"[1] 一个以色列人汇报了他一年一度在加沙的巴勒斯坦战俘营的预备役服务情况：

> 与五十年前其他那些集中营的不合理、不公正的比较是不会消失的。这并不是反以色列的宣传暗示。这是士兵们理所当然地使用的语言……我，也是这样，尽管我总是很讨厌这个类比，总是和那些哪怕只是做此暗示的人激烈地争吵，我再也不能够阻止我自己……我一遍又一遍地……重温着差异的列表。这里没有焚烧场，我提醒自己……但随后我认识到这不是相似的问题——因为无人会严肃地认为是真正的相似——而是相似点少得不够多的问题。[2]

只有一小部分人敢于冒着风险去诉说此类事情（在美国比在以色列更少），并且，就像上述例子那样，这些类比一般是尝试性地并且带着某种内疚之心而被提出来的。它们能够被提出来简直就是那个更加陈旧的理解模式丧失合法性的象征——它把以色列当作一个由阿拉伯支持的

1　Judea B. Miller, "How Normal Should a Jewish State Be?", *Jewish Frontier* 57, 1988年5—6月, 第9页。参见拉比Stanley M. Kessler, "Conflict Colors a Rabbi's Affection for Israel", *Bergen Record*（新泽西州）, 1988年2月12日, 第B11页; Ellen Kamp（幸存者的女儿）, "Israel: How Could It Do This?", *Newsday*, 1988年2月12日, 第90页; A. Robert Kaufman, "A Jew Reflects", *Louisville Courier-Journal*, 1989年4月2日, 第3D页; Irena Klepflisz（一名儿童幸存者）, "Yom Hashoah, Yom Yerushelayim", *Genesis* 2, 1989年春。

2　Ari Shavit, "On Gaza Beach", *New York Review of Books* 38, 1991年7月18日, 第3—4页。另一位以色列人在研讨会上对一名为以色列镇压暴动之行动辩护的美国犹太学者说："正是像你们一样的美国犹太人才是问题所在。纳粹的事情在以色列发生了。你们谁有报告诉我，我的女儿应当加入军队去打击西岸上的小孩子？" Benjamin Harshev, 对Ruth Wisse的回复, 见Rick Hornung, "Family Feud: Israeli and American Jewish Writers Mix It Up", *Village Voice*, 1989年2月7日, 第26页。

第八章 "'为造成的苦难'提交一份账单"

大屠杀的潜在受害者。

当那个更加陈旧的理解模式在主流犹太话语中衰退之时,它日益成为犹太鹰派分子反对犹太鸽派人物时的特征。这种发展苗头自暴动(intifada)之前很久就开始了。1978年春,在特拉维夫一场声势浩大的示威运动中,以色列"今日和平"(Peace Now)组织敦促与巴勒斯坦人展开灵活的对话。在美国,"美国人争取以色列安全组织"的反应是发布了一则展现一堆堆大屠杀受害者尸体的广告——它的解说词是"毫不妥协的六百万犹太人"。[1]黎巴嫩战争之后,诺曼·波德霍雷茨指控那些批评过这场战争的犹太人,说他们授予了希特勒一个"死后的胜利"。[2]拉比理查德·鲁宾斯坦写道,暴动使得大屠杀变得前所未有的重要,它"提醒着以色列如果其防御总是摇摇欲坠的话,等待着她的命运会是什么"。[3]1992年,当总理伊扎克·拉宾敦促犹太人要更多地谈论朋友而非敌人,《纽约时报》专栏作家A. M. 罗森塔尔写道,这"对任何一个人来说都显得很谦逊,但对以色列大屠杀幸存者来说这就是一种侮辱"。(美国犹太人大会的首领亨利·席格曼回复道:"我是一名大屠杀幸存者,但我未发现拉宾先生的建议具有侮辱性。我发现它是绝对令人解放的。")[4]

思想造成了一些影响——并不必然是那些提倡这些思想的人所想要的。如果阿拉伯人真的是当今的纳粹分子,那么当然地,在他们杀害你之前把他们杀掉就是一个好主意了。把此事放在心上的人就是那

---

[1] 引自 *American Jewish Yearbook* 80, 1980年,第105页。

[2] Norman Podhoretz, "The State of the Jews", *Commentary* 76, 1983年12月,第45页。也可以参见他对批评者的答复,*Commentary* 77, 1984年3月,第16页。

[3] Richard Rubinstein, "Attacking the Jews", *Commentary* 89, 1990年3月,第71页。

[4] A. M. Rosenthal, "Dancing with Wolves", *New York Times*, 1992年9月15日,第A27页;Siegman致 *New York Times* 的信,1992年9月27日,第16E页。

位大屠杀迷巴鲁克·戈德斯坦。就在他杀气腾腾地撒野于希伯伦前不久,那位生长于布鲁克林的医生告诉以色列来访者:"再一次地,阿拉伯纳粹分子将攻击犹太人。"[1]如果阿拉伯人是纳粹分子,那些强烈要求与他们和解的犹太人就有一个现成的类别了。反诽谤联盟的亚伯拉罕·福克斯曼是一个正统教会的成员,该教会的拉比在1995年强烈要求犹太人,不要听从"拉宾'犹太委员会'的胡说八道"。[2]这种类型的信息——在以色列甚至比在美国更为普遍——据我们所知,就被拉宾的刺客伊加尔·阿米尔所留意。[3]

甚至在暴动发生之前,在以色列就已经有那样一些人担心在公共论辩和公共政策中迷恋大屠杀的后果。小说家阿莫斯·奥兹援引了希伯来人一名古老的敌人,并质问道,既然有了铭记的义务,是否就没有了遗忘的权利?

> 我们……就永远坐着哀悼我们的死者?躲在封锁的大门和紧闭的窗户之后,电话不通,我们背对着邪恶的世界而面对着恐怖的过去,背对着生者而面对着死者,就这样坐着,日日夜夜,并记着亚玛力对我们做了什么,直到弥赛亚的到来——或直到第二个亚玛力的到来?[4]

---

1 *All Things Considered*, National Public Radio, 1994年2月25日,录音稿第1404—1410页。

2 Gustav Niebuhr, "Peace Effort in Israel Sparks War of Words", *New York Times*(全国版), 1995年9月23日,第7页。福克斯曼退出了该教会。

3 "伊加尔·阿米尔防线"的一名志愿者在纽约告诉一位记者说,"这就相当于一个人在大屠杀发生之前杀掉了阿道夫·希特勒"。(Jonathan Sapers, "Where the Killer Is a Hero", *U. S. News & World Report* 110, 1995年11月20日,第74页。)

4 Amos Oz, "Amalek Week", *Davar*, 1987年4月13日,重刊于他的 *The Slopes of Lebanon*, 圣地亚哥,1989年,第123页。

第八章 "'为造成的苦难'提交一份账单"

在暴动第一年,著名的以色列哲学家耶胡达·埃尔卡纳(他小时候曾被囚禁于奥斯维辛)发表了"一个恳求遗忘的声明"。大屠杀的"教训":"全世界都和我们作对"、"我们永远都是受害者",对于埃尔卡纳而言,是"可悲的荒谬的希特勒的胜利"。他认为,这个教训促成了以色列在西岸的野蛮行为以及不愿与巴勒斯坦人和平共处的态度。

> 可能对于世界大多数人来说,记住它是很重要的。我甚至对此不确定,但无论如何这不是我们的问题。每一个民族,包括德国人,将决定他们自己的道路和依据他们自己的标准,无论他们是否想要记住它。
> 对于我们而言,我们必须忘记它!如今我发现,对于这个国家的领导人来说,没有什么比站在生命这一边、一心一意去创造我们的未来更重要的政治和教育使命了,而不要成天沉浸于大屠杀的象征意义、纪念仪式以及经验教训之中。他们必须根除历史的"牢记!"对我们生活的支配权。[1]

那位非常温和的(也非常虔诚的)以色列政治学家查尔斯·利布曼写道,以色列解读大屠杀的方式"强化且合法化了那些顽固保守的思想、不切实际的对外政策和对阿拉伯人的野蛮行为"。[2]希伯伦大屠杀之后,曾为梅纳赫姆·贝京政府新闻办公室负责人的泽夫·莎菲茨写道:"纠缠于种族灭绝也许是一个好的筹款策略,但这也会鼓励形成一种'我们和全世界作对'的思想,就像本杰·戈德斯坦这样疯狂的狂热分

---

[1] *Ha'aretz*,1988年3月2日;英译本由Elkana教授所提供。
[2] Charles Liebman, "What Should Have Been Done?", *Jerusalem Report* 2,1992年1月9日,第37页。

子把它变成了一种宗教的谋杀义务。"[1]1995年拉宾遇刺之后,美国三位杰出的大屠杀幸存者——亚伯拉罕·福克斯曼、本杰明·米德和迈尔斯·勒曼发布了一项声明,谴责"在对阿—以和平进程所开展的论辩中利用大屠杀意象……运用大屠杀词汇之行为——其意图就是要激发深刻的情感和强烈的反应,这加剧了紧张气氛且易于引发失控情绪。语言问题很重要"。[2]

大屠杀被借用到关于以色列局势的讨论之中,这一度很普遍,如今因各种原因而变得不怎么常见了,除了在那些极端强硬派那里。就如我们已经看到的那样,对美国犹太人而言,有时候用大屠杀框架来思考中东是自发的和未经深究的。但在美国犹太人之间、在美国公众之间以及在美国政府中,这也是为动员支持以色列而实施的一个深思熟虑的战略。其成效如何?

第一件要说的事是任何的判断都是推测性的——这是一个在其中任何东西都不能获得证明的领域。至少在1980年代后期它对美国犹太人来说似乎是有效的。最有力的论据可能是,美国犹太人在二战期间胆怯地沉默着,如今(就像上帝那样)他们被给予了第二次机会。对以色列的货币捐赠的高峰在1967年和1973年——即当以色列犹太人被认为是处于另一场大屠杀边缘之时。如果美国犹太人能够(再一次地,且不是由于自己的优点)免于遭受那些危难中的犹太人的命运,那么至少他们能够给予——并展示证明。我之前已经说过,把以色列的处境置于大屠杀框架之中的后果之一就是赋予混乱的中东冲突一种纳粹时

---

[1] Ze'ev Chafets, "Benjy and Baruch", *Jerusalem Report* 4, 1994年3月24日, 第26页。
[2] *Forward*中的广告, 1995年11月17日, 第8页。

第八章 "'为造成的苦难'提交一份账单"

期的道德明晰性。但是在1982年黎巴嫩战争之前,即便没有大屠杀框架,也没有理由相信美国犹太人会以不同于非黑即白的术语来看待以色列的局势。而自那时以来,尽管依然在全力支持以色列,越来越多的美国犹太人不再那样非黑即白地看待事物了。它既是人们越来越不倾向于透过大屠杀的镜头来看待中东问题的原因,也是其结果。但至少在许多年中,几乎确定无疑的是,大屠杀的联系令犹太人为了以色列的利益而变得异常活跃;它可能会以一种残存的方式依然发挥着作用。

关于美国非犹太教人口,似乎没有太多的理由相信大屠杀深刻地影响了公众对中东冲突的看法。关于此类问题的"公众观点"这一理念本身就是某种虚幻的东西。以色列的事业历来就和美国公众没有多大关系,他们对于国际事务的兴趣通常仅限于那些直接涉及美国利益(和军队)的情况。如果在那些年中美国人普遍具有亲以色列倾向的话,那很大程度上都和这一事实有关——即以色列在冷战中与西方世界是同一阵线;在某种不可知但可能很显著的程度上,它反映了一种普遍的、并且通常是种族主义的反阿拉伯态度。大屠杀记忆可能常常会抑制对以色列的批评。(大屠杀让大多数美国人不惜一切代价去避免任何能够被描述为、或被歪曲为反犹主义的东西。)但是在之前没有太多的对以色列的批评要抑制;而到了最近几年,批评又不会那样受抑制了。

还有最为重要的问题:对大屠杀的借用在何种程度上影响着美国政府的政策。这里再一次地,没有东西能够被证实。问题是,相信美国的对以政策已经被大屠杀记忆所塑造,这样一种看法的合理性程度如何。不是很合理。正当大屠杀记忆在美国领导人心目中最为新鲜的时候——在战争之后的头二十五年中,美国对以色列的支持最少而对阿拉伯的主动示好更感兴趣。不是在以色列被认为软弱和脆弱的时候,而是当它在六日战争中证明了自己的力量的时候，美国对以色列的援助才从涓涓细流变成了滔滔江水。那位缔造了美国和以色列的亲密盟友关系并开始每年给予以色列大量拨款的总统是理查德·尼克松——在战后所有的美国领导人中，他毫无疑问是最不可能为道德或情感的因素而心动的人。对尼克松来说（对他的继任者来说也是如此），以色列获得支持主要是因为它是一个能够被用来对抗苏联及其中东委托人的力量。冷战结束之后，以色列继续获得支持（尽管在某种程度上不那么热心了），为的是能够通过保持平衡而维护地区和平，以及因为以色列能够完成的其他工作。[1]

除了那些对行政机构的决定具有支配作用的地缘政治考虑之外，还有那个以美国以色列公共事务委员会（AIPAC）为中心的大受吹捧的"犹太游说团"。该委员会是通过几百个政治行动委员会来运作的，它非常大方地奖赏过那些支持了以色列的国会成员，也非常严厉地惩罚过那些批评了以色列政策的人。它最为引人注目的胜利（尽管远不是唯一一个）是1984年挫败了对外关系委员会主席查尔斯·珀西议员——他多次公开表态支持巴勒斯坦人。"美国所有的犹太人，从全国各地，聚集到一起想把珀西赶下台，"该委员会的董事汤姆·戴恩夸耀说，"美国的政治人物……得到了这个信息。"[2] 然而，该委员会的工作以及其他正式的和非正式的犹太游说努力的重要性很容易被夸大。亲以色列说客有时候能够施压获得比行政部门所要求的还要高的援助级

---

[1] 详细的论证，见 Steven L. Spiegel, *The Other Arab-Israeli Conflict: Making America's Middle East Policy, from Truman to Reagan*, 芝加哥, 1985年; A. F. K. Organski, *The $36 Billion Bargain: Strategy and Politics in U. S. Assistance to Israel*, 纽约, 1990年。关于这个分析的概要，见 Charles Lipson, "American Support for Israel: History, Sources, Limits", 见 Gabriel Sheffer 主编, *U. S.-Israel Relations at the Crossroads*, 伦敦, 1997年。

[2] Lloyd Grove, "On the March for Israel", *Washington Post*, 1991年6月13日。

第八章 "'为造成的苦难'提交一份账单"

别,但是当他们在一些重要政策的议题上与行政机构针锋相对之时,他们往往以失败告终。那些减轻了亲以色列说客的任务的因素之一是,不同于利益集团所努力争取国会支持的每一个其他的议题(像流产、枪支管制和反歧视行动之类的事情),在立法领域并不存在反对他们的重要力量。对支持以色列之行为的政治奖励是明显的且非常之多;而支持另一方,只是加重了负担。在恳求犹太人对那个奖赏朋友惩罚对手的公共事务委员会进行捐助之时,理所当然地还得求助于那些源于大屠杀的情感。但是在公共事务委员会和立法委员之间的互动中,最主要的动力就是贪婪和恐惧。

最终,似乎没有理由相信大屠杀记忆对美国的中东政策产生了任何真正的影响。的确,许许多多的政治人物会说(特别是在面对犹太观众之时),美国有义务去援助那个为幸存者提供了庇护的国家,或者说为在大屠杀期间的不作为之罪过进行补偿之类的话。有那么一些人相信政治人物对他们行为的解释反映了其真实动机,我们中一些人则相信,政治人物说的是他们认为听众想要听的东西。

美国人的大屠杀记忆与美国人对以色列的支持之间的那种互动关系有时令人啼笑皆非。许多年来,以色列官方的政策是,坚决要求外交访客得首先造访以色列大屠杀纪念馆——在某种程度上,这是为了赢得对以色列的支持而在笨拙地利用纳粹的屠杀。[1] 支持该政策的以色列人并非总是会对美国犹太人把大屠杀当作重点这事而感到高兴。首先,美国大屠杀博物馆更为时尚的设计和更为充足的投资让资金紧张的以色列大屠杀纪念馆黯然失色,它如今已经"从纪念大屠杀的世界

---

[1] 1995年初对该政策做出了调整。

中心沦落为来自以色列的穷亲戚"。[1] 即便除开对以色列的大屠杀霸权所构成的挑战不说，当美国犹太人把越来越多的精力倾注于它的纪念活动之中时，依然存在这样的担忧，即大屠杀正在取代以色列而成了美国犹太人意识的核心。1984年，在纽约的一个大屠杀纪念日的活动中，当市长艾德·科赫宣布在曼哈顿南端举行大屠杀纪念仪式这个提议之时，以色列大使迈耶·罗森的反应是："犹太民族不想要更多的关于死者记忆的界标。我们只有一个界标……以色列国。"[2]《耶路撒冷邮报》一位作者认为，犹太人对美国的大屠杀纪念馆的捐赠行为是这样一种观念所激励的："对以色列在犹太生活中的中心地位的下意识否定，和对美国才是真正的应许之地的肯定。"

> 这些项目背后的犹太人……显然未能从大屠杀中吸取一点教训……流散的犹太人栖息于流沙之上；今日的狂欢节可能就是明天的圣·巴塞洛缪之夜……那些真诚地希望纪念大屠杀的人们……应该知道纪念那六百万人之遭遇的唯一方法就是加入到建设犹太国家的活动之中。[3]

硬币的另一面——即对以色列的担心如何影响美国犹太人的大屠杀意识——甚至更具讽刺意味。在1970年代，美国犹太人对以色列安全的担忧，以及他们在大屠杀框架之内对以色列局势的理解，是促使大屠杀成为美国犹太人新的核心意识的最为重要的诱因。在1980和1990

---

[1] Elli Wohlgelernter, "Interactive Remembrance", *Jerusalem Post*, 1993年4月16日。
[2] UPI报道，Andrea Hertzberg于1984年4月29日撰写。
[3] Lawrence Weinbaum, "Is This 'Third Temple' Really Necessary?", *Jerusalem Post*, 1991年8月4日。

第八章 "'为造成的苦难'提交一份账单"

年代,对以色列的安全不再那么担心了,而且大屠杀框架似乎也不再适用于以色列的形势了。但其后果是,对美国犹太人来说,大屠杀甚至成了一个更加重大的焦点了。当然,已经存在的是,运行着的或者在建的,这种或那种数不胜数的大屠杀纪念机构,和越来越多的"大屠杀专业人士"。甚至更为重要的是,当更多的美国犹太人不再以那些非黑即白的术语来看待以巴冲突时,大屠杀提供了一个道德明确性优势极大的替代性象征。许多年前芝加哥大学举办了一场关于大屠杀对美国犹太人生活所发挥的核心作用的讨论,当场一位拉比就表示对于这一事实丝毫不觉得惊奇:"上帝和以色列都太具有争议性"。[1]

---

[1] 卡姆以赛亚以色列教的会众拉比Arnold Jacob Wolf,在芝加哥大学希尔分校举办的讨论会上所言。

第九章
"他们会把我的孩子藏起来吗?"

最有意义的集体记忆(即充盈于群体意识之中的记忆)从它们表达了某个永恒的、经久不衰的真理这一断言中汲取力量。此类记忆关于现在与关于过去的成分一样多,并被认为告诉了我们(和其他人)一些关于我们现在是谁这一问题的基本的东西;它们表达了,甚至界定了我们的身份。一个记忆要以这种方式而被固化,它必须与我们如何理解我们自己这样的问题产生共鸣:我们如何看待当前的环境,如何思考我们的未来。这种关系是循环式的。我们拥抱记忆,因为它讲述了我们的境况;在某种程度上我们拥抱它,就建立了一个得以理解我们的境况的框架。

所有这一切的必然结果就是,当记忆并不反映我们的自我理解(及我们想要怎么被别人看待)之时,我们就把它边缘化了。如前面已经看到的,这是美国犹太人在1960年代中期的某个时刻对待大屠杀的方式。自1960年代后期开始,大屠杀从美国犹太人意识的边缘地带转移到核心位置,这反映了(并且反过来提升了)美国犹太人对他们自己及其环

第九章 "他们会把我的孩子藏起来吗?"

境的理解方式有了重大的变化。以前,犹太人认为美国与众不同。他们强调,犹太人在其他地方的不安全性与他们在美国所获得的认可和保障之间存在巨大反差。犹太人欣慰地看到美国社会中反犹主义的急剧衰落——这意味着,他们不再是置身事外的局外人了,而如今他们是自己人,前进的大门也不再对他们关闭了。

自1960年代后期开始,并在1970年代越发普遍的是,有影响力的犹太领袖开始强调一种"新的反犹主义"已经崛起;与前一个时期相比,如今美国犹太人受到了威胁,又被孤立起来了,而且还很脆弱。以前,犹太人组织有一个对外的取向,重视在犹太人和非犹太人之间建立友谊之桥梁,强调犹太人和其他美国人之间的共通性。如今他们向内转了,坚持要捍卫犹太人自己的利益,强调犹太人不同于其他美国人的地方。以前,犹太人在美国的历史被看作是一个成功的故事。如今,美国犹太人越发觉得他们自己是一个濒临灭绝的物种,正在寻找那些能够加强犹太人的团结性和阻止因同化及异族通婚而导致的人才流失的话题和计划项目。总而言之,美国犹太人放弃了他们早期那种把大屠杀边缘化的立场,亦即不再拒绝接受"受害者群体"之身份了。如今越来越多的犹太领导人所采取的是这样一个立场——这也被很大一部分美国犹太人所接受:犹太人通过他们的苦难史来界定自己;大屠杀成了犹太人身份的核心象征。

犹太领导人开始警告说,犹太人在美国的好日子在1960年代已经结束了;困难时期即将来临。反诽谤联盟的本杰明·爱泼斯坦说他和同事已经长出了"敏锐的触须,它警示我们要对那股威胁到犹太人安全的恶意的变革之风保持警惕"。

> 这种触须一直都在剧烈地摇曳着——我们这些监视着犹太人

在美国的安全形势的人中,很多人都有。[到了1970年代]我们在反诽谤联盟中确信,犹太人安全的黄金发展时期——这是1945年到1965年这二十年的特征——确实已经到头了,钟摆摆向了相反的方向……和犹太人的这二十年蜜月期[结束了]。领袖们应该把那些存在于社区普通百姓心中无法言传的直觉情感用语言表达出来,以便让它们清楚明白。把他们所直觉到的精确的内在情感记录下来,以便发出警告……这是我们的职责所在。

认为美国犹太人比过去任何时候都获得了更多的认可和安全保障,这已是"一种过时的观点……我们被迫进入了一种严峻的防守态势"。[1]诺曼·波德霍雷茨也警告说"黄金时期"结束了:犹太人再也不会被当作同等的人而完全接受了——确实,甚至他们的人身安全都已经不再能够获得保障。通过比较1960年代初和1970年代初,他声称媒体对犹太人的恶意的提及增加了"十倍乃至五十倍、一百倍"。[2]犹太公共生活中的领袖人物厄尔·拉布也谈到了黄金时代的结束。对犹太人而言,美国变成了"不适合居住的"和"充满敌意的"地方。必须做的是,要"对犹太社区和作为一个整体的美国社会之间的关系重新做一个全盘的思考"。[3]甚至那些拒不接受这种观点的人也承认它在一定程度上占据了主导。美国犹太会堂理事会1970年代的执行副总裁亨利·席格曼说过,犹太社区正受制于"一种围城心态(在他看来非常不合理)……

---

[1] Benjamin R. Epstein, "American Jewry in the Mid-1970s: Security, Problems and Strategies",见《1974年全会文集》,NCRAC Papers, Box 12,全体会议,1974年,第4,5,16页。

[2] Norman Podhoretz 与 Oscar Cohen 的访谈录,1978年4月12日,Oscar Cohen Papers,第21∶1页。

[3] Earl Raab, "The Deadly Innocence of American Jews", *Commentary* 50,1970年12月,第31页。

第九章 "他们会把我的孩子藏起来吗？"

一种'每一个人都反对我们'的态度"。[1]

当这些警钟鸣响的时候，美国的反犹主义无论从哪方面看都还在继续它长期的衰退之势，衰败到了这样一种程度，即它对美国犹太人而言不再是一个重要的障碍或不利条件了。这是什么情况？

最符合这些"摇摆不停的触须"之本意的情况，以及从这些触须摇摆中得出的影响深远的结论，基本上琐碎得可笑：一系列1960年代晚期由几个激进的黑人在民权运动演变为无能和混乱之时所做的反犹主义评论。当学生非暴力协调委员会（SNCC）分裂成相互敌对的派系之时，它的一些领导人为巩固他们"革命的"资历而开始滔滔不绝地宣讲一些关于"犹太复国主义的帝国主义"这一知半解的口号，不过，他们很快就放弃了这种赤裸裸的反犹主义路线。部分黑豹党人[2]也经历了相同的轨迹。许多最具公共性的事件发生在美国犹太人的首都——纽约市。一家当地广播电台的黑人脱口秀主持人邀请嘉宾朗诵一首由哈莱姆区的青少年所写的反犹主义诗歌；在哈莱姆区的展览中，大都会艺术博物馆的样品清单就包括了由另一名黑人少年所撰写的反犹主义评论。最为重要的是，在1968年，当主张学校由当地社区控制的黑人活动家与那个基本上由犹太人所构成的教师联合会（UFT）相对抗之时，纽约市的学校罢课了。当匿名的反犹主义传单在一些学校散发之时，教师联合会迅速地把这个传单复印了五十万份，以赢得它的事业所需要的支持。突然，黑人反犹主义遍布各大媒体头版。反诽谤联盟发布了一则报告，声称反

---

[1] Henry Siegman，见"Should We Be Afraid? Symposium on American Anti-Semitism Today"，*Moment* 3，1978年7—8月，第22页。
[2] 黑豹党（Black Panthers），一个美国黑人社团，1966年在加利福尼亚创建，反对美国政府。——编注

犹主义在纽约市的教育系统中达到了一个"危机的程度"。[1]

就是这些鸡毛蒜皮的小事（它们确实令人恼怒，尽管如此也还是鸡毛蒜皮之事），成了以下断言的依据——美国犹太人的黄金时期已经结束，新的反犹主义已经出现，人们必须放弃那种认为犹太人在美国获得了认可和安全保障的过时的看法。当然，所有这一切都起了铺垫作用，有助于把大屠杀变成犹太人境况的一个永久象征，和美国犹太人的处境相关，一如和其他时间其他地方的犹太人相关。所以很有必要问，是什么东西造就了这些认知和这些断言？

坚称美国犹太人处境危险的这种断言首次被提出是在六日战争之后，而在救赎日战争之后则被不断地提出来。那些日子正当美国犹太人被极度的焦虑之情和激进主义的决心这二者共同鼓动起来之际。拉比欧文·格林伯格在1968年谈到六日战争的遗产时，意识到在流散的历史中"对于犹太人而言已经被证明了的是，家只不过是一个临时性的棚舍"。然而人们也许希望美国会有所不同，他说，极有可能的是它不会不同。提升大屠杀意识，格林伯格说，使美国犹太人为他们可能不得不逃离美国的那一天做好了准备。[2] 诺曼·波德霍雷茨说到一个新的决定，形成于1967年胜利之际，"反对任何人以任何方式、任何程度及任何理由做试图加害于我们的任何事情……从现在开始我们要坚守自己的立场"。[3] 当一小撮黑人蛊惑者把"犹太复国主义的帝国主义"和纽约市的教师联系在一起之时，犹太人可能想象他们自己——在大洋山—布朗斯维尔或

1　Henry Raymond, "Crisis-Level Anti-Semitism Found Here by B'nai B'rith", *New York Times*, 1969年9月23日，第1页。

2　美国工会文化交流协会，*The Impact of Israel on American Jewry: 20 Years Later*，纽约，1969年，第14—15页。

3　Norman Podhoretz向美国犹太人委员会第六十五届年度会议所做的演讲，1971年5月16日，复印件见Hannah Arendt Papers, Box 16, AJCommittee, 1954—1973。

第九章 "他们会把我的孩子藏起来吗?"

在大都会博物馆——和莫西·达扬肩并肩站着说:"我们是一家人!"

犹太人在1960年代种族危机中的地位也很重要。尽管神话创造具有追溯力,其实,黑人和犹太人在社区或组织层面的结盟从来就不多。历年来都有大量的个体犹太人为黑人而工作,但是,除了一些例外,他们都是一些和犹太社区联系极少的左派分子及自由派人士。在1960年代为南方的黑人运动工作的犹太律师和学生志愿者当然是如此。(安德鲁·古德曼和迈克尔·施沃纳——他们是与一个黑人同事一起在密西西比被谋杀的民权活动家——都不曾拥有一个犹太人的葬礼。)还有一个更重要的方面。在麦卡锡时代,犹太组织反复指出,从共产主义者很多(或许甚至多数)是犹太人这一事实中推论出犹太人很多是共产主义者是错误的,更别说大多数都是了。对于所谓的犹太亲共产主义而言这个逻辑是无懈可击的,同样地,对于所谓的犹太民权激进主义而言它也是无懈可击的。[1]

---

[1] 一些犹太组织参加了黑人团体反对住宅和就业歧视的立法和司法运动,这些歧视对黑人和犹太人都不利。他们和民主党同盟的其他部分一起支持约翰逊总统在1964年和1965年极力要求的民权和投票权法案。但是两个最大的犹太"防御组织",美国犹太人委员会(AJC)和反诽谤联盟(ADL),远离了那场反对南方的种族隔离政策的斗争,很大程度上回应了他们南方成员的诉求。这两个组织强调"自我节制"和对"法律和秩序的力量"的支持。(关于AJC的情况,见其国内事务委员会会议记录,1956年3月20日,AJC Papers, GS 10, Box 153, Integration, 1954—1962。关于ADL的情况,见Samuel Lubin致A. Harold Murray的关于ADL南部各州会议的报告,AJC Papers, 1958年5月11日, GS 10, Box 303, Community Relations Orgs., South, 1958。)美国犹太人大会,在南方几乎没有任何的支持者,它直言不讳地批评了AJC和ADL的沉默。(见美国犹太人大会的新闻发布会,1956年5月22日,AJC Papers, GS 10, Box 153, AJC-ADL Integraion, 1956, AJCongress Attack。)AJC职员Edwin J. Lukas建议对当地的犹太联合会施加压力,即要削减对美国犹太人大会的拨款以便阻止它就废除种族隔离发表进一步的声明。(Lukas致John Slawson的信,1957年6月3日,AJC Papers, GS 10, Box 153。)在1964年,马丁·路德·金的南方基督教领袖会议要求Henry Schwartzschild——他是一位纽约的ADL成员(也是一位来自纳粹德国的难民)——利用周末在伯明翰、亚拉巴马提供帮助。ADL的高级经理们告诉他,如果他去,就不必操心回来了。他去了伯明翰,并离开了ADL。(Murray Friedman, *What Went Wrong? The Creation and Collapse of the Black-Jewish Alliance*,纽约,1995年,第287页。)

当人们关注的焦点从民权运动转移到反抗南部城市和城郊在住房和教育方面事实上的种族歧视之时,犹太组织发现他们的支持者越来越敌视黑人议题。所有这一切都发生在马丁·路德·金时代,在转向"黑人权力"之前和在1968—1969年的"危机"之前一些年。[1]

到了1968年,全国的犹太组织的领导人有了一种新的担忧:出现了一个异常活跃的犹太团体,它公开指责传统的领导者在面对激进黑人的威胁时的胆小怯弱。梅厄·卡亨的"犹太人防御联盟"(JDL)——它使得"永不重演"这个口号变得妇孺皆知——第一次将其引用到反对黑人立场的斗争之中。犹太人防御联盟包围了那家朗诵过哈莱姆区少年的反犹诗歌的广播电台,抗议招牌上写着"这里没有奥斯维辛"和"他们不会拿我们来做灯罩"。[2] 反诽谤联盟的内森·珀尔马特回应了说他的组织在1968年夸大黑人反犹主义的危险性这一指控,他说,正好相反,对JDL不断增加的支持表明主要的犹太人组织,包括他自己的在内,都反应太慢了以至于不能及时地发出警报,都已经允许卡亨成为犹

---

[1] 1963年,美国犹太人大会主席拉比Joachim Prinz——他参加过马丁·路德·金在华盛顿的游行,也被该游行深深地感动过——在大会管理委员会的一次会议上说,在他看来,美国犹太人的"草根基层"并未支持这场民权斗争。(美国犹太人大会管理委员会会议记录,1963年9月7—8日,AJCongress Papers, Box 9, Governing Council Meetings。)1964年一项关于犹太人对黑人的态度的研究发现,偏见的程度和其他美国白人并无太大的差别。(Donald J. Bogue和Jan E. Dizzard, "Race, Ethnic Prejudice, and Discrimination as Viewed by Subordinate and Superordinate Groups",社区和家庭研究中心,1964年4月16日,引自B. Z. Sobel和May L. Sobel, "Negroes and Jews: American Minority Groups in Conflict", *Judaism* 15, 1966年,第15页。)是年,另一项调查问纽约白人,民权运动进展得太快还是太慢? 以三比一的优势,纽约犹太人说"太快了"。(Fred Powledge, "Poll Shows Whites in City Resent Civil Rights Drive", *New York Times*, 1964年9月21日,第1, 26页。)在清教徒中,这个比例是2∶1,在天主教教徒中是10∶1。

[2] Shlomo M. Russ, "The 'Zionist Hooligans': The Jewish Defense League",纽约市立大学社会学博士学位论文,1981年,第1∶85页。

第九章 "他们会把我的孩子藏起来吗？"

太人对黑人好战性之担忧的发言人。[1]一项由美国犹太人大会（主流犹太人组织中最为开明的一个）所主办的秘密调查发现，它的会员中有超过三分之一的人说他们赞同犹太人防御联盟所采取的策略。[2]由卡亨所拨动的心弦反复地乞灵于大屠杀，这在那些已成立的犹太人组织中引发了一种担忧——即他正在建立一种对它的修辞所有权。为了阻止被这个篡位者所接管，他们自己开始更多地谈论大屠杀了。[3]

很难说，有多少美国犹太人陷入了犹太发言人声称所反映的、当然也正在助长的那种焦虑之中。更难说的是，有多少大屠杀幽灵渗透进了这种焦虑之中，以及有多少焦虑渗透进了越来越多的大屠杀言论之中。无论如何，许多人被这种焦虑的严重性和它的表达方式所震惊。1969年，纽约一位天主教记者写道："一些我从未听他们提过这个话题的犹太人朋友，如今向我保证，美国犹太人大概和希特勒时期的德国犹太人处于同样的境况。有一个人——明显地表现出了一种普遍的恐惧——就非犹太人是怎么样执意要以牺牲犹太人来抬升黑人这个问题，对我解释了很长时间。"[4]与魏玛德国进行类比这种做法非常频繁——德国犹太人，人们记得，也曾认为他们自己获得了认可和安全保障。断言非犹太人特别是其中的精英会拿犹太人与黑人交易以获得与黑人的和平相处，这种观点很普遍。"如果在'富人'和'穷人'之间出

---

[1] Perlmutter在美国犹太会堂理事会中所发表的评论，*The Negro Revolution and the Jewish Community*，纽约，1969年，第18页。

[2] "美国犹太人大会成员简介"（没有日期，大约是1970年），Horace Kallen Papers，37/2。

[3] Deborah Lipstadt, "The Holocaust: Symbol and 'Myth' in American Jewish Life", *Forum on the Jewish People, Zionism, and Israel* 40, 1980—1981年冬，第82页。

[4] John Leo, "Black Anti-Semitism", *Commonweal* 89, 1969年2月14日。Leo通过观察得出了以下结论："这不是魏玛德国——此话并非对那六百万人失敬。美国犹太人的不安全感，就如在最近的抗议中所表现的那样，与他们今日的社会或经济地位无关……如一位朋友最近所言：'我从没想到在有生之年会看到纽约犹太人像一群《布鲁克林简报》的天主教徒那样忙得团团转。'"

现了冲突,不论什么时候,"拉比阿瑟·赫尔茨伯格说,"'富人'为保障自己的财产绝对会把犹太人卖给黑人。"[1]

没有一位主要的犹太领导人(除非算上梅厄·卡亨)预言过一场美国大屠杀,但在私下里许多犹太人表现出极度的紧张。1970年代初,《华盛顿邮报》记者斯蒂芬·艾萨克斯写了一部关于美国政治中的犹太人的著作,在其中他采访了许多著名的犹太公共人物:

> 在那些较长的采访中,大多数受访者都反复提到一个问题……"你认为它会发生在这里吗?"(绝没必要去清楚定义"它"。)几乎在每一个受访者那里,回答都大体一致:"如果你真对历史很了解,那么你不得不相信它现在不是可能发生,而是很可能发生",或者"它不是一个如果的问题;而是一个时间问题。"[2]

对犹太人在美国的"黄金时代的结束"和日渐加剧的反犹主义的感知,持续存在于整个1970和1980年代并进入了1990年代。著名的美国犹太人历史学家乔纳森·萨纳在1981年对近期关于美国反犹主义方面的著作做了概述。他沮丧地发现,"被当前对'大屠杀'的迷恋情绪所影响,他们只问一个问题:它会在这里发生吗?且对这个问题他们只有一个答案:会的"。[3] 在整个1980年代,对反犹主义复兴的幻想不断地困扰着美国犹太人。确实在那十年中,说反犹主义是美国的一个"严重问题"的美国犹太人比例急剧地上升,于

---

[1] Hertzberg, 引自 Stephen Isaacs, *Jews and American Politics*, 纽约州加登城, 1974年, 第166页。
[2] 同上, 第15页。
[3] Jonathan Sarna, "Anti-Semitism and American History", *Commentary* 71, 1981年3月, 第45页。

第九章 "他们会把我的孩子藏起来吗？"

1990年达到了80%。[1]

这些年的真实情况是，对美国犹太人而言，"黄金时代"并没有衰退，甚至变得更加美好了。反犹歧视的最后的钱袋子消失；调查显示反犹主义态度不断衰退；犹太议员在几乎没有犹太人选票的情况下有条不紊地当选进入国家机构；某个公众人物任何的反犹主义暗示都会立刻遭受到强烈的谴责。有这样的预言，即石油危机、乔纳森·波拉德间谍案或者华尔街内部交易丑闻会引起反犹主义反应；但这从未获得过验证。然而现实与感知之间的关系至多是微弱的。对高涨的和不断升级的反犹主义的感知来自哪里？并且，在这些感知和越发普遍的大屠杀言论之间存在着什么样的（相互）关系？

这些问题不可能有完美的、确切的答案。我之前讲过，有必要重复一遍的是，从某种不确切的程度上讲，犹太人对越发普遍的反犹主义的感知，可能是一种要与受到围攻的以色列和在苏联及其他地方的被认为身处险境的犹太人保持团结的本能反应。也有可能是，当美国犹太人公开地把自己定义为激进的复国主义之时（当然，还没达到要移民以色列的地步），许多人，尽管模棱两可，还是接受了经典的犹太复国主义意识形态立场：杀气腾腾的反犹主义总是潜藏在那些流散犹太人的"反常的"境况之中，犹太人只有在以色列才能获得安宁。（曾经，美国犹太人把在欧洲的险境与在美国的安宁相对照，如今的天壤之别则存在于流散时期、包括在美国的不安全与在以色列的安全性——至少是原则上的——之间了。）

---

[1] Jerome A. Chanes, "Interpreting the Data: Antisemitism and Jewish Security in the United States", *Patterns of Prejudice* 28, 1994年，第88页。因为对这个问题的表述和抽样方法某种程度上的差异，要精确地测定感知变化的尺度是很难的，但是上升的趋势显而易见。同样，也很难知晓受访者声称反犹主义是一个"严重问题"之时的意思是什么。

美国犹太人，就像其他的每一个人一样，对于世界上正在发生之事的看法，不是来自独立的思考，而是来自那些他们乐意相信的人所说。许多犹太人机构和大量的犹太人媒体告诉他们美国反犹主义的严重性等级很高且还在不断升级。他们有什么理由要去质疑它？自1970年代以来，在犹太人组织的世界中，新增了一个由老的和新的"擅长于尖叫的"(schrei gevalt)力量所组成的领域，然而其他作风的机构（像美国犹太人委员会和美国犹太人大会之类）的力量就衰退了。反诽谤联盟和那个获得巨大成功的西蒙·维森塔尔中心一道，以发送邮件的方式不断地向犹太人通报新的反犹主义威胁。(反诽谤联盟尤其热心于利用一些无名的黑人骗子和蛊惑者去广泛传播反犹主义评论，因此使他们的听众大为增加。)[1]在几十家美国地方性的犹太人报刊之中，除了一小部分之外，其余的都是当地"犹太人联合会"的机构，该组织在筹款上的成功与潜在捐赠者的忧虑程度存在着直接的正相关。

对渐次高涨的反犹主义的感知与对大屠杀越来越多的关注之间的相互关系表现得很明显但又很难确证。自1960年代后期开始，那些声称存在一种新的反犹主义的人常常把它的出现归因于大屠杀记忆的消逝。他们说，是大屠杀的直接影响创造了"黄金时代"。[2]诺

---

[1] 1974年，反诽谤联盟的领导人强调，反犹主义黑人蛊惑者如今和之前相比成了一个更大的威胁，原因之一就在于他们所获得的媒体报道。"哈莱姆的一位街头演说家曾经拥有的听众是有限的。今天，借助当地的和国家的广播和电视以及更为广泛的覆盖黑人社区的报纸，他的听众数目可以非常巨大，他的效仿者也很多；在1960年代后期，如果你是一个黑人并想在一定程度上一举成名，那么，可以花钱成为一名反犹主义者——那里的电视摄像机一瞬间就能办成。对犹太社区的潜在危害明显加重了。"(Arnold Forster和Benjamin R. Epstein，*The New Anti-Semitism*，纽约，1974年，第177页。)在最近若干年中，反诽谤联盟自己都已经成了促使黑人蛊惑者受到重视的主要催化剂——并因此成了奖赏反犹主义废话的自动取款机。

[2] Epstein,"American Jewry",第7页。

第九章 "他们会把我的孩子藏起来吗？"

曼·波德霍雷茨说,到了1960年代后期,"限制性规则的道德律令对大屠杀失效了"。[1] 1982年,迈克·贝伦鲍姆谴责了"卫生处理时期的终结……大屠杀防护之盾的消失"。[2] 十年之后,声称"反犹主义已经获得了一种自二战以来在美国看不到的新的声望",亚伯拉罕·福克斯曼把这类所谓的声望归因于这一事实：大屠杀现在成了"过往的历史"了。[3] 鉴于那个压倒性的证据,即在最近几十年中反犹主义在美国越来越不受待见了,并考虑到在最近几十年中美国人比在战后更加意识到大屠杀,我们就真不知道该对那些断言说些什么了。但是它们可能被那些制造它们的人所相信,并因此给予了犹太领导人一个散布大屠杀观念的实用的激励。

对越发高涨的美国反犹主义的感知在激发美国犹太人去思考和谈论大屠杀方面显然发挥了作用——当然,很难说清楚作用到底有多大。一旦大屠杀在犹太人的意识中占据中心地位,就其成了中心的程度上来说,它提供了一种加重对美国反犹主义的忧虑的语言和分析框架,一种急剧上升的互动在发挥着作用。曾经,人们开始运用来自那些最为极端的事件的意象,而不可能去说任何温和的、适度的或者微妙的东西；正是这种语言把你带入了一种夸张之境。1969年,诺曼·波德霍雷茨告诉一位支持黑人社区所控制的学校的记者,说他是那些想要"把犹太民族推进毒气室"的人之一。[4] "毒气室"这个说法不断重现。在布鲁克林,一名反对校车上学一体化的激进抗议者强调"我们不想在这个

---

[1] Podhoretz 与 Cohen 的访谈。
[2] 引自 Michael Kernan, "The Specter of Anti-Semitism", *Washington Post*, 1982年12月1日, C1。
[3] 引自 Herb Keinon, "Antisemitism Now 'Respectable' in the U.S., ADL Head Reports", *Jerusalem Post*, 1992年4月14日。
[4] Jack Newfield, *The Education of Jack Newfield*, 纽约, 1984年, 第30页。

时候被带进毒气室"。[1]在一个关于黑人和犹太人之间关系的公共论坛上,黑人心理学家肯尼斯·克拉克提及他从来没有收到参加关于天主教与黑人之间关系的讨论的邀请,所以想知道为何这里这个问题会如此紧张。观众席中的一位妇女说这是因为"天主教徒并不担心黑人会把他们推进毒气室"。据一位观察者说,克拉克"皱了皱眉,好像身体上受到过伤害。'我的上帝啊,'他非常和缓地说……'你说了黑人把人推进毒气室的事情吗?'"[2]

在前面的章节我已经说过,在战后最初的若干年中,大屠杀被犹太人看作是历史的一部分,大体上美国人也是这样看的。它是一个发生于那里而非这里的事件;它是一个时期——纳粹时代——的一个方面,如今已经结束了;它是一组特定的力量相互作用之结果。当大屠杀从历史转变为神话,它就成了不受历史事实约束的"永恒真理"了。在其他事情之中,大屠杀则象征着反犹主义之天然的且不可避免的终点站:第一站,一个反犹主义的笑话;最后一站,特雷布林卡。每一个夸夸其谈的法拉罕[3]随从都成了尤利乌斯·施特莱歇尔[4]表演中的第一幕。对大屠杀的不可理解性和不可解释性的强调进一步强化了这种倾向。如果大屠杀拒绝理性解释,那么,谁能知道什么琐碎的事件可能会是"毒气室"的先兆?带着这样一种思维方式,就不可能会有诸如对反犹主义事件的过度反应之类的问题,也不存在什么夸大了无处不在的险境之说了。任何一个嘲笑在美国社会中存在着危险征兆这一观念的人,都没有学到

---

1 Jonathan Rieder, *Canarsie: The Jews and Italians of Brooklyn Against Liberalism*,马萨诸塞州剑桥,1985年,第206—207页。

2 Roberta Strauss Feuerlicht, *The Fate of the Jews*,纽约,1983年,第208—209页。

3 路易斯·法拉罕(Louis Farrakhan, 1933),美国宗教领袖,黑人民族主义者,激进主义分子。——译注

4 尤利乌斯·施特莱歇尔(Julius Streicher, 1885—1946),纳粹头目之一,反犹刊物《先锋报》主编。——译注

第九章 "他们会把我的孩子藏起来吗?"

"大屠杀的教训"。一些人称犹太人对1968年那一小股黑人的反犹主义评论采取了过激的反应,为了辩护,美国犹太人委员会的一位官员坚称"没有足够多的人,包括犹太人在内,相信希特勒是危险的"。[1]在随后的几十年中,这成了在官方犹太人对每一个事件的反应中反复出现的话题。二十五年之后,在一个以那种并非真正道歉的时髦形式出现的评论中,反诽谤联盟的亚伯拉罕·福克斯曼说:"如果因为我叫喊得太快而对黑人或白人社区有所冒犯的话,那么我很抱歉。上一次犹太人没有那样做,他们付出了沉重的代价。"[2]

在1960年代后期和1970年代初期,在宣告"新反犹主义"的到来的同时,美国犹太人组织正在改变它们要优先考虑的事项和立场,现在看来这一变化是永久性的。也许把它描述为向内转是最恰当的——从以前支配性的"融合主义"观点转向了对捍卫犹太人独特利益的强调,类似于围起一圈屏障。那些宣扬存在新反犹主义的人争辩说这个新的变体,和那个老的不一样,并不必然会流露出任何的对犹太人的敌意。这通常是那些可能会损害犹太人利益的政策的问题,即便政策并非有意要伤害犹太人。那些白人精英对黑人社区控制学校的支持(这威胁着犹太教员的地位)就是一个例子。另一个则是"积极行动方案",主流犹太人组织都发起运动反对这些方案,理由是犹太人会被它们置于

---

[1] "Excerpts from Address by Rabbi Marc H. Tannenbaum...", AJCommittee Papers, FAD-1 A, Box 140, Negro-Jewish Relations, 1968.

[2] J. J. Goldberg, "Scaring the Jews: Hyping Anti-Semitism", *New Republic* 208, 1993年5月17日,第24页。1989年,喜剧演员Jackie Mason被鲁道夫·朱利亚尼从其纽约市长竞选活动中解雇,因为他给朱利亚尼的对手制作了一个非常过分的种族歧视性的笑话。Mason "为我的不敏感"而做出了正式道歉。他补充道:"他们说我的笑话离开舞台就没有趣味了,但为什么一个喜剧演员就没有言论自由呢? 无论如何,犹太人不该沉默——当他们沉默时看看他们身上发生了什么。"(Glenn Collins, "Mason Takes Stock after the Political Storm", *New York Times*, 1989年10月5日, C21。)

不利的境地。[1]这些倡议被看成是新反犹主义精髓的典型："对犹太人的担忧极度地漠视"；无法理解"犹太民族那种最为深刻的忧虑"。[2]

非犹太人对以色列人的困境和对美国犹太人幸福生活的漠视被看作是一种普遍现象的具体事例，该现象最为戏剧性的例子（经常被引用），就是非犹太人对大屠杀期间的犹太人命运的漠视。与大屠杀相关的任何一个方面都没有希特勒欧洲的旁观者们受到的关注更多。对旁观者的讨论——少数人曾帮着营救犹太人而大多数人则没有——成了谈论大屠杀的主要思路之一，而这些言论则强化了这样一种观念，即犹太人在一个充满敌意或冷漠的世界中是脆弱和孤独的。

关于旁观者在大屠杀期间的行为，不足为怪的事实是，那时绝大多数非犹太人仅仅像被冷酷无情的外来占领者统治的人那样可以料到地行事：他们低着头，只顾着自己。如果说人们能够概括出不同国家中帮助力度的差别（这非常难以衡量），那么，那些差别也是可以预见到的。在德占区环境相对温和的地方，和犹太人充分融入当地社会的地方——比如丹麦，更多、更有效的帮助唾手可得。在那些德国人表现特别野蛮，和犹太人未能充分融入进当地社会的地方——比如波兰，就很少有什么帮助而且经常不成功。但是关于旁观者的讨论并不是寻求历

---

[1] 犹太人机构有时候坚持说，他们并不是在反对积极行动，而是反对配额制。"我们经历过那个建立了配额制的希特勒时期，"反诽谤联盟的Benjamin Epstein说。(Epstein, "Myths and Realities in Black-Jewish Relaions", 1979年4月23日的演讲, Oscar Cohen Papers, 25: 11.)但即便是对那些最细微地向少数族裔倾斜的招聘行为都会惹火犹太人。1971年，当纽约市的卫生部门宣布说有些职位空缺，并说"我们特别渴望招聘到优秀的黑人或者波多黎各人"，美国犹太人大会持续攻击，结果那个公告给撤了下来。(American Jewish Yearbook 73, 1972年, 第112页.)在1994年Forward报刊的头版大标题是，"批评家们警示说，克林顿的医改计划意味着要对犹太医生实施配额限制"。事由是那个激励医院为少数族裔成员提供实习机会的计划中的一项规定。(Forward, 1994年2月18日, 第1, 4页.)文章引用了Irving Kristol的话，即他"认为肯定的是，政府当局要确保在两代人之内没有犹太男性能够进入医学领域"。

[2] Forster和Epstein, New Anti-Semifism, 第5, 324页。

第九章 "他们会把我的孩子藏起来吗?"

史理解的一部分;它只是想指出一个教训。

在其他的语境中,谈论"无辜的旁观者"是很普遍的现象。这些所谓的罪孽深重的旁观者与"正直的非犹太人"形成鲜明对比——后一术语被以色列大屠杀纪念馆正式地用来指称那些帮助过营救犹太人的欧洲基督徒。[1]作为正直的非犹太人,其资格条件与"正直"(righteousness)这个词汇的日常意义——即恪守道德准则和做人们被合理期待去做的事——没有什么关系。它的标准是,为了营救另外一个人,展现最高尚、最珍贵的自我牺牲的英雄主义,会把本人的生命以及(通常)其家庭成员的生命置于危险之中。[2]在以色列大屠杀纪念馆,正直的非犹太人身份的候选人被精心地筛选。通常这个过程要耗费很多年,而最为严苛的标准也得到了贯彻。(因此,1943年那些把丹麦犹太人运送到瑞典的渔民是不够格的,因为他们获得了报酬。)[3]

绝大多数对"正直的非犹太人"的纪念活动的本意都为了谴责那一大批"邪恶的大多数"。《大屠杀百科全书》中的一条"国家间的正义"强调,"那少数人的行为基本证明了援助和营救是有可能的……要是当时

---

[1] 该术语来自拉比格言,其规范的形式则源自12世纪的迈蒙尼德(Maimonides)著作:"正义凛然的非犹太人在未来的世界中占一席之地。"迈蒙尼德赞成传统的这个看法,即所有的犹太人,除了那些犯下最为严重的罪行的人,在未来的世界都有一席之地;只有极少数的非犹太人可能才会有资格拥有。这一切都非常自然而然,因为在那些世纪中,所有的犹太人和基督徒之间的关系都具有相互蔑视敌视的特点——总是带着深深的猜忌之心看待对方。随着启蒙运动的进展和犹太人的解放,这个教义对于如Moses Mendelssohn这样的人而言,成了一个可憎的东西——他期待在犹太人和非犹太人之间形成真诚关系,并认为"在未来世界占有一席之地"者中包括所有那些行为正派的人。除了在极端正统派之中,对"正直的非犹太人"异常严格的传统的定义成了一件令人尴尬的事。(见Eugene Korn, "Gentiles, the World to Come, and Judaism: The Odyssey of a Rabbinic Text", *Modern Judaism* 14,1994年,第271页。)

[2] 对于这个方面的详细情况,见Berel Lang, "For and Against the 'Righteous Gentiles'", *Judaism* 46,1997年冬。

[3] Moshe Bejski, "Righteous among the Nations",《大屠杀百科全书》,纽约,1990年,第3:1280—1281页。

有更多高尚的人的话"。[1]以色列大屠杀纪念馆正直者处（Department of the Righteous）的负责人解释说，给大屠杀历史"撒上点"营救者的故事之类对于在"正直者的衬托之下"展现欧洲基督徒的罪过是必不可少的。[2]在美国，反诽谤联盟的首脑讨论那本由该联盟"基督教救援者基金会"的董事所写的著作。他坚称，"这本书的重要性在于，它让读者理解到营救犹太人是一种罕见的现象。[事实是]七亿人生活于欧洲纳粹占领区；至今有一万一千人因营救犹太人而获得了以色列大屠杀纪念馆的荣誉"。[3]在非犹太人之中，不正直与正直的比例（几千比一）被评论员反复强调。"相对于每一个正直的人来说，"本杰明·米德说道，"那些为虎作伥者，或者最好的情况，悠闲地站在一旁啥也不干的人，成千上万。"[4]

那些写过或说过关于非犹太人救援者情况——而目的并非是为了强调其罕见性的人汇报说，他们经常会受到来自犹太观众不友好的对待。其中一位讲到那些指责他的演讲的批评家们："对我加以各种谴责从诱骗美国人形成一种错误的安全感……到通过培养一种能够依赖于美国支持的幻觉而把以色列置于危险的境地。"[5]犹太人对斯蒂芬·斯皮尔伯格的《辛德勒名单》最普遍的抱怨之一就是，它曲解了大屠杀的意义和教训，因为它把一名基督教救援者作为叙述的焦点。[6]一

---

[1] Moshe Bejski, "Righteous among the Nations",《大屠杀百科全书》，纽约，1990年，第3：1279页。

[2] Mordechai Paldiel, "Righteous Gentiles Vindicated Humanity", *Jerusalem Post*, 1990年7月31日。

[3] Abraham Foxman 致 *New York Times Book Review* 的信，1994年7月31日，第31页，评 Eva Fogelman 的 *Conscience and Courage*。

[4] Andrea Herzberg, "Regional News"（关于米德在大屠杀纪念活动上的讲话的报道），UPI dispatch，1984年4月29日，AM cycle。

[5] Lawrence Baron, "Restoring Faith in Humankind", *Sh'ma* 14: 276, 1984年9月7日，第126—127页。

[6] 比如参见 Diana Jean Schemo, "Good Germans: Honoring the Heroes, Hiding the Holocaust", *New York Times*, 1994年6月12日，4: 1; Marvin Hier, "Lessons of the Holocaust", *USA Today Magazine*, 1995年9月；Judith E. Doneson, "The Image Lingers"，见 Yosefa Loshitzky 主编，*Spielberg's Holocaust*，印第安纳州布卢明顿，1997年，第140页。

第九章 "他们会把我的孩子藏起来吗?"

些要求认可基督教救援者的个人想和对非犹太人的全面的责备做斗争;借用其中一位的话来说,去摧毁美国犹太人那"堡垒般的心态"。[1] 但是,机构把对正直的非犹太人的纪念活动当作"确证一般规律的例外情况"来使用,则通常会进一步强化那种心态——助长对非犹太人的猜忌。无论其意图何在,根据那些以惊人的频率出现的、来自在其他方面明显是通情达理的美国犹太人的报道,其做法似乎已经造成了这样的后果。"当我搬到一个新的城镇,"一位大学教师写道,"我就不停地想,在我的非犹太人朋友之间,我有可能会把我的孩子托付给谁,如果出现那种需要的话。"[2] 一位杰出的犹太女权主义者说:"每一个神志清醒的犹太人都渴望问她或他的非犹太人朋友,'你会把我藏起来吗?'——但由于担心对方沉默不语而克制了这种冲动。"[3] 一位心理学教授说道:

> 许多犹太人报告说,当与非犹太人交流时,他们向自己提出的那个未说出口的问题是,"她或他会把我从纳粹魔掌中解救出来吗?"我这样问自己无数遍:当对于那位我一直假定与我很亲密的非犹太人朋友提这个问题时,有时候我被自己的回答"我不知道"所震惊。这个回答是衡量非犹太人可信度的最终标准。[4]

---

[1] Howard I. Friedman 致 Bertram H. Gold 的信,1979年5月16日,AJCommittee Files, Holocaust/BGX,1979年。

[2] Vanessa L. Ochs, "Not in My Backyard", *Tikkun* 8,1993年7—8月,第55页。

[3] Aviva Cantor, *Jewish Women/Jewish Men*,旧金山,1995年,第390页。

[4] Leslie Brody 主编的 *Daughters of Kings: Growing Up as a Jewish Woman in America*(波士顿,1997年)一书的导言,第17页。参比拉比 Arthur Hertzberg,他写道:"在我关于每一个非犹太人朋友的最隐秘的思想中,我问我自己:他们之中谁会冒着生命危险……去把我的儿孙们掩藏起来。"("A Lifelong Quarrel with God", *New York Times Book Review*,1990年5月6日,第40页。)

盘旋于这一切之上的是那句"极端中见真相"的（In extremis veritas）荒唐的格言——那就是，在想象的最为绝望的环境中，人们就可以洞悉非犹太人到底是如何看待犹太人的。沉迷于思考这样的问题——即人们是否确信，如果一场大屠杀降临美国的话，他们将会被非犹太人朋友所拯救——就是主动去激发起焦虑和疑惑之心，因为有谁能够永远地确信这类事情？对这类无意义问题的追问似乎已经获得了文化上的认可，它似乎成了一种象征着人们已经吸取了"大屠杀教训"的迹象。

关于有组织的美国犹太人向内转的其他方面，其中并非所有的都与渐次高涨的大屠杀意识有着直接的联系，不过它们常常助长了那种堡垒心态——这既是那种意识的源泉也是其结果。关于这种新的内向性之程度的迹象，是1988年的一个调查，超过三分之一的改革派拉比——在那些主要的犹太宗派中，传统上他们是最具"融合性"和"外展性"的——赞成这种主张："从理论上说，人们不该和非犹太人建立任何的联系。"[1] 人们相信在关心犹太人这方面只有犹太人才是可靠的，从这个意义上说，这让犹太人越来越没理由去关心那些不关心他们的人了。至少，把犹太人的资源浪费在他们身上是愚蠢的。对于那些依然按照"黄金时代"的方式做事和没有适应新形势的犹太人，人们越来越不耐烦了。内森·珀尔马特是1980年代初期反诽谤联盟的领导人，他说当地的犹太人团体可能在愚蠢地推进那些"注定要失败"的为了让少数族群获得更多机会的项目，但是他并不打算"浪费这个机构的人

---

[1] Samuel Heilman, *Jewish Unity and Diversity: A Survey of American Rabbis and Rabbinical Students*, 纽约，1991年，第37页。

第九章 "他们会把我的孩子藏起来吗？"

力……我们已经明确地反对过那些和犹太人利益无关的项目"。[1]

并非所有的犹太领导人都像反诽谤联盟的这位头领走得那样远，但是，向内转这一趋向在所有人身上都可以看到。在犹太人慈善机构内部，政策有了转变。在战后最初几十年中，由于人口的变化，许多犹太医院、孤儿院和此类机构已经越来越多地服务于非犹太人（通常是黑人）对象。在许多被一种无宗派的、"基于需要的"哲学所萦绕的人之中，这种发展并不是不受欢迎。从1960年代后期开始，这种政策改变了，越来越多的犹太资源被犹太人事业所独享。[2]即便在那些对过去的一些自由议程保持着忠诚的组织之中，如美国希伯来教会（改革）联盟，对那些范围更大的议题的关注显著下降了，与此同时对那些更狭隘的议题的关注则上升了。[3]一位改革派拉比，之前是自由派人士，引用了埃利·维瑟尔的话来证明那个转变的合理性：

> 通过为自己的民族而工作，犹太人……做出了最有价值的贡献……通过为俄国的、阿拉伯的或波兰的犹太人的利益而战斗，我为世界各地的人的权利而战斗……通过努力保持住大屠杀记忆，我谴责比夫拉的屠杀暴行和核威胁……只有从其犹太人特性之中，犹太人才充分发挥了他生而为人的作用。[4]

---

[1] Nathan Perlmutter与Oscar Cohen的访谈录，1979年11月2日，Oscar Cohen Papers，第21:1，25—26，23页。早些时候，Perlmutter曾写道，当他的"理智的自我"认识到黑人是"失败者"之时，他的"情感的自我"却把他们看作是"胜利者"。(Perlmutter, *A Bias of Reflections*，纽约州谢罗谢尔，1972年，第93页。)

[2] 相关的案例研究，见Charles S. Liebman, "Leadership and Decision-making in a Jewish Federation: The New York Federation of Jewish Philanthropies", *American Jewish Yearbook* 79, 1979年。

[3] 见美国希伯来教会联盟社会行动委员会1970年前后的决议列表，见Simeon J. Maslin, "The Language of Survival: Social Action", *CCAR Magazine* 24, 1977年夏。

[4] 同上，第32页。

在这个时候，重要犹太机构的人事有了缓慢且显著的变化。在以前几乎所有的人都是世俗主义者，或至多是最低限度的守教规者，然而一个重要的且不断发展的正统派出现于他们的行列之中。[1]基督教教义基本上是普世主义的，这并没有阻止基督徒个人成为最狭隘的沙文主义者。传统犹太教的排他主义并没能阻止犹太个人——即便是一些严守教规的犹太人——变成普世主义价值的拥护者。但依然真实的是，总体上，那些严守教规的犹太人在他们的思虑中所具有的排他主义倾向强烈得多。当该组织的日程安排转向这个方面之时，自然而然地就会有更多的严守教规的犹太人登场，而他们的出现又加速了从普世主义思虑中摆脱出来的进程。斯蒂芬·斯皮尔伯格《辛德勒名单》的塔木德题词——"无论谁拯救一个生命就拯救了整个世界"，确实反映了自由犹太主义在最近几百年中所发展出来的普世主义价值立场。严守教规者知道，那个在所有正统的犹太学校教授的传统版本，就说了"无论谁拯救一个以色列的生命"。[2]

1　Abraham Foxman报告说当他在1960年代中期第一次为反诽谤联盟工作之时，它"不是一个犹太人组织"；准确地说，它是"一个有时候为犹太人工作的组织……为了星期五能够早早回家，我不得不去交涉……今天，我们的犹太性浓厚得多了。我们这里有很多戴着圆顶小帽的人"。(引自William Helmreich，*Against All Odds*，纽约，1992年，第206页。)

2　这个版本(翻译形式各异，但总是和犹太人有关)是巴比伦塔木德和《密西拿》中的标准版。词语"以色列的"在耶路撒冷塔木德中被删除了，但是，对于严守教规者来说，巴比伦塔木德文本才是最具权威性的，才是应当拿来教授和学习的。(见Maslin，"Language of Survival"，第35页；*The Mishnah*，Herbert Danby译，伦敦，1933年，第388页；Jacob Shachter，*Hebrew-English Edition of the Babylonia: An American Translation*，加州奇科，1984年，XXIIIB, Bavli Sanhedrin, chap. 4, 37a。)至于耶路撒冷塔木德中的版本，见Jacob Neusner，*The Talmud of the Land of Israel*，第31卷：*Sanhedrin and Makkot*，芝加哥，1984年，第146页。就我所知，在《辛德勒名单》的批评者之中，唯一意识到这个差异的是Philip Gourevitch，但他对此的评论则是如此隐晦，以至于成了一个内部笑话——他简要地提到该文本"有些轻微的损毁"。("A Dissent on 'Schindler's List'"，*Commentary* 97，1994年2月，第51页。)

第九章 "他们会把我的孩子藏起来吗?"

向内转对于许多美国犹太领导人而言不可避免地也会要求向右转——他们强调,"这对犹太人有利吗?"即便不是犹太人向自己所提出的唯一的问题,也是第一个问题。到了1970年代犹太人在美国社会的"富人"中出类拔萃,并且犹太人和非犹太人在收入以及在所有上层职位中的代表的差距在随后的几十年中扩大了。犹太人在更加平等的奖励分配(这是自由主义社会政策的目标)中,只会失去许多而一无所获。向右转在讨论对外政策的过程中也表现得很明显。欧文·克里斯托尔在美国犹太人大会的杂志上撰文指出,那些想削减美国国防开支的人会"拿刀刺向以色列的心脏"。[1] 露西·达维多维奇谴责了1984年投票给沃尔特·蒙代尔而非罗纳德·里根的犹太人:他们不仅仅"和那些不是我们的盟友而是敌人的团体投相同的票",还"投票给和巴解组织有直接联系的党派"。[2] 反诽谤联盟的领导人说,一个未能支持尼加拉瓜和萨尔瓦多这些国家的右派反对其左派的国家,"会是一个对中东大灾难无动于衷的国家"。[3] 所谓的新保守主义政治运动基本上只是犹太人自个儿的事;美国犹太人大会出版的《评论》成了美国最为著名的保守主义杂志。[4]

尽管犹太保守主义大放悲观论调,大多数美国犹太人都抵制那个

---

[1] "第10届美以对话"评论,*Congress Bi-Weekly* 40,1973年4月13日,第19页。

[2] Lucy Dawidowicz, "State of World Jewry", 1984年12月2日在第92号街道YM-YWHA上的演讲,引自Charles E. Siberman, *A Certain People*, 纽约, 1985年, 第346页。

[3] Nathan Perlmutter, 见Oscar Cohen和Stanley Wexler主编, *"Not the Work of a Day": Anti-Defamation League of B'nai B'rith Oral Memories*, 纽约, 1987年, 第1: 84—85页。

[4] 《评论》采取了如此强硬的右翼立场,以至于美国犹太人委员会曾一度试图让它和一个更加自由的期刊 *Present Tense* 之间保持均衡。但是,当委员会预算吃紧, *Present Tense* 就被放弃了。重要的犹太周刊 *Forward* 也急剧右转,其新任编辑是从 *Wall Street Journal* 跳槽过来的。同样右转的现象在其他杂志中也存在,而这些杂志实际上是(尽管从法律上看不是)犹太人的,比如 *The Public Interest* 和 *Partisan Review*。

大屠杀与集体记忆

要求把他们的忠诚转移给共和党的诉求。[1]但是,和其他在年龄、教育及收入方面都相近的美国人相比,在面对生计问题如福利、收入分配和援助黑人之时,要说犹太人明显地更加自由开明,那就不再是真实的了。(他们更多的自由主义大体上局限于性道德问题,比如流产和同性恋权利。)[2]虽然犹太人的投票模式落后于其他的变化,但是犹太人以前与自由主义的象征性认同已成了一个过时的东西:日益明显的是,在政治领域、在媒体以及在学术和文学文化领域之中,犹太人中的保守派和自由派同样多。

183　很难说,对大屠杀不断增加的关注在多大程度上促成了犹太人的右转,反之亦然。人们常说大屠杀"深刻地教导着保守主义关于人性的教训——它抨击了作为自由主义基石的启蒙运动乐观主义"。("认为一个人能够不仅仅为极少数人而做很多事,这是一个危险的幻觉",索尔·贝娄的阿图尔·赛姆勒说,他被大屠杀从自由主义的幻想中解脱出来。)[3]犹太左翼分子尽管自1970年代初以来其影响越来越小,也同样热心于从大屠杀中阐发出他们自己的教训。富兰克林·罗斯福所谓的放弃犹太人起着双重作用:对于保守派犹太人而言,它表明依赖于

---

[1] 很难说,那些持续偏向民主党的犹太投票人有多少"犹太性"。当保守主义就自由主义自称代表了真正的犹太人传统的声明进行论辩之时,他们当然是正确的。如果真是那样,那么应该是最为自由的犹太人才是最具有传统的犹太人了,但情况显然并非如此。几个假设是合理的。在那些关于保守主义的最好的预言中,投票大体上是"虔诚的"。总体上,从各个方面看,犹太人比新教徒和天主教徒都虔伪得多——而且,当保守主义被越来越多地从"生活方式"的问题这一角度而定义之时,这当然就更加重要了。另一个关于投票的极好预测指标是我们的父辈们是怎么投票的:这里,以前的犹太人倾向于民主党毫无疑问地发挥着作用。虽然犹太新保守主义使劲想要让犹太人相信基督教原教旨主义才是他们真正的盟友,但是基督教右派越来越引人注目地出现于共和党,这当然让许多犹太人产生了很不好的感觉。

[2] Charles Liebman 和 Steven M. Cohen, "Jewish Liberalism Revisited", *Commentary* 102, 1976年11月,第51—53页。

[3] Saul Bellow, *Mr. Sammler's Planet*, 纽约, 1970年, 第231页。

第九章 "他们会把我的孩子藏起来吗？"

自由派和民主派是错误的；对于左翼犹太人而言，它阐明了试图与"统治阶级"而非群众结盟、试图求助于"权势阶层"以获得保护这些做法都是愚蠢的。[1]在右翼发现借用大屠杀很具有哲学上的效用，即为保守主义世界观提供一种历史的证明时，左翼和反主流文化分子却发现它在心理学上的适意性：它为那种愤怒的对抗性风格和1960年代遗留下来的"完全发泄出来"的心态提供了一个平台。拉比阿维·韦斯——曾为了煽动与修女间的对抗而爬过奥斯维辛迦密女修道院的墙——是"自由言论运动"激进分子（1964年他们在伯克利的史布罗广场激怒了警察）的直接继承人。[2]特别是在那份最为著名的犹太人左派杂志《复兴》（Tikkun）中，有大量的关于大屠杀的"治疗性狂怒"的心理学呓语。一条关于修改逾越节哈加达的补充性建议辩称，"为了战胜痛苦，我们首先必须被允许表达我们的愤怒"。这包括一个舞台说明："在此停一下，让逾越节参加者诉说他们正义的愤怒。"[3]无论是犹太右派还是犹太左派，要想区分出其鸡和蛋，通常都很困难：在何种程度上，思考大屠杀

---

[1] Michael Lerner, *The Socialism of Fools*, 加州奥克兰, 1992年, 第20页; Aviva Cantor, *Jewish Women/Men*, 第377页。犹太左翼分子，以及许多其他人，在反战抗议中不断借用大屠杀。

[2] 韦斯当然不是左翼分子，但他的行为方式非常具有"1960年代的风格"。关于那个围绕着大屠杀议题的对抗性风格的发展过程，有一个很精彩和很有启发性的描述，参见David Biale和Fred Rosenbaum, "The Pope Comes to San Francisco: An Anatomy of Jewish Communal Response to a Political Crisis", 见Seymour Martin Lipset主编, *American Pluralism and the Jewish Community*, 新泽西州新布伦瑞克, 1990年。

[3] 该补充建议在*Tikkun* 4（1989年3—4月）。我并不是在冒充这个领域的专家，但是那个普遍的观念，即反复发泄愤怒可以让人们从中解脱出来，在我看来很幼稚。我发现那个得到大量研究支持的观点很有说服力，即正相反，反复谈论一个人的愤怒就是在演练愤怒。(见Carol Tavris, *Anger: The Misunderstood Emotion*[修订版], 纽约, 1989年, 并且其中也引用了那项研究。)关于那个"完全发泄出来"的意识形态, 见Cherie Brown, "Beyond Internalized Anti-Semitism: Healing the Collective Scars of the Past", *Tikkun* 10, 1995年3—4月, 第46页，在其中, 她建议"为犹太人建立不间断的支持团体，这样他们就能够承认……来自过去的恐惧与痛苦。而参与者则能够从来自他们所听到的大屠杀故事的痛苦中解脱出来"。

导致了某种特定的立场,或者为某种本已形成的立场提供了一种便利的表达方式。但是对于每一个人来说,在大屠杀之中总有一些重要的东西。

到目前为止,我所描述的美国犹太人向内转这一现象也能够被称作,而且经常被称作是战略的优先事项从"融合"转向了"生存"。融合——赢得美国社会中每一个领域和每一个阶层的认可——几乎不再具有优先权了,因为这已是一个既成事实。但这种认可是要付出代价的。越来越受犹太领袖们关注的幸存者,并不是指肉体存活于险恶环境之中的犹太人。确切地说,对犹太人没有敌意才是危险的。从个体的角度看,美国犹太人很成功;从集体的角度看,他们被仁慈所害。借用一位犹太领袖的话来说:"这个大熔炉之成功超过了我们最大的恐惧。"[1]犹太人忠诚和对犹太身份之意识都下降了,特别是在年轻人中间——鲜明地表现在急剧增加的异族通婚之中;对于美国犹太人而言,这预示着一场人口大灾难。那些被用来描述由凶残地敌视犹太人所造就的最严重后果的词汇,也被用来描述由善待犹太人所可能带来的后果。同化的威胁经常被描述为"平静的""无声的""无血的"或者"心灵的"大屠杀。[2]耶什华大学(现代正统派)校长诺尔曼·拉姆说道:"越来越低的出生率、超过40%的异族通婚率、日益上升的犹太文盲率——谁说大屠杀结束了?……这个恶魔已经采取了一种不同的且更加温和的形式……但是

---

[1] Richard M. Joel,引自 Victor Volland, "Jewish Students Finding Solace", *St. Louis Post-Dispatch*, 1996年4月1日,第1B页。

[2] 比如参见 David Gibson, "For Non-Orthodox, an Uphill Battle", *Bergen*(N. J.)*Record*, 1996年12月15日; David R. Mark, "On TV, Even Jewish Characters Don't Recognize Jewish Holidays", *Asbury Park*(N. J.)*Press*, 1996年12月30日; Sheldon Engelmayer, "A Spiritual Holocaust", *Washington Jewish Week*, 1991年6月13日,第20页。

第九章 "他们会把我的孩子藏起来吗？"

它的邪恶的目标依然未变：一个无犹太人的世界。"[1]

自1960年代中期开始，犹太社区的领导人越来越担心《看》(Look)杂志在1964年的一期封面故事中称为"正在消失的美国犹太人"的问题。[2]到了1960年代晚期，和非犹太人通婚的年轻犹太男性超过了40%（但年轻犹太女性则只有四分之一）。[3]在随后的几十年中，新近获得自由的年轻犹太女性具有了"平等的异族通婚机会"，而根据1990年全国犹太人口调查，异族通婚的总体概率超过了50%，而且在诞生于这种婚姻的儿童之中，只有四分之一成了（尽管是名义上的）犹太人。[4]就算这个比率保持不变——为什么不会上升呢？——美国犹太人的成员也将会大大地减少，这个趋势会持续数代人。难怪，自1970年代以来，"生存"成了美国犹太人的标语。

几个世纪以来，有两个因素促成了犹太人在美国大量出现。首先是移民带来的族群更新。美国第一批犹太人——赛法迪，在德国犹太移民加入到美国犹太人行列之时已开始以不断增长的比率同化和通婚。当这一群人对保持一个独特的犹太人身份之忠诚度衰退时，东欧犹太人于世纪之交大量涌入。当东欧移民者的儿孙们开始被同化之

---

[1] Norman Lamm, "Schools and Graves", 见 Ivan L. Tillem 主编, *The 1987—1988 Jewish Almanac*, 纽约, 1987年, 第111页。

[2] Thomas B. Morgan, "The Vanishing American Jews", *Look* 28, 1964年5月5日, 第43页及随后几页。至于前一个时期弥漫在美国犹太人之中的"生存焦虑", 见 Samuel C. Heilman, *Portrait of American Jews*, 西雅图, 1995年; Edward S. Shapiro, *A Time for Healing*, 巴尔的摩, 1992年。对此的简要概述, 见 Steven M. Cohen 和 Leonard J. Fein, "From Integration to Survival: American Jewish Anxieties in Transsition", *Annals* 480, 1985年7月。拉比 Arthur Hertzberg 说此时此刻, "无错觉地看待"证据则意味着美国犹太人无法存活。("The Present Casts a Dark Shadow", *Jewish Heritage* 6, 1963/1964年冬, 重刊于他的 *Being Jewish in American*, 纽约, 1979年, 第82页。)

[3] Heilman, *Portrait*, 第59页。

[4] Council of Jewish Federations, *Highlights of the CJF 1990 National Jewish Population Survey*, 纽约, 1991年, 第14, 16页。

时，新近加入进来的人——大屠杀的难民和幸存者——更少了。除了一定数量的苏联犹太人（不是非常具有犹太性）和以色列人（令人尴尬之事）之外，并没有更多的未被同化的外来犹太人可以用来弥补那些其犹太性正在消失的犹太人。有大量的关于第三代民族意识复兴的论述——"儿子们希望忘记的，孙子们希望铭记"；有许多的关于种族性之"不可消融性"的断言。[1] 但是证据清楚地表明，对于所有欧洲移民群体而言，包括很多犹太人在内，种族认同一代代不断地被淡化和弱化了（尽管通常还不是太接近消失点）。[2] 到了第三代和第四代，它通常只意味着一种象征意义上的种族性——那些对融合进程只有最小妨碍的不严格的仪式表演。[3] 也许最为重要的是，种族认同——再一次，包括犹太人认同在内，已经越发成了一件选择而非理所当然的事情了。

第二个因素是反犹主义，许多年来它把犹太人团结在一起。在二战之前和战后最初那些年中，对犹太人普遍的蔑视和歧视性做法导致了大量的隔离——居住的、职业的和社会的。当反犹主义退却之时，那些隔离连同其每天对拥有一种独特身份的提醒也随之一起消逝了。反犹主义的退却也意味着，与之前相比让人们的犹太认同感萎缩也没什

---

[1] 第三代现象是历史学家 Marcus Lee Hansen 在1937年的一篇文章中所提出的，"The Problem of the Third Generation Immigrant"，重刊于 *Commentary* 14, 1952年11月。(批判性的评论，见 Peter Kivisto 和 Dag Blanck 主编，*American Immigrants and Their Generations: Studies and Commentaries on the Hansen Thesis after Fifty Years*，伊利诺伊州厄巴纳，1990年。) Michael Novak 1972年著作的题名是"不可熔化的种族性的崛起"(*The Rise of the Unmeltable Ethnics*)，若干年之前，Nathan Glazer 和 Daniel Patrick Moynihan 自信地断言："关于熔炉的看法就是它没有发生过。"(*Beyond the Melting Pot*，马萨诸塞州剑桥，1963年，V。) 时至今日，恐怕很难找到会把这当回事的历史学家了。

[2] 总体上可能最好的调查，见 Richard D. Alba, *Ethnic Identity: The Transformation of White America*，纽黑文，1990年。

[3] 象征意义上的种族性这一个观念是由 Herbert J. Gans 所提出的，见他的文章 "Symbolic Ethnicity: The Future of Ethnic Groups and Cultures in America"，见 Gans 等主编，*On the Making of Americans*，费城，1979年。

第九章 "他们会把我的孩子藏起来吗？"

么不光彩了：它不再是"面对敌人之时的胆怯"了。

为了加强犹太认同，特别是在正被同化和异族通婚的年轻一代之中，犹太人组织能够做什么？主动性程度不同，所获得的成功之大小也不同。为以色列所做的动员可能为一些人提供了一种目标感，但这基本上不是一种认同。有一个小范围的宗教复兴，一些年轻犹太人加入了一些小规模的、非正式的宗教社区（havurot），但这类活动只吸引了一小部分人。有一些人则开始研习犹太文化和历史。这些事情都不是不重要，并理所当然地使得那些担心犹太忠诚正在消失的人感到欣慰。但是它们只是偶尔地和那些边缘犹太人（社区领导人主要的担忧对象）建立联系。无论如何，更具犹太性的人在数量上总是大大地被更不具犹太性的人所超越。

自从关注生存伊始，在1960年代后期和1970年代初期，人们提出，年轻人不参与犹太人事务——他们逐渐变淡的犹太认同感——是不充分的大屠杀意识之结果。拉比约阿希姆·普林茨对美国犹太人大会的与会者说，年轻犹太人不愿去考虑"犹太人的认同和团结"，他们"对犹太人的问题漠不关心"，很大程度上可以归因于他们对欧洲大灾难的忽视。除非采取了某些措施，否则"在一代人或两代人之内，在天南海北的犹太社区中那些已经被建立起来的美丽的结构很可能变得毫无意义"。[1] 伯特兰姆·戈尔德，美国犹太人委员会的首领，同样地，也把年轻犹太人"缺乏'作为犹太人'的感觉"归因于大屠杀未被"铭刻进二战后出生的那一代人的记忆之中"这个事实。[2] 这种看法在1971年美国希伯来教会联盟的会议上再次出现，在会上，领导人悲叹他们未能"向

---

1 全国两年一届会议上的讲话，1966年4—5月1日，AJCongress Papers, Box 16, 大会发言。
2 Linda Charlton, "Jews Fear Anti-Zionism of New Left", *New York Times*, 1970年8月14日。

年轻人灌输一种关于大屠杀对当代犹太人的意义的深刻意识",以及未能消除在那些经历过纳粹时期的人与1945年之后出生的人之间的分歧。[1]1972年美国犹太人大会的刊物上的一篇题名为"如何让青少年理解"的文章,对为什么年轻犹太人会"不重视种族或群体忠诚"这一问题,再一次重复了这种解释:"他们没有经历过大屠杀时期,只是间接地从父母和历史书中了解到它的情况……但他们习惯于不信从父母那里听到的许多东西,并且他们对历史不是太在意。"[2]在由北美犹太学生联动网所主办的一个研讨会上,一开始就要求与会者写一篇文章:"你如何向一个毫无兴趣的十六岁犹太学生描述大屠杀?"[3]在全国犹太社区关系咨询委员会的一次会议上,许多发言人说到,与大屠杀相关的一些活动项目能够吸引那些对大多数做法都"漠不关心和丧失兴趣"的年轻人。[4]

没有重要的美国犹太人决策机构得出了这样的结论——即正是大屠杀意识的缺乏解释了年轻人对犹太性忠诚的下降,把迷途的羔羊饲养在羊圈里的方式就是通过纪念大屠杀的活动。从来没有这样的机构;那不是事物发挥作用的方式。毋宁说,这是市场强力之结果。从表面上看,年轻犹太人确实对出席犹太人集会、学习希伯来语或意第绪语、沉浸于犹太文化或者参加主流的犹太组织这些活动"漠不关心和毫无兴趣"。大屠杀看上去像是库存中对消费者有吸引力的唯一一件商

---

[1] Irving Spiegel, "Reform Leaders Concerned over the Lack of Awareness by American Jewish Youth of the Nazi Holocaust", *New York Times*, 1971年11月8日。

[2] David S. Landes, "How to Make the Children Understand", *Congress By-Weekly* 39, 1972年3月10日,第54页。

[3] North American Jewish Students' Network, "Report on the Albuquerque Conference", 1972年2月,波士顿JCC Papers, Box 108,大屠杀一般性文件,1972年。

[4] 《研究会报告:全体会议文集,1972年6月28日—7月2日》,第8页,NCRAC Papers, Box 12,全体会议,1972年。

第九章 "他们会把我的孩子藏起来吗？"

品。那些对其他有关犹太议题的学术课程没有兴趣的犹太大学生，超额订购了和大屠杀相关的待售品。供给服从需求，所以此类课程的数量在整个1970年代急剧增加。根据一项评估（可能有所夸大），在1978年之前，开设这些课程的大学超过了七百所。[1]

和大屠杀有关的公共事件所吸引的观众大大超过了那些和其他议题相关的事件，并且还被安排得越来越频繁。其他的犹太人活动倾向于吸引已经具有相当高水准的犹太性忠诚的人，和大屠杀相关的计划安排则显示出对那些犹太认同感原本就很低之人的吸引力。当然，这些人恰好是"生存焦虑"之对象。虽然这是在校园中最容易被观察到的现象，但这似乎对年纪更大的犹太人也一样真实——根据与大屠杀相关的活动和组织机构以及那些忠实于其他犹太性方面者各自相对的吸引力，就可以发现这一点。那位为西蒙·维森塔尔中心提供了原始基金的百万富翁告诉一位记者说，这是"一件令人伤心之事：以色列和犹太人的教育以及其他所有熟悉的术语似乎不再能够帮助社区团结犹太人了。尽管，大屠杀每一次都发挥了作用"。[2]当然，在那些积极推动大屠杀纪念活动以应对"正在消失的美国犹太人"这一问题的人之中，没有一个人怀有犹太认同应当在那里终止的想法。借用拉比欧文·格林伯格（他是大屠杀意识的主要倡导者之一）的话来说，希望这将会"是一条引领其他的犹太特性通往复兴的道路"。[3]毫无疑问有时候确

---

[1] Ellen K. Coughlin, "On University Campuses, Interest in the Holocaust Started Long Ago", *Chronicle of Higher Education*, 1978年5月1日。其他的评估给出了更低的估算，但是所有的都认同此类课程的数量在1970年代大大增加了，在那之后甚至增长更快。

[2] Samuel Belzberg, 引自James E. Young, *The Texture of Memory*, 纽黑文，1993年，第306页。美国犹太人已经捐助了几千万美元给那些致力于收集关于欧洲犹太人死亡的详细信息的组织，然而像YIVO（意第绪语科学研究所）这样研究和歌颂过犹太人在欧洲的生活的组织，却过着紧巴巴的日子。

[3] 引自Paula E. Hyman, "New Debate on the Holocaust", *New York Times Magazine*, 1980年9月14日，第109页。

实如此,但没人知道它有多频繁,或会持续多久。

如果说在那些形成以大屠杀为核心的犹太认同的环境因素之中,其一是生存焦虑的话,那么另一个就是美国社会中"新种族性"和"认同政治"的兴起。这些多方面的现象之根源各种各样并且纷繁复杂——太复杂了在此无法详述。它们赖以形成的背景是一种普遍的对理想化的美国形象的幻灭感,因为在那些年中发生了肯尼迪遇刺和水门事件,还有越南战争和民权运动的失败。在一本颇具影响力的著作中,本尼迪克特·安德森认为我们把国家当成了"想象的共同体",而把在小型的面对面的社区中所发现的情感("家庭"之类的情感)投射在国家之上。[1] 自1960年代开始,许多美国人日益不再把美国想象成一个传统意义上的共同体——或者大家庭了。美国开始被看作"我们"情感中一个不合适的(或无价值的)对象。那个备受关注的代词开始被用来指称更小的实体或者跨国实体:"我们黑人"、"我们同性恋者"、"我们犹太人"。这些用法绝非什么新玩意,但是天平突然偏向了具体的认同这个方向,而不是"所有美国人的"认同。在犹太人的版本中(每一个群体都有自己的版本),1970年代后期,一个对美国犹太自愿捐助者的调查发现,四分之三的受访者都赞同"听《希望之歌》(Hatikvah,以色列国歌)比听美国国歌更加让我动情"。[2] 在历史著述中(选择我最熟悉的领域),对特定团体的成员为那个更大的社会和文化所做之贡献的讨论越来越少,而对每一个团体的独特性则强调得越

---

[1] Benedict Anderson, *Imagined Communities*, 伦敦, 1983年; 修订版, 1991年。

[2] Jonathan S. Woocher, *Sacred Survival: The Civil Religion of American Jews*, 印第安纳州布卢明顿, 1986年, 第111页。

第九章 "他们会把我的孩子藏起来吗？"

来越多。[1]

新种族性所影响的范围有时候被夸大了。以最大的欧洲移民团体为例——爱尔兰人、意大利人、波兰人、希腊人等，没有一个成功动员起了集体意识。持续数代人的异族通婚急剧地减少了"纯粹"人种的数目；那些遗留下来的人，除了一小撮激进分子，通常都对在圣帕特里克节游行或圣格纳罗节中所看到的那类临时的象征性宣言感到满意。"亚裔美国人"作为一个种族是个纯粹学术性（和纯粹华而不实的）范畴，其意义大概和"欧裔美国人"这个概念一样。（首尔和新德里之间的距离，文化上的以及地理上的，都是莫斯科和都柏林之间距离的两倍。）除了犹太人之外，那些真正坚持着"身份特性"——使它成了成功动员和集体意识之基础的群体——是黑人、妇女同性恋者和稍逊一些的拉美裔。

他们的群体动员和"提升了的意识"，是建立在共同的关于集体劣势的经历或个人对歧视的经历的基础之上的——经常二者兼有。他们在对主流社会共有的牢骚的基础上组织起来，该社会继续拒绝赋予他们完全而平等的参与权利，并且付给他们的报酬少于其在公平分配中应得的份额。因而，他们共有的认同总体上就是一种受害者的认同。全面充分的参与性和具有充分意识的群体成员的特点，是对共同的受害者意识的信仰——无论某个人私人可以过得多好。

自1960年代以来，美国文化的另一特点就是进一步地对受害者的

---

[1] 黑人（或确切地说，一些黑人）已经成了新特殊主义的领导者。比任何其他团体的成员都要多的是，他们往往对通过一体化而实现平等的承诺不抱希望（总是有充分的理由）。正是在黑人之间（尽管只是一小部分黑人），那种要从一个更大的社会中撤出并隔离起来的意识形态得到了最为充分的表述。爆炸头（Afros）和花里胡哨的短袖衫（dashikis）为圆顶小帽（yarmulkes）在校园和城市街道中铺平了道路。对黑人文化和黑人经历之独特性的主张——并且这种主张在黑人的学习计划中被制度化了——为妇女、讲西班牙语的人、犹太人和其他人的类似制度主张提供了先例。

境况给予了同情性关注。越战是美国历史上第一次这样的战争：在其中，受害者的形象，如一位光着身子的女孩抱着汽油弹在路上跑，取代了传统的英雄主义形象。在1960年代中期那些战斗于南方的令人鼓舞的场景之后，黑人的主导形象成了生活于城市贫民窟并陷入了绝望和无助之中的一群人——当不是那个烧杀抢掠的暴民之面貌时。就像明显存在于城市街头的无家可归者所做的那样，虐待配偶和摧残儿童这一新的关注焦点拓展了感知中的受害者的范围。同样新鲜的是，历史和文学著作重点关注的是失败者的而非胜利者的经验。[1]

正是在这种背景下，在这种实际上赞扬受害者的文化大气候中，试图巩固那摇摇欲坠的犹太认同之努力才多了起来。这并非是犹太领导人故意地或投机取巧地抓住了一种时髦的受害者情结以作为认同的基础——以便把犹太人动员起来并确保犹太人社区之安全。（如我所言，无论如何，并没有团结一致的犹太领导层能够做这类选择。）毋宁说，受害者地位的上升清除了之前几十年让他们躲避这个标签的种种顾忌。"受害者文化"并没有引起犹太人去拥抱那个建立在大屠杀之上的受害者身份，而是允许此种身份获得支配地位，因为毕竟它基本上就是仅有的一个能够囊括那些犹太人的身份了——他们脆弱的犹太认同产生了如此之多的关于犹太人生存的焦虑。

很难发现还有任何其他的依据，借此能够建立一种独特的被所有犹太人共享的认同。它不能够建立在独特的宗教信念之上，因为大多数犹太人对这类信念了解不多。它不能够建立在独特的文化特性之上，因为大多数对此也了解不多。对以色列的支持发挥了一种特定的向心力的作用，但近些年中与以色列相关的问题更多地导致了犹太人

---

[1] 例子可能多种多样。在好莱坞，关于美国西进运动的故事开始较少地关注第七骑兵队的英雄主义，而更多地关注他们的受害者（如《小巨人》、《与狼共舞》）。

第九章 "他们会把我的孩子藏起来吗？"

的分裂而不是团结。所有美国犹太人都认同的唯一一个东西就是这个认识，即如果不是近期的或很久之前的祖先移民，那么他们本该与欧洲犹太人有共同的命运。只要大屠杀成了定义犹太人的经历，那么所有犹太人就获得了他们共有的"名誉上的"幸存者身份。只要它获得了神话般的地位，并去表达关于一种持久存在的犹太人境况之真理，那么所有犹太人就能够被团结在一种基本的受害者认同之中了。

许多犹太领导人对这个结局很是苦恼。一种受害者认同之所以占据着主导，除了大屠杀似乎是唯一令所有犹太人能够感受到一种强烈的血脉相连之情的象征这一事实之外，还有多种其他原因。那种自我理解的类型在欧洲犹太人传统中根深蒂固。"犹太人的历史，"小说家阿哈龙·阿佩尔菲尔德说，"就是一系列的大屠杀，只是在技术方面有某些进步。"[1] 西蒙·维森塔尔编辑了一部年鉴形式的犹太殉道编年史，因此人们能够查阅到，犹太人在那几个世纪中每一年每一天在哪里和被谁所谋害。[2] 这种传统的认同对许多更加虔诚和更加保守的犹太人更具有本能的吸引力。但是一种受害者认同对许多左翼的犹太世俗主义者具有同样的吸引力，如《乡村之声》的专栏作家艾伦·威利斯，对他而言"犹太人……作为受迫害的局外人之境况在犹太教和犹太性的所有内涵中占据着核心地位"。[3] 一种受害者认同对各色犹太人而言，都是令人安心自在的——他们发现，犹太人不再被看作是受害者或者失败者这事是令人不安的；某个犹太领导人抱怨，通过"某种社会学意义

---

[1] 引自 Charles S. Liebman 和 Steven M. Cohen, *Two Worlds of Judaism*, 纽黑文, 1990年, 第31页。

[2] *Every Day Remembrance Day: A Chronicle of Jewish Martyrdom*, 纽约, 1986年。因此当得知了在1298年的同一天19名犹太人在德国克劳特海姆被杀害之后，我就能够纪念我的生日（和我的犹太身份）；1648年，赫梅利尼茨基的人在乌克兰的奥斯特洛屠杀了600名犹太人；1941年，纳粹党卫军在白俄罗斯苏维埃社会主义共和国布瑞安斯卡—戈拉杀害了250名犹太人。

[3] 引自 Liebman 和 Cohen, *Two Worlds of Judaism*, 第46页。

大屠杀与集体记忆

上的狡猾手腕……犹太人已经变成了'占多数的白种人'中的一部分了"。[1]特别是在校园环境中，犹太学生在那些政策的影响下变得焦躁不安——它们，希列尔一位拉比抱怨道，"承认历史上受压迫的少数族群和妇女的特殊地位，而与此同时却把犹太人变成了白人压迫者这一陌生角色"。[2]《复兴》杂志一位编辑强调犹太人不是真正的白人：

> 在近年的论著中，某人被贴上"白人"标签和某人被列为"有色人种"并不是因为他／她的肤色……而是因为其所受到的西方殖民主义压迫的程度。依据这个标准，犹太人已经是过去的两千年西方社会最大的受害者，所以理所当然地，他们应当被理解成"有色民族"中的一员。[3]

无论它们还有什么其他的作用，犹太学生在大屠杀纪念日自豪地佩戴起来的那些黄星是他们进入被压迫者行列的通行证。

在敦促要承认过去的不公这方面，犹太人绝对不是孤军作战。日裔美国人谈到他们战时的羁押；华裔美国人纪念南京大屠杀；亚美尼亚裔美国人把注意力转向了1915年的种族灭绝；爱尔兰裔美国人试图纪念1840年代的马铃薯饥荒。一般说来，这些要求被认可的诉求并没有让这些群体卷入竞争之中，除了在一种相对良性的意义上，即公众的注意力是有限的，因而每一个都必须奋力地挤上舞台。但是犹太人成

---

[1] Epstein, "American Jewry in the Mid-1970s",第7页。

[2] Jeffrey C. Alexander 和 Chaim Seidler-Feller, "False Distinctions and Double Standards: The Anatomy of Antisemitism at UCLA", *Tikkun* 7, 1992年1—2月，第14页。参见"Jewish Students Are Under Siege", *Forward*, 1992年1月31日。

[3] "Farrakhan's Jewish Problem", *Tikkun* 9, 1994年3—4月，第10页。

第九章 "他们会把我的孩子藏起来吗?"

功地利用其悲剧而永久性地占据着舞台中央,并同样成功地把它变成了评判其他暴行的标准,这引发了大量的愤懑——"大屠杀嫉妒"。

在对下述事件——史密森学会拒绝把几千具印第安人骨骸归还给那些希望安葬他们的部落——的讨论中,克拉拉·斯波蒂德·埃尔克质问道:"如果史密森的阁楼上有185 000名大屠杀受害者,那将会发生什么?"[1] 一位重量级大屠杀学者通过论证得出了这样的结论,即对佩科特印第安人的屠杀并非真正意义上的种族灭绝,因为有许多佩科特人存活了下来:"近至1960年代,佩科特人还依然被列为一个居住在康涅狄格州的独立的群体,"他说,"虽然英国在对佩科特人的战役中表现得可以不那么彻底、不那么严厉、不那么冷酷,那场他们的确实施过的战役,尽管那样暴烈,无论在意图上还是执行上,还不是种族灭绝行为。"[2] 一位美国印第安历史学家对此发表了评论,他想知道,对于如下的高论会有什么样的反应——大屠杀不是种族灭绝行为,因为虽然纳粹分子"可以不那么彻底、不那么严厉、不那么冷酷地"执行他们的反犹政策,毕竟,一些犹太人存活下来了,"他们中的许多人甚至生活在康涅狄格州"。[3]

亚美尼亚裔美国人被他们看到的东西所激怒,他们认为犹太人坚持要把大屠杀打造成一个独一无二的事件,同时把亚美尼亚的种族灭绝描写成"一般的"。一家犹太杂志出版了一部专题论文,在其中犹太作家们对一位亚美尼亚人作出了答复——他用温和的语言质疑大屠杀的独特性,并提出在无数个方面它都和1915年的那些事件相类似。露西·达维多维奇(非常不正确地)指责这位亚美尼亚人"把这个议题变成了一种比拼谁的遭遇更惨的粗俗竞争"。她补充说,土耳其人杀害

---

[1] Clara Spotted Elk, "Skeletons in the Attic", *New York Times*, 1989年3月8日, A31。
[2] Steven Katz, "The Pequot War Reconsidered", *New England Quarterly* 64, 1991年6月, 第223页。
[3] David E. Stannard, *American Holocaust: The Conquest of the New World*, 纽约, 1992年, 第318页。

亚美尼亚人有其"理性的理由",然而德国人杀害犹太人则没有任何理性的理由。其他撰稿者提出了各种各样的理由来论证为什么大屠杀(不同于亚美尼亚的种族灭绝)是"特别的":它发生于基督教欧洲的中心地带;反犹主义"自成一格";发生在犹太人身上的事情,与发生于亚美尼亚人身上的事情不同,"代表着人类历史上一个新的分水岭"。[1]

亚美尼亚人还有其他的委屈。华盛顿大屠杀博物馆的设计者们背叛了先前的承诺,即要给予亚美尼亚种族灭绝一个重要的空间,以作为大屠杀背景的一个部分。设计者们屈服于博物馆理事会中反对稀释大屠杀之"史无前例"性质的意见;他们也屈服于以色列政府的紧急游说,后者并不希望冒犯土耳其——那时候,土耳其是唯一一个与以色列建立了外交关系的伊斯兰国家。[2](土耳其一直以来都否认曾经发生过亚美尼亚种族灭绝之事。)以色列的游说活动也让许多著名的美国犹太人,包括埃利·维瑟尔、艾伦·德昭维茨、阿瑟·赫尔茨伯格,从一个在特拉维夫举办的关于种族灭绝的国际会议中撤出,因为以色列组织者,尽管面临着来自他们政府的强大压力,拒绝取消有关亚美尼亚案件的会议。[3]

---

1 Pierre Papazian, "A 'Unique Uniqueness'?", 以及 "Was the Holocaust Unique? Responses to Pierre Papazian", *Midstream* 30, 1984年4月, 第20页及其他各处。

2 Edward T. Linenthal, *Preserving Memory: The Struggle to Create America's Holocaust Museum*, 纽约, 1995年, 第228—240页。在这个例子中以及在后面的章节中详细叙述的事件中, 有时候会有一些暗示说如果犹太人——不论在以色列的还是流散在外的——协助亚美尼亚人去纪念1915年种族灭绝的话, 那么土耳其犹太人将会遭受苦难。这也许已经产生了某种影响, 但是大部分人并没有把它当真, 并且自始至终以色列的外交策略似乎是最重要的。(见Brant Coopersmith致Abe Karlikow的信, 1979年4月25日, AJCommittee Papers, Holocaust Commission, 1979; Abraham S. Karlikow致Bertram H. Gold和Marc Tannenbaum的信, 1981年9月9日[和附信], AJCommittee Files, Foreign Countries, A—Z, BGX, 1981年; George E. Gruen, 档案备忘录, "1982年4月2日与土耳其官员的非正式会议", AJCommittee Files Turkey, FAD, 1982, Meeting with Turkish Government Officials; Nives Fox致外交部的信, 1982年7月6日, AJCommittee Files, Foreign Countries, A—Z, BGX, 1982年。)

3 最为完整的论述见Israel W. Charny, "The Conference Crisis: The Turks, Armenians and the Jews", 见1982年6月20—24日在特拉维夫举办的大屠杀和种族灭绝国际会议, 著作之一: *The Conference Program and Crisis*, 特拉维夫, 1983年。

第九章 "他们会把我的孩子藏起来吗?"

或许对于亚美尼亚人而言,所有这一切中最令人愤怒的是——考虑到美国国会为纪念大屠杀而发表的宣言和给予的资助是那么唾手可得——以色列外交官和重要的美国犹太激进分子加入了一个联合会,它旨在帮着挫败那个要求纪念亚美尼亚种族灭绝的国会决议。那些在一开始打算支持该决议的重要犹太人组织则打起了退堂鼓,在以色列的强烈要求下保持沉默。[1] 一位资深的犹太领导人解释说驱使他游说阻止该决议的原因:"许多人声称大屠杀只是一个可怕的事件,既非独一无二也没啥特别。把[1915年的]亚美尼亚人和1933年或1939年欧洲犹太人的境况……相比较……是一种会引发大屠杀修正主义的危险的诱惑……如果犹太人说每一件可怕的事件……都是种族灭绝,那么这个世界为什么就应该相信大屠杀是与众不同的?"[2] 在美国犹太人世界中,有那样一些支持国会要求纪念亚美尼亚种族灭绝这一决议的人。但是很难去辩驳亚美尼亚人或其他观察家得出的结论:对"官方"犹

---

1 Wolf Blitzer, "Turkey Seeks Help of Israel and U.S. Jews to Fight U.S. Senate Resolution Marking Armenian Genocide", *Jerusalem Post*, 1989年10月24日。也可参见Jon Greene, "Armenian Genocide Bill Create Conflict for Jews", *Washington Jewish Week*, 1989年10月26日, 第6, 40页; Hugh Orgel 和 Gil Sedan, "Israelis Said to Spur Lobbying Against Armenian Memorial", 波士顿, *Jewish Advocate*, 1989年10月26日。

2 Mark Epstein(苏联犹太人联合理事会前首脑), 致*Washington Jewish Week*的信, 1989年12月7日, 第13页。在一个关于该决议更早的一种版本的辩论中, Stephen Solarz(一名杰出的犹太人国会议员及华盛顿大屠杀博物馆监管委员会的成员)说, 他反对那项谴责对亚美尼亚人实施种族灭绝的决议, 是基于"语言准确性"的考虑:"大规模屠杀……自创世伊始就一直存在"; 土耳其人并没有想方设法要杀害所有的亚美尼亚人。(*Cong. Rec.*, 第99届会议, 第2次分会, 1985年, 第131页及第29: 36155页。)土耳其发言人反复表达了对保持"独一无二"的大屠杀的记忆的殷切关注。土耳其驻华盛顿大使强调, 把"1915年事件"称作种族灭绝"削弱了追忆大屠杀对我们所有人所能产生的道德力量"。(致*Washington Post*的信, 1983年4月26日, A18。)土耳其驻特拉维夫临时事务委员说:"大屠杀作为一个犹太民族之独特的悲剧而存在, 在人类历史上没有其他的事件能够与之同日而语。"(Ekrem Guvendirem, "The Events of 1915", *Jerusalem Post*, 1989年1月31日。)

人而言,有些记忆比其他的具有更多特权。[1]

就如在这些年中经常出现的,这个领域最为引人注意的冲突就发生于犹太人和黑人之间。在那些吸引了最多眼球的事件中,最具特色的是路易斯·法拉罕和他快活的团队。"在我们失去了一亿之时,"法拉罕说,"别强迫我们接受你们那六百万。"[2] "黑人大屠杀,"他的助手哈立德·阿卜杜勒·穆罕穆德说道,"比那个所谓的犹太人大屠杀要严重几百倍。"[3] 尽管人们想要在伊斯兰组织之外找到赞同这类废话的黑人会很难,但是,一种永远被犹太人压着一头,以及犹太人从黑人那里盗走了他们作为美国头号受害者群体应有地位的观念广泛流传开来了。法拉罕这种数字上的竞争在其圈子之外是罕见的,但是它能够在其他意想不到的地方出现。托尼·莫里森1987年的小说《心之所爱》(*Beloved*)是一部奉献给"六百万及更多的人"的著作。莫里森说,这是在他们成功抵达美国之前就死去的被奴役的黑人的数量。其数据与任何学术的评估都极不相称,但是它肯定有十个六百万之多。[4]

1　美国希伯来教会联盟公开表明支持该决议。*Washington Jewish Week*一篇评论犹太人为反对该决议所做的游说努力的社论题为"可耻"(1989年11月2日,第12页。)也可以参见Gershom Greenberg, "Israel Demeans Itself in an Affront to Armenians", *Los Angeles Times*, 1989年10月30日。

2　Penelope McMillan和Cathleen Decker, "Israel a 'Wicked Hypocrisy' — Farrakhan", *Los Angeles Times*, 1985年9月15日。

3　Suzanne Fields, "To the Defenders of Free Speech", *Washington Times*, 1994年5月2日。

4　这是学究气在莽撞性地对小说家的创作源泉进行批评审查,但是声明一下,莫里森说关于这个数据她咨询过历史学家。在一个访谈中她说:"一些历史学家告诉我死了两亿。我所获知的最小数据是六千万。"(Bonnie Angelo, "The Pain of Being Black", *Time* 133, 1989年5月22日,第120页。)她告诉另一位采访者:"一些人告诉我是四千万,但我也听到是六千万,而我不想遗漏掉任何人。"(Elizabeth Kastor, "Toni Morrison's 'Beloved' Country", *Washington Post*, 1987年10月5日,B1。)我所熟知的最新的学术评估是大约有一千二百万非洲奴隶被航运到了西半球,其中也许有两百万在中途死亡。没人知道有多少被奴役的非洲人在航海前就死了,但是四千万到六千万这个数据肯定是荒诞的。(见Hugh Thomas, *The Slave Trade*, 纽约, 1997年, 第861—862页; Paul E. Lovejoy, *Transformations in Slavery*, 英国剑桥, 1983年, 第61页。)黑人评论家Stanley Crouch——在我看来, 不公正地——把*Beloved*描述成一个"黑人装扮的大屠杀小说, [它]似乎是为了拿美国奴隶制去参加大时代受难者级别竞赛, 而该竞赛通常根据是否提及了犹太人在纳粹手中的经历以及相关著作来评判获胜者"。("Beloved", *New Republic* 197, 1987年10月19日, 第40页。)

第九章 "他们会把我的孩子藏起来吗？"

除了这个数字游戏之外——当然，也除了任何在奴隶制和大屠杀之间所进行的明确的会激起怨恨的比较之外，似乎显而易见的是，当大屠杀以前所未有的重要性作为暴行和压迫的核心象征骤然出现于美国文化中之时，当美国犹太人越来越把他们自己定义成典型的受害者群体之时，许多黑人对此感到愤怒——尽管他们通常只是在私下才表现出来。[1]一则公开的声明在该过程的初期即1970年代后期出现了。詹姆斯·鲍德温写道：

> 人们并不希望……听一名美国犹太人讲他的遭遇和美国黑人的遭遇一样惨。它不是，从那种要让你相信它确实那么惨的口吻，人们就知道它不是……
>
> 不是这里，也不是现在，那位犹太人遭屠杀，而且他在这里从未被人们看不起，就像黑人那样，因为他是一个美国人。犹太人的痛苦发生在海外，美国把他从奴役中解救出来。但美国对于黑人来说是奴役之家，没有国家能够解救他。[2]

黑人（就像鲍德温的话所表明的那样）对全球性的比较并不是太感兴趣。他们的委屈就是，在美国，那个在很大程度上最具有优势的团体，用欧洲的罪恶压过了美国对那个在同样程度上最为弱势的群体犯下的罪恶。在随后的几十年中，可以看到，对黑人悲惨境遇的关注越来越

---

[1] 这个测试规则的例外情况是Jesse Jackson 1979年的评论——私下做出的，但当时就泄露给了媒体——即他"听到大屠杀就会感到恶心和厌烦……犹太人并不拥有关于苦难的独占权"。(Rick Atkinson, "Peace with American Jews Eludes Jackson", *Washington Post*, 1984年2月13日, A1。Jackson起初否认，随后则为此道歉了。)

[2] James Baldwin, "Negros Are Anti-Semitic Because They're Anti-White", *New York Times Magazine*, 1967年4月9日, 第135—137页。

少,而对犹太人过去之遭遇的关切则越来越多,由此怨恨产生了。最大的象征性侮辱则是,当犹太人拥有了一个由联邦政府资助的博物馆以纪念他们的苦难之时,那些要求建立一个关于黑人经历的博物馆的建议却从未能在国会获得通过。[1]黑人充分意识到这个讽刺,一些犹太评论员也注意到了。是美国犹太人的财富和政治影响力,使其有可能把一座纪念他们的脆弱性和易受攻击性的纪念碑带进华盛顿国家广场。那些依然脆弱和易受攻击的人(他们在这里而非在那里受到了压迫),就缺乏完成此类事业所需要的资金。[2]

对这一指控,即犹太人决心要在受害奥林匹克赛中永远保持金牌得主之地位,犹太人最为普遍的反应就是一直抗议,断言不是他们,而是其他人在忙于竞赛。犹太人是受害方;"他们正从我们身上盗窃大屠杀",埃利·维瑟尔说;其他人在非法地把语言和意象挪用到超出他们权利范围的事情中。[3](就如我们在前面的章节中所看到的那样,这通常被描述为盗窃犹太人的道德资本。)把"贫民窟"(ghetto)这一术语运用到黑人贫民区之中就经常被当作"盗窃大屠杀"的例子而被引述:"没有带刺铁丝网横贯在第125号街道上,也没有警戒塔";"在纽约、洛杉矶或芝加哥没有地方与1938年的布痕瓦尔德、1942年的华沙,

---

[1] 关于这些建议的命运,见Faith Davis Ruffins, "Culture Wars Won and Lost, Part II: The National African-American Museum Project", *Radical History Review* 70,1998年冬。唯一一个获得大量公共资助的黑人历史项目是在拥有80%黑人人口的底特律,该市政府支持建立一个关于非洲裔美国人的历史博物馆。

[2] 犹太历史学家David Biale也气愤地意识到这一点。见他的"The Melting Pot and Beyond",见Biale等主编,*Insider/Outsider: American Jews and Multiculturalism*,伯克利,1988年,第28页。Melvin Bukiet——《复兴》的编辑,也是一位大屠杀幸存者的儿子——则颇为满意地认识到这一点。他把华盛顿大屠杀博物馆描写成"一个关于原始力量的声明,这是其中我唯一喜欢的东西……并不是犹太人的悲剧在广场上被铭记……;是犹太人的力量被人们所膜拜"。(Bukiet, "The Musem vs. Memory: The Taming of the Holocaust", *Washington Post*,1993年4月18日,C3。)参见Matthew 25: 29。

[3] 引自Hyman, "New Debate",第82页。

第九章 "他们会把我的孩子藏起来吗？"

或1944年的奥斯维辛哪怕是丝毫的相似。"[1] 最经常听到的犹太人的委屈就是把"大屠杀"和"种族灭绝"这两个词汇用来描述其他的大灾难。这种委屈感深深地根植于那个至少是"官方"犹太人话语中的不证自明的信念：大屠杀是独一无二的。既然犹太人认识到大屠杀的独特性——这是"无与伦比的"，非任何的类比所能理解——他们没有理由要和其他人较量；在这个不可辩驳的议题上没有较量可言。只是那些出于无知或邪恶而否认大屠杀独特性的人才会愚蠢地去较量比拼。（事实上，一些学者把对大屠杀独特性的否认描述成一种"否认大屠杀"的形式。）[2]

"独一无二"这个术语通常是随意和偶然地被当作一个吸引注意力的增强语来使用的："试试我们独一无二的餐具清洗液"；"我昨晚遇见了这个家伙，他可说是独一无二。"声称某人自己的遭遇是独一无二的，与他人不可通约，也是很常见的："没人知晓我所见过的折磨/没人知晓我的痛楚。"但是就这个所谓的大屠杀独特性而言，我们并不是在随意地使用和夸大其词，而是一种严肃的哲学和历史的论证——的确，有汗牛充栋的学术文献资料——其目标就是要对大屠杀与任何其他的暴行都不一样这一命题给出逻辑的和经验的论证，该论证将迫使非犹太人认可这个"事实"。

---

1 Bukiet, "The Museum vs. Memory"; Edward Alexander, "Stealing the Holocaust", *Midstream* 26, 1980年11月, 第48页。参见Deborah Lipstadt, "Invoking the Holocaust", *Judaism* 30, 1981年, 第341页。当然，在这个术语的发源地中世纪意大利城市中既没有带刺铁丝网也没有警戒塔。"ghetto"这个词语自19世纪晚期以来一直被用于描述黑人贫民区。

2 Deborah Lipstadt说，对大屠杀独特性的否认"比直接彻底的否认要远为阴险狡猾得多。它和大屠杀的否定形式共生共荣"。(Lipstadt, "Holocaust-Denial and the Compelling Force of Reason", *Patterns of Prejudice*, 1992年, 26: 1/2, 第72—73页。) 在《大屠杀百科全书》(3: 681—682)"否定大屠杀"这一条款的第一句话中，以色列人Gutman就把那个"带有偏见和蔑视的断言，即大屠杀不是唯一的且早已有先例"囊括于该名称之下。

在那些年中，各种支撑大屠杀独特性的论据被提了出来，但是许多（由于这样那样的原因）都是不够格的：斯大林杀害的无辜者比希特勒都多；在过去几个世纪中许多其他备受攻击的人群与二战期间的欧洲犹太人相比，遭受了更大比例的损失。别的评价标准则遇到了别的难题。[1]对大屠杀独特性最为全面的论证也是最激进的。鉴于其他许多作家乐于承认还有其他的种族灭绝事件但是只有一个大屠杀，斯蒂文·凯茨在一部七百多页的书中（计划三卷中的第一卷）论证道，如果理解正确的话，那么即便是"种族灭绝"这个词语也只适用于二战期间欧洲犹太人的痛苦。正是凭借着这部著作，凯茨被任命为华盛顿大屠杀博物馆的负责人——这表明了该论证的吸引力。[2]

我在导言中说过，正是那个独特性的观念是荒谬的，因为任何事件（战争、革命、种族灭绝）都有与那些相类同的事件所共享的重要特征，也有一些能够把它与其他事件区分开来的特色。声称一个事件（而非一个事件的某些特征）是独一无二的，此类断言可能只有通过欺骗性手法才能被确证：精心挑选出某个事件所具有的一个或多个鲜明特征，并且贬低或掩盖它与其他类似事件所共享的那些特征。对凯茨而言，使大屠杀成为独一无二的，使它成为真正唯一的种族灭绝的，是"以前从未有一个国家会计划着要……从肉体上消灭一个特定民

---

1 关于把大屠杀说成是独一无二的那些理由的综述，见 Alan Rosenberg 和 Evelyn Silverman, "The Issue of the Holocaust as a Unique Event"，见 Michael N. Dobkowski 和 Isidor Wallimann 主编，*Genocide in Our Time*，密歇根州安阿伯，1992年；Alan S. Rosenbaum 主编，*Is the Holocaust Unique?*，科罗拉多州博尔德，1996年；以及 Steven T. Katz, *The Holocaust in Historical Context*，第1卷前几章。

2 Judith Weinraub, "The Philosopher's Dilemma: New Holocaust Museum Chief Faces Hard Choices"，*Washington Post*，1995年1月4日，B1。结果，凯茨在上任之前就辞职了，因为他在康奈尔大学由于各种不得体行为而受到谴责。(Judith Weinraub, "New Holocaust Museum Chief Was Censured"，*Washington Post*，1995年2月23日，C1;"Holocaust Museum Chief Forced Out Before Starting"，*Washington Post*，1995年3月4日，A1。)

第九章 "他们会把我的孩子藏起来吗?"

族中的每一个男人、女人和小孩"。[1]如果凯茨的这个看法没有犯历史性的错误(那些检查过他的论据的历史学家还有某些疑问),这的确会是大屠杀一个鲜明的特征。[2]凯茨是如何确定人们应当以此裁决大屠杀是不是独一无二的、唯一的种族灭绝事件的?他自己提供了一个答案,他写道,"最终解决"虽然有许多其他的特征,"只有意向性这个因素能够作为一种个性化标准,以便把'大屠杀'(the Sho'ah)和其他的大规模死亡事件区分开来"。[3]译文:我决心寻找到那个让大屠杀显得与众不同——让它变成独一无二——的特征,这就是我所找到的。[4]

暂时把为什么该"个性化标准"会被选中这个问题抛开,并暂时接受它是那个裁决独特性的决定性标准,那么有一个问题立马就出现了,即那个被哲学家贝瑞尔·朗深刻地论述过的问题:"如果大屠杀是独一无二的,这意味着什么?"

> 如果大屠杀是凯茨所表明的那些方面之第一个事例,这意味着什么? 它有什么样的意义? ……似乎正是那个确立起该"事实"的努力变成了它自己的目的——而进一步的理由像是不证自明的。但是此类理由并不是不证自明的,实际上一点都不清晰。

---

[1] Katz, *The Holocaust in Historical Context*, 第28页。
[2] 见Mark Levene在 *Patterns of Prejudice* 29: 2/3(1995年)和David Biale在 *Tikkun* 10(1995年1月)的评论。
[3] Katz, *The Holocaust in Historical Context*, 第13—14页。
[4] 这种理解被凯茨的另一段藏在脚注中的自白所确证:"我认识到,不同的学者,就像不同的团体那样,有不同的政治议题……因此,亚美尼亚学者和吉普赛学者……面对'大浩劫',试图去类推,去比较……这种研究思路可以称为……一种相似性的范式;相反,我的则是一个独特性范式。这两种思路之间的不可通约性并不能简单地通过求助于经验证据的方式以解决。"(同上,第47页注释96。)

[或者]设若有一个例子(假定)确实完全符合凯茨的"独特性"标准……那么在纳粹种族灭绝的弥天大罪中也没有任何东西会发生变化，如果那一系列行动被证明竟然是该类别的第二个——或第五个实例。[1]

这个问题超越了凯茨的著作，后者吸引我们只是因为它最为系统地对独特性这个原则做出了阐述，该原则横跨在所有当代犹太人对大屠杀的谈论之中。凯茨——和几乎每一个其他的提出这个论点的人一样，反复重申"独特的"并不意味着"更恶劣的"，并不是声称一个"更大的"而仅仅声称一个"不同的"犹太受害事件；没人会说大屠杀比其他暴行更加罪恶，只是说它是……独一无二的。这些否认要么是幼稚的，要么(多数情况下)是无诚意的。它们是幼稚的或无诚意的，因为所有关于独特性的言论都发生在暴行因各种目的而被相互比较的环境之中。而且独特性的言论与那个反复出现的认为大屠杀是邪恶的原型和标尺之主张共存着、重叠着，并且紧密地相互缠绕着。这个主张来自像劳尔·希尔伯格这样的世俗主义者，对他们而言，大屠杀是"一个衡量尺度，是善恶戏剧中的决战时刻"；来自像迈克·贝伦鲍姆这样的拉比，对他们而言，它是"邪恶的典型表现"。[2]认为对大屠杀独特性的强调并不是一种招人怨恨的比较形式，这一主张产生了系统性的自欺欺人之语。一位拉比在《纽约时报》一个专栏中撰文指出："试图去证明在苦难中所具有的卓越性地位，这是下贱的，甚至还很恐怖。"但是他接着说

---

[1] Berel Lang, 对 *The Holocaust in Historical Context* 的评论, *History and Theory* 35, 1996年, 第378,383页。

[2] Hilberg, 引自 Linenthal, *Preserviag Memory*, 第11页; Berenbaum, 引自 Jonathan Tilove, "African-American Museum Debated in D. C.", *Cleveland Plain Dealer*, 1994年6月26日, 第9A页。

第九章 "他们会把我的孩子藏起来吗？"

道，"大屠杀是独一无二的"，并提出了一个统计学上的证明。[1] 难道有任何人（可想而知，恰好除了那些做出这种论证的人之外）会相信，独特性之断言是对一种卓越性的声称之外的意思？

"大屠杀嫉妒"与"大屠杀占有欲"相对抗。其他人所声称的他们经历过种族灭绝或大屠杀这类言论（有时候确实是夸大其词了），被看作是一种恶毒的攻击。[2] 与此同时，在犹太人世界内部就有许多人已经对大屠杀独特性的盲目崇拜者提出了批评——其中有些，像犹太神学院校长、来自纳粹德国的难民伊斯马·朔尔施，就非常著名。对朔尔施而言，沉湎于独特性是一种"上帝选民之令人讨厌的世俗版本"，并在犹太人和其他受害者之间产生了毫无意义的敌对态势。[3] 而在雅各布·纽斯纳看来，对独特性的复杂论证是"学术上的庸俗之作"：

> 问题归结起来就是，为什么"大屠杀"比亚美尼亚人所经历过的更加"悲惨"。对我们而言，与其他族群争论说我们的大屠杀比他们的大屠杀更加惨烈，这是多么荒唐的事情。我们的血液比他们的更鲜红？……这不是一种在赞颂……我们的自我价值感的论述。如果你知道你是谁，那么你就不需要发表那样的声明。[4]

1　Howard Singer, "Forget the Holocaust?", *New York Times*, 1981年4月6日, 第A15页。
2　人们能够看到某种精心选择出来的控诉：没有什么说法比 Steven Katz 这一主张——即正在降低的犹太出生率是一场"静悄悄的、自残的大屠杀"——更过火的了，但是就我所知，反诽谤联盟和西蒙·维森塔尔中心并未因其言论之罪而猛烈地驳斥他。(Gillmon, "Jewish Community Faces Challenge", *San Diego Union-Tribune*, 1989年12月2日, 第B10页。)
3　Ismar Schorsch, "The Holocaust and Jewish Survival", *Midstream* 27, 1981年1月, 第39页。
4　Jacob Neusner, *The Public Side of Learning*, 加州奇科, 1985年, 第128页。

但是这些和其他反对独特性信仰——和反对那个更大的驱动力（即推动人们承认犹太人在苦难世界中的卓越地位）——的抗议之声是徒劳的。为什么呢？

在某种程度上，这也许是因为许多犹太人并不知道他们是谁——除了就他们拥有一个"独特的"受难者身份而言之外，也因为大屠杀独特性是他们独特性的唯一保证者。我们已经知道，自1970年代开始，人们不断宣称反犹主义在美国的兴起让大屠杀变得对美国犹太人特别重要。某人可能反过来论辩说（就如拉比阿瑟·赫尔茨伯格所做的那样），对大屠杀的兴趣开始于"反犹主义在美国变得微不足道之时刻"，这并非巧合。

> 美国人生活的每一个主要领域……如今都对犹太人开放。那些二战结束后出生的孩子……在选择他们的政治主张……他们的性道德观念和他们与犹太信仰及记忆之间的关系（或缺乏）方面都是自由的。
>
> 中年父母们见到，自由造成了怎样的变化，对他们孩子的犹太性消失感到害怕。这些父母唤起了那种把他们自己这代人团结在一起的犹太人情感，即对反犹主义的恐惧之情。对奥斯维辛鲜明的记忆必须被唤醒，以便证明犹太人是与众不同的……
>
> 历史学家……毫无疑问将会把造就了华盛顿国家广场上全美国最大的大屠杀纪念馆的那种无与伦比的努力与激情，看作是一个"国家犹太教堂"之建设的当代版本。它把大屠杀当作犹太民族的悲苦之路和受难历程之镜而供奉起来。那些到此纪念的人被改造成了该圣殿中伟大祭祀的参与者。他们的犹太性被确证，他

第九章 "他们会把我的孩子藏起来吗?"

们离开时口中说着"永不重演"。这是他们的祈祷,即便他们记得"以色列你听,耶和华,你的神,耶和华是一"曾是其祖先所有经文中最圣洁的。[1]

赫尔茨伯格的评论提醒人们,要讲述清楚"民间宗教"在何处终止和"真的那个"在何处开始通常是困难的。对大屠杀独特性的主张——更广泛地说,即犹太人的大屠杀中心意识,快速地赋予了大屠杀源源不断的神圣性。(重要的宗教象征,如《圣经》契约或耶稣受难,通常都被看成是独一无二的;就大屠杀已经不仅成了犹太性的而且还是犹太教的核心象征这个意义而言,它太有必要是独一无二的。)[2] 对于一些虔诚的犹太人而言,还有另一种独特性标准。反诽谤联盟的首领亚伯拉罕·福克斯曼就说,大屠杀"不仅仅是种族灭绝的一个例子,还是试图谋害神所选中的孩子的生命,因此也是试图谋害神自己的一个差

---

[1] Arthur Hertzberg, "How Jews Use Antisemitism",见 Jerome A. Chanes 主编,*Antisemitism in America Today*,纽约,1995年,第341—342页。

[2] 当然,对一个事件之独特性的强烈主张并不必然是以宗教性为基础的,除非我们在更广泛的意义上定义"宗教"。因而,在若干年前,当一些历史学家开始把法国大革命看成18世纪"大西洋革命"的一部分,或者看成"民主革命年代"的关键事件之时,在法国便发生了愤怒的抗议运动,因为那些狡猾的"普遍主义者""盗窃"或"贬低"了他们独一无二的革命,唯一真正的革命——对于许多世俗的法国人而言,这个构成了他们"民间宗教"的事件界定了他们的身份。(见 Robert R. Palmer, *The Age of the Democratic Revolution*, 见 L. P. Curtis 主编, *The Historian's Workshop*,纽约,1970年。) 但是在我看来,在对大屠杀的宗教性表述和坚称其独特性所具有的力量之间,似乎存在着一种很强的相关性。虔诚的世俗主义者 Yehuda Bauer 也声称大屠杀是独一无二的,但是他关于这一点的论证比严守教规的犹太人——如刚才提到的那些人,或者像 Steven Katz——就要精致、有分寸得多了。因此 Bauer 最近写道:"从未见过……一个代表着社会共识的组织良好的国家,出于一些与现实毫无联系的纯粹的意识形态理由……而想方设法在全球范围内谋害一个种族或种族—宗教团体的每一个个体成员。"(Bauer, "A Past That Will Not Go Away",见 Michael Berenbaum 和 Abraham J. Peck 主编, *The Holocaust and History*,印第安纳州布卢明顿,1998年,第16页。)

点成功的尝试"。[1]

大屠杀的神圣化其意思是模棱两可的——"时好时坏"或"争辩不休"或许更合适。一些人坚持说大屠杀在犹太人的宗教思想和仪式中应当占有一个显著的位置。埃米尔·法肯海姆构造了"第614条戒律"附加于第613条之后（根据传统说法，第613条来自西奈山的上帝之言）——"奥斯维辛的威严声音"。

> 今天真正的犹太人被禁止给予希特勒又一个死后的胜利。[我们]被命令像犹太人一样生存着，以免犹太民族遭毁灭。我们被命令[要牢记]大屠杀殉难者，以免他们的记忆湮灭无存。我们被禁止……去否认神或对神产生绝望之情……以免犹太教在人间消失……在回应希特勒奥斯维辛的胜利之时违背其中任何一条命令，都是在给予他另一个死后的胜利。[2]

在那些致力于把大屠杀变成美国犹太人核心思想的最具影响力的个体之中，拉比欧文·格林伯格是其中之一。他创建了"铭记基金会"（ZACHOR）：大屠杀资源中心，它推动并整合了各种形式的纪念活动；他继而成了美国大屠杀纪念理事会第一任董事。对于格林伯格来说，大屠杀是一个与西奈山和出埃及相媲美的"天启事件"，因而他极力主张，它在一个重新订立的圣约之中以及在犹太人的圣餐仪式之中都应

---

[1] Abraham Foxman, "*Schindler's List* — The Meaning of Spielberg's Film", *Frontline* 4（ADL通讯），1994年1月，第2页。

[2] Emil Fackenheim在研讨会, "Jewish Values in the Post-Holocaust Future", *Judaism* 16, 1967年夏，第272—273页。法肯海姆此时是一个加拿大公民（他后来移民到了以色列），但是其听众基本上是美国人。

第九章 "他们会把我的孩子藏起来吗?"

该占有重要的地位。[1]他建议,为纪念出埃及而举行的吃薄饼圣礼应当与为纪念另一个"革命事件"而举行的食用"奥斯维辛烤面包,或者贝尔根·贝尔森集中营土豆皮"之圣礼相得益彰。[2](格林伯格认为在大屠杀与任何其他种族灭绝事件之间相比较是"亵渎神明的"行为。)[3]

尽管付出了这些努力,大屠杀还是未能在正式的犹太宗教信仰或实践中获得一个中心位置,因为它们是通过拉比协会和重要宗教思想家们心照不宣的共识而被界定的。在某种程度上,这仅仅是那种反对在任何宗教机构之内所出现的重要创新的偏见。但是,这也反映了普遍的对于"如何应对"大屠杀这一问题的不安之心——它被看作是一种令传统圣约观念难堪之事。大多数犹太人宗教领袖并未从大屠杀中发现任何的天启;他们宁愿把它归为宗教意识的边缘。"假如大屠杀对以色列信仰而言不再是无关紧要的,"一位犹太学者写道:

> 假如此物进入圣所并成为以色列聆听的主要的声音,它会听到的只能是一种恶魔般的声音。人们不能从大屠杀中获得救赎,岌岌可危的犹太教并不能借此而复兴,从中也找不到维持犹太民族延续的新的理由。如果大屠杀之后还有希望,这是因为对于那些相信的人而言先知的声音比希特勒的更加响亮,还因为神的应许扫荡着焚烧场并压抑着奥斯维辛的声音。[4]

---

1 见Greenberg的"Clouds of Smoke, Pillar of Fire",载于Eva Fleischner主编,*Auschwitz: Beginning of a New Era?*,纽约,1977年;以及*The Jewish Way*,纽约,1988年,第10章。

2 引自Kenneth L. Woodward,"Debate over the Holocaust",*Newsweek* 95,1980年3月10日,第97页;Greenberg,*The Jewish Way*,第365页。

3 引自Linenthal,*Preserving Memory*,第55页。

4 Michael Wyschogrod,"Faith and the Holocaust",*Judaism* 20,1971年,第294页。

就"官方的"犹太教而言,这种态度似乎是占优势的一个。

然而,在能够被称为美国人的"民间犹太教"的意义上——受传统的束缚更少并且更不在乎神学的连贯性——大屠杀神圣化实际上已经发生了。这表现出各种各样的形式。即便是许多虔诚的犹太人也乐意冷静地讨论犹太教的创始神话,让它们接受理性的、学术的分析。但是,一提到大屠杀这个"费解的谜题",他们就不愿采用这个思维方式了——在此理性的分析被认为是不恰当的或亵渎神灵的。审视一下"敬畏"(awe)这个词,在我的词典里它被定义为"一种兼有尊严、敬意、恐惧和惊奇的混杂的情感"。对多少犹太人来说该词描述了他们在沉思上帝(当传统要求这样做时)之时的情感?对多少人来说它描述了他们在沉思大屠杀之时的情感?使用"神圣的"这一术语来描述大屠杀和与之相关的一切,这成了标准惯例。"神圣的意象、神圣的文本"是华盛顿圣约之子克卢茨尼克博物馆大屠杀主题艺术展览的标题。[1]幸存者的叙述习惯性地被描述成神圣的,就像幸存者自己一样:"对于美国犹太人就相当于圣人和圣物。"列昂·维瑟尔蒂尔说,他自己就是幸存者的儿子。[2]对所有这一切具有重要影响的,当然非埃利·维瑟尔莫属,他是美国最具影响力的大屠杀解释专家。就像格林伯格一样,维瑟尔认为大屠杀的宗教意义是"与西奈山神启同等的";使大屠杀"去神圣化"或"去神秘化"的尝试,他说,是一种狡猾的反犹主义形式。[3]

---

1 Linenthal,*Preserving Memory*,第2页。

2 引自Judith Miller,*One, by One, by One: Facing the Holocaust*,纽约,1990年,第231页。在Wieseltier看来,对于美国犹太人而言大屠杀已经成了"实质上的死亡崇拜"。

3 Elie Wiesel,"Words from a Witness",*Conservative Judaism* 21,1967年春,第43页;"Art and the Holocaust: Trivializing Memory",*New York Times*,1989年6月11日,第2:1页;"Holocaust Survivor Elie Wiesel Decries a Rising Tide of Anti-Semitism at Home and Abroad",*People* 18,1982年11月29日,第75页。

第九章 "他们会把我的孩子藏起来吗?"

维瑟尔和他的主张——"关于所发生的事情,任何一名幸存者可说的话多于全部历史学家言说之总和",似乎已经说服了许多犹太人得把大屠杀看成是一种"神秘信仰"之类的东西,而幸存者在解释这个秘密方面具有特许的(神父般的)权威。[1] "幸存者已经成了神父,"犹太大屠杀纪念馆教育主管有些愤怒地说,"因为他的故事,所以他是神圣的。"[2]

当然,并非所有的犹太人都会把大屠杀看成是一个神圣的秘密,或者把它想象成一个具有重大的(尽管不大明确)宗教意义的事件。但是许多犹太人似乎是这么想的,足以说明,把大屠杀仅仅当作美国犹太人民间宗教的第一信条,这也许是个错误。

无论怎么描述,因在此及之前章节所讨论过的所有那些缘由,大屠杀在最近几十年中早已从边缘地带进驻到了中心位置——从而在美国犹太人如何理解自己及如何向他人呈现自己这方面扮演着核心角色。就自我理解而言,不可能确切知道有多少美国犹太人以及哪一部分犹太人会把他们的犹太认同建立在大屠杀之上,但是这个数量似乎是巨大的。(显而易见的是,大屠杀对那些把认同牢固地根植于犹太宗教信仰或其他犹太文化之中的犹太人而言就相对不那么重要,然而这部分人在美国犹太人中所占的比例相当小。)[3] 尽管没有一个人能够以任何

---

[1] Harry J. Cargas, "An Interview with Elie Wiesel", *Holocaust and Genocide Studies*, 1986年,第5页。

[2] Shalmi Barmore,引自 Amy Dockser Marcus, "Trading with the Germans", *Wall Street Journal*, 1993年3月31日。

[3] 对于所有犹太人(包括少量严守教规的,甚至那些相当不守教规的在内)而言,逾越节家宴依然是最为普遍的宗教仪式,它是对家族主义("犹太感恩节")的肯定,也是犹太人传统上那个定义性的神话——出埃及的故事——的吟诵会。

201 的精确性阐述这种建立在大屠杀基础上的犹太认同的广度和深度，我们能够注意到以下事实：美国犹太人捐献给大屠杀相关项目数亿美元，他们参与大屠杀相关活动多于任何其他活动，长时期地对大屠杀相关学术性（及不那么具有学术性的）著作有大量需求——超过有关任何其他犹太主题的著作。对于那些偏好"更过硬的"资料的人来说，无论其价值如何，美国犹太人委员会"1988年美国犹太人舆情年度调查"结果可供参考。受访者被要求就所列举出来的各种活动对他们的犹太认同的重要性做个评价。1998年这一年是首次，"追忆大屠杀"出现在清单上。它轻易就获胜了——把它选为"极其重要"或"十分重要"的人要比选参加犹太教会、犹太研究、为犹太组织工作、去以色列旅行或庆祝犹太节假日的人多得多。[1]

当提及美国犹太人如何向他人呈现自己这一问题之时，毫无疑问，大屠杀是该呈现的核心。美国大屠杀纪念博物馆是美国犹太人主要的象征和"联系地址"，也是我们"写给非犹太人的书信"——其主题与作为一个犹太人意味着什么相关。与国家广场博物馆相配套的，是几十家较小的坐落于全国各大城市的大屠杀博物馆。1980年代晚期——在华盛顿、洛杉矶和纽约那些重要博物馆开张之前，底特律大屠杀博物馆自夸说它是"这个国家接待游客最多的犹太人机构"。[2] 较小的博物馆发挥着定义当地社区之功能，与华盛顿博物馆在全国范围内所起的作用是一样的：这些关于受难和死亡的纪念馆被它们的建设者描述为"举行各种宗教仪式的天然场地"；它们的作用就是"向非犹太人以及犹太人解释我们犹太人的遗产和我们犹太人的

---

1 我非常感谢美国犹太人委员会供我查阅那些在本书写作之时未出版的研究成果。
2 "拉比的信息"，*News from the* (Detroit) *Holocaust Memorial Center* 1, 1988年5—6月。

第九章 "他们会把我的孩子藏起来吗？"

需要"。[1]

如我们所知，尽管事实证明大屠杀很受美国犹太人的"青睐"，它跃升为犹太人所关注的头号议题绝不是一个自发的进程。它比任何其他东西都更加是社区领导基于他们关于当前公共需要的评估——即关于在处理紧急问题方面什么行之有效，而所做决定之结果。这类决策的最终结果就是把大屠杀置于了这个议题之中心：犹太人如何理解他们自己以及希望其他人怎么样理解他们。而对于推动这一进程的绝大多数人而言，这既不是他们当初预见到了的，也不是他们想要的。自1960年代开始，那些敦促犹太人应当"直面"大屠杀的人中，有些人是出于对战后那种相对沉默的氛围（那时许多犹太人似乎为它感到耻辱）而垂头丧气。许多年以后，当许多犹太人为它而自豪之时，他们往往同样垂头丧气。

---

[1] 费城犹太社区关系委员会的Esther Polen解释了费城大屠杀纪念馆的作用，见"关于大屠杀纪念场所作为社区行动和理解之中心的研讨会"，见全国犹太社区关系咨询委员会，《研讨会报告》，1978年，辛辛那提犹太社区关系委员会文件，第91页，纪念馆—1；(辛辛那提)大屠杀纪念馆委员会主席Alvin Rogal对计划筹建的纪念馆的作用做出了解释，见UJF董事会备忘录，1980年4月22日，辛辛那提犹太社区关系委员会文件，纪念馆1983—1。辛辛那提纪念馆的其他目的则是"维持并提升犹太人意识和犹太人认同"以及"拓展我们年轻一代的忠诚感"。

第四部分

最近几年

第十章

"不容许偏执"

自1970年代以来,大屠杀就开始被描述为——被理解为不仅仅是犹太人的记忆,而且还是美国人的记忆。在越来越多的州中,公立学校讲授大屠杀被法律所批准。"纪念日"的安排指南被分发给了整个美国军方系统,而且年度纪念仪式都在国会大厦圆形大厅举行。在过去的二十年中,每一位总统都竭力要求美国人保存好大屠杀记忆。华盛顿大屠杀博物馆的运行经费起初因私人募捐而增加,很大程度上已经被联邦政府所取代了。在波士顿,新英格兰大屠杀纪念馆和保罗·瑞威尔的故居及邦克山纪念碑一起坐落于自由之路上。全国的政府官员都告诉美国人观看《辛德勒名单》是他们的公民义务。这个欧洲的事件为何会赫然耸立于美国人的意识之中?

在很大程度上,答案就是这个事实(并非是一个不重要的事实,因为反犹主义对它牢骚满腹):犹太人在好莱坞、电视产业和报纸、杂志及图书出版界发挥着一种重要的、颇具影响力的作用。[1]任何一个人,在未提及这个事实的情况下想要去解释近些年大屠杀受到了媒体大量关注这一现象,那他/她就是幼稚的或无诚意的。当然,这并不是一个有关任何"犹太人阴谋"的问题——媒体中的犹太人并没有随着"锡安长老议事书"这一曲目而起舞。甚至本质上也不是媒体中的犹太人问题本身(那是一个古老的故事),而是犹太人属于哪种类型的问题。自1970年代开始,那一群没有太多犹太人顾虑或是怯于表达他们确实怀有的顾虑的犹太人,开始被这样一群犹太人所替代——其中有许多人深切地感觉到那些顾虑且对它们更加坦率。在很大程度上,大屠杀纪念从犹太人中走到一般美国人的舞台上,都是由那些恰好占据着大众媒体决策权的犹太人私下的和任意的决策所引发的。

但是这一进展并非完全是私人性的和任意的。如果像犹太组织中的许多人所相信的那样,美国人能够经由大屠杀意识而对以色列或对美国犹太人表现出更多的同情,那么,他们就必须努力地把该意识扩展到整个美国社会之中。拉比欧文·格林伯格的妻子布鲁·格林伯格写道,她当初更喜欢纯犹太人的大屠杀纪念活动;这些场合就是"一个人返回到他/她自己那个团体怀抱的时刻"。然而,在出席了一个由不同宗教团体参加的大屠杀纪念日活动仪式之后,她发现,"令人感动和欣慰的是,看到基督徒也和我们一样在流泪,还承认基督徒的罪过并承诺要致力于保障以色列的安宁"。[2]确实,即便是在犹太人中间提升大屠杀意识这一目标(为"生存主义"或其他目的),也只有把意识普遍化方

---

[1] 关于这种现象的讨论,见 Stephen J. Whitfield, *American Space, Jewish Time*, 纽约州阿蒙克, 1988年, 第7章; J. J. Goldberg, *Jewish Power*, 马萨诸塞州雷丁, 1996年, 第11章。

[2] Blu Greenberg, "Talking to Kids about the Holocaust", 见 Roselyn Bell, *The Hadassah Magazine Jewish Parenting Book*, 纽约, 1989年, 第247页。

可实现。"对犹太人而言,要强化大屠杀在犹太人意识之中的地位,"华盛顿大屠杀博物馆的迈克尔·贝伦鲍姆写道,"他们必须在总体上确立起它对于美国人民的重要性。"[1]

并不是所有那些要求普及大屠杀意识的倡议都是犹太人的(这些例外在下文将会提及),但它们几乎总是犹太人的,而且经常获得大量公共资源的资助。有时候这些倡议以扩展目标受众的形式表现出来,如天主教和新教教会或者学校。有时候其他人一些独立的倡议被推广了,如NBC(美国全国广播公司)1978年的电视系列剧《大屠杀》。那些倡议活动从法理上说是政府的,实际上往往就是犹太人助理的,这些助理同时在推动他们所主张的项目和帮助其雇主在犹太选民中赢得加分。当然,这其中没有任何东西是不合适的;每一个群体都这样做;美国的多元主义在起作用。但是这类现象值得铭记,以免我们对非犹太公众人物的大屠杀声明的深度和自发性做过度的诠释。那种可称为"默契的成年人之间的腹语术"的,无论如何,都是一种由来已久的做法。

在华盛顿大屠杀博物馆的墙上,镌刻着1790年乔治·华盛顿在一封致新港希伯来圣会的信中所用之词:"美国政府……不容许偏执,不协助迫害。"这是一种应当被保存的有价值的观点,也是一种美国政府在多数情况下都不曾辜负的观点,至少对于犹太人而言是这样。但是,当华盛顿支持这种观点之时——毫无疑问他是真诚的——他只是向该圣会简单地重复了它在一封信(华盛顿回应了该信件)中所说过的话:"我们现在……带着一种深深的感激之情……注视着政府……对于偏

---

[1] Michael Berenbaum, "The Nativization of the Holocaust", *Judaism* 35, 1986年,第457页。

执它不容许,对于迫害它不协助。"[1]

无论这些倡议活动的根源何在,也无论激励它们的是什么,大屠杀进入一般美国人的言谈之中都产生了新的问题。如果大屠杀被呈现给大众,什么是合适的及什么是不合适的表现模式?为了让该话题易于被大众所接受,什么样的妥协方案是被许可的,什么样的又是不被许可的?大屠杀进入美国话语之中,在许多情况下都已经促使人们去重新定义大屠杀这个词。当大屠杀在美国人的圈子中变得前所未有的重要并被援用在各种环境中之时,为了区分对大屠杀及其意象的(合法的)"使用"和(非法的)"滥用"过程中,这一问题不断出现。最后,非犹太人如何理解所有这一切大屠杀言论?

毫无疑问,大屠杀进入一般美国人意识中最为重要的时刻,就是 NBC 1978 年 4 月推出的系列短剧《大屠杀》。将近一亿美国人观看了这个由四部分构成的、长达九个半小时的节目的全部或大部分。[2] 那时经常可以看到的是,那四个夜晚所传递出的大屠杀信息量以及接受了这些信息的美国人数量比之前三十年之总和还要多。该剧目追随着两个虚构的家庭生活长达十年——一个是被同化了的德国犹太人家庭,另一个是纳粹党卫队高级官员家庭。通过这个有些费劲的策略,该系列剧得以覆盖所有的界标:《纽伦堡法案》、"水晶之夜"、万隆会议、巴比谷大屠杀、华沙犹太区起义;布痕瓦尔德、特雷西恩施塔特和奥斯维

---

[1] Paul Mendes-Flohr 和 Jehuda Reinharz 主编,*The Jew in the Modern World*,第二版,纽约,1995 年,第 457—459 页。

[2] 对这个收视率有不同的评估,范围从 1.2 亿往下。见 Sander A. Diamond,"'Holocaust' Film's Impact on Americans",*Patterns of Prejudice* 12, 1978 年 7—8 月,第 1 页;Jerome Bakst 致 Arnold Forster(二者都是 ADL 成员)的信,1978 年 4 月 27 日,Oscar Cohen Papers, 8:6。

第十章 "不容许偏执"

辛。该系列短剧是一个小型的调查过程。

NBC全力以赴地推广该系列剧——这是它对上一年度ABC（美国广播公司）那部获得极大成功的电影《根》（*Roots*）的回答。但是与有组织的犹太人相比，其所付出的努力就显得黯然失色。该剧的推出，就如我们所看到的，正当犹太人组织致力于大屠杀纪念活动之时，它是一个不容错过的机会。反诽谤联盟为了推广这部剧作而为它精制了一份长达十六页的宣传小报《纪录》，并散发了一千万份。犹太组织成功地说服了一些重要的报刊去连载杰拉尔德·格林改编自他的电视剧的小说，或者发布一些特别的大屠杀活页广告。（《芝加哥太阳报》给当地学校分发了几十万份活页广告。）美国犹太人委员会和NBC一道，分发给了观众几百万份学习指南；教师杂志则携带着其他与该节目有关的课外素材。犹太组织与全国基督教联合会一起合作去准备其他的推介和教育素材，以及为宗教领袖组织好先行的观看。系列剧开播那一天被命名为"大屠杀星期日"；全国各大城市都在策划着各种活动；基督徒和犹太人全国会议分发了供那天佩戴的黄星。[1]

这些活动都是针对非犹太人的。但是，根据贝伦鲍姆声明，如果大屠杀对所有美国人都很重要，那么它对犹太人也就会变得更加重要了，NBC的系列剧也提供了一个推进这一使命的无与伦比的机会。因此，犹太机构大量的宣传工作，以及伴随着该系列短剧而发起的活动，都旨在引起美国犹太人的注意，似乎基本上所有美国犹太人都已经看过该系列剧。（"对犹太人而言"，一家犹太杂志说，观看这个节目"似乎带有

---

[1] 关于这些活动的调查，见 Sander A. Diamond, "'Holocaust' Film's Imact on Americans"，第4页；关于各类犹太人组织为该系列剧而付出的努力，见 AJCommittee Files, Holocaust/January-April/BGX, 1978 and May-December/BGX, 1978; Oscar Cohen Papers, 8: 6。

一种宗教义务之性质"。)[1]匹兹堡一所中学的校董把《大屠杀》这部系列剧称之为"一种促成犹太认同的休克疗法"。[2]在犹太人分别为非犹太人和为犹太观众所准备的素材之间存在着一系列差别。该系列剧有几处提到了基督教反犹主义和基督教教会在大屠杀期间的沉默,以及参与纳粹杀戮的东欧人。而反诽谤联盟的《纪录》则丝毫未提及这些,它倒有四个条目是关于那些反对纳粹或解救犹太人的牧师的——大概是考虑到公共关系之缘故。由一个犹太组织的财团为犹太年轻人所准备的学习指南则截然不同。基督教反犹主义和东欧通敌者被经常提起。犹太主人公之家庭被同化的程度以及他们不会因儿子与非犹太人通婚而感到困扰,这些都受到非难。通婚是建议在观看了那档节目之后举行的小组会议上讨论的一个议题。在那些以供讨论的问题之中,由学习指南所推荐的则有:"我们能够从这个关于那些想要忘记……他们犹太人身份的人的电视节目中学习到什么?""犹太人是否应当始终持有最新的护照,仅仅为以防万一?""你拥有枪支吗?""你觉得你有必要拥有枪支吗?"[3]

除了少许例外情况,电视批评家和新闻评论员对《大屠杀》系列剧的热情都非常高,甚至可以说是狂热。(有几个评论员对商业广告的入侵感到困扰——因为它们造成了一些荒诞不经的并置现象;但是大多数人则认为这是该节目在网络电视中播放所要付出的代价,因而厌烦

---

1 "Watching Holocaust",*Moment* 3,1978年4月,第34页。

2 Barbara Stern Burstin,"The 'Holocaust' Reverberates in Pittsburgh",*International Journal of Political Education* 4,1981年,第22页。

3 National Jewish Interagency Project,*"Holocaust" Study Guide*,纽约,1978年,第2册,第3页;第4册,第2页;第5册,第7页。所有重要的犹太人组织,除了单独行动的反诽谤联盟之外,都参与了这个活动项目。(AJCommittee Papers复印件,华盛顿主题文件,Box 6,1964—1986,大屠杀。)

地接受了它们。)[1] 因推广该节目已经付出了如此之多的努力，不出所料的是，那些重要的犹太人组织的赞美之词溢于言表。"这影片我已经整整看了三遍了，"美国犹太人委员会的拉比马克·坦嫩鲍姆说道，"每一次我都像小孩一样哭泣着离开。它确实有一种改造人心的力量。它的确能够产生重要影响。"[2]

但是，首次把大屠杀呈现于大众面前也催生了对此类呈现方式的责难。就在NBC系列剧开播那一天，《纽约时报》刊登了由埃利·维瑟尔撰写的名为"大屠杀不重要"的颇具特色的文章。

> 弄虚作假、唐突无礼、粗制滥造……一种对那些死者和幸存者的侮辱……它将一个本体论的事件转变成了肥皂剧……我们看到了漫长的、没完没了的向巴比谷前进的犹太人游行队伍……我们看到了倒在"血泊"中的裸露的尸体——所有这一切都是虚幻的……人们会告诉我……类似的技巧被运用在战争影片和历史的重建之中。但大屠杀是独一无二的；不只是另一个事件。该系列节目则这样看待大屠杀，仿佛它只是另一个事件而已……奥斯维辛无法被解释也无法被想象……大屠杀超越了历史……死者带走了一个秘密，我们，活着的人，没有资格也没有能力去揭开这个谜底……大屠杀[是]一个终极事件、终极秘密，永远无法被理解或被传递。只有那些当初在场的人才知道它是什么；其他人永远也

---

[1] 例如，在奥斯维辛有一个这样的场景，即艾希曼与同事们共同聚餐，嗅着空气，厌烦地诉说着烟囱的恶臭令他毫无胃口。"然后我们就切换到来苏尔(Lysol)的一则广告上来，一个名为'史努比嗅探器'的妇女来到了一个家庭主妇的厨房，告知她房子里有气味。来自她的烤箱？"(Sander A. Diamond, "'Holocaust' Impact", 第5页。)

[2] 引自Tom Shales, "NBC's Powerful 'Holocaust'", *Washington Post*, 1978年4月12日，第B2页。

不会知晓。[1]

并不是每一个人都会支持维瑟尔的以下声明：大屠杀是一个神圣的谜题，其谜底只有一位幸存者神职人员才知道。然而，坚称大屠杀是一个抗拒被亵渎性描述的神圣事件，坚称它是独特的、不可被解释或理解，坚称幸存者具有解释的优先权——所有的这些议题弥散性地反复出现，尽管其总体的影响难以预测。在某种不确定的程度上，大屠杀是神圣的并且对它的描述也要求有一些特殊规则，这样的主张在许许多多的人那里至少是得到了口头赞成。许多人也开始相信大屠杀的难以解释性是独特的；我怀疑，该信仰部分地是以这个错误的信念为基础的——即历史学家关于其他复杂事件的解释总能达成共识。坚称只有那些在场的人才能知道它像什么（其必然结果就是幸存者具有独特的权威），此类主张在某种程度上是千真万确的。与此同时，它再一次地在大屠杀经历和其他事件之间划出了一道清晰得过度的界限。关于这个方面，劳尔·希尔伯格曾写道："'如果你当时不在那里，你就无法想象它是什么。'这些话是许多年前一名来自德国军队的独腿老兵在杜塞尔多夫跟我说的——他在1941年底被诱捕进了位于俄国前线的杰米扬斯克口袋之中。这个人六次负伤。人们无法否认他这话的真实性。"[2]

对于大屠杀被呈现给了受众的方式而言，所有这一切有多重要？我猜测它的重要性没那么大。大量的关于那些特殊问题（据称它们存

---

[1] Elie Wiesel, "Trivialing the Holocaust", *New York Times*, 1978年4月16日, 2:1。

[2] Raul Hilberg, "I Was Not There", 见 Berel Lang 主编, *Writing and the Holocaust*, 纽约, 1988年, 第17页。大屠杀受难者之经历的不可描述性是独一无二的，这样的主张带来了其必然的后果，毫无疑问这经常是那些声称者未曾想到的："一位图西族妈妈看着她的孩子被大砍刀砍成碎片这种惊悚恐怖是可以表现的，然而，一位犹太人母亲在类似的环境中的恐怖却不能。"

第十章 "不容许偏执"

在于电影、小说和学术研究关于大屠杀的描绘之中)的著作出现了。但这些都是非常学术性的著作——由学者并且也是为学者而写的,几乎总是在学术性的期刊出版,往往通篇都是行业术语,或者是在假定读者熟悉当前的学术理论这个预设之下创作的。这么说并非在判断这些著作的学识价值,在这方面它们当然是有差异的。宁可说,是这样一个问题,即所有这些著作是否已经对大屠杀之大众传媒再现的创作者或消费者产生了影响。可能影响不大。

1978年,一些作家如维瑟尔及其后来者在大众传媒中攻击《大屠杀》,说它该受天谴。因此批评家莫利·哈斯凯尔在《纽约》杂志中写道:"演员们如何能够,演员们如何敢擅自去想象和告诉我们它似乎像什么呢!在其他人看来,这类尝试成了一种对抗那条禁止偶像的希伯来禁令的亵渎神灵之行为。"[1] 更为普遍的是那些人,如《国家》杂志的彼得·苏里安,他争辩说杰拉尔德·格林的电视剧极具"虚伪性",这使得它能够完成其使命——去激励和告知那些丝毫不想("至少不是在黄金时段")被激励和被告知的人。[2]

苏里安的论点在来年初获得了强有力的、甚至决定性的支持,那时《大屠杀》在德国开播。在围绕该节目是否应该上演这一议题的争论中,那些反对"沉溺于"纳粹过去的人有效地利用了所有审美上的反对意见。基督教民主党总理候选人弗朗茨·约瑟夫·施特劳斯把它称作"一种快速赚钱的做法"。那些反对上演的德国电视经理则把它称作"与受害者记忆不相一致的……文化商品"。《明镜周刊》(*Der Spiegel*)公开谴责"对犹太人的毁灭作为肥皂剧……一个商业的恐怖秀……一

---

[1] Molly Haskell, "A Failure to Connect", *New Yorker* 11, 1978年5月15日, 第79页。
[2] Peter Sourian, "Television", *Nation* 226, 1978年6月24日, 第773页。

种外来的廉价商品……种族灭绝在与《爱情故事》相匹配的音乐的伴奏之下被淡化到了《大淘金》(Bonanza)的水准上"。[1]

该系列节目在1979年1月的播放扭转了德国人长时间拖延面对大屠杀的态势,自那时以来,尽管一路磕磕碰碰,他们还是一直在正视它。这使得德国人能够与犹太受害者以及罪行建立联系,这是从未有过的。人们普遍认为,它在该年年底西德联邦议院那个废除关于战争罪行的限制法令的决议中发挥了决定性作用。[2]一名德国记者写道:

> 这实在是太奇妙了……《大屠杀》已经让后希特勒时代的德国颤抖了,在某种程度上这是德国知识分子也无法办成的事。在此之前,没有其他影片能够把犹太人走向毒气室的受难之路拍摄得如此栩栩如生……只是自从和由于《大屠杀》,这个国家的大多数人才知道"犹太人问题的最终解决"这一句恐怖和空洞的套话后面隐藏着什么。他们得以知道,正是因为一位美国影视制作者具有这个勇气,去破除那个使人麻痹的教条……大规模杀戮不应该呈现于艺术中。[3]

双重讽刺。是一部美国"肥皂剧"打破了德国人在他们的战争罪行这一议题上三十年的沉默局面。是德国人对那部美国"肥皂剧"的接纳

---

[1] 该段落所有的引用都来自Jeffrey Herf, "The 'Holocaust' Reception in West Germany", 见Anson Rabinbach和Jack Zipes主编, *Germans and Jews Since the Holocaust: The Changing Situation in West Germany*, 纽约, 1986年, 第214页。

[2] 编剧杰拉尔德·格林后来说, 他希望他给予那个持续不断的控诉战争罪犯活动的捐赠能够铭刻在他的墓碑上。"那是一个不错的成就。"他说。Steve Weinstein, "'Holocaust': Keeping the Truth Alive", *Los Angeles Times*, 1994年4月8日, 第F14页。

[3] *Der Spiegel*中的Heinz Höhne, 引自Herf, "The 'Holocaust' Reception in West Germany", 第217页。

第十章 "不容许偏执"

(在实践上,如果不是在理论上的话)结束了美国人关于大众传媒是否能够有效地再现大屠杀这一议题的争论。

并且(尽管如此大张旗鼓并未持续许多年)美国大众传媒,特别是电视,继续这样做:《集中营血泪》(Playing for Time)、《逃离索比堡》(Escape from Sobibor)、《精神的胜利》(Triumph of the Spirit)、《战争与记忆》(War and Remembrance),还有许多许多其他的。[1] 这其中没有一部能够像1978年的《大屠杀》那样赢得了观众或者引起了如此之多的讨论。但是从总体上看(关于这个主题的外国电影有一个稳定的输入量,也充实了这个总体),它们都有助于把大屠杀牢固地粘贴在美国的文化地图之上。这一过程的高潮(迄今为止)是斯蒂芬·斯皮尔伯格1993年的《辛德勒名单》,这不仅得益于导演的巨大声誉,还得益于这一事实,即它的出现与华盛顿大屠杀博物馆的开业是同一年。就如《大屠杀》轻松夺得了1978年的电视艾美奖那样,《辛德勒名单》则获得1993年的奥斯卡奖。在1978年犹太人组织觉得有义务去推广该电视节目,而在1993年则自总统以下的政府官员都那么热心地推崇斯皮尔伯格的电影,以至于想要挤进这股潮流之中都很难。奥普拉·温弗瑞在她的脱口秀中宣称:"我因观看《辛德勒名单》而变得更好了。"[2] 以此为榜样,免费为高级中学学生放映的活动(在上课期间)计划在全国开展,以提升他们的道德教育。

和《大屠杀》那时一样,有一些老爱唱反调的人,但是他们的观点明显是一种少数人的意见:两个负面的评论各自都被命名为"关于《辛

---

[1] 关于美国电视中的大屠杀的一个综合的且富有洞察力的叙述,参见 Jeffrey Shandler, *While America Watches: Televising the Holocaust*,纽约,1999年。

[2] 引自 Yosefa Loshitzky 主编的 *Spielgerg's Holocaust: Critical Perspectives on* Schindler's List(印第安纳州布卢明顿,1997年)一书的导言,第15页。

德勒名单》的异议"。[1]对这部影片的批评切中要害：荒诞的是，经常被吹捧为最具权威性的大屠杀影片，其特色就是一个最不典型的大屠杀英雄，即一名纳粹救援者；同样荒诞的是，斯皮尔伯格成功地"把20世纪中最为感觉糟糕的经历制作成了感觉良好的娱乐"。[2]然而，即便是该影片的批评家也承认《辛德勒名单》给所有观看过的人造成了深刻的影响——不论他们之前对大屠杀了解多少，他们都被这些恐怖的事件击垮了，常常被深深感动得落泪。这是我自己的经历，并且我认为极有可能的是，对于大多数观众而言，对恐怖和伤痛的反应淹没了这部电影所可能携带的任何救赎性信息。无论如何，这些都并非不适当的反应。但是，这留下了一个悬而未决的问题：为什么从美国人中诱发出这些反应会被看作是一项如此紧迫重要的任务呢？

六百万是一个立刻就能够被识别的数字，人们普遍认可，被纳粹德国的屠杀行动所杀害的犹太人就是这个数。[3] "六百万"这个说法是大屠杀的一个修辞性替身。但是今天，对于许许多多的人来说，大屠杀受害者的真实数字是"十一个百万"：六百万犹太人和五百万非犹太人。

---

1 Philip Gourevitch 的话见 *Commentary* 97（1994年2月）；Jason Epstein 的话出自 *New Yorker Review of Books* 41，1994年4月21日。

2 Jim Hoberman，引自 Peter Rainer, "Why the 'Schindler's List' Backlash?"，*Los Angeles Times*，1994年1月30日，第21页。

3 战后第一次对犹太人死亡人数的估算——并不比有根据的猜测好多少，这种猜测以非常不完善的信息为基础——是在六百万之下的某个数字，通常取整到六百万。这依然是最为经常被引用的数据，而且它也得到了最多历史学家的支持。（见"犹太人在大屠杀中的损失估计"，《大屠杀百科全书》附录6。）主要的异议者是 Raul Hilberg，他的计算方法使得他推测准确的数字大约是五百一十万。(*The Destruction of European Jews*，修订版，纽约，1985年，第3卷，附录B："犹太人死亡统计"。)估算的问题令人气馁，我们很可能永远都无法确切地知道。当然人们想获得正确的数字，然而没有任何一个重要的历史学的（更别说道德的）问题依赖于对该数字是五百万，还是六百万，抑或更多这一难题的解答。

第十章 "不容许偏执"

当我们谈论大屠杀之时,危险的当然不是数字本身,而是我们的意指是什么,我们所指涉的是什么。我们将会发现,这个问题在美国人正式的纪念活动中越发变成了一个会引起激烈的和愤怒的争辩的议题。更为宽泛地说,"六"和"十一"的不同用法清楚地表明了大屠杀在美国人的生活中的诸多用途。

"十一个百万"这个数据——或者确切地说,五百万"其他的"纳粹受害者,加上六百万犹太人——并不具有历史意义。五百万这个数据要么太低了(对于所有被第三帝国杀害的非犹太平民而言),要么太高了(对于那些像犹太人那样、被定为杀戮目标的非犹太人团体而言)。这个数据是从哪里来的呢?虽然没有详细的文献记录,但是人们一般都认可,"十一个百万"这个数目是由那位著名的纳粹罪犯追捕者西蒙·维森塔尔所提出的。他是如何得出这个数据的呢?以色列历史学家耶胡达·鲍尔宣告说,维森塔尔在一次私人谈话中向其坦言该数据完全是他造出来的。[1]他曾经告诉一位记者,他反对"把受害者分割开来":"自1948年以来,"维森塔尔说,"我就试图和犹太领导人一起不再谈论六百万犹太死难者,而去说一千一百万平民之死,包括六百万犹太人……我们把它简化为一个纳粹与犹太人之间的问题。因为它,我们失去了很多患难与共的朋友,他们的家人也遭受了同样的下场。"[2]

维森塔尔发表评论的日子是值得注意的。在战后的欧洲,就如在战后的美国那样,当时每一个人都认识到犹太人的命运很"特别",然而,甚至在犹太人中间,也有这样一种倾向,即要把在"纳粹主义罪行"这个更大的标题之下的受难者囊括在内。维森塔尔对这种做法持同情

---

[1] Yehuda Bauer, "Don't Resist: A Critique of Philip Lopate", *Tikkun* 4, 1989年5—6月,第67页。
[2] Michael Getler, "The Hunter's Remembrance", *Washington Post* 1, 1979年4月1日,第H1页。

的态度——并且尤其如此，因为他的终身使命就是查获纳粹罪犯，以及赢得欧洲政府对该使命的支持。个人经历也很重要。许多大屠杀幸存者是严格遵守教规的犹太人，他们小时候被从犹太人小镇（Shtetl）驱赶到了集中营，在那里所有的牢友都是犹太人。对于他们而言，把他们的苦难历程作为独一无二的犹太人经历来看待是再自然不过的了。维森塔尔（在这方面和普里莫·列维之类的幸存者很像）并不虔诚，某种程度上有一种国际化的背景。他在像毛特豪森之类的集中营中挺了四年之久——在其中他的很多牢友都是非犹太人。维森塔尔捏造"十一个百万"是异常离奇之举，但是鉴于他的经历和他工作的环境，他用一种"普世的"方法来解释纳粹罪行也没什么不寻常或者不自然的。[1] 无论如何，正是关涉到那些一般意义上的罪行而非"那个大屠杀"，他才会说"十一个百万"。

在1970年代晚期之前，美国很少有人听说过"十一个百万"这个数字。维森塔尔在这个国家的名望和他作为纳粹追捕者的功绩有关系，而和他作为一名大屠杀解释者无关。到了1977年，这种情况发生了变化，当时，因为对他追捕战争罪犯行动的资助，一位加利福尼亚拉比获得了他的名字的使用权，以便创建一个后来备受瞩目的大屠杀纪念机构，即西蒙·维森塔尔中心。[2] "十一个百万"是与这个名字相伴随的思

---

[1] Michael Berenbaum（在我看来，非常不当地）推测说，维森塔尔总是坚持除了犹太受害者之外还要提及非犹太受害者，这一点也许反映了"他目前作为一个欧洲犹太人的立场：他属于一个死气沉沉的社区，该社区在公共领域中不能够采取一种犹太中心主义的立场，反倒宁愿接受Judah Leib Gordon的格言：'成为一个自己家里的犹太人和一个街上的普通人'"。维森塔尔战后的职业并不像一个要逃避公共的犹太身份认同的人。（Berenbaum, *After Tragedy and Triumph*, 英国剑桥, 1990年, 第18—19页。）

[2] 关于维森塔尔中心的创建，见Gary Rosenblatt, "The Simon Wiesenthal Center", *Baltimore Jewish Times*, 1984年9月14日；Sheldon Teitelbaum和Tom Waldman, "The Unorthodox Rabbi", *Los Angles Times*, 1990年7月15日；Judith Miller, *One, by One, by One: Facing the Holocaust*, 纽约, 1990年。

第十章 "不容许偏执"

想偏见的一部分。[1]在该中心博物馆的入口处雕刻着一句献给"六百万犹太人和五百万其他信众"的颂词；该中心出版物开始谈及"这个大屠杀——六百万犹太人和五百万非犹太人"。[2]尽管最初不是这么提的，"十一个百万"已经成了一个关于大屠杀参量的新说法。

维森塔尔中心对"十一个百万"的运用可能并未自动地令该数据广泛流传开来。将其置于议程之上的动因——它令"十一个百万"在一些人眼里是标语而在其他人眼里则是挑衅——是在1978年春开启的那个最终导致华盛顿美国大屠杀纪念博物馆之建立的进程。

该进程从对大屠杀的传统理解开始。在白宫草坪上举办的一次纪念以色列建立三十周年的典礼仪式中，吉米·卡特总统宣布他正在筹建一个委员会，以研究如何为"在大屠杀中被害的那六百万人"建立一个国家纪念馆。[3]在这种场合中，其他的任何定义都是不合适的，因为，众所周知的是，卡特的倡议之企图是安抚美国犹太人——后者因看到总统"过度不偏不倚地"对待以色列人和巴勒斯坦人而产生的隔阂越来越深。[4]如果隔阂继续，这对于卡特的连任希望将是毁灭性的，

---

[1] 在1980年的一场对一个幸存者儿童组织的演讲中，维森塔尔说道，只有在"该中心将效力于铭记十一个百万，在其中有六百万犹太人"这一条件之下，他才把名字借用给了他们。("Simon Wiesenthal Speaks", *The Generation After*, 1980年夏, 第2页。)

[2] Rosenblatt, "Wiesenthal Center", 第66页；维森塔尔中心基金募捐信件，引自Seymour Bolton 致Ed Sanders的信，1979年11月28日, Carter Papers, Special Adviser to the President——Moses, Box 7, Holocaust Memorial Council, 11/2/79——9/2/80。

[3] 《美国总统公共文件：吉米·卡特，1978年》，华盛顿特区，1979年，第813页。

[4] 关于这个冒险项目的政治背景，见Edward T. Linenthal, *Preserving Memory: The Struggle to Create America's Holocaust Museum*, 纽约, 1995年。在下文中，我非常依赖于Linenthal特别详细和颇有见地的著作。前一年，即1977年，一名白宫工作人员极力主张卡特应该造访布鲁克林的一个大屠杀中心，以便"逐渐弥合他自己和犹太人之间的间隙"，并且白宫工作人员中的犹太成员对大屠杀纪念馆的一些管理措施也开始有了初步的研究。(Linenthal, *Preserving Memory*, 第18页。) 当1978年初危机加深之时，卡特的犹太事务顾问辞职了，因为在犹太观众面前他不能够再为总统的中东政策辩护了。

部分是因为犹太人在一些关键州的选票，但更加重要的是因为犹太人历来就是民主党全国竞选基金的一个重要来源。[1]那些研究出关于建立一个纪念馆之建议的白宫犹太员工并不是单纯地被政治考量所驱动；有些似乎对大屠杀纪念活动怀有真正的忠诚之情。[2]但是潜在的政治回报是至关重要的。工作人员对建立纪念馆之建议的最后那场讨论是在NBC的《大屠杀》如日中天之际进行的。这使得国内政策负责人斯图尔特·艾森斯塔特的一名助手担心，这种做法看上去似乎是"一种借该节目上演之东风的俗气行为"。这确实可能，另一位助手回复道，但是"我们和犹太社区的关系需要抓住每一个渺小的提升机会"。[3]

就在卡特宣布纪念"那六百万人"的建议之后的第二天，艾森斯塔特的一位助手提醒她的老板说，那个新的委员会可以学习西蒙·维森塔尔中心的做法而"考虑把它扩大到十一个百万"。[4]之所以要这样做，理由是多方面的。卡特的倡议抢先于一个议案——最近参议院（有二十名议员）提出要为大屠杀的"一千一百万来自不同宗教的无辜受难者"建立一个纪念馆。[5]在卡特公告发布之后的国会辩论中，那些称赞该建议的参议员和众议员——犹太人和非犹太人都一样——他们提

1　J. J. Goldberg赞同关于民主党全国委员会和民主党总统竞选基金的大约一半是"犹太人的钱"的报道中的大多数论述。(*Jewish Power*, 马萨诸塞州雷丁，1996年，第276页。)

2　因此，白宫国内政策工作人员的领袖以及倡导政府人员参与纪念的主要倡议者Stuart Eizenstadt，也是拉比Irving Greenberg的全国犹太会议中心的董事会成员，而它比其他任何组织都更加积极地推动这些活动。关于这个项目的员工备忘录（储藏在卡特图书馆中）表明，Eizenstadt远非唯一一个不只是从政治上关切该倡议的人。

3　Bert Carp（Eizenstadt的助手）备忘录，1978年4月26日；附回复，作者不详，Carter Papers, Domestic Policy Staff, Box 216, Holocaust Commission, O/A 6242：1。

4　Ellen Goldstein致Stuart Eizenstadt的信，1978年5月2日，Carter Papers, Staff Offices，同上。

5　*Cong. Rec.*，第95届会议，第2次分会，1978年4月27日，第124页，pt. 9：11799—11800页。

第十章 "不容许偏执"

及"十一"或"六加五"或"六加上几百万其他人"的频率和运用"六"的频率一样高。[1]在总统的大屠杀委员会正式成立数月之后（其主席是埃利·维瑟尔），它征求了包括少数族群代表在内的各方的建议。乌克兰国家信息服务部的总裁写道，乌克兰人也"符合希特勒的灭绝标准"并且"从数字上看在……奥斯维辛、特雷布林卡和达考是第二大要被毁灭的群体"。他要求无论如何都要去"思考纳粹大屠杀受难者中的各个民族及其数字比例"。[2]波兰裔美国人大会主席阿洛伊修斯·马泽夫斯基坚称是波兰人、而不是乌克兰人才是仅次于犹太人的第二位：他的大屠杀受难者总数是一千万，其中有六百万犹太人、三百万天主教波兰人和一百万"其他族群"。[3]另一方面，美国波兰人联合会主席则声称"超过六百万基督徒［大多数是波兰人］……丧生了"；他谈到"有必要牢记我们波兰天主教弟兄姊妹的苦难及死亡——而不仅仅是犹太传统所铭记的那些东西。不然的话，他们的苦难和死亡就会变得毫无意义"。[4]

1979年4月，当委员会正在商讨之时，首个大屠杀"纪念日"活动在国会大厦圆形大厅开展。[5]此时此刻，不知出于何种原因，白宫改变了它的大屠杀定义。卡特总统谈及"被屠杀的一千一百万无辜受害者——其中有六百万犹太人"。副总统沃尔特·蒙代尔提到"要为那

---

[1] 如果这里存在任何选择的模式的话，那么对我而言它过于微妙而难以察觉。

[2] 引自 Linenthal, *Preserving Memory*，第40—41页。

[3] Aloysius Mazewski 致 Irving Greenberg（委员会董事）的信，1979年4月12日。Carter Papers, FG 316, 1977—1979, Box FG-225。

[4] B. A. Michalski 致卡特总统的信，1979年4月20日，出处同上。

[5] 该"纪念日"(Days of Remembrance)是议员 John Danforth 所提议的，和卡特委员会无关。在敦促卡特签署"纪念日"声明之时，艾森斯塔特意识到"该决议对于其倡议者议员 Danforth 及其关于煤气费的不确定态度都是重要的"。（艾森斯塔特致总统的信，1978年9月15日，Carter Papers, FG 316, 1977—1979, Box FG-225。）

一千一百万受难者的无人理会的哭喊"作证。[1]当然,这个新的定义深深地冒犯了维瑟尔。他的委员会报告最主要就是反驳卡特的新描述,并且于1979年9月被送呈给了总统。它强调大屠杀的犹太特异性——犹太本质:"任何试图淡化或否认这个现实的企图,都是打着错误的普世主义旗号的弄虚作假之举。"这份报告包含着维瑟尔在随后几年中不断重复的说法——承认纳粹主义还有其他的攻击目标,但坚称犹太人受难者具有时间上以及概念上的优先性:"当夜幕降临,几百万其他种族的人被驱赶进了这张死亡之网中";"犹太人可能不再是纳粹种族灭绝的最后的受害者,但当然是第一批受害者";"和往常一样,他们从犹太人开始[;]和往常一样,他们并未仅止于犹太人"。确实还有"其他的受害者",他们的存在应当在筹建的博物馆中获得认可,但是,这份报告强烈暗示(并未明确这样说)他们不是"大屠杀"的受害者。[2]

在随后几个月,维瑟尔和白宫犹太员工之间就应该如何描述大屠杀这一议题展开了激烈的斗争——谁应该被囊括其中。"像维瑟尔先生要求我们所做的那样,去构建一个二等大屠杀受害者阶层之概念",总统的一位助手说道,这是"道德败坏之行为"。[3]斯图尔特·艾森斯塔特极力劝说卡特,在组建大屠杀纪念理事会(以接替总统委员会)的行政令中,他应当"澄清该纪念馆缅怀大屠杀所有受害者——

1　总统大屠杀委员会, *Report to the President*, 华盛顿特区, 1979年, 大约C和D部分, 第26, 28页。

2　同上, 第3, 10, iii页。Michael Berenbaum是该委员会的副总裁, 也是该报告的主要撰写者。在他离任之后, 他马上写道, 不仅波兰人、吉普赛人、乌克兰人和其他欧洲族群不是"大屠杀的受害者", 而且(他未详细说明理由)他甚至怀疑他们是否有资格被称作"纳粹主义的受害者"。(Berenbaum, "On the Politics of Public Commemoration of the Holocaust", *Shoah* 2, 1981—1982年秋冬, 第8, 9页。)

3　Seymour Bolton, 引自Linenthal, *Preserving Memory*, 第43页。

第十章 "不容许偏执"

六百万犹太人和大约五百万其他族群"。[1]一位员工指出,这个定义就是出自西蒙·维森塔尔,"他在大屠杀问题上的资历资质比我所知道的任何其他人都过硬"。[2]在最后一刻,维瑟尔和委员会新任总裁门罗·弗里德曼提出了一个通过标点符号来解决这个问题的巧妙建议。白宫草案谈到纪念"大屠杀,二战期间那场有条不紊的、由国家发起的灭绝行动,杀害了六百万犹太人以及几百万其他的纳粹主义受害者"。替代性的建议就是通过使用破折号做一个概念的分离:"大屠杀,那场有条不紊的、由国家发起的灭绝行动,杀害了六百万犹太人——以及几百万其他的纳粹主义受害者。"[3]最后,艾森斯塔特打算做出让步了。"不论好坏,"他说,维瑟尔都已经成了大屠杀的象征,如果他会因这个议题而辞职的话,"那么,我们简直无法找到另一名著名的犹太领导人来履行主席之职务。"虽然东欧的少数族群偏好那个原初的表述,但定义的问题对他们来说,并不是"一个生死议题(对维瑟尔而言则是)"。[4]但是恼羞成怒的卡特拒绝接受这些破折号,那道创建了大屠杀纪念理事会的行政命令还提到一千一百万受害者。维瑟尔没有辞职,而且他负责创建的那家博物馆还被官方委托去纪念"一千一百万"。

---

1 艾森斯塔特致卡特的信,1979年10月25日,引自Linenthal, *Preserving Memory*,第41页。
2 Seymour Bolton致Ed Sanders的信,1979年11月28日,Carter Papers, Special Adviser to the President——Moses, Box 7, Holocaust Memorial Council, 11/2/79——9/2/80。
3 David Rubenstein致总统的信,1980年3月21日,Carter Papers, FG 352, 1977—1981, WHCF, FG-231。弗里德曼警告说,他和维瑟尔会把那种拒绝接受这个变化的行为当作"背叛的核心特征"。(引自Linenthal, *Preserving Memory*,第50页。)
4 艾森斯塔特的观点在Rubinstein的备忘录中被改写了。Rubinstein向总统建议,如果他想坚持原初的表述,行政命令应该要推迟下达,直到纽约总统候选人提拔会之后——该提拔会结果显示,爱德华·肯尼迪所获得的犹太人选票要多于卡特,其差距是四比一。(Linenthal, *Preserving Memory*,第48页。)

这显然是维瑟尔和其他人无法接受的,因为对于他们而言,关于大屠杀的"宏大真理"就是它的犹太人特性。他们对于把大屠杀受害者扩大到一千一百万这一事件所做的回应,其方式与虔诚的基督徒对于把耶稣受难的受害者扩大到三个人——上帝之子和两个窃贼——这一事件所做出的反应一样。维瑟尔的力量在大屠杀理事会的内外动员起来,以确保他们的定义即便在行政命令的干预下也能够被普遍接受。虽然大屠杀的犹太幸存者在创建博物馆的倡议中没有发挥作用,但是在维瑟尔的领导下他们控制了该理事会——从精神上,如果不是从人数上看的话。当幸存者西格蒙德·斯特罗施利兹作为一名委员会成员宣誓之时,他声称"要求幸存者与其他人……分享大屠杀的称谓……把我们的苦难等而视之,这不合情理也不合适"。[1] 在一次理事会会议上,另一名幸存者卡尔曼·萨坦尼克被问道,丹尼尔·乔克米——这位因营救犹太人而在迈登涅克被害,且在以色列大屠杀纪念馆被供奉为正直者的外族人——是否能够被铭记在该博物馆的纪念大厅中。"不能",萨坦尼克说,因为"他并不是作为犹太人而死的……这六百万犹太人……死得很不一样"。[2]

还有这样的尝试,即试图广泛地动员起犹太人的舆情,以反对把犹太人的受害者身份与其他种族的相互混淆。幸存者亨里克·格林伯格甚至反对在维瑟尔关于其他族群的表述之中——如"当夜幕降临……被赶进了这张死亡之网中"——所赋予非犹太人的那种辅助性角色。格林伯格说,这是"绝对错误的":"即便大屠杀不发生,那几百万其他

---

[1] Strochlitz 演讲,被众议员 Christopher J. Dodd 添加进了 *Cong. Rec.*,(第96届会议,第2次分会,1980年7月2日,第126页,pt. 14: 18630。)

[2] Sultanik(世界犹太人大会副主席),见 Linenthal,*Preserving Memory*,第81页。

第十章 "不容许偏执"

的族群也会在战争中丧生"。[1] 幸存者的孩子往往就在那些强调非犹太人与犹太人之间区别的人之中。有人说,非犹太人"以为犹太人创造的死亡方式死了……他们是在那个为其他族群所设计的'解决方案'之中的受害者"。[2] 另一名幸存者的孩子因看到该博物馆把这个问题搅得一塌糊涂而感到失望,对他而言,非犹太人受害者之死"是一种不同的、非神学秩序的、未被那……'恐惧性'(Tremendum)之中的神秘之物触及过的死亡"。[3] 耶胡达·鲍尔积极参与到这场反对他所谓的"维森塔尔—卡特定义"的战争之中。他写道,这表明了非犹太人"嫉妒"犹太人的大屠杀经历,这"似乎是反犹主义态度的一种不经意的表现"。

> 大屠杀在众多的非犹太人之中引发了一种亲犹太人的反应……若要回归"常态"来看待犹太人,则必须摧毁由大屠杀引起的同情之心……这可以通过声称大屠杀还……发生在几百万其他族群的身上而实现……然后大屠杀就失落了、变得平淡无奇

---

[1] Henryk Grynberg, "Appropriating the Holocaust", *Commentary* 74, 1982年11月,第56页。在另一篇文章中,格林伯格也批评了该博物馆对大屠杀的"一般化"之做法,其理由是它剥夺了犹太人的道德资本:"把大屠杀拿出来共享……剥去了犹太人用他们的苦难所换来的护身符。"(Grynberg, "Don't Universalize the Holocaust Memorial!", *Midstream* 32, 1986年4月,第7页。)

[2] Leon Wieseltier, "At Auschwitz Decency Dies Again", *New York Times*, 1989年9月3日, 4: 13。

[3] Melvin Bukiet, "The Museum vs. Memory: The Taming of the Holocaust", *Washington Post*, 1993年4月18日,第C3页。强调犹太人和非犹太人(被纳粹政权枪射杀的或毒气毒死的)是"不一样的死",这样的观点不断重现。反诽谤联盟芝加哥办公室的负责人对声称不同的受害者"都以同样恐怖的方式死去"的看法做出了回应,他强调说情况并非如此:"他们并非所有人都是以同样的理由、同样的方式死去的。"(Michael C. Kotzin,致 *Chicargo Sun-Times* 的信, 1987年12月2日,第60页。)Miles Lerman,一位幸存者,后来成了华盛顿大屠杀博物馆委员会主席,类似地坚持说在奥斯维辛被害的波兰人"死于不同的方式,并且死于不同的理由"。(见Dan Stets, "Fixing the Numbers at Auschwitz", *Chicago Tribune*, 1992年5月7日,第8页。)

了……这样,一种反犹主义的"正常"心态就可能再次形成。[1]

维瑟尔和他的盟友无疑会担心,博物馆的"十一个百万"之要求逻辑上为"其他受害者"得以占据其中的十一分之五做好了铺垫。很大程度上由于幸存者对该理事会的影响,最终,"其他受害者"在该博物馆的永久性展览中只被轻描淡写。[2]因此,尽管维瑟尔当初在与卡特围绕博物馆的授权问题而展开的冲突中失利了,从该冲突的内容看,他还是赢得了这场斗争。卡特的"一千一百万"从未成为该博物馆的运行规则,然而还存在一种模糊的对包容原则的忠诚义务,由此在该理事会的会议上,就导致了关于大屠杀的定义这一议题的无休止的争论。理事会成员海曼·布克班德(美国犹太人委员会华盛顿长期代表)颇为沮丧,在回顾了那些被反复提出的难以捉摸的格言套话之后,他试图让维瑟尔回答一个简单明了的问题:"这'其他几百万'是大屠杀的受害者,还是大屠杀之外的东西?"[3]维瑟尔从未给出直接的回答,该博物馆也是。[4]

1　Yehuda Bauer, "Whose Holocaust?", *Midstream* 26, 1980年11月, 第45页。若干年之后, 当Bauer在一个完全由犹太人赞助筹建的博物馆(即纽约犹太人遗产博物馆)的计划中看到一种淡化大屠杀之犹太人特性的相似倾向之时, 他异常愤怒。他致函其负责人:"我对该项目及其基本的概念感到极度的恐惧……我还必须警告你, 我将会利用我所拥有的每一个公共平台的每一次机会……去抨击这个蛮横无理的计划。"(Bauer致David Altshuler的信, 1987年7月29日, 引自Rochelle G. Saidel, *Never Too Late to Remember*, 纽约, 1996年, 第212页。)

2　关于该永久性展览的设计过程, 见Linenthal的 *Preserving Memory*。在该博物馆的当代展览、各类出版物以及由该博物馆的研究机构所主办的各种会议中, "其他受害者"得到了更多的关注。正是这个永久性的展览, 受到了那些希望限制纪念非犹太受害者的人最为严密的监控; 他们还干涉博物馆的其他活动, 这代表着博物馆职员试图更为广泛地界定其授权的希望。

3　Hyman Bookbinder致埃利·维瑟尔的信, 1983年8月23日, AJCommittee Files, 华盛顿主题文件, 1964—1986, Box 13, Chronological Corres.。

4　这种暧昧的例子, 见博物馆网站的"大屠杀讲授指南", 1998年8月。临近开头, 有一段话标题是"界定你所理解的大屠杀的含义"。第一句话就是:"大屠杀指的是20世纪一个特定的事件: 二战期间, 纳粹政权及其帮凶把有条不紊地、官僚式地消灭六百万犹太人作为国家的核心行动。"(这直接来自维瑟尔1979年的总统委员会报告, 其意图就是反对卡特的"一千一百万"。)但是该段落其余部分的五分之四则专门献给了吉普赛人、残疾人、苏联战俘、波兰人以及其他的斯拉夫人、同性恋者和政治异议人士。

第十章 "不容许偏执"

清晰明确是不可取、不明智的；最好就是让它模棱两可。

同样模棱两可、同样含混不清和犹疑不决的是普通美国人关于大屠杀的交谈。美国人被告诫他们必须"面对"或"记住"大屠杀，但是他们要面对或记住的这个东西是什么呢？这不是一个关于不同的解释或不同的理论的问题，而是我们正在谈论的是什么事件这样一个问题。这是一个老生常谈——"哲学101"（入门课）——我们从未直接遇见事件，而只是对事件的表述，它们给出了事件的不同版本。事件所引起的争论越发激烈，它就越发引人入胜，就越能刺激出更多的版本。比如，在产自大屠杀的文本中，没有哪一个比马丁·尼穆勒关于他在1930年代期间道德缺失的自白更引人注目了：

> 起初，他们带走了共产党人，而我不是共产党人——所以我啥也不说。接着，他们带走了社会民主党人，而我不是社会民主党人——所以我啥也不做。紧接着，他们又带走了工会成员，而我不是工会成员。再后来，他们又带走了犹太人，而我不是犹太人——所以我几乎啥也不做。最后，当他们向我冲来之时，再也没人能够与我并肩作战了。[1]

《时代周刊》、副总统阿尔·戈尔和一位发言人在1992年共和党大会上都以《大屠杀百科全书》为榜样，将犹太人从最后移到了首位："起初，

---

[1] 当时没有关于尼穆勒在1940年代晚期或1950年代初期首次（口头）发表这段文字的情况的记录，但是关于那些被包括其中的名单和顺序（与纳粹政权围捕其敌人的顺序是一致的）已相当确定。这个文本的说法（由尼穆勒的遗孀授权许可）出自 Ruth Zerner, "Martin Niemöller, An Active Bystander: Often Quoted Reflections", 见 Marvin Perry 和 Frederick M. Schweitzer 主编, *Jewish-Christian Encounters over the Centuries*, 纽约, 1994年。还可以参见 Martin Marty, "Oral Confession", *Christian Century* 111, 1994年12月14日。

他们带走了犹太人"。[1]《时代周刊》、戈尔和共和党发言人都略去了共产党人和社会民主党人；戈尔还略去了工会成员。三者都增加了天主教徒(这未出现在尼穆勒的原始名单中)。在天主教重镇波士顿的大屠杀纪念碑上也雕刻着这段文字，天主教徒也被加了进去。[2] 除了共产党人被小心翼翼地删除了之外，美国大屠杀博物馆完好无损地保留了这份名单和顺序。[3] 还有的版本则把同性恋者囊括进了尼穆勒的名单之中。[4] (这段引文因各种缘由而被援引——从犹太人定居于西岸到保险业免于政府监管之自由。)[5]

关于各式各样对尼穆勒语录的改编情况的这个简短考查，其价值就在于，它凸显了包容和排除之问题的核心，但是在某种程度上，它是

---

[1] Stefan Kanfer, "Writing about the Unspeakable", *Time* 117, 1981年3月2日, 第89页; U.S. Newswire, 副总统在首都("纪念日")仪式上的讲话文本, 1994年4月7日; "Remarks by Mark Fisher", *Washington Post*, 1992年8月25日; Lionel Kochan, "Martin Niemöller",《大屠杀百科全书》, 纽约, 1990年, 第3: 1061页。

[2] 引自新英格兰大屠杀纪念馆的描述性宣传册(没有出版, 没有日期), 作者所有。

[3] Jeshajahu Weinberg 和 Rina Elieli, *The Holocaust Museum in Washington*, 纽约, 1995年, 第163页。

[4] James B. Nelson 致编辑的信, *Minneapolis Star Tribune*, 1993年12月23日, 第12A页。保守的同性恋 Marvin Liebman, 为了援引尼穆勒的评论来捍卫男同性恋者的权利, 就删除了共产党人和社会民主党人, 并在"工会成员"中增加了"实业家"。(Liebman, "Perspectives on Gay Rights", *Los Angeles Times*, 1992年10月15日, 第B7页。)

[5] Murray Greenfield 提供了一个类似的说法: "起初, 他们想要加沙/杰里科。我不住那里, 所以我同意。然后, 他们想要犹太地区/撒玛利亚……"(引自 Moshe Kohn, "Whose Statute of Limitations?", *Jerusalem Post*, 1994年10月7日, 第5B版。)马萨诸塞州人寿保险商协会对该引文做了如下修改: "起初, 他们走向残疾人市场, 我没有公开表态, 因为我不出售残疾人保险。然后, 他们走向非团体健康保险市场……"(引自 Joan Vennochi, "Rewriting History", *Boston Globe*, 1996年7月26日, 第E1版。)佐治亚州议员 John Lewis 在引用了该文后说道: "读一读共和党的协议吧! 它们是为了儿童、为了穷人制定的……"(引自 William Raspberry, "Civil Discourse — or Scoring Points?", *Washington Post*, 1995年4月28日, 第A27版。)一名反堕胎激进分子, 在引述了该原始版本之后, 增加了以下内容: "我们每一个人都必须为子宫中的婴儿大声疾呼。"(Patricia B. McCarthy 致编辑的信, *Indianapolis Star*, 1995年3月28日, 第A09版。)卡车司机工会一位因贪腐而被政府调查的官员的律师也提供了一个版本, 开头是这样说的, "起初, 他们逮捕了工会成员……"(UPI dispatch, 1990年3月20日, BC cycle。)Hugh Hefner 援引尼穆勒的话是为了警告: 从7-11便利店取缔《花花公子》是破坏第一条修正案的第一步。(Hefner, "The Blacklist", *Playboy* 33, 1986年7月。)

第十章 "不容许偏执"

我们审视的素材中一个不好的例子。至少在某些情况下有故意误传之嫌，它并没有传达当我们谈论大屠杀之时所谈论的核心问题。就那些谈论"六"的人和谈论"十一"的人而言，[1]其中总有一方会认为不存在什么误传，不论是故意的还是无意的。他们在谈论不同的事物。但是除了那些像亨里克·格伦伯格（他会在六百万周围挖个壕沟并升起吊桥）的人之外，这些不同的事物从未被明确地界定过。即便是埃利·维瑟尔，就如我们所知，也偏爱模棱两可的格言警句而不要清晰的界限描绘。[2]

然而许多人坚决认为是"六"并且只是"六"，许多其他人（尽管不那么坚决）则习惯性地在各种环境中谈论"十一"。芝加哥拉比董事会执行董事发现，把流产和"希特勒杀人机器有计划的一千一百万攻击对象"相比较是"不足取的"。[3]一个校园希勒尔组织的发言人向一位记者解释说，大屠杀纪念日（Yom Hashoah）"是一个纪念……一千一百万人的日子——其中六百万是犹太人——他们在大屠杀中被害"。[4]（在某种程度上，这个年轻人是对的：大屠杀纪念日是什么，要看大屠杀纪念日做什么；在许多城市中年度纪念仪式的的确确是在纪念"一千一百万"。）巴尔的摩犹太人协会的执行董事希望该市翻新了的大屠杀纪念馆能够更加欢迎"那些对纪念第三帝国一千一百万受害者感

---

1 这里的"六"指的是"六百万"，"十一"指的是"一千一百万"。——译注
2 这就好像是这样一场无休止的、高度紧张的争论——争辩谁是真正的纽约人，然而与此同时却委婉地拒绝说出你正在谈论的居民是来自纽约县（曼哈顿）、纽约市（五个区）、纽约大都市区，还是纽约州。曾在泽西市哈得逊河对岸长大，渴望成为纽约人，也曾在曼哈顿生活了许多年，鄙视那些自称是纽约人的"起着桥梁和隧道作用的人"的自负，所以，我在两边都生活过。
3 Ernest Tucker, "Hyde Likens Abortion to Holocaust's Horrors", *Chicargo Sun-Times*，1998年4月10日，第10页。
4 Kate Folmar, "Events Planned to Remember Holocaust", *Los Angeles Times*，1996年4月13日，第B2页。

兴趣的人"。[1]在底特律大屠杀博物馆——它在许多年前就开张了并以作为美国首个此类机构而自豪,悼念的火焰"为在大屠杀中被害的六百万犹太人和五百万非犹太人而燃烧着"。[2]就本书的写作时间而言,佛罗里达坦帕湾大屠杀纪念博物馆是最晚开张的。埃利·维瑟尔在其开幕式上致辞。根据当地报刊的叙述,他"在那代表着一千一百万大屠杀受害者的十一朵永不熄灭的火焰照耀下"发表了他的讲话。他还参加了剪彩仪式。这条色带是五彩缤纷的:"犹太人的黄色、政治囚犯的红色、放逐者的黑色、同性恋者的粉色、吉普赛人的棕色、耶和华证人的紫色和职业犯的绿色。"[3]维瑟尔个人对这一意像的想法则未被报道。

前一段所提及的那种例子可能不胜枚举。读者可能已经注意到,他们不是来自非犹太人——伴随着一项有意或无意的反犹主义议题,比如耶胡达·鲍尔所称的那样——而是来自犹太人。并且他们绝不仅仅是被高度同化了的犹太人;许多幸存者(以及幸存者的孩子)也谈到"十一"。[4]

这里是否存在一个屈服于其他想要加入的受害者群体之压力的问题呢? 在卡特白宫所做的考量之中(当他们转向"十一"之时),确实包括来自波兰裔美国人和乌克兰裔美国人组织要求被纳入的请求。但这些是被索求来的,而非自发的舆情。自二战到共产主义集团的崩溃,这些团体认为他们自己并不是纳粹主义的受害者,而是那些遭受着苏联暴政折磨的被奴役民族的大家庭中的成员。总体说来,他们并不想被卷入大屠杀谈论之中,而想从中摆脱出来。

---

[1] Joan Jacobson, "Holocaust Memorial Leaving for Redesign", *Baltimore Sun*, 1996年5月18日,第1C页。

[2] 大屠杀纪念中心宣传册,作者所有。

[3] Waveney Ann Moore, "Never Forget, Wiesel Urges as Holocaust Museum Opens", *St. Petersburg Times*, 1998年2月22日,第1A页。

[4] 我们经常过于轻率地谈论"幸存者的观点",因此把一个高度多样化的群体变得同质化了。

第十章 "不容许偏执"

最为流行的大屠杀叙述把波兰人刻画成了罪恶的旁观者,或者更糟糕。因此,维瑟尔等其他人经常声称,德国人把杀人集中营建在波兰"并不是偶然的";他们寻找到了一个意气相投的反犹主义环境。[1](露天矿建在西弗吉尼亚,不是因为当地居民无法欣赏天然的自然景观之美;那儿是煤炭所在之地,就如波兰是大多数犹太人所在之地。)乌克兰人则经常被描摹成纳粹的帮凶——当然,有些人(一小部分)确实如此。就波兰人、乌克兰人和其他东欧族群参与大屠杀纪念活动的情况而言,他们的参与极为偶然,此类活动基本上就是辩护性的。他们所声称的许多波兰人和乌克兰人是纳粹政权的受害者这一主张(一点也不假),是为了抵消说其曾是该政权的帮凶的那类断言(有时正确,有时错误,且常常太过笼统)。无论如何,除了地方层面的少数事例之外,他们从不具有政治的、文化或金融资源去推动自己的诉求。这甚至更符合吉普赛人的情况,他们死于纳粹屠杀计划的人口比例与犹太人的近似。也没有人帮以前德国人的苏联俘虏说话——他们在人为的饥饿、疾病和死刑之中的伤亡人数高达几百万。

荒谬的是,那个通过积极游说而成功地让自己进入了"一千一百万"之列的群体,其伤亡人数在受害者总体之中所占份额是最少的。有男同性恋活动分子及其支持者声称被第三帝国杀害的同性恋者高达一百万,这样的说法以及二十五万或五十万之类的主张都很常见。[2]在

---

[1] Elie Wiesel, "Eichmann's Victims and the United Testimony", *Commentary* 32, 1961年12月,第511页。许多其他的人还有另外一种相似的断言,见Richard Cohen, "The Site of Auschwitz Was No Accident", *Washington Post*, 1989年8月18日,第A23页。

[2] 关于七十万到一百万的数字,见Miriam Ben-Shalom的评论,引自UPI dispatch, 1983年6月18日, AM cycle。Frank Rector在 *The Nazi Extermination of Homosexuals*(纽约,1981年,第116页)一书中认为五十万可能是一个过于保守的数字。旧金山主管Harvey Milk则说是三十万。(Pamela Brunger, "An Interview with Harvey Milk", *San Francisco Examiner*, 1978年11月29日,引自David Ari Bianco未出版的论文:"Pink Triangles in America: The Holocaust and Gay and Lesbian(转下页)

大屠杀与集体记忆

集中营死亡或被杀害的同性恋者的真实数目似乎是五千人左右，至多一万人。[1]但是与想要被认可为大屠杀受害者的其他群体不一样的是，男同性恋者确实拥有政治的和文化的资源，并且不像波兰人和乌克兰人那样，基于战前和战时之经历而在要求被纳入之时遭到那么多的敌意。而且，他们的加入能够被看作是对与同性恋恐惧症作斗争这一事业的贡献。他们许多极力要求加入的发言人都是犹太人。

如果这不是有意或无意的反犹主义议程之结果，也不是那些本来被排除在外的群体的游说之结果（刚才所提到的那些例外情况除外），那么，究竟该如何解释这个事实，即如此多的人宁愿谈论——宁愿在大理石上雕刻"一千一百万"？首先，我们应当指出这不是一个非此即彼的问题。"六"和"十一"经常是并存的。因而新英格兰大屠杀纪念馆由坐落在波士顿市中心某处的六根惊人的玻璃柱所组成，然而在其入口处花岗岩面板上的那组说明性文字则谈到"不少于一千一百万的男人、女人和小孩，其中六百万是犹太人"被谋害了。[2]当一个人确实宁愿用"十一"代替"六"或相反之时，这是一种什么样的选择？一名中西部中学教师在一次大屠杀课堂上试图让他的学生理解"六百万"这个数字的严重性，就让学生去收集易拉环（你开苏打水罐子时所

（接上页）Identity, 1950—1994"。我得感谢Bianco先生为我提供了该文献。）New York Civil Liberties Union执行董事Ira Glasser则认为有将近二十五万同性恋者被第三帝国处决了。(Glass, "The Yellow Star and the Pink Triangle", *New York Times*, 1975年9月10日, 第45页。)

1 所有的数字都是估计，其依据是被押往集中营的同性恋者人数（5 000—15 000）和大约60%的死亡率。关于最近学术文献的评论，见Günter Grau, "Final Solution of the Homosexual Question?" 和Rüdiger Lautmann, "The Pink Triangle"，均引自Michael Berenbaum和Abraham J. Peck主编, *The Holocaust and History*，印第安纳州布卢明顿，1998年。

2 *New England Holocaust Memorial Newsletter*, 1993年秋。这则通讯报道说，这段文字经包括Jehuda Reinharz（布兰迪斯大学校长）和华盛顿大屠杀博物馆的Michael Berenbaum在内的学术团体审查过，"以确保准确性和适当性"。

第十章 "不容许偏执"

拉的那些拉环)。这些小孩热情地去收集并且超过了当初的目标,因此要重新计算目标。现在他们会理解或者试图理解"一千一百万"了。[1] 当看到媒体对大屠杀的讨论之时,"六"或"十一"的使用经常令人觉得很随意。这种类型的人太多了而不大合适?那就把"十一"改成"六"。太少了吗?那把"六"改成"十一"吧。

然而,"六"还是要比"十一"早很久,而且我们至少应当对遇见"十一"的频率越来越高这一现象做出解释,即便我们所能做的只是猜测而已。1980年参议员威廉·普洛克斯迈尔告诉他的同仁巴尔的摩大屠杀纪念馆破土动工之信息,以及它如何被支持"六"和支持"十一"的各派别之间的分歧所耽搁——最终后者入选了。普洛克斯迈尔说道,这个决定"很明智,考虑很周全。'种族灭绝'不仅仅(像许多人错误地认为的)是一个犹太人的议题"。[2] 第二年,议员亨利·韦克斯曼告诉他众议院的同僚由丹佛犹太人社区所做出的决定:与当地乌克兰裔美国人共享其大屠杀纪念馆——它重点关注巴比谷大屠杀。"尽管因'最终解决'而被德国人定罪的受害者绝大多数确实是犹太人,许多来自其他背景的人也死在那里了。我向巴比谷基金会(Babi Yar Foundation)致敬,因为它对乌克兰人和斯拉夫人在巴比谷大屠杀和整个二战期间所遭受的苦难和牺牲都给予了承认。"[3]

---

1 Mike Harden, "Pop Tabs Take Flight in Artwork Honoring Saviors of Jews", *Columbus Dispatch*, 1998年4月20日,第1B页。

2 *Cong. Rec.*,第96届会议,第2次分会,1980年12月8日,第126页,pt. 25: 32895。

3 *Cong. Rec.*, 第97届会议, 第1次分会, 1981年9月28日, 第127页, pt. 17: 22266—22267。James Young——因他对大屠杀纪念馆的研究而做调查,当该决定做出之时就在丹佛。"他们问我在我看铭文应该是什么,我的建议是:'为纪念在巴比谷被害的33 000名犹太人和杀害了他们的乌克兰人。'我认为这恰当地考虑了各个方面的情况。"(引自 S. T. Meravi, "Remembrance of Things Past", *Jerusalem Post*, 1989年6月2日。)参见 Young, *The Texture of Memory*, 纽黑文, 1993年, 第294—296页。

威廉·普洛克斯迈尔和亨利·韦克斯曼所借用的价值是与"本位主义"相对,以及那个还更根本的价值,即非犹太人和犹太人的小孩在幼儿园都要学习的东西——"共享"。他俩的意思是(尽管二者都未使用这些词汇):对于犹太人而言去占有或独享大屠杀都是错误的,他们应该超越排他主义。那些抵制这些诉求的人(他们坚持大屠杀具有不可简化的犹太人特性)拥有自己强有力的论据。但是"共享"之诉求同样强劲有力。无处不在的多元文化主义言论不仅催生了"新排他主义",而且还催生了一种要求克制排他主义的情绪。有人认为,作为和睦地生活于多元主义的美国社会的一个条件,三种主要的信仰全都必须(如果不是放弃的话)至少是回避它们传统之中的关键性排他主义因素。对于新教徒而言,即"(只有)耶稣施救";对于天主教徒而言,即"在那(一个真正的)教堂之外无救赎";对犹太人而言,即"上帝的选民"。[1]该论点可能被宣扬得很过头,但是它突出了美国社会中一个真正的和强劲的趋向和解的驱动力。二战之前,人们常常听到美国是一个基督教国家——这是统计学意义上最能站得住脚的称谓。二战之后,那个依旧势不可挡的基督教社会的领袖们为迎合犹太人而开始谈论我们的"犹太—基督教传统";他们通过谈论"新教徒—天主教徒—犹太人"而把美国社会中那3%的犹太人象征性地提升到与那些更为大型的群体平等之地位。对许多人来说,犹太人在一个"被扩大了的"大屠杀中为其他人腾出空间这种行为极有可能——我只是猜测——无非是还人情而已。

并且,"六对十一"这整个事件到底有多重要?当然,对某些人而言是一桩大事。特别是对那些把大屠杀看成一个神圣事件的犹太人来说

---

[1] John Murray Cuddihy, *No Offense: Civil Religion and Protestant Taste*,纽约,1978年。

第十章 "不容许偏执"

更是如此——纳粹的犹太受害者之死是神圣的,而非犹太受害者之死则是渎神的,这一点没得商量。对那些认为关于大屠杀的"大实话"就是它的复国主义启示(即犹太人的流散生活不安全)之人而言亦是如此。对那些重视表达准确性的人——包括我自己而言,"六"描述了某个具体的明确的事物;"十一",即使不考虑其虚构性和随意性,也是一个无法接受的糊涂物。(维森塔尔所编造的数字可能还不完全是随意的,因为它在留出最大包容性的同时依然是犹太人占多数。)但是,如果像我们在本章所做的那样,详细地考查一下美国大众的意象和观念,那么这些区别也许就没那么重要。即使在关于"十一"的谈论中,犹太人也总被置于核心,其他人则总是被边缘化。这和谈论"确切地说,大屠杀"的六百万犹太受害者——外围是其他的纳粹主义受害者——有啥不一样吗?从实践上看,甚至那些正式致力于纪念"一千一百万受害者"的大屠杀博物馆也几乎把全部的展览空间给了欧洲犹太人的悲痛经历;其他人则出现在非常边缘的位置,有时候还根本不出现。那里有多少书籍、电影或电视节目是专注于"其他受害者"的?在维瑟尔与卡特白宫围绕大屠杀定义而展开争论期间,他表达了担忧之情。他说,幸存者谈论六百万犹太受害者,"然后一些朋友……开始提醒我们:'确实,但毕竟,还有其他受害者。'确实如此,还有其他受害者。所以他们谈论一千一百万,其中六成是犹太人……并且在随后两三年内,他们甚至将不再说六百万了。他们将只说一千一百万"。[1] 这还尚未发生(有一些无足轻重的例外情况),并且没有迹象表明它即将发生。但是它有可能发生。

---

1 引自 Linenthal, *Preserving Memory*, 第53页。

大屠杀与集体记忆

　　自1970年代以来,一系列事件——有时候是微不足道的,但常常具有丰富的象征意义——把大屠杀推向了社会舆论的风口浪尖。当然,这里有一个试图理顺因果关系的循环论证:所有这些报道在何种程度上有助于把大屠杀推上美国议程;这些事件之所以会被如此全面地报道,在何种程度上是因为大屠杀已经进入了那个议程之中?这些事件出现在新闻而非历史著作之中,这的确促成了一种现代大屠杀意识。美国人有多密切地在关注这些事件呢?它们的影响有多深刻、多持久?它们在多大程度上、在哪些日子影响着美国人思考大屠杀的方式?我们只能凭借一些零碎的证据、经常模糊的民意调查结果以及直觉印象而进行推测。

　　在1977年和1978年,关于美国纳粹分子是否有权在伊利诺伊州的斯科基(该小镇是许多大屠杀幸存者安家之地)组织游行示威这一事件,存在着宪政意义上的和情感意义上的争议。(这场计划周详的示威活动基本上就是梅西的感恩节大游行,大约十几个疯子和怪人被提名参加。)在当时它被广泛报道,后来则变成了一个由丹尼·凯耶主演的电视纪录片的主题,但它很快就成了明日黄花,而且说它给人们造成了多少永久的印象似乎也不像是事实。[1]

　　在1985年,关于里根总统造访西德比特堡公墓也引发了短暂的但更为激烈的争论(也更为详尽地报道了)。他会还是不会造访那些在战争中丧命的年轻的纳粹党卫队成员的长眠之地;他会还是不会造访某个死亡集中营?美国人的看法出现了严重分歧——根据一项民意调

---

[1] 可以预见的是,在那些认为第一修正案的意思就是如它所言那样的少数派,和那些认为它不应当适用于最为令人反感的言论之类案例的多数人之间,会发生分裂。这个问题使得犹太人间以及非犹太人间产生了分裂。宪法上的争论令反诽谤联盟和美国民权联盟的(基本上是犹太人的)领袖之间产生对立。确实,在某种程度上,它是一场涉及三方(或确切地说,两个半犹太人)的犹太人间的争议:当地纳粹分子的领导Frank Collin是半个犹太人——德国难民的儿子。(Jonathan Miller, "Frank Collin's Roots", *New Republic* 179, 1978年7月1日, 第9—10页。)

第十章 "不容许偏执"

查,双方呈势均力敌之势,一半赞同、一半不赞同这次造访。[1](通常这是一种党派性的反应,共和党人赞同,民主党人则反对,差距大约是二比一。)[2]在该事件发生之时,有微弱多数的美国人同意里根那句备受批评的评论:"恰如同死亡集中营中的受害者那样,长眠于比特堡公墓的德国士兵也是纳粹分子的受害者。"[3]造访比特堡之后的三个月,美国犹太人委员会委托了一项全国性的调查,以便更加深刻地探究它所产生的影响。[4]尽管总是难以确切地知晓此类调查所测定的是什么,结果还是颇为有趣的。与未受过教育的人相比,受过教育的人更有可能支持里根的造访——委员会一位职员写道,大概是因为他们认为这有助于形成友好的国际关系及"旧伤口的愈合",而受教育更少的人则更具民族主义情结。委员会的调查问道:"是否有必要年年提醒我们记住大屠杀,或者你认为四十年之后犹太人是否应该不再专注于大屠杀了?"46%的受访者赞成年年提醒;40%的受访者认为犹太人应该宽容对待该议题。[5]

造访比特堡公墓之后的那一年,发生了库尔特·瓦尔德海姆事件。这位前联合国秘书长,即将上任的奥地利总统,是一个纳粹战争罪犯?他应不应该出现在禁止那种人进入美国的观察名单上?尽管对于瓦尔

---

1 Adam Clymer, "Public Is Split on Bitburg, Poll Finds", *New York Times*, 1985年5月8日,第A12页。

2 Barry Sussman, "Majority Opposes Cemetery Visit", *Washington Post*, 1985年4月24日,第A29页。如标题所示,这次调查比前一注释中所引用的那次调查要早两个星期,它发现大多数人反对这次造访。

3 同上。

4 Milton Himmelfarb致David Gordis的信, "Roper Report on Opinion about Bitburg", 1985年10月15日, AJCommittee Files, 华盛顿主题文件, 1964—1986年, Box 13, Chronological Corres.。

5 我猜测,这40%中的一部分人显示出对那位受欢迎的总统最近所遭遇到的尴尬而产生的愤懑之情。

德海姆的过去的争论持续了好几年,并且这种争论还对提醒美国人想起大屠杀起了添砖加瓦的作用,然而该事件本身所造成的影响似乎没那么大。瓦尔德海姆更多的时候是被看作一名低劣的机会主义者(他确实是),而不是一个积极的大屠杀参与者(他可能真不是)。

瓦尔德海姆事件引起了人们对这事的争议——即在奥地利总统被整个欧洲所抛弃之时,教皇约翰·保罗二世却接纳了他。并且这远非关于大屠杀和那个吸引了大量媒体注意力的天主教教会的唯一的争议。围绕在奥斯维辛出现的一个圣衣会女修道院产生了没完没了的争议——犹太人团体坚持要取缔它。波兰教会领袖在兑现取缔该修道院这个诺言时拖拖拉拉,这使得该故事又延续了好几年。美国天主教徒对这些冲突的反应多种多样。许多天主教徒联合犹太人去批评教皇接纳瓦尔德海姆这事。就该女修道院而言,美国大多数阶层以及许多天主教徒,都为波兰教会的拖延战术而感到局促不安,即便不提波兰大主教红衣主教约瑟夫·格莱姆普于争论期间所发表的反犹主义评论给他们造成的尴尬。[1] 总体说来,这更像是一个表达美国天主教徒和美国犹太人之间团结友好之情(而非冲突)的时机,尽管一些波兰裔美国天主教徒忠实于格莱姆普所宣扬的教义。另外,美国犹太人希望梵蒂冈对教会总体上,特别是庇护十二世,在大屠杀期间的"沉默"而道歉,他们反复地表达这个愿望(而不顾这些希望不断地被一个个来自罗马的声明浇灭)。对于这个议题,美国天主教徒,或至少是那些表达了"官方"天主教观点的人,都顽固地坚持着自己的观点。他们继续捍卫作为一

---

[1] William F. Buckley 的 *National Review* 颇难为情:一篇社论提到了红衣主教格莱姆普的评论:"英语译文中的东西(!)似乎是在重复古老的反犹主义议题。"("Whose Auschwitz?", *National Review* 41, 1989年9月29日,第18页。)随后,Buckley 不得不承认,"作为一个天主教徒,我必须承认我的领袖在奥斯维辛这一事务上做出了最为可怕的举动"。(*National Review* 41, 1989年10月13日,第63页。)

第十章 "不容许偏执"

个整体的教会和庇护的作用,一个很可能是永久的立场。[1]许多犹太领导人认识到这一点,并试图避免会产生持续争吵的场合。(在华盛顿大屠杀博物馆永久性展览之中所记录的关于做错事与疏忽不作为的几十个罪行之中,并未提及庇护十二世的沉默。)无论如何,除了在一些无关痛痒的问题上,这些冲突似乎并未给美国天主教的看法——如果某人想要谈论这样一个可疑之物的话——造成太大的影响。

刚才所讨论的这些事件中的重叠部分,就是司法部对那些被控参与了大屠杀的移民(有时候来自德国,更普遍的是来自东欧)的追捕、撤销归化权和驱逐出境的计划——它始于1970年代并依然存在。司法部门特别调查厅的负责人声称就美国公众而言,对纳粹战犯的追捕"伴随妈妈、棒球和苹果派"。[2]就原则而言,在该计划生效的最初日子里,他带着这种被一些把该追捕浪漫化的流行电影所强化了的情感而这样说,可能没什么错。但是,除了在目标所居住的社区里和他所出生的少数族群之中,大部分早期案件并未获得大量关注。[3](尽管不是全部,在

---

[1] 在讨论对梵蒂冈1988年一个声明(它谈及"教会儿女"的失败)的批评之时,教父Richard Neuhaus写道:"说对教会所犯之罪缺乏忏悔这样的批评,未能理解天主教教会学——它认为,尽管教会成员是有罪之人,教会自身却是无罪的,比如以圣母为代表的,教会的象征。"(Neuhaus, "The Public Square", *First Things* 84, 1998年6—7月,第73页。)

[2] Eli Rosenbaum,引自Peter S. Canellos, "A Third Reich Dilemma", *Boston Globe*, 1997年9月21日,第A1页。

[3] 有一个早期的案件在芝加哥获得了大量的关注,即Frank Walus案,他是波兰移民,被控战时波兰的盖世太保,对许多骇人的谋杀案负有直接的责任。在剥夺他的归化权的听证会上,一些指认出Walus的受害者给出了他施虐狂的生动的证词,这些证词被当地媒体详细地报道了。在他被剥夺归化权之后,越发清晰明白的是,Walus一直以来所声称的——他在德国是以一个应征入伍的农场工人的身份渡过战争的——是实情,并且法庭的决定也被取消了。宣称不会有进一步的起诉,司法部特别调查厅的负责人Allan Ryan解释说,最高法院需要有关于剥夺归化权的"清楚明白和有说服力的证据",而Walus案件中的证据不符合这个标准。Ryan显然不能让自己说"我们抓错了人"。关于Ryan的叙述,见他的 *Quiet Neighbors*,圣地亚哥,1984年,第210—217页。参见Flora Johnson, "The Nazi Who Never Was", *Chicago Tribune*, 1981年5月10日,第B1页及以下各页。Michael Arndt, "The Wrong Man", *Chicago Tribune*, 1981年5月10日,第15页以下。(转下页)

一些东欧族群组织之中,人们愤怒地谈论迫害,还常常伴随着反犹主义的潜台词,但是他们的怨言并未引起广大公众的关注。)

到目前为止,最广为人知的案件就是约翰·德米扬鲁克案,他是一位已退休的克利夫兰汽车工人。他被为数众多的幸存者辨认出是特雷布林卡的"恐怖伊万"——这是一个即便在那座罪恶堕落的地狱之中也因乐于随意地杀害和肢解犹太囚犯而赫赫有名的狱吏。幸存者令人震惊的证词在美国的听证会期间被公布,他因此被引渡到了以色列,而且他1987年在耶路撒冷的审判被更为生动地呈现在电视节目上,他由此被判有罪并处以死刑。德米扬鲁克的审判被看成是对在官僚主义的"最后解决"这一说法背后之人性真实状况的有益提醒——确实如此。德米扬鲁克他自己则成了标志性的大屠杀凶手——结果表明这点是比较有问题的。在当事人被定罪之后,德米扬鲁克的律师们发现那些书面证据虽然几乎可以判定德米扬鲁克(与他自己不断否认的相反)是某个地方的一个集中营的警卫,但是有充分的理由相信幸存者证词(尽管作证时是真心实意的)把德米扬鲁克指认为特雷布林卡的"恐怖伊万"是错误的。1993年以色列最高法院认同这里存在着合理的争议,因而撤销了那个有罪判决并释放了德米扬鲁克——他后来回到了美国。在经过了大量的法律论证之后,一家美国法院最终恢复了德米扬鲁克的美国公民身份,理由是司法部在剥夺他的归化权期间阻止了辩护性证据的出现。

对德米扬鲁克判决的撤销以及对司法部行为不当的暗示,使许多

(接上页)鉴于德米扬鲁克案件后来的发展情况,看看美国犹太人委员会一个职员在与Ryan就OSI将如何继续处理Walus事件交谈之后的反应是很有趣的。"我们一个最大的担忧就是,有12个证人的证词被证明是错误的,这个事实将会对相似案件中此类证人的信用度产生一种非常消极的外溢效应。"(David Geller致Abe Karlikow的信,1980年2月19日,AJCommittee Files,BGX,1980,Nazis。)

第十章 "不容许偏执"

人对正在进行的追捕大屠杀行凶者及其帮凶的行动不抱有幻想了。这种情绪并不新鲜。在造访比特堡事件之后美国犹太人委员会所做的民意调查中，41%的美国人支持继续搜索战犯；49%选择了"时间已经把它甩到了我们后面"。[1] 德米扬鲁克案的大惨败加重了人们的怀疑。（犹太人关于追捕正在衰老的纳粹分子这个议题的看法一直以来存在着冲突。若干年之前，以色列外交部长阿巴·埃班曾说，他真心不在乎是否"有一些可恶的巴拉圭人和巴西人"被逮捕了。但是甚至——或尤其是——在德米扬鲁克判决被推翻之后，一些人依然怒气难平：大屠杀作家黛博拉·利普斯塔特就说："即便他们被担架抬进了审判庭，我也会控诉他们。"）[2]

截至本文写作之时，在这个对占据了报刊头版的大屠杀相关事件挂一漏万的调查中，最为新近的就是那个关于瑞士银行的历史悠久的长篇故事：那些银行最初不大愿意交出大屠杀受害者的"睡眠账户"；后来有人指控说银行在战争期间所洗的纳粹黄金有些就来自犹太人的牙齿；在银行应该捐献出多少金额以赔罪这一点上，存在着没完没了的争论。不清楚的是，大多数读者和观众有多么密切地关注着所有这些报道。但是民选官员对这事的反应照亮了另一种把大屠杀置于美国

---

1 Himmelfarb 致 Gordis 的信，"Roper Report"。
2 埃班的话引自 Peter Grose, "Anti-Eban Moves in the Knesset Fail Despite Criticism of Views on Nazis", *New York Times*, 1971年11月21日，第24页；利普斯塔特的话出自 Andrea Stone, "The Nation's Top Nazi Hunter Refuses to Fade into History", *USA Today*, 1993年8月18日，第7A页。早在1978年，美国犹太人委员会的 Hyman Bookbinder 就表达了一个观点，即这样一场搜索和惩罚这些战犯的运动具有太多的侵扰、报复、痛苦等意味。（Bookbinder 致 Murray Friedman 的信，1978年9月12日，AJCommittee Files, BGX 78, Nazis。）Ephraim Zuroff，西蒙·维森塔尔中心在以色列的代表，报道了1986年一次与总理西蒙·佩雷斯的政治顾问的谈话。这个顾问就反对做进一步的审判；Zuroff 认为该顾问是觉得"此类审判会增强极端主义……强化这些人中的一小部分那种'整个世界都反对我们'的思想"。(Zuroff, *Occupation: Nazi Hunter*, 新泽西州霍博肯，1994年，第197—198页。)

公众面前的途径：被政客所利用。政界人士——他们的全部工作就是往自己口袋塞满来路不明的捐赠——震惊地（震惊！）发现瑞士人战争期间的黄金交易存在不法勾当。纽约的议员阿芳斯·达马托（他在一个拥有大量犹太人的州面临着一场艰难的连任竞选活动）一马当先大声疾呼，一再要求瑞士人尽快采取更为慷慨大方的行动。"我感谢你对犹太人的痛苦和记忆所表现出的善意。"埃利·维瑟尔公开地对达马托说。[1] 这位纽约市议员迅速地被当地的和州的官员所效仿（多半都在拥有许多犹太选民的区域），他们快速地占据了道德高地，并威胁说除非存在瑞士银行的公共基金变得更为方便快捷，否则就要撤回。

不失时机地趁势利用这股"瑞士批判"浪潮只是政客们发现乞灵于大屠杀具有优势的最新例子。并且这是一个机会均等的投机行动，拥有来自各种背景和隶属关系的参与者。就像那样达马托面临着一场艰难的连任竞选活动，伊利诺伊州民主党议员卡罗尔·莫斯利—布劳恩和他共同推动一项关于建立一个特别委员会的立法——其职责是研究如何处置大屠杀受害者的艺术作品和其他资产。[2] 各个层级的政客都发现，借助于与大屠杀这样或那样的关系而出彩是很有益处的。在赴欧旅行（以招揽海外生意）之前，纽约市长大卫·丁金斯因其有出席网球锦标赛这一行程安排而受到指责。他屈服于这些批评并声称他将会严肃认真地履行自己的职责：他的贸易使命和造访大屠杀纪念馆。[3] 在当地大屠杀纪念馆的拍照机会成了竞选活动稳定不变

1　引自 Janny Scott, "Jews Tell of Lost Holocaust Deposits", *New York Times*, 1996年10月17日, 第B5页。

2　1998年4月1日国会新闻发布会："议员 Moseley-Braun 提议筹建大屠杀资产委员会"。

3　Todd S. Purdum, "Dinkins Says Germany, Yes; Free Trip, No", *New York Times*, 1991年11月2日, 第25页。

第十章 "不容许偏执"

的特征；当副总统乔治·布什前往以色列之时，他随身携带着一个私人电影摄制组以记录下他在大屠杀纪念馆出现过。[1]最富有想象力且最为微妙的大屠杀拍照时机在1996年到来了，希拉里·克林顿——当时她因各种不法行为而受到了猛烈的攻击——在女儿切尔西和埃利·维瑟尔陪伴下，在她丈夫（大量实况转播的）国情咨文讲演期间，出现在了众议院的画廊之中。另一个颇具想象力的策略被宾夕法尼亚的共和党议员阿伦·斯佩克特所利用。作为司法委员会少年司法支委会的主席，他召开了听证会以调查奥斯维辛的约瑟夫·门格勒博士之死。他的支委会所具有的司法管辖权的理论依据就是门格勒对儿童的实验。[2]基督教联盟的一些领导人所发表的反犹主义评论损毁了该组织的声誉；为了抹掉这个污点，其行政首脑拉尔夫·李德声称他已经购买了以色列大屠杀纪念馆和美国大屠杀博物馆的终身会员身份。[3]

许多事业的发起人都通过与大屠杀建立联系以提高合法性和曝光率。议员（后来的副总统）艾尔·戈尔写下"一个生态的水晶之夜"，紧随其后的是一个"环境的大屠杀"。[4]迈阿密的反卡斯特罗分子建立了一个"古巴大屠杀纪念馆"。[5]还是在迈阿密，那个作为集中营同性恋者标记的粉色三角形，似乎已经升华成了同性恋解放的一个象征物。在那里就是那位反同性恋斗士安妮塔·布莱恩特在为废除同性

---

1 "'Shooters' Crew Filmed Bush in Israel"，路透社通讯，1986年8月5日，BC cycle。
2 Murray Wass, "Media Specter", *New Republic* 193，1985年9月30日，第13页。
3 Matthew Fleischer, "Slaying the Christ Killer: Ralph Reed Woos Jews in Jersey", *Village Voice*，1995年12月26日，第27页。
4 Al Gore, "An Ecological Kristallnacht: Listen", *New York Times*，1989年3月19日，第E27页。
5 Rachel L. Swarns, "A Debate over Definitions: 'Cuban Holocaust' Memorial Dismays Many Jews", *Miami Herald*，1994年11月6日，第1A页。

恋权利条例而战斗着。同性恋报刊的一位专栏作家写道:"犹太人的选票对我们在迈阿密的胜利是至关重要的,粉色三角形也能够产生重要影响。"[1]

无论是政治领域之内还是之外,乞灵于大屠杀以渲染某人的受害者——以及幸存者之身份,这种做法都很普遍。作为"遭受迫害的福音派基督徒",罗纳德·里根的内政部长詹姆斯·G. 瓦特说,他和他的妻子都能看到"在美国这里的大屠杀类型思维的种子",正是这个原因,他们成了华盛顿大屠杀博物馆的铁杆支持者。[2]在历经了一个性和金钱的丑闻,被迫离开他们的PTL职务之后,吉姆·巴克和他的妻子回到了电视台,他告诉观众说:"如果吉姆和塔米能够从他们最近两年的'大屠杀'中存活下来,那么你就能成功。"[3]伍迪·艾伦告诉一名采访者说,那个令他得以成功应付关于他家庭生活的接二连三的丑闻的力量,是"所有那些在我日常生活中积累的关于大屠杀的阅读……那些专注于真正发生在他们身上的是什么的人——日常生活的恐惧……它的现实性——他们幸存下来了"。[4]

以各种各样的方式,为着各种各样的目的,大屠杀已经进入了美国的主流文化之中;它已经成了语言的一部分;除非是山野村夫,否则你根本无法躲开它。美国人是如何理解所有这一切的呢?大屠杀对他们的思想所造成的影响有多深远呢?

---

1 Randy Alfred, "Fighting for Our Lives… and Others", *San Francisco Sentinel*, 1977年4月8日,第6页,引自Bianco, "Pink Triangles",第8页。

2 Phil McCombs, "Watt's Own 'Persecution' Brings Support for Memorial", *Washington Post*, 1983年4月13日,第A15页。

3 引自David Crook, "Morning Report", *Los Angeles Times*, 1989年1月3日,第6:2页。

4 Dennis Hamill, "Woody's Ordeal", *St. Louis Post-Dispatch*, 1993年3月26日,第1G页。

第十章 "不容许偏执"

为试图回答这些问题(首先我可能也得承认,没有多少成功的把握),除了民意调查那个愚钝的且有瑕疵的手段之外,我们没有太多的东西以凭借。据调查,大屠杀意识比之前都要强烈。在一个关于公众对二战的认识的调查中,97%的受访者知道大屠杀是什么。这大大高于能够辨认出珍珠港或知道美国扔了一颗原子弹在日本的受访者比例,也大大地高于那个49%的比例——即知道苏联在战争中和美国同属一个战线的受访者比例。[1] 但是对于一部分要么不知道大屠杀发生在二战期间,要么"知道"并未发生于该期间的人而言(据最近的一个调查,这部分超过1/3),"知道大屠杀是什么"是何意思呢?[2] 这个最终发现并未让华盛顿大屠杀博物馆的代理负责人感到惊愕,她对一位记者说道:"您对身处在一个不知道墨西哥在哪里的国家之中而感到诧异吗?"(她引述了一项盖洛普民意测验的发现,即几乎有一半的美国人不能在地图上标出墨西哥的位置。)[3] 在某种程度上,这是一个十分有理的回驳:即便是受过大学教育的美国人,大多数对美国革命或国内战争可能也无法说出多少融贯一致的东西。但是它提出了那个(无法回答的)问题,即有多少美国人对大屠杀的了解其实比零星的新闻播报更多呢?所有人都会说的是:一些。

无论他们对大屠杀了解多少,那些回答调查的人都确信它很重要。1990年的一个调查中,在一张列满了大灾难的清单面前,绝大多数受访

---

[1] Tom W. Smith, "World War II and the Lessons of History", *Public Perspective* 6, 1995年8—9月,第52页。Smith在此介绍了一个调查精选集(汇集了若干个调查),因此各种反应严格说来是无法类比的。

[2] "来自一项全国性的关于美国大众的认知和态度的研究的重要发现"(一项由Peter D. Hart助理研究员在1988年为美国大屠杀纪念博物馆而开展的研究),第20页。我很感谢Hart助理研究员把这些尚未公开出版的调查资料提供给我。

[3] 引自"Poll: Most Americans Want to Learn about Holocaust", *Jerusalem Post*, 1998年4月24日,第3页。

者都说大屠杀"是历史上最为惨重的悲剧"。[1] 而且受访者在大屠杀教训方面具有高度共识：受访者中的80%—90%都认为，必须保护少数人的权利以及不"附和众人的意见"，这是从大屠杀中得出的经验教训；同样多的受访者认为："人们应经常倾听大屠杀的故事以免它再次发生，这是很重要的。"[2]

我的一些做调查研究的同事很喜欢一幅漫画——画上一位愤怒的民意测验专家向一位受访者说："那些是我这辈子听过的最差劲的意见！"毫无疑问这表现了他们自己在相似环境中所感到的(无声的)愤怒，但是它也指出了其他会影响我们对这些结果的理解的东西。大多数人对什么是"更好的"和"更差的"意见(在回答民意测验专家的问题，特别是被问到他们是否同意那些听上去仁慈善良的主张之时)都有很好的直觉。在任何有价值的意义上，这些是意见吗？怀疑主义关于这一点的最充分的理由来自受访者对某个调查中如下问题的回复："让所有美国人知道并认识大屠杀，这有多重要——这是必不可少的、非常重要的、只是有些重要，还是不重要？"对那些说自己对大屠杀知道得"非常多"、"很多"、"很少或一无所知"的人，都有单独的列表。毫不奇怪的是，一个人对大屠杀知道(或者自称知道)得越多，他/她就越加认为它重要。但是在那些说自己对大屠杀知道得很少或一无所知的人中，将近有三分之二的人对让所有美国人都知道并认识它这一点，要么

---

[1] "美国公众对大屠杀的认知和态度，第一部分：一个继续教育的案例"(一项由 Yankelovich、Shelly 和 White 一起为美国大屠杀纪念博物馆和反诽谤联盟而开展的调查)，第18页。我得感谢美国大屠杀纪念博物馆把这些未出版的调查资料提供给我。

[2] Jennifer Golub 和 Renae Cohen, *What Do Americans Know about the Holocaust?* (关于罗珀组织1992年为美国犹太人委员会所做的一项民测的报道)，纽约，1993年，第6页；Yankelovich 民调，"美国人的公共意识"，第38页。

第十章 "不容许偏执"

认为是"必不可少的",要么认为是"非常重要的"。[1]他们也许了解得不多,但他们知道什么是"更好的"答案。

华盛顿大屠杀博物馆被非犹太人造访者围得水泄不通,他们以"用脚投票"的方式为博物馆所提供的邂逅而点赞。在这股造访潮流之中,某些比例未知的部分是被深刻感受到的兴趣和关切牵引而来的。对某些同样是比例未知的造访者而言,该博物馆已经成了旅游华盛顿的人所必须"到"的地方,就好比去巴黎就必须"到"卢孚宫一样。

我关于美国非犹太人介入大屠杀的普遍性程度的怀疑,被我对以下事情所持有的确信所平衡——即,许多人对它的重要性具有共识,以及有证据清楚地表明(在某种不确切的意义上),美国人已经能够接受大屠杀纪念活动了。我们不确知是什么东西驱使着他们往这个方向发展,但是一些建议已经被提出来了。

其中最有趣的建议之一是由普林斯顿大学的社会学家罗伯特·伍思诺提出的。他认为,大众观看NBC那部1978年的《大屠杀》系列剧,就是一个把美国人所担心的道德混乱和道德沦丧戏剧化的"公共仪式",以让公众确信善恶之间的区别依然清晰可辨。[2]看看该剧目播放时的社会氛围吧:刚经历越战和水门事件、持续不断的种族暴力、对传统道德遭腐蚀的担忧、相信国家已经"处在错误非常严重的轨道上"的美国人急剧增加。[3]一方面,罗伯特·伍思诺不仅思索对道德乱象的担忧与对道德秩序的探求之间的关系;另一方面,也在思考大屠杀的利害关系。根据受访者对一份详细的问卷调查的大量回复情况,他发现这

---

1 Yankelovich民调,"美国人的公共意识",第26页。
2 Robert Wuthnow, *Meaning and Moral Order: Explorations in Cultural Analysis*, 伯克利, 1987年, 第124—144页。
3 同上, 第128页。

大屠杀与集体记忆

二者之间存在着很强的相关性:

> 无论一个人在政治上是自由派、温和派还是保守派,如果他或她觉察到在道德秩序中存在着严重的问题的话,那么这人就更有可能对大屠杀感兴趣……令那些操心道德体系的人感兴趣的,是作为无时不在的邪恶之象征的大屠杀,而非作为历史事件的大屠杀。[1]

他发现,不同的观众对他们所看到的内容的理解是不一样的,所获得的经验教训也不一样。例如,宗教保守主义者就会认为大屠杀是由传统基督教价值观的崩溃所造成的,这些价值观提出了避免灾难重演的补救措施;自由主义者则看到了其社会成因和社会救济方法。所以,在某种意义上,看待大屠杀是一种展现团结一致的仪式,它表达出对"邪恶之化身"的厌恶之情——虽然是以消极的方式表达出来的,但这是对共同价值观的肯定。在另一种意义上(我们将会在下一章进一步审视这一点),大屠杀成了一个供人们展现各种价值观和焦虑不安的银幕。

虽然伍思诺对公共仪式的讨论仅限于一部电视系列剧及其后果,但是,它对理解大屠杀纪念活动在美国社会中持续发挥的作用富有暗示性。对道德乱象和社会混乱的担忧以及对更加稳固的栖息地的渴望,比以往任何时候都更为普遍;大屠杀依然是这二者共有的象征。华盛顿大屠杀博物馆的领导人把它说成是传统美国价值观的示

---

[1] Robert Wuthnow, *Meaning and Moral Order: Explorations in Cultural Analysis*, 伯克利,1987年,第130—131页。伍思诺调查了(各教派的)神职人员和中小学教师,尽管这是他研究中的一个局限性,但我认为这不会严重影响他的研究结果所具有的一般意义。

第十章 "不容许偏执"

例——通过展现它们的对立面；并表达了它能够成为这个国家的"道德指南"这一希望。[1] 一位报刊专栏作家以这种方式对该博物馆的成功做出了解释：

> 在一个道德相对论的时代，大屠杀博物馆充当了一块吸铁石的角色。在这里不存在寻找合理化的解释……这是一个绝对物。在那个绝对的恶之中，也许，存在着绝对善的前景……我们生活于"现代"的颓废之中——在这个时代，西方人抛弃了古老的标准和信仰，并把他们的信仰移置于科学之上。[美国人]涌向大屠杀博物馆去寻找（具有道德必然性形式的）答案……大屠杀博物馆为此提供了一个基本的道德基础：一个（作为起点的）消极的保证。[2]

我在前一章提到过，美国文化对待受害者的态度之变化影响了犹太人讲述大屠杀的方式。态度的变化既非始于也非止于犹太人。作为这种发展的原因和结果，各色各样的美国人都开始把自己看成是受害者了——被现代生活的各个方面所压迫。有人认为，这使得许多非犹太人同情起大屠杀的犹太受害者，因为那些犹太人的受害（不像他们自身的）是具体的且被赋予了意义。[3] 可能确实存在这种情况。这有助于解释，为何向华盛顿大屠杀博物馆的游客颁发受害者身份证这一做法，会

---

[1] Michael Berenbaum, "United States Holocaust Memorial Museum", *Sh'ma* 23：452，1993年4月16日；Sarah Bloofield，引自 Linenthal, *Preserving Memory*，第65页。

[2] John Aloysius Farrell, "Why Do They Come? American Innocence Confronts the Holocaust Museum", *Boston Globe*，1994年9月11日，第24页。

[3] 该论据出自 Richard D. Logan, "The Concerned Onlooker and the Holocaust", *Midstream* 38，1992年4月。

深受在开张之前展览策划者所召集的焦点小组的喜爱。[1]

如果美国非犹太人更有可能同情大屠杀受害者而非无数其他灾难的受害者（似乎确实如此），那么，为何会这样呢？部分原因是他们更多时候受到吸引——明显的方式是华盛顿大屠杀博物馆和西蒙·维森塔尔中心所提供的受害者身份证，还有各种含蓄的方式。但可能还有其他原因。"希特勒的罪行，"贾森·爱泼斯坦写道，"尤其令我们痛切，因为可以说它们就发生在隔壁……受害者与我们自己仅隔一步之遥而已……而那些身居遥远国度、连名字都不好读、着装奇怪的苏联受害者，则一点都不像我们。"[2] 菲利普·洛佩特为解释为什么"那一批批其他受害者不像犹太人尸体那样重要"而做了大量的同类论证。

> 这仅仅因为他们是第三世界的人——黑色皮肤、棕色皮肤、黄色皮肤？……社会阶层自身是多大一个因素呢？在这么多关于大屠杀的著作和影片中，我感觉自己是被要求去感受一种特别的痛苦——围捕斯文的人、学者、中产阶级、文明人，并随后把他们塞进了运畜汽车之中。好像清除目不识丁的农民不会如此令人痛苦。如今那些拍摄下亚洲人用手推车推着他们简陋的财产逃离杀戮的熟悉的纪录片，对我们而言依然是一个涉及"平民大众"的大灾难故事，但是戴着毡帽穿着大衣的犹太人站成一排这一形象之所以扣动了我们的心弦，正因为我们把他们看成是一个个的个体。[3]

重申一下以前的一个观点，我们回应的不是事件而是事件的表现。在

1　Linenthal, *Preserving Memory*, 第187页。
2　Epstein, "A Dissent on 'Schindler's List'", *New York Review of Books* 41, 1994年4月21日。
3　Phillip Lopate, "Resistance to the Holocaust", *Tikkun* 4, 1989年5—6月, 第58页。

第十章 "不容许偏执"

被希特勒谋害的欧洲犹太人中,只有一小部分与美国中产阶级相像,然而那就是他们在大多数情况下被呈现给美国观众的形象。回想起迈耶·莱文之所言,《安妮日记》比其他任何事物更能够让美国人清楚地了解大屠杀——因为"这些人可能就住在隔壁"。[1] 在解释为何选择那个非常"美国式"的威斯家庭作为《大屠杀》的主角之时,杰拉尔德·格林说,"我们不想做《屋顶上的小提琴手》那样的犹太人",那"会破坏我们正努力所做之事——吸引广大观众"。[2] 我们不可能确知,美国人之所以对欧洲犹太人之死会如此受到触动,原因之一就是感觉到他们"和我们相像"。但这似乎是很可能的。

当我们谈论美国的非犹太人之时,所谈论的几乎总是基督徒,至少名义上是如此。我们无法详细说明,在美国人对大屠杀的总体反应中基督徒有何特别之处,但是关于那些明显来自基督徒的反应,还是有些东西可说。第一个重要的公共事件——在其中,基督徒作为基督徒被卷入了大屠杀纪念活动——是1974年在纽约市圣约翰大教堂举办的一次会议。由纽约圣公会主教所致的欢迎词包括两个出现在随后基督教大屠杀话语中的主题。一是把人们看作是可能的行凶者——这对主流犹太话语而言是陌生的东西。

> 如果我们审视自己的灵魂,就会知道我们也处在奥斯维辛那地方;我们中的任何一位,在那种环境之下,都有可能犯下那些暴行……我,一个相当不错的基督徒美国男孩,加入了海军陆战队;

---

[1] 见《安妮日记》,第118页。

[2] 引自 Frank Rich, "Reliving the Nazi Nightmare", *Time* 111, 1978年4月17日, 第61页。在 *Playing for Time* 和 *Triumph of the Spirit* 中,犹太人主角都有非常美国式的职业,夜总会歌手和职业拳击手。而 *War and Remembrance* 中那个象征性的犹太受害者则是一位著名的作家。

> 我被训练去杀人；我的确杀了人……我发现我的灵魂不知怎的被我所接受的那些宣传麻醉和扭曲得如此之深——它们告诉我，我能毫无感觉地做这些事……我在自己的生活中经历了我的米莱[1]，所以当我们的米莱到来时我不感到惊奇；并且我认为，我们中的任何一个人都可能拥有他或她自己的米莱，他或她自己的奥斯维辛。

与此同时，他表达了基督徒的愿望："作为平等的人"，分担

> 无辜的苦难那殊异的荣耀，源自奥斯维辛故事的英雄主义那殊异的荣耀……这类无辜的苦难是我们的创造中一种殊异的事物，而奥斯维辛很可能是其最大的象征物。也许这里的赎罪具有某种神秘色彩。也许这些神圣的无辜所拥有的巨大的力量能够成为一种把我们团结在一起的手段。[这个研讨会]必定会在我们之中释放那种源自牺牲和无辜的力量……让它成为我们生活的一部分吧：这样我们就敢于在这股激情中共同分担那种间接的苦难。[2]

手持长矛的罗马战士和十字架上的耶稣。

正如我们所看到的那样，犹太宗教思想家有时候会严厉地批评那种赋予痛苦和死亡以宗教意义的行为——这对于他们而言是非犹太人的。但是，在一个把痛苦和死亡作为其主要标志的宗教传统中并不存在此类禁忌。此外，受难和救赎对于许多基督徒来说是一个能够引起强烈共鸣的话题，内疚和悔罪也是如此。华盛顿大学犹太学教授马

---

[1] 米莱（Mylai），即1968年的米莱大屠杀。——译注

[2] Paul Moore, "Welcome", 见 Eva Fleischner 主编, *Auschwitz: Beginning of a New Era?*, 纽约, 1977年, 第xvii页。

第十章 "不容许偏执"

丁·扎菲就把许许多多基督徒—犹太人围绕大屠杀的相遇说成是对基督徒具有深远的宗教意义的仪式。

> 大屠杀话语中的基督徒同伴,以基督教文化(在其中,大屠杀被孕育)之继承者和代表的身份站在犹太人面前,要顺服地倾听、承认以及记住犹太人苦难的真相和犹太人愤慨的合法性。通过一种心照不宣的共识,基督徒对犹太人的合适的回应就是一种精神上的自我毁灭,即对自己的罪责的公开忏悔——这以微妙的方式反映了经典基督教神学的主题。[1]

许多基督徒被这类仪式和其他象征性的忏悔形式深深地吸引住了。有部分基督徒数量相对少些(包括新教和天主教,有些是神职人员,有些不是)一门心思要把大屠杀变成一个独特的基督教问题。在许多情况下,这些人都被他们眼中基督教对1967年和1973年的战争所做出的不适当反应所激发。他们不知疲倦地工作着,并且在这项令人钦佩的苦差役中——即搜寻、揭露和清除基督教教义中的反犹主义因素(他们看来那构成了大屠杀的基础)取得了一些成就。其中好些人成了华盛顿大屠杀博物馆理事会成员,在那里,他们极力要求呈现纳粹反犹主义的基督教背景,但收效甚微。(博物馆的领导层做出裁决,认定这太过于挑衅性和令人扫兴,基督徒游客是无法容忍的。)[2] 通过与犹太人团

---

[1] Martin Jaffee, "The Victim-Community in Myth and History", *Journal of Ecumenical Studies* 28, 1991年春,第227—228页。Jaffee教授继续以非常有趣但和我们这里无关的方式讨论了此类仪式对犹太人的宗教意义。对于此类仪式的新闻描写,见Frank P. L. Somerville, "A Christian Search for 'Costly Grace'", *Baltimore Sun*,1995年4月10日,第1B页。

[2] 见Linenthal, *Preserving Memory*,第224—228页。

体的合作,他们在各个教派的学院推广大屠杀主题教学和赞助跨教派的纪念活动。但是在他们更宏伟的目标——即把大屠杀插入基督教教义和礼仪的核心这一点上,他们在特定的圈子之外并未获得多大成功。[1]在所有的非犹太美国人中,这个团体——和那些把大屠杀看作是一种自我批判的宗教反思之仪式的人,可能是最把大屠杀放在心上的人了。

最后,关于(与官方相对的)基层美国人对大屠杀的反应,我们能说些什么呢?可以确定的不多,更不用说精准了。我在若干年前开始这项研究之时,就对非犹太人谈论大屠杀的频繁度印象深刻。在花费了更多的时间对所能找到的材料进行研究并做了更多的思考之后,我目前所能做的最好的推测就是,这种谈论很大一部分都是套话、废话。就像礼节性的问候,我们对对方的健康表示关心("您可安好?"),对其他群体的受难礼节性地表示理解认可,这是一种很划算的善意之举。但人们在思考这种认可是否就代表着深刻的和自发的情感之时理应保持谨慎,就如在评价乔治·华盛顿对新港希伯来圣会那同样善意的言辞之重要性时那样。

无论使美国人关注大屠杀的根源何在,也无论其深度如何,人们对这种关注的基本依据都具有广泛的共识。每一个人都承认,大屠杀能够提供具有迫切重要性的经验教训——不仅对犹太人,而且对我们所有人都是如此。让我们现在就去看看那些经验教训吧。

---

[1] 关于这些人物的简介和他们的应对策略,见 Stephen R. Haynes, "Christian Holocaust Theology: A Critical Reassessment", *Journal of the American Academy of Religion* 62,1994年。

第十一章

"再也不会屠杀阿比尔派教徒了"

铭记大屠杀,尤其是对犹太人而言,并不需要提供实用主义的理由。这是一种虔诚的行为,类似于哀悼者在亲属的周年忌日所做的祈祷,也类似于在纪念日追忆战争中的亡灵。说它不需要辩护并不是说它尚未得到辩护,犹太式的教训(复国主义及其他)很快就成了犹太纪念活动中的常规内容。当纪念和讲授大屠杀一起进入更为广阔的美国社区之时,实用主义的理由似乎确实需要。既然不存在真实的或象征性的家庭关系,那为什么非犹太裔美国人就应该更多地哀悼希特勒的犹太受害者,而非波尔布特柬埔寨的受害者呢?为什么对大屠杀的教学制定了特别规定,而关于人类历史上任何其他残暴罪行却没有呢?

其答案,似乎每一个人都会认同的,就是大屠杀不仅向犹太人而且向所有人传达着信息。埃利·维瑟尔已经说过,大屠杀是"一个独特的且具有普遍意义的犹太人悲剧"。[1]这些意义已经被转变成了教训,并

1　引自Walter Goodman, "Israeli Clashes with American Jew about Persecution Past and Present", *New York Times*, 1984年9月, 1: 46。

且罕见有哪个大屠杀纪念活动,或者大屠杀纪念机构,或者大屠杀主题课程,没有专心致志去宣扬"大屠杀之教训"。

教训往往都很具有一般性。因此大屠杀被说成是对世界上存在着邪恶这方面的一种有益的警醒(据说,许多美国人对这方面毫无察觉),是一味"天真者的解毒剂"。[1]其他人则总结出了更为深远的教训。依乔治·布什所言,大屠杀有助于去除我们对"人性之完美"这一启蒙幻想所持有的错误想法。[2]以同样的方式,哲学家罗纳德·阿隆森发现大屠杀"打破了……那种把发展看作是稳定的、不可逆的进程的普遍信念"。[3]专栏作家乔治·威尔就说它驳倒了"文艺复兴那个冠冕堂皇的错觉——人类越聪明就会变得越完美"。[4]对其他人而言,大屠杀带来的启示就是,科学和技术并不一定是仁善的乃至中立的;它们使大屠杀变得可能了。[5]更为笼统地说,大屠杀经常不仅被说成是"现代性"——即官僚理性和劳动分工并由此导致的责任碎片化的结果,而且还是其象征。[6]

大多数教训所存在的问题是,与其说它们错了,倒不如说它们是空洞的,意义不大。难以置信的是,当今许多美国成年人(他们每天都要

---

[1] George Will, "Holocaust Museum: Antidote for Innocence", *Washington Post*, 1983年3月10日, A19。参见他的 "The Stones of Treblinka Cry Out", *Washington Post*, 1989年9月10日, C7。

[2] 副总统布什在华盛顿大屠杀博物馆破土动工之时所发表的评论,见 "Ground Broken for Holocaust Museum", *New York Times*, 1984年5月1日, A16。

[3] Ronald Aronson, "The Holocaust and Human Progress", 见 Alan Rosenberg 和 Gerald E. Myers 主编, *Echoes from the Holocaust: Philosophical Reflections on a Dark Time*, 费城, 1988年, 第224页。

[4] George Will, "Remembering Buchenwald", *Washington Post*, 1975年4月8日, A19。

[5] 对于此类论证的例子, 见 George Kren 和 Leon Rappaport, "The Holocaust and the Human Condition", Roger S. Gottlieb 主编, *Thinking the Unthinkable: Meanings of the Holocaust*, 纽约, 1990年。

[6] 对这个观点最有影响的叙述出自 Zygmunt Bauman, *Modernity and the Holocaust*, 纽约州伊萨卡, 1989年。尽管我对一些关于大屠杀和现代性之间关系的更为深远的断言持保留意见,我还是发现 Bauman 的著作有非常多有趣的和挑战性的建议。

第十一章 "再也不会屠杀阿比尔派教徒了"

面对大量的街头屠杀照片、恐怖分子爆炸和大规模暴行)如果没有大屠杀来提醒,他们将依然会忘却这个世界存在着邪恶这一点。[1] 我不敢说,没有美国人会相信启蒙思想的那个夸张性描述,即人性的完美;人类的进步是稳固的、不可逆的;聪明即德性;或(最迟自广岛始)科技纯粹是福祉。但是有多少呢?大多数美国人并不会去想深奥的现代性思想,但是如果他们去想的话,我不确定他们会否认它还有黑暗消极的一面。大屠杀有些特征典型是现代的,然而其他的则代表着对大量具有现代性特色的东西的摒弃。再说了,人们又该如何(除了转移到森林中之外)与大屠杀是现代性之象征的这一教训相处呢?[2]

同样地,华盛顿大屠杀博物馆试图传授积极的教训,这是没有问题的,但它们似乎——即使不是毫无意义,也基本上毫无必要。"当美国处于最佳状态之时,"博物馆一位重要官员告诉采访者,"大屠杀是不可能进来的。"博物馆教授着基本的美国价值观:"多元主义,民主,有限政府,不可剥夺的个人权利,政府在管控新闻自由、集会自由、信仰自由等方面无能为力。"[3] 如果美国人需要证明这些价值在大屠杀中遭到了破坏,才能继续信奉它们的话,那么,我们所处的境况比我想象的还要差。

在最为普遍(和争议最少的)大屠杀教训的另一端,则是那些非常尖锐并且往往也的确是争议非常大的训诫。看来埃利·维瑟尔谈论大屠杀的"普遍意义"是正确的,根据那些认为它对其信仰具有启示意义之人的数量来判断。

---

[1] 是否在任何情况下,谈论所谓的邪恶之物(evil,是一个名词而非形容词)都是有意义的呢?一个我们可以避开的哲学的(或信仰的)问题。

[2] 更加真实的是,这里所表达出来的并非不典型的、广泛存在的悲观主义"教训":"死于奥斯维辛中的什么东西才是那个表现在西方文明中的承诺与希望。"(Henry Feingold, "Four Days in April", *Sh'ma* 1[北达科他州],第16页。)我们该如何面对那个经验教训?

[3] Michael Berenbaum,引自 Philip Gourevitch, "Behold Now Behemoth", *Harper's Magazine* 287, 1993年7月,第56页。

没有哪一个训诫比这个宣言——堕胎合法化是"美国的大屠杀"——拥有更广泛和更热心的支持者了。[1] 对于那些认为胎儿和任何其他的人类生命一样都有权得到保护的人而言,把堕胎合法化这一行径其实就是默默地在支持纳粹那句"不配活着的生命"的口号。连美国卫生局局长 C. 埃弗雷特·库普这样地位的人物,也看到"从堕胎自由……到积极安乐死……然后就出现了那种导致了奥斯维辛、达考和贝尔森的政治气候"这种发展历程。[2](所有这一切都惹怒了那些属于另一个阵线的人,他们也经常援引大屠杀以巩固他们的事业。"种族灭绝开始于,"一位"堕胎合法化"的积极支持者说,"人们掌控自己身体的权利和能力被剥夺之时刻。")[3]

---

[1] 那些生活在大都市区的人往往感觉不到,鲜活的大屠杀意象是多么普遍地被运用于美国中部的"反堕胎"运动之中。相关例证,见"The American Holocaust Memorial"网址(http://user.mc.net/dougp/ahm),它把那些解放的集中营中尸堆的照片和"未解放的"诊所那一堆被丢弃了的流产胎儿的照片并列一处。

[2] C. Everett Koop, "The Sanctity of Life", *Journal of the Medical Society of New Jersey* 75, 1978 年 6 月,第 62 页。对于那些认为它不是一个连续发展的关系而是一个等式关系的人而言,这里有一个显而易见的教训:"知道第二天早上他们会把下一批犹太人送来,所以在三更半夜跑去奥斯维辛并把那栋楼烧毁掉,这有错吗?……不,这没有错……或者也可以在那些警卫开始上班要杀人的时候杀掉他们。"(反堕胎斗士 Roy McMillan, 引自 Lisa Belkin, "Kill for Life?", *New York Times Magazine*, 1994 年 10 月 30 日,第 62 页。)得克萨斯州一位司法官说他不会接那些要求他去阻止堕胎门诊中的抗议者的电话,他辩称如果德国的执法官员像他这样做的话,纳粹就不会掌权。(司法官 James Hickey, 转引自 James C. Harrington, "Abortion Battle Leads Sheriff to Shirk Duties", *Texas Lawyer*, 1990 年 2 月 19 日。)Morley Jefferson 有一个颇有创见的看法,即大多数"反堕胎"斗士都不支持去轰炸诊所,这一事实表明,他们并未严肃认真地看待其大屠杀类比。("Right-to—Life Porn", *New Republic* 192, 1985 年 3 月 25 日。)但是这种"不一致性"(或许)也可以被归之于胆怯。

[3] Sylvia Neil, 伊利诺伊州犹太人自由堕胎联盟的执行主席,引自 "Jews Rally to Support Legalized Abortion", UPI dispatch, 1989 年 8 月 9 日, BC cycle。大屠杀对于这个议题的真正的教训,反诽谤联盟中西部地区负责人说,就是作为一个"关于政府在生育问题方面的权力所带来之严重后果的令人恐惧的例子"。(Barry Morrison, "Wrong to Link Holocaust and Abortion", *Chicago Tribune*, 1992 年 11 月 11 日,第 20 页。)美国民权联盟的一位官员写道:"如果希特勒今天还活着,他会同情反堕胎者的观点,即妇女不应该享有决定其身体的自由选择之权利。"(Colleen Connell, "堕胎争议中对纳粹主义的运用", *Chicargo Tribune*, 1987 年 7 月 10 日,第 18 页。)参见美国犹太人大会执行董事 Henry Siegman 的评论,引自 Michael Briggs, "300 000 in March for a 'Choice'", *Chicargo Sun*, 1989 年 4 月 10 日,第 4 页。

第十一章 "再也不会屠杀阿比尔派教徒了"

女权主义者认为,"男权价值观"的统治地位赋予了大屠杀以可能性,并指出那些设计和管理死亡集中营的人"主要是男人"。[1] 俄克拉荷马州一位众议员在观看了NBC的《大屠杀》之后,便向其同事解释说这是在讲述"大政府"的危险。[2] 动物权利保护者把毛皮动物养殖场称之为"动物的布痕瓦尔德"。"从他们对待生物的行为看,"严格的素食者艾萨克·巴什维斯·辛格写道,"所有的人都是纳粹分子。"[3] 在一桩由美国民权联盟所提起的诉讼案中,它控诉说用氰化物气体来执行死刑是非常残忍的并且是非同寻常的惩罚,它的法律顾问发现,那种气体的化学成分和死亡集中营所使用的齐克隆B是一样的。[4] 哈佛社会生物学家爱德华·O. 威尔森的批评人士指控他复兴了"那种会促使人们去重建纳粹德国毒气室的思想"。[5] 在反对枪支管制的运动中,《美国步枪手》刊登了一篇题为"华沙犹太区:十支手枪对抗暴政"的文章。[6] "要是德国人有权携带枪支,"众议院发言人纽特·金里奇说,"或许就不会发生

---

[1] 关于"男权价值观",请参见 Aviva Cantor,引自 Judy Chicago,*Holocaust Project*,纽约,1993年,第10页。Deborah Dwork 和 Robert Jan van Pelt,在他们信息量非常丰富的 *Auschwitz: 1270 to the Present*(纽约,1996年)中,两次指出(第12, 277页)它的策划者和执行者"大部分都是男人"。性别取向方面的大屠杀著作主要关注犹太男人和在其魔掌中的犹太女人之间经历的区别——这些区别显然真实存在且值得研究。就像在各个领域,尤其是在新领域中,大量的研究工作都值得批判。但是一些以蔑视口吻叙述那些从大屠杀中甄别出性别差异者的人,似乎大部分都乐于痛批女权主义,似乎也被共同体的考量所驱动着。"在他们自己的脑海中,此类行动如果不是为了服务于那些来自他们自己家庭的以及来自更大的犹太社区的犹太妇女,"Gabriel Schoenfeld 写道,"其目标还能是什么呢?"("Auschwitz and the Professors",*Commentary* 105, 1998年6月,第45页。)

[2] 议员 Michey Edwards,*Cong. Rec.*,第95届会议,第二次分会,1978年,第124页,pt. 9: 10988。

[3] Andrew Silow Carroll, "Animals Rights...and Wrongs", *Washington Jewish Week*, 1990年6月7日,第15—16页。

[4] Vivian Berger, "A Holocaust Parrallel Close to Home", *Los Angeles Times*, 1992年8月23日,M5。

[5] Geoffrey Cowley, "How the Mind Was Designed", *Newsweek* 113, 1989年3月13日,第5页。

[6] David I. Caplan, "The Warsaw Ghetto: Ten Handguns Against Tyranny", *American Rifleman* 136, 1988年2月,第31, 75页。

大屠杀了。"[1] 同性恋支持者的口号"沉默即死亡"则证明了在艾滋病大屠杀中,旁观者的冷漠使得毁灭毫无阻碍地进行着,和1940年代那场大屠杀的情况一模一样。[2] 一位福音派作家在评论关于犹太人的救援者的文献时,就说这个证据"强化了基督教那些基本的信念——关于家庭的中心地位,以及基督徒父母令人敬畏的责任和机遇"。[3]

在转向其他的大屠杀训诫之前,对于我们至此所考察的那些一般的和特殊的训诫,我们能说些什么呢?大多数读者都注意到了,尽管这些被描述为大屠杀的教训,它们似乎不大像是源自大屠杀,反倒有点像是被硬塞给它的。这些训诫所反映出的价值观念和关切关怀起源于其他地方,但通过对大屠杀的一番思考之后,它们似乎得到了证实——无论如何,它们都能够以大屠杀为基础而获得戏剧性地阐释。那些涉及面最广泛的训诫和那些最为明确具体的一样真实。并不是大屠杀把乔治·布什和乔治·威尔变成了对人的本性和人类前途持有悲观看法的保守人士。(更一般地说,当今这种如此流行的悲观的世界观并不是源自大屠杀。在美国,大屠杀之后的第一个十年显然是乐观和具有进取性的。只是在后来,当美国人因各种理由而悲观厌世之时,人们才普遍

---

1 Richard Stengel, "Newt Scoot", *New Republic* 213, 1995年7月3日, 第10页。

2 Robert Lane Fenrich, "Imaging Holocaust: Mass Death and American Consciousness at the End of the Second World War", 西北大学哲学博士论文, 1992年, 第181—182页。参见 Larry Kramer, *Reports from the Holocaust: The Making of an AIDS Activist*, 纽约, 1989年; Douglas Crimp 主编, *AIDS: Cultural Analysis/Cultural Activism*, Cambridge, Mass., 1988年。

3 David P. Gushee, "Why They Helped the Jews", *Christianity Today* 18, 1994年10月24日, 第34页。其论证并不能令其沾沾自喜:"如果能够说施救者都是……忠实的基督徒, 或福音派教徒, 而非施救者则不是, 那么这对基督徒来说是一个多么大的激励啊。但是研究表明, 施救者在关于宗教性的任何测试中看法似乎都不一样。"

第十一章 "再也不会屠杀阿比尔派教徒了"

地引述大屠杀以确证这种观点。)[1]女权主义者、同性恋者和动物权利保护主义者,反对堕胎、大政府、死刑和枪支管制的人士,连同基督教"家庭价值观"的倡导者,不是通过反思大屠杀而形成这些立场——首次学到这些教训的人。

这些训诫并非源自大屠杀这一事实是否意味着它们就不是真正的大屠杀教训了呢,或者至少不怎么准确可靠?我觉得我们不必急于下结论。撇开其他方面不谈,那好像还意味着,一位战前复国主义者——他/她在之前始终相信建立一个独立犹太国家的必要性——后来就不能说这种需要就是"大屠杀教训"。只有那些在遇到大屠杀之前思想是一片空白的人才被允许从中提炼出教训来吗?

是什么令某些东西变成了"真正的"大屠杀教训?让我们看看那些人所得出的一些训诫吧——他们的大屠杀经历是直接的而不是间接的,他们坚称自己正是由那些经历引导着总结出了特定的教训。美国民权联盟那个控诉以毒气处死的做法非常残酷的诉讼获得了一位死亡营幸存者口供的支持:"作为一个曾经天天都看到用毒气实施大规模屠戮的人,我知道以毒气处死这种做法是不折不扣的酷刑。"[2]她是否依据自己的大屠杀经历而提出了一个不真实的教训呢?亚历克斯·赫沙夫特是一名重要的动物权利保护主义者,也是一名华沙犹太区的幸存者。他说,多年的隐藏生活使他带着"一种对正义的酷爱之情和对全球生存的担忧。在正义方面,我就是在寻找这个地球上所受

---

[1] 社会环境以及时代精神影响着人们是否认可大屠杀传授着消极悲观的训诫这一点。当一个被抽作样本的群体被问到,他们是否同意它的训诫之一就是"人类没有希望",受过教育和未受过教育的人对此的回答没有差别,但是同意这个说法的人之中,黑人比白人,穷人比富人要多得多。(Jennifer Golub 和 Renae Cohen, *What Do Americans Know about the Holocaust?*,纽约,1993年,第44页。)

[2] 引自 Berger, "Holocaust Parallel"。

迫害最深重的那些生命"。[1]赫沙夫特从其多年的隐匿经历中得出了一个不合适或不合法的教训吗？他在大屠杀中所发掘的含意太过于一般化了吗？

非幸存者支持并宣扬这些教训，与信奉由其他幸存者所总结出的更为主流的训诫相比，更不具有合法性吗？如果是，那为什么呢？这里的意思并不是要表示，所有的源自大屠杀的教训都同样地合适合理。没人会相信如此荒谬的结论。除了其他方面之外，那还意味着必须接受由巴鲁克·戈德斯坦显然也是诚心总结出的教训。其实，我们不过是在想厘清一些理由，以解释为何我们对有些教训赋以恰当性或合法性，并把其他的冠以不合适或不合法之名。

当我们说某个事件所带来的教训适用于另一个环境之时，大多数时候，我们做的不过是所谓的类比——词典意思是，指出"不同事物之间某些方面的相似之处"。说有好的类比和差的类比，这没多大用处，就好像我们在说某个客观的标准，不论它有多含糊不清。类比，就如在美国的"胎儿"和纳粹德国的"不配活着的生命"这二者之间的类比，在提出它们的人看来是清楚明白的并很有说服力；而其他人却会不假思索地把它们摒弃掉。如果一个类比受到某个人的"欢迎"，尤其是当他/她对此恋恋不舍之时，我们是不大可能说服此人抛弃它的。如果它不受欢迎，当某个人硬要否决它的时候，那么"这根本就不是一回事"了。除了这一个实用主义的标准——它受不受欢迎？——之外，我不知道任何的关于类比恰当性的评判准则。

要把大屠杀的教训区分出合适的和不合适的这个问题，因下述事

---

[1] Hershaft, 引自 Andrew Silow Carroll, "Seeking Justice, a Survivor Turns to the Treatment of Farm Animals", *Washington Jewish Week*, 1990年6月7日, 第15页。

实而变得更加困难了——像埃利·维瑟尔那些人,他们不仅坚称大屠杀具有普遍意义,还硬说没什么其他东西能与它相提并论了;因而他们反对"严格的"类比。严格的相似性标准是无关紧要的:它不过是一个这样的问题,即当人们在遭遇到一些后来的暴行或不公正之时回想起大屠杀,也就是说后来的事件唤起了某人关于大屠杀的有些情感。即便有逻辑学家能够编出一些规则以便评判什么是好的和什么是差劲的类比,谁又有这个胆量可以告诉我们在什么情况下提起大屠杀是合适的呢?我们关于什么是合适的和不合适的大屠杀教训,关于什么时候是提起大屠杀的合适的和不合适的场合,判断都各不相同;实际上,这依赖于我们对那些教训和提示所指向的趋势所具有的想法。我想不大可能是其他情况。

大屠杀的一些特色使它变成了关于这个或那个教训的如此引人入胜的例证,也正是那些特色把它变成了一个不可靠的经验教训的发源地。大屠杀被用来确证各种教训,因为它是如此引人注目、如此令人恐惧、如此激烈极端。如果大屠杀向我们展现了科技或现代性或男权制导向何方,或者如果堕胎确实像大屠杀,那么毫无疑问我们会以前所未有的严肃认真来思考这些问题。但正是大屠杀的极端性以及它所展现出来的环境的极端性,大大地限制了它为我们的日常世界提供有益教训的能力。

首先,看看受害者这方面。那些经历过它的人从这个大灾难中获得了哪些有益于生存的教训呢?有些人说(我们没有理由怀疑他们),是同舟共济、群体团结和宗教信仰令他们得以存活。另一些人说(同样值得相信),是一种冷酷无情的能力,一双能够发现有利时机的眼睛,一种只信任自己而非上帝或他人的心态,令他们渡过了艰难岁月。一些人得以存活是因为他们与非犹太人结婚了，或者能够以其他方式融入到周围的社区之中。其他一些人则宣称，只是对"自己"之外的任何人所保持的提防猜忌之心才令他们得以幸存。在这些意义相反的幸存者的教训中，我们应当把哪一个当作是源自受害者经历的真实教训而接受下来呢？并且，在所有可能的解释中，如果我们接受最为流行的（和看似最为合理的）那一个——即好运，那么又会出现什么样的教训呢？最为重要的是，这些源自在希特勒欧洲那个地狱中幸存下来这一经历的教训，对于此时此地的我们如何安定和平地生活下去有何意义？

其次，我们还可以在行凶者的行为之中获得一些教训。我们都想知道，那些看似正常的德国人，为何会心甘情愿去执行此类对几百万无辜的欧洲犹太人施以酷刑和死亡的命令呢？在某种意义上，这是许多历史学家致力于研究的一个严肃的历史问题。但并不仅限于此：我们所关心的是这个问题所具有的普遍的意义。我们想（如果可能的话）获得一些有益的教训，并且以前所未有的深度去理解人类的潜能。当然，研究大屠杀对此有所帮助，但它真是理解我们所关心的那个更加普遍的问题的最有效途径吗？在前面的章节中我说到了斯坦利·米尔格拉姆那个具有里程碑意义的实验，它表明，大多数普通人，在大多数普通的环境中，是如何心甘情愿地听命于野蛮的指令的。[1]在这些事件的规模程度方面当然是没有可比性的：一方面，是几百万人的屠杀；另一方面，则是心理学实验室中暂时被骗但无一受害的几百人。虽然大屠杀的弥天之罪令世人震惊，但事实上，人们（尤其是在战时，在上峰的命令面前）会把系统性地遭到鄙视和划归异类的那些人杀害掉——这是人所熟知的常识了。在极为普通的环境之下，

---

[1] 见本书第198—200页。

第十一章 "再也不会屠杀阿比尔派教徒了"

没有上述种种情形,纽黑文市的公民(顺便说声,妇女和男人一样)都乐意——就他们所知——对自己的同类施行痛苦折磨,其实他们对那些人毫无敌意。[1]如果我们所寻找的是与实际相关的、有用的理解,那么对我而言,从某种意义上说,米尔格拉姆的著作似乎更具有启发性——并且更为可怕。作为实践道德问题(找到有用的教训)而言,最令我们担忧的,是否应当是人们对那种明显的种族灭绝命令的盲目遵从呢?或许更重要的是去思考,我们为何如此轻易就把自己的道德决策权委托给可敬的当局——就像穿着一件实验室白大褂的耶鲁教授那么可敬,他让我们确信,无论我们被告知要去做的事看上去有多么可疑,它们全都属于良善的事业。

接下来是旁观者,看看他们的行为能够告诉我们什么。没有任何一个大屠杀的教训比"冷漠的罪过"被强调得更为频繁、更为强烈了。根据其创始负责人的说法,华盛顿大屠杀博物馆"有助于把那些根植于该故事的道德教训内化成人们的主观意识"。他说,这其中最重要的莫过于"旁观者,因不作为,成了刽子手的帮凶"这个认识。[2]作为一个反面的实例,我们不断地被催促着去面对在犹太人被驱逐和谋害之时数以千万计的欧洲平民"坐视不理"和"保持沉默"这一事实。

如果一个人正在草拟一份反对现代性的控诉书,那么最重要的莫过于共同责任感的消退了——现代个人主义发展所带来的消极影响。无论我们是否把对同胞冷漠称为一种罪过,毫无疑问这都是我们应当关注的东西。但德占区的欧洲人未能对抗犹太人的命运和给予援助,这是我们能够正当嘲讽的最恰当事例吗?我在导言中提到,当莫里

---

[1] 该实验的设计中幼稚的实验对象是当"教师"还是"学生"看似是个偶然的结果。
[2] Jeshajahu Weinberg,"A Narrative History Museum",*Curator* 37,1994年12月,第231页。

斯·哈布瓦茨抗议他的犹太人岳父被捕之时，他自己便被送往了他的死亡地布痕瓦尔德。多么值得敬佩啊！这不是我们想要确立起来的替代冷漠的榜样吗？身处德国占领区，就像在其他时候其他地方，都面临着道德的选择。但是那种环境的极端性极大地制约着人们的选择。照看好自己家庭的安定是一项基本义务，大多数人都会说，这比对陌生人的义务重要得多。当波兰人被发现藏匿犹太人之时，不仅他们自己而且他们整个家庭都被枪毙了。在这种环境之下，不问代价若何，也不问由谁来承担，我们就敢肯定唯一道德的行为就是去做一个正直的非犹太人？问这么一个恐怖的问题——和把它推上议程的那种形势一样恐怖——并不是要否定在大屠杀期间确实存在着应受谴责的冷漠行为。确切地说，这只是建议我们应该正视那种环境的极端性，而后再来思考那种环境中的行为是否都和我们所面临的问题相关。

那些在1960年代中期居住在纽约市的人将会想起基蒂·珍诺维丝案。她深夜下班回到家，被一名精神错乱的袭击者所刺，她大喊救命。三十八个邻居看到了袭击的发生也听到了她的呼救声，但都躲在房间里无视这一切。没人报警。袭击者又返回到珍诺维丝倒下的地方再补了几刀。他再次回来并再次用刀捅了她。在她死后，三十八个中总算有一个来到一位上了年纪的邻居的家中并叫她去报警。"我不想被牵扯进来。"他解释说。[1] 我们不知道，这些冷漠的旁观者——在希特勒的欧洲或在纽约市的——脑子里在想什么。但我们知道，在前一种情况之下表达抗议的可能代价是什么，而在后一个案例中报警电话是完全免费的。

但即便是基蒂·珍诺维丝案以及随后几年所报道的若干起类似案

---

[1] A. M. Rosenthal, *Thirty-eight Witnesses*, 纽约, 1964年, 第37页。

第十一章 "再也不会屠杀阿比尔派教徒了"

件,也并非完全恰当,因为它们尽管比起来规模极其小,却也像大屠杀一样是那么的极端。我们中很少人见过或将会目击杀戮,这令我们可以向自己和他人信誓旦旦地说,我们绝不会像1960年代纽约市的居民或1940年代的波兰人那样。另一方面,我们都目击过不公正现象,或大或小,我们对此并未大惊小怪。"反正都不会有任何作用。""谁愿被当成一个麻烦制造者呢?"

在此,我想引用一段个人趣事,它能如此恰好地证明我的观点,以至于我不会责怪任何一个认为我在编造故事的读者。许多年前在一堂名为"大屠杀和历史的用途"的课上,我在讨论我认为(以刚才所提及的理由而论)是一个非常简单的问题:如何对旁观者进行道德评判。萨曼塔强烈地表达了不同意见:"他们没有公开表态,这是无法容忍和不可饶恕的。"经过简短的交流之后,我们转向其他议题。第二天,萨曼塔找到我跟我讨论一个无关的问题,并说到下课之后两个学生告诉她他们100%支持她,但是,"你知道,我们什么也不想说"。她说,在去我办公室的路上她遇到了班上另一个学生,该学生同意她所说的波兰旁观者的沉默是不可饶恕的;这位学生也想参与讨论并支持萨曼塔,但是,"你知道……"在第二次课上,我讲述了萨曼塔对我所说的情况——当然,她没有点明其他的学生。"如果你在德占波兰公开表态反对纳粹刽子手,"我说,"他们会杀掉你,杀掉你的家人,并烧毁你的房子。如果在课堂上你大声说出了和我不一样的看法,你认为我会怎么对你呢?"以上情况属实,绝非虚构。[1]

---

[1] A. M. Rosenthal,在他对《纽约时报》关于珍诺维丝案的报道的叙述中,论及了该报所刊登的后续故事,在其中还征求了专家的意见。"我自己喜欢的评论出自一位神学家,他说他无法理解这个事件,或许纽约的'去个性化'程度比他想象的要严重。他接着以那种可敬的、对反讽完全无意识的语气说:'别引述我。'我将永远珍爱这位神学家。"(A. M. Rosenthal, *Thirty-eight Witnesses*,纽约,1964年,第50页。)

无论这个或那个独特的教训具有多大的力量，这里有一个更为强劲的说法，即大屠杀让我们"变得敏感"，使我们对其他不那么严重的暴行也变得更警觉和更敏锐。这并不是一个不合理的想法，许多人相信情况确实如此，因为那些试图动员美国公共舆论和敦促政府行动的人乞灵于大屠杀的频率非常高。至于在实践中效果如何则是另一回事。

可能第一个用这些术语来谈论的海外大灾难案例是1960年代后期的尼日利亚内战，在这场战争中，被封锁的比夫拉分裂派人群就被描述为种族灭绝的对象。某个救援组织的一位代表在估算死于饥饿的人大概是多少时使用了那个极具联想性的六百万数字。[1]比夫拉是尼日利亚最多天主教徒的地区，而天主教传教士则在积极地宣传支持分裂派。"当几百万犹太人和其他种族的人在我们面前被处死之时，我们只是干坐一旁，我们那时实际上毫无作为。我们从那些日子中就没有学到什么吗？"一位传教士说，"这是我们永远的耻辱。"[2]有一位支持比夫拉的美国人写到，他们努力让人联想起"纳粹政权和犹太受害者的形象"。[3]私人慈善团体募集了大量的资金，但是美国政府，和大多数其他大国一道，继续支持中央政府，因而起义最终失败了。

1970年代后期，在越南人入侵柬埔寨并推翻了波尔布特红色高棉政权之后，世界便发现了"柬埔寨大屠杀"。在1975—1978年间，来自难民的关于柬埔寨大屠杀的传闻到处都是，但是由于受越南战争的影

---

1 Church World Service的Herman Middlekoop博士，引自Karen Rothmyer, "What Really Happened in Biafra?", *Columbia Journalism Review* 9, 1970年秋, 第43页。

2 Fintan Kilbride神父，引自Marc H. Tannenbaum, "Biafran Tragedy Accelerates Christian-Jewish Cooperation", *Religious News Service*, 1968年8月14日, 第4页。

3 Paul E. Onu，引自John J. Stremlau, *The International Politics of the Niegrian Civil War*, 普林斯顿, 1977年, 第113页。

第十一章 "再也不会屠杀阿比尔派教徒了"

响,大多数美国人已经看够了东南亚,因而关注它的人不多。只是在这场屠杀因越南人的入侵而被终结之后,整个事件才被世人所知。猛然发现,柬埔寨人所承受的恐怖的规模和程度超过了之前的预测。它后来被称为"大屠杀"在某种程度上是一种无意识的反应,但也是被越南人所积极吹捧的一个说法。在建造吐斯廉"亚洲奥斯维辛"博物馆过程中,越南人刻意把展览馆设计得像二战模型。他们竟然派负责人去参观布痕瓦尔德和萨克森豪森,以便他能够把吐斯廉营造得更像纳粹"原型"。[1]西方组织了一个重大的救援行动以解救难民——他们通常都是逃到越南的前红色高棉骨干成员。为了动员美国人进行捐赠,卡特总统说:"三十七年前,发生了一场大屠杀,它夺去了六百多万人的生命。整个世界沉默地立于一旁,这种道德缺失的巨大程度依然麻醉着人类的意识……如果种族灭绝的惨剧能够在柬埔寨得以避免,那么我们必须全力以赴。"[2]与此同时(当然,卡特也同时与埃利·维瑟尔争辩,说应当更为全面地表述大屠杀),白宫却秘密地资助波尔布特这个柬埔寨大屠杀的始作俑者。越南人才被看成是美国利益的真正威胁,作为一种制衡,波尔布特必须获得保护。"我劝说中国人去支持波尔布特,"卡特的国家安全顾问兹比格涅夫·布热津斯基说道,"波尔布特是令人深恶痛绝的。我们绝不能[公开地]支持他,但中国可以。"至于美国,他说,则会对中国取道泰国给他输送武器弹药这种

---

1 William Shawcross, *The Quality of Mercy: Cambodia, Holocaust and Modern Conscience*,纽约,1984年,第421—422页。Shawcross指出,尽管有那么多纳粹意象,吐斯廉更像莫斯科卢比扬卡监狱:那些在吐斯廉被害的人大多数都是些不受欢迎的红色高棉成员(或他们的家庭);他们在被行刑前都要写出详细的悔过书。

2 "Aid for Kampucheans",1979年10月24日,《美国总统公开文件:吉米·卡特》,华盛顿特区,1980年,第2011—2012页。

做法"睁一只眼闭一只眼"。[1]如果说吐斯廉是(公然地)模仿奥斯维辛,那么美国人对红色高棉的政策则是(秘密地)模仿1945年之后美国的对德政策:面对一个当前的敌人,过去的罪行不得妨碍战略上的需要。

在1980年代,阿富汗伊斯兰联盟的游击队员声称,苏联人在入侵他们国家之后的所作所为比"纳粹在德国所犯下的大屠杀还要可怕",并且"大屠杀"这个术语有时被美国政府官员和新闻记者所使用。[2]但是美国政府的回应与入侵所造成的"大屠杀"程度没有关系;严格说来,这是冷战所玩的一个花招。当然,美国和苏联并没有直接的军事对抗;只是,中央情报局为当地的伊斯兰分裂势力给予了培训、武器配备和其他形式的资助。[3]

大屠杀意象在动员支持1991年海湾战争的运动中所发挥的影响要显著得多。布什总统说,萨达姆·侯赛因比希特勒更坏。[4]"更坏"这个说法对某些评论员而言有点过分了,但是同样的(或几乎一样的)说法

---

1 Brzezinski,引自 Strobe Talbott, "America Abroad: Defanging the Beast", *Time* 133,1989年2月6日,第40页。暧昧地支持红色高棉反对越南人的策略一直存在于里根和布什时期。

2 Ann Cooper, "Third World Insurgent Groups Learning to Play the Washington Lobbying Game", *National Journal*,1986年2月8日,第329页。CIA负责人William Casey和布热津斯基一样,都把苏联入侵说成是一个大屠杀。(Philip Geyelin, "Casey and the 'Focus of Evil'", *Washington Post*, 1985年6月17日, A11; Zbigniew Brzezinski, "Linking Two Crises", *New York Times*, 1985年10月6日,第21页。)参见John F. Di Leo, "Afghan 'Holocaust'", *Chicargo Tribune*, 1986年12月29日,第12页; Rosanne T. Klass, "The New Holocaust", *National Review* 37, 1985年10月4日,第28页。

3 十几年后,美国就因轰炸美国在非洲的大使馆而追捕这项事业中的一位盟友,即奥萨马·本·拉登,并用火箭袭击了他其中一个假定的基地总部,而这些基地就是CIA之前为叛军所建立的。

4 "在马萨诸塞州伯灵顿的共和党筹款早餐会上的评论", 1990年11月1日,《美国总统公开文件,乔治·布什,1990》,华盛顿特区,1991年,第1509页;"总统在佛罗里达州奥兰多的记者招待会", 1990年11月1日,同上,第1514—1515,1518页。

第十一章 "再也不会屠杀阿比尔派教徒了"

不断地被提出来。[1]那些类似于纳粹暴行的出处可疑的故事被广泛流传——如新生科威特婴儿被伊拉克军队从医院的孵化器中撕扯下来并扔在冰冷的地板上，任其自生自灭。[2]《纽约时报》一位专栏作家写道，萨达姆"正在实施他自己的'最终解决方案'"。[3]西蒙·维森塔尔中心则指控德国公司为伊拉克独裁者建造了"毒气室"。[4]就像在阿富汗的案例中那样，很明显是地缘政治方面的考量，而不是对出现一个新的大屠杀之担忧，激发了"沙漠风暴行动"。大屠杀意象也许对取得国会和公众对该行动的支持有所帮助，但其作用似乎是微不足道的。[5]

美国的确出面阻止过海外的大规模死亡，即索马里饥荒，但在其中大屠杀被援引得最少——尽管有可能，在某种不确切的意义上，所有的关于全世界对二战期间犹太人命运的冷漠无情态度的言论，在说服部分公众对美国军方的"重拾希望行动"给予支持这方面发挥了作用。[6]

1　关于专栏作家的比较，见George Will和Charles Krauthammer的评论，引自Marjorie Williams, "Monster in the Making", *Washington Post*, 1990年8月9日, D1。

2　关于婴儿被从孵化器中撕扯出来这事的证据由受雇于科威特驻华盛顿大使的公关公司所提供，并有可能是捏造的。这个问题存在争议。

3　A. M. Rosenthal, "America at the Vistula", *New York Times*, 1991年4月9日, A25。

4　Dail Willis, "Germans Built Gas Chambers for Iraq, Wiesenthal [Center] Says", *Forward*, 1991年2月15日, 第20页。所谓的相似之处以其他方式增长。共和党的Stephen Solarz对一位国会委员说，尽管在轰炸科威特时美国会"干掉我们正想要拯救的人"，奥斯维辛囚犯的态度令他相信，科威特平民已经准备好"要不惜一切代价以赢得自身之解放"并乐于与压迫者同归于尽。(Federal News Service, "Capitol Hill Hearing about the Middle East", 1991年1月8日。)海湾行动结束之后，在一次纪念华沙犹太区起义的活动仪式上，Solarz说，尽管起义和沙漠风暴之间多有不同，"其相似之处……从根本上说还是更为重要"。("共和党Stephen Solarz的演说，华沙犹太区起义周年纪念日，1991年4月7日", *Cong. Rec.*, 第102届会议，第1次分会, 1991年, 第137页, pt. 57: E1303。)

5　因对这种意象的假定力量满怀敬意，一个反对美国的军事干预的右翼团体建立了"防止中东大屠杀委员会"。(Federal News Service, "Press Conference of a Coalition Opposing U.S. Intervention in the Persian Gulf Crisis", 1990年9月4日。)

6　所有重要的犹太组织关于索马里的一个声明题为："世界忽视求助的呼声，这不是首次。" (*New York Times*广告, 1992年10月4日, 4: 18。)大屠杀幸存者被援引，他们说看到那些骨瘦如柴的索马里人的照片怎样唤醒了他们自己的苦难记忆。

这项行动的结局——索马里军阀对美军的打击和羞辱,使许多美国人确信,"永不重演"最合适的意思就是,在美国利益没有受到明显威胁的情况下,美国士兵永远不应该再被派往险境之中。和他从大屠杀中所得出的惨痛教训相一致,乔治·威尔希望索马里的经历能够"让美国免受人道主义干预之诱惑"。[1]

另一次近些年发生的更为严重得多的非洲大灾难,即1994年卢旺达种族灭绝事件,则被广泛地当作一次大屠杀来谈论,情况似乎也确实如此,因为它恰好符合所有可能想到的标准。但是既然索马里冒险行动引发了强烈的反对声浪(然而几乎可以肯定,即使没有此事也一样),美国的政治圈就没有一丝一毫想要干预的意愿。事实上,在杀戮进行期间,克林顿政府的主要行动就是签发了一项政令削减美国对维和行动的义务,并强调当我们国家的安全没有受到直接威胁之时,美国将不再参与此类行动。[2] 尽管在那些说应该对卢旺达种族灭绝采取某种行动的人之中,很少人清楚"某种行动"到底指什么,为保险起见,当局指示政府官员别把卢旺达所发生的事称为种族灭绝。[3](如果承认它是种族灭绝,那么,美国和《联合国种族灭绝公约》签署国原则上就必须要采取行动了。)

人们有时候会说,即便大屠杀记忆并未促使美国对近年发生的种族灭绝事件进行干预,关于犹太难民在1930和1940年代绝望地寻求庇护之记忆,还是促使美国对那些逃离压迫的人采取了一种更欢迎的态度。因而,在1970年代后期,当大量的越南船民被允许进入美国之时,

---

1 George Will, "America's Inoculation by Somalia", *Newsweek* 122, 1993年9月6日,第62页。
2 Alain Desteche, "The Third Genocide", *Foreign Policy* 97, 1994/1995年冬,第10页。
3 Douglas Jehl, "Officials Told to Avoid Calling Ruwanda Killings 'Genocide'", *New York Times*, 1994年6月10日,A8。

第十一章 "再也不会屠杀阿比尔派教徒了"

拉比欧文·格林伯格声称很显然这得归因于"不断被提升的大屠杀意识的累积效应"。[1]确实,为捍卫船民的利益而引证了纳粹主义下的犹太难民的先例,而且不难想象这对决策肯定有些影响。但是那种给予船民的欢迎和美国在冷战时期的难民政策是一脉相承的,它为那些从共产主义世界中(而非其他地方)逃脱出来的人(匈牙利人、古巴人等)制定了特别条款。[2]援引对那些试图逃脱大屠杀之人的记忆这种做法——想起圣路易斯号客轮的命运——在1990年代初期也以海地难民的名义而被同样强烈地激发。然而,海地人没那么幸运,他们没能逃脱右翼的独裁统治,并且那时更加提升的大屠杀意识已经不起作用了。明知后果非常恐怖,布什和克林顿总统还是把这些难民送回到了他们原本试图逃脱的恶魔的手掌之中。[3]

人们援用大屠杀教训最为频繁和最为强烈的那场危机,就是自1992年初以来塞尔维亚军队对波斯尼亚穆斯林的攻击。到了那年夏天,关于塞尔维亚暴行的报道具有一股熟悉的令人毛骨悚然的味道。

> 越来越多的迹象表明欧马斯卡……设有一个死亡营,塞尔维亚当局在其中杀害了几千穆斯林。[一个目击者]引述了营地指挥官为警告犯人而说的话,即他们永远别指望活着离开……几乎每一个晚上都有人被带去问话而没有回来……"我们都觉得自己像

---

[1] Irving Greenberg, "The Challenge of Teaching about the Holocaust",见Mary T. Glynn等,*American Youth and the Holocaust*,纽约,1982年,第xx页。

[2] 见Gil Loescher和John A. Scanlan, *Calculated Kindness: Refugees and America's Half-Open Door, 1945 to the Present*,纽约,1986年。

[3] 值得注意的是,在"圣路易斯号案例"中,美国政府曾尽力确保逃脱出来的犹太人不会被送回到德国——在当时看似乎是成功的。海地难民则被美国的海岸巡逻队扔在了太子港码头,有时旋即就被秘密警察带走,此后再也没见过他们了。(Howard W. French, "A Rising Tide of Political Terror Leaves Hundreds Dead in Haiti", *New York Times*[全国版],1994年4月2日,第1—2页。)

是第三帝国的犹太人"，[一个穆斯林学生]如是说。妇女、儿童和老人被警察从村庄中带走……像牲口一样被塞进密封的车厢里，然后被扔出了国境。[1]

"在希特勒的突击队把几百万犹太人、吉普赛人和其他族群塞进车厢运往死亡营的五十年之后，"有家新闻杂志写道，"紧锁的列车再一次满载着人们的行李穿越欧洲。西方社会对这场新的大屠杀的反应则和他们对待希特勒刚发起种族灭绝那会儿的态度一样胆怯。"[2] 来自波斯尼亚的报道常常包含一些限制性的短语，表明大部分此类信息都是二手的并且未经独立核实，但是已核实的也够多，能够证明这些故事是可信的。在全国性杂志的封面上出现了一些相片：在带刺铁丝网之内向外凝视的憔悴的波斯尼亚人，这些照片或许也可配以"布痕瓦尔德，1945"这样的说明。早期的报道（也未被证实，但被普遍地相信）宣称数十万的波斯尼亚穆斯林平民已被杀害。

这第一拨报道发出之后，犹太组织和犹太领导人就迅速地发出了警报。"废除死亡营"这条广告语被三个重要的美国犹太组织做成了《纽约时报》的头条新闻。

> 在奥斯维辛、特雷布林卡和其他纳粹死亡营这些恐怖的名称中，如今似乎要加上欧马斯卡和布尔奇科了……是否可能，在

---

[1] Roy Gutman, "There Is No Food, There Is No Air", *New York Newsday*, 1992年7月19日，第39页；"If Only They Could Flee", *New York Newsday*, 1992年7月26日。Gutman因对波斯尼亚的报道而荣获了普利策奖。

[2] Louis Lief等, "Europe's Trail of Tears", *U.S. News & World Report* 113, 1992年7月27日，第41页。

第十一章 "再也不会屠杀阿比尔派教徒了"

> 大屠杀五十年后,包括我们自己在内的世界各民族,会袖手旁观毫无作为并装出一副无可奈何的样子?……我们务必表明将采取一切必要的行动,包括武力在内,去制止这种疯狂暴力和流血事件。[1]

做这种类比和坚持要求行动的,不只是犹太人。在国务院,该地区一名事务官就以辞职抗议美国的不作为。"这也许不是大屠杀结束的方式,"他说,"但正是它开始的方式。1945年在它结束之时我们看到了那些照片和证据。1992年它发生于波斯尼亚之时我们就知道正在发生的是什么。"[2] 在竞选总统的动员活动中,比尔·克林顿说:"如果大屠杀的恐怖教我们明白了什么,那就是在种族灭绝面前保持沉默和无所作为所付出的代价太高了。"他呼吁布什总统"采取一切必要的行动",包括军事干预。[3] 当然,大屠杀类比被波斯尼亚的美国代表所大力宣扬,并且它占据舆论的程度还成了其适当性的证据,这是一种有趣的循环形式。当一个发问者提到CNN的《交火》(*Crossfire*)——它质疑用"种族灭绝"这个词来描述正在发生的事情是否恰当,波斯尼亚驻联合国大使回答说:

---

[1] *New York Times*, 1992年8月5日, A14。这则广告的赞助者是美国犹太人委员会、美国犹太人大会和反诽谤联盟这三个组织。

[2] George Kenney, "Yugoslav Policy: A Return to Isolationism", *Christian Science Monitor*, 1992年9月, 第19页。

[3] 克林顿, 引自 Clifford Krauss, "U.S. Backs Away from Charge of Atrocities in Bosnia Camps", *New York Times*, 1992年8月5日, A12, 以及 Carl M. Cannon, "Turning Point for President: The Holocaust", *Baltimore Sun*, 1993年5月9日(报道了克林顿1992年8月5日所发表的声明)。"当这发生之时我们曾经干坐一旁", 克林顿的竞选搭档艾尔·戈尔说,"世人应从中吸取教训。"(引自 Scot Lehigh, "Clinton Backs Military Action in Bosnia over Genocide", *Boston Globe*, 1992年8月6日, 第11页。)

> 我觉得,当大多数犹太人社区事实上都把波斯尼亚之事件与大屠杀期间所发生的事相提并论,并因此而一片哗然之时,你竟然质疑这里是否发生了种族灭绝,这实在是太不幸了。当然人数是没那么多,但是如果犹太人社区都说"不再重演",那么我认为,我们有更加充分的理由认为这就是种族灭绝。[1]

并不是每一个人都认可这种类比。《华盛顿邮报》专栏作家理查德·科恩说,把发生于波斯尼亚之事与大屠杀相比,这种做法"就像是把一个踢了你的车子的警察称为纳粹一样"。[2] 安德鲁·格里利和许多其他人都抱怨这种类比"轻视了大屠杀"。[3] 但是对美国政策的争论恰好赶上华盛顿大屠杀博物馆的开张,这一事实促使一些人痛苦地反思所谓的大屠杀教训。亨利·席格曼是美国犹太人大会的执行董事,也是一位大屠杀幸存者,他就说如果美国在波斯尼亚不果断采取行动,那么博物馆的开张仪式就"纯属无聊之举。在波斯尼亚不采取行动就意味着我们从大屠杀中没有学到任何东西"。[4] 莫蒂默·朱克曼是《美国新闻和世界报道》的出版商,他也认为,如果美国对波斯尼亚不干预,那么博物馆的开张就成了"一个空洞的符号"。[5]

---

[1] 大使 Mohammed Sacirbey,1992年12月17日 CNN *Crossfire*,副本726(新闻全文数据库)。参见 "大使 Mohammed Sacirbey 在美国犹太人委员会大使论坛午宴上的……发言",联邦新闻社,1992年10月22日。

[2] Richard Cohen, "Nothing New Here", *Washington Post*, 1993年4月22日, A23。

[3] Andrew Greeley, "Bosnia Mission Is Moral — but Also Impossible", *Chicago Sun-Times*, 1993年5月16日, 第44页。

[4] Henry Siegman, 引自 "Jewish Leader Link Bosnia to Holocaust in Open Letter to President Clinton", PR Newswire, 1993年4月19日。

[5] Mortimer Zuckerman, "The Tough Options in Bosnia", *U. S. News & World Report* 114, 1993年5月3日, 第84页。

第十一章 "再也不会屠杀阿比尔派教徒了"

不管是纯属巧合还是精心设计,克林顿政府在博物馆开张的两星期之后才明确宣布,它不会再运用任何的大屠杀框架来看待波斯尼亚事件。克林顿的国务卿沃伦·克里斯托弗告诉一位国会议员说,那里所牵扯到的情况是一种由"深深的不信任和世代仇恨"所造就的"泥潭";"各方都有暴行。"当被问及"种族清洗"是否不等于种族灭绝之时,克里斯托弗说:"我从未听说过犹太人对德国人的种族灭绝。"[1] 获知了当局的这个明确的信号之后,关于波斯尼亚是否是"一个大屠杀"的辩论就大半泄气了。美国人应该对波斯尼亚的种族清洗做出一个强有力的回应——其依据,甚至部分依据,是"大屠杀的教训"——这可曾被认真地考虑过?这无法确定。但是反方的论据难以应付:除非把美军派往那里,否则塞尔维亚的胜利是不可避免的;反对美国盟友在欧洲的大规模军事介入;国会、公众以及五角大楼对支持美军部署的不情愿;界定美国国家利益(这才可以把干预合法化)的难度。在这一切上挥之不去的是"越战的教训",它轻易就打败了"大屠杀教训"。

这其中无一能够驳倒认为大屠杀会"使人变得敏感"这一论断。有时候确实会。那些援助比夫拉、柬埔寨和索马里难民的私人救济行动可能就是得益于对大屠杀的援引。比如在波斯尼亚案中,大屠杀类比就激励着一些底层官员、国会成员、新闻记者和普通公民去采取行动——即便失败也在所不辞。华盛顿大屠杀博物馆的迈克尔·贝伦鲍姆就说,虽然援引大屠杀已经无法促使政府采取行动了,但是它形塑成了一种"良知的痛楚……这代人怀有负罪感";他说,这是一种进步,尽

---

[1] Warren Christopher,引自 Elaine Sciolino, "U.S. Goals on Bosnia", *New York Times*,1993年5月19日,A10。

管它"非常渺小"。[1]

有些人可能也会把此类现象称为一种进步,即这么多人在谈论波斯尼亚,这么多人"做出见证"和"畅所欲言"。一位重要的改革派拉比说道,如果"不再重演"这一说法意义重大,那么"它意味着好人将不会再袖手旁观了"——一种会被许多其他人附和的看法。[2]对此颇具讽刺意味的是,克林顿总统在答复一位记者的问题(即他对大屠杀博物馆的造访是否影响了他关于波斯尼亚问题的决策)时所说的:"我觉得美国应当不断地寻找机会站出来反对"——然后他纠正了自己的说法——"至少是发表公开声明反对不人道的行为"。[3]

我也和绝大多数美国人一样,不知道什么样的美国政策是最合乎那些受困的波斯尼亚穆斯林的利益。我不能(或不愿)耗费大量的时间和精力去调研以便做出明智的判断。什么是道德高尚的姿态,这是显而易见的;至于这是否能碰上最好的或最少消极影响的后果,则不得而知。所以我不知道该如何评价以下论据——戴维·里夫把它归于某些联合国官员。他们说,西方的军事干预从未有过丝毫的可能性,但是所有关于此类干预的言论(被要求从大屠杀中吸取教训的呼声推波助澜),让美国政府想要明确地宣布这一点变得更加困难了。结果就是,波斯尼亚穆斯林生活在虚幻的希望之中,延长了战斗期限,加重了他们的苦难。他们最终不得不接受一个比之前能够获得的更为不利的和平

---

[1] 引自 Norman Oder, "Are Pangs of Conscience Progress?", *New York Newsday*, 1974年6月9日, A37。

[2] David Saperstein, 引自 "Groups Join in Urging Tougher U.S. Action on Bosnia", Reuter Library Report, 1993年1月6日。

[3] "在与捷克总统哈维尔讨论之前和记者的交流",《美国总统公共文件:威廉·J. 克林顿》, 华盛顿特区,1994年,第465页。

第十一章 "再也不会屠杀阿比尔派教徒了"

解决方案,早知如此何必当初呢?[1]

即便从那些想方设法动员支持行动的人的立场出发,也不大清楚援引大屠杀总体而言是否具有修辞上的优势。对有些人来说,波斯尼亚和纳粹种族灭绝之间的联系是自然而然、立刻想到的,这种类比符合他们的想法。"它又一次发生了,"一位加利福尼亚拉比说,"认识到这一点给人造成的心灵震撼实在太大了。"[2]但是对其他人而言,这个类比立即便遭到了否决。《进步》的编辑欧文·诺尔发现该比较是"不合适的,甚至还有些唐突无礼"。[3]对于反干涉主义者而言,这根本就不像大屠杀;这是一种"由来已久的巴尔干仇恨"。对此,像苏珊·桑塔格等干涉主义者会回复说:"这就好比摄影人员在华沙犹太区里,然后人们……说:'噢,这只是由来已久的欧洲反犹主义,我们能做啥呢?'"[4]这是一场话语片段的斗争,但不是一场在同等条件之下的斗争。关于波斯尼亚的辩论发生于多年来强烈主张大屠杀的独特性和不可比性,极力强调"轻视它"的危险性之后。[5]修辞的优势属于那些指出了波斯尼亚所发生的事与大屠杀在所有方面(它们数不胜数并且很重要)截然不同的人。诸如A. M. 罗森塔尔这样的反干涉主义者就会同意说:

---

[1] David Rieff, "Bosnia's Fall, Our Failure", *Harper's Magazine* 290, 1995年2月,第13页。

[2] Harold M. Schulweis,引自Nancy Hill-Holtzman, "Images of Atrocities in Bosnia Stir Protest", *Los Angeles Times*, 1992年8月8日, B1。

[3] Erwin Knoll, "The Uses of the Holocaust", *Progressive* 57, 1993年7月,第16页。

[4] 引自Carla Anne Robbins, "Americans' Inaction Stirs Critics to Debate and Despair", *Wall Street Journal*, 1994年3月18日, A1。

[5] 塞尔维亚发言人特别强调大屠杀不会因与发生在波斯尼亚的事件之间的比较而被"轻视"。(见Steven A. Holmes, "Photographs of Balkans Draw Fire", *New York Times*, 1994年9月24日, 1:6。)人们也应该注意到,对那些大屠杀幸存者而言,相关的大屠杀记忆("教训")则是在二战期间,塞尔维亚人(像犹太人那样)是与轴心国结盟的克罗地亚和穆斯林的受难者。(参见北加州大屠杀中心负责人Louis de Groot的评论,引自Leslie Katz, "Holocaust Survivors in Conflict over Bosnian War", *Jewish Bulletin of Northern California*, 1995年7月21日;布痕瓦尔德集中营幸存者所发布的广告,美国, *New York Times*, 1993年4月29日, A14。)

"如果波斯尼亚是又一次大屠杀……那么对于西方人来说，除了全面参战——派出地面部队和所有其他武装之外，就不存在得体的行动了。"他以自己和许多其他人满意的方式毫无困难地论证了它不是大屠杀，由此便解决了这个问题。[1] 除了大屠杀所谓的独特性，它的极端性（这把它变成了一个如此有说服力的修辞武器）也意味着与大屠杀相比，其他任何东西看上去都没那么糟糕。这种比较，通过提高暴行的门槛，很容易把人变得麻木不仁。

当然，把人变得麻木不仁并不是那些谈论大屠杀教训的人的本意——恰恰相反。但是，在美国人对海外大规模死亡的反应之中存在一种奇怪的反常现象。这种非常态促使人们思考，我们把大屠杀打造成了象征暴行的核心符号，把人变得麻木不仁会不会是这一做法所导致的意料之外的结果呢？

在关于大屠杀教训的言论之中，没有哪个议题比"冷漠之罪"更为突出了。美国和欧洲的旁观者们在几百万人赴难之时只顾着自己的事，这是一个导致怀疑和愤慨的源头。那些致力于让美国对海外的凶残暴行进行干涉的人坚持说，面对着这些令人想起大屠杀的事件，重演战时的冷漠是无法容忍的。那些反对干涉波斯尼亚的人则基本上认同冷漠地面对大屠杀是不能容忍的；然而，他们坚决认为波斯尼亚并不会使人想起大屠杀。对于这双方而言——不仅仅在波斯尼亚问题上——大屠杀都成了那种用以衡量所有其他恐怖的典型性恐怖。那些刽子手的意图和抱负，或者他们所使用的工具，会还是不会令我们想起大屠杀？其他的恐怖事件之所以能够引起我们的注意和有资格获得我们的资助，是因为它们和这种野蛮行为的原型极为相似。

---

[1] A. M. Rosenthal, "Bosnia and the Holocaust", *New York Times*, 1994年4月26日, A23。

第十一章 "再也不会屠杀阿比尔派教徒了"

在关于那些暴行（它们发生时其他人在袖手旁观）的象征之中，最令人伤感的莫过于一百多万儿童——无论何时何地都是最为无辜和无助的受害者——也身处被大屠杀所吞噬的人群之中。人们如何能够对此无动于衷？如今，世界各地每一年死于营养不良和可预防疾病的儿童何止其十倍！[1]他们并未被一个可识别的恶棍（希特勒或波尔布特）列为要消灭的目标。他们的死亡并不是任何邪恶的、种族灭绝的冲动意念之结果，甚至也不是仇恨的结果。他们的死因平淡无奇，即缺乏维持生存所需的食物和最低限度的医疗设施。也就是说，他们的死绝非是"大屠杀"。

我在前几段所提到的令人奇怪的反常情况就是，所有由大屠杀引发的关于世界冷漠无情及其多么无法容忍之类的讨论，极少提到这些儿童。这个反常情况更加令人奇怪的，并不在于他们所处的境况与死于大屠杀或其他种族灭绝罪行的儿童之间的相似之处，而在于其在两个重要方面的不同。

美国政府在大屠杀期间能够做多少事情去营救那一百万犹太儿童和所有其他受害者，这是一个历史学家将继续争辩的问题。显然它本该能够做得更多，但是救援机会所面临的限制因素是非常真实的。也许在1994年，美国政府在制止卢旺达数不胜数的图西族儿童被大弯刀所砍杀这件事上，确实力不从心。但是全世界几百万儿童死于营养不良和疾病——恐怖程度毫不逊色，行动机会却唾手可得——对他们的

---

[1] 要从统计学上去解释这种比较很令人厌烦，但读者有权知道数字的来源。Michael Berenbaum估计了十五岁以下的犹太儿童死于大屠杀的人数"超过一百万"。（*The World Must Know*，波士顿，1993年，第192页。）其他人则说是一百五十万。联合国儿童基金会估算，截至1998年，每年有超过一千二百万名五岁以下的儿童死于可预防疾病（联合国儿童基金会网页：http://www.unicef.org/）。考虑到对"儿童"的不同界定，"十几倍"倒是一个非常保守的数字。

救援基本上无人问津。美国是世界上最富有的国家，而且遥遥领先。但是，在人道主义援助方面，就国民生产总值的比例而言，它提供给最贫穷国家的援助，被其他工业化国家远远地抛在了屁股后面。[1]近年来，每一位美国总统都动情地说：美国在几百万人倒下之时置身事外，这是多么可耻的事！如果某个总统注意到了美国在刚才所提及的名单中所处的位置或因此有所触动，如果他对该位次深感耻辱和羞愧，那么他倒是逃过了我的研究。

一方面，是美国旁观者与蓄意的种族灭绝之间的关系；另一方面，是他们与当今每天都死去的成千上万儿童之间的关系——在这二者之间还有一个区别。无论是面对大屠杀还是面对后来的种族灭绝暴行，都有一些人以个人身份去敦促我们的政府进行干预以便实施救援——他们并不冷漠无情。但是当他们失败之时，作为个人，他们在阻止屠杀方面确实无能为力。这事只有政府才能够做到。这跟我们与今天那些濒临死亡的儿童之间的关系很不一样。数不胜数的美国人，以及犹太人和非犹太人，都对那些干坐一旁眼睁睁看着几百万人死于大屠杀的人伤心地摇摇头，或愤怒地捶胸顿足。他们对《辛德勒名单》的铭文"救了一条生命就救了全世界"点头致敬深表赞同。至于今日濒死的儿童，我们中的每一个人自己（通过乐施会、联合国儿童基金会或其他机构）就能够拯救不止一条生命而是许许多多，并且这些危机不是一次性的，而是每年都有。而这样做并不像在欧洲德占区那样会置我们自己的生命或其他人的生命于危险的境地，至多就是要放弃一些我们几乎不会怀念的奢侈消费。

---

[1] 联合国，《统计年鉴1994》，纽约，1996年，第843页。数据是1994年的，这是所能获得的最新数据。在二十一个国家中，美国排在第二十一位。

第十一章 "再也不会屠杀阿比尔派教徒了"

在把大屠杀打造成一根象征暴行的标杆的过程中,我们是否已经把它弄成像决定何种恐怖值得我们关注的标准了?结果呢(大大出乎意料),那些并不符合这个标准的恐怖事件似乎就没那么引人注目,甚至还有点无聊?我不知道该如何回答这些问题。但是令人奇怪的反常情况依然存在。许多年来,我们一直在谈论旁观者的罪责和冷漠之罪孽。在这些年中,鲜有人想过,我们对每年几百万儿童所面临的本可以避免的死亡——如果不是大屠杀——袖手旁观,这和"冷漠之罪孽"有何种关系。

也许大屠杀既会令人敏感又能使人麻木,我们不可能画出一个平衡表格。也不可能画出一个关于各种大屠杀教训对美国之影响的总体的平衡表格。这张表格的其中一部分非常清楚。只有那种最富有幻想的人才会相信,世人口耳相传的"不再重演"——美国将不再容忍种族灭绝的暴行——会是美国政治领导人乐于付诸实施的一个训诫。犹太杂志《时刻》的创刊编辑伦纳德·费恩写道,从今往后,"让我们文雅地克制住别再说啥'不再重演'了"。[1] 另一位大失所望的干涉波斯尼亚的支持者说:"不再重演"的意思似乎是说"德国再也不会在1940年代杀害在欧洲的犹太人了"。他补充道,若提及13世纪的十字军东征,那么人们也可能会说"再也不会屠杀阿尔比派教徒了"。[2] 那些不断说"不再重演"的人们的所作所为与世俗的犹太人在逾越节行将结束之时所说的"来年在耶路撒冷"没啥区别:这不是什么期许,甚至也不是什么理想抱负;毋宁说,不过是仪式化地提醒人们要心怀那些被默默抛弃了的期许与抱负。并不是说波斯尼亚所发生的事构成了"大屠杀",这显然是夸大其词;而是说,美国政策在这个和其他危机事件中的演变方

---

[1] Leonard Fein, "Never Again?", *Forward*, 1993年4月2日, 第7页。
[2] David Rieff, *Slaughterhouse: Bosnia and the Failure of the West*, 纽约, 1995年, 第27页。

式暴露了政治领导人言不由衷所说出的冠冕堂皇之语的空洞无聊——现实政治（Realpolitik）的持续统治。看来在可预见的未来，这种状况被改变的可能性微乎其微。

在一个不同的层次上，大屠杀教训还继续被狂热地推广着。一个州接着一个州地，立法批准了所有学生都得被教授那些教训。但是经过了族群间一番类似的相互捧场过程——类似于把学习大屠杀历史变成了一种法定义务的过程之后，在大屠杀教训上，又快速地增加了亚美尼亚种族灭绝的教训、爱尔兰土豆短缺危机之教训，以及许许多多的其他教训——取决于当地的人口统计和权力配置。在新泽西州，当有人提议立法批准讲授大屠杀之时遭遇了僵局，因为相互竞争的族群都希望加入其中，后来决定成立一个委员会去草拟一份"核准的暴行"的清单，以便供当地的教育董事会遴选。新泽西教育董事协会的代表说："如果帕拉默斯或利堡的某个老师判定去讨论狄·潘（Dith Pran）在柬埔寨屠宰场所经历的故事会更有意义的话……那位老师应该毫不犹豫地去做出那个决定。"[1]

争取立法授权的犹太发起人有时候感觉好恼火。"我们不想大屠杀被轻视，把所有其他那些暴力事件都纳入进来是很荒唐的。"[2] 但是大多数时候他们都屈服于政治现实。新泽西大屠杀教育委员会认为，把波兰人和乌克兰人的受难都纳入教育这种做法会"稀释甚至否定大屠杀

---

[1] John Henderson, 引自 Mary McGrath, "Measure Requiring Holocaust Studies Clears Committee", *Bergen* [N. J.] *Record*, 1993年12月7日, A1. 因注意到所提议的课程设置包括了一项向在大屠杀期间进行过抵抗的犹太人致敬的内容，他问："那么那场……英雄气概丝毫不逊色的伊博部落人在短命的比夫拉政权时期反抗尼日利亚多数人的斗争呢？"

[2] Alan Steinberg, 新泽西议会多数党办公室高级政策顾问, 引自 David Twersky, "Holocaust Bill Begets Mayhem in New Jersey", *Forward*, 1994年1月21日。

第十一章 "再也不会屠杀阿比尔派教徒了"

的独特性"。但是,他愿意接受把亚美尼亚种族灭绝纳入进来,这大概和该州议会发言人具有亚美尼亚血统不无关系。[1]无论被纳入的是其他何种暴行,大屠杀几乎总是核心:部分原因在于它是最初那些建议所关注的焦点;部分原因则是,很多关于这个主题的历史和文学素材极易获取且更为有用得多(尤其是大屠杀幸存者,他们个人在课堂上的亮相成了许多活动项目的常规特征);还有部分原因在于,大屠杀活动项目从美国犹太人那里所接受的所有外部支持——对课程的优化包装,对那些参观欧洲集中营旧址和耶路撒冷大屠杀纪念馆的教师资以学术奖金,对参观华盛顿大屠杀博物馆的老师和学生都给予资助,筹建奖学金以奖励学生撰写的与大屠杀相关最为出彩的文章或故事。

结果,人们是否在学习大屠杀之教训或土豆短缺危机之教训这倒显得无足轻重,因为这些教训几乎一模一样:宽容和多元是好的,仇恨是不可取的,总体定性则是"人类对人类的不人道"。当然,在法律规定要讲授这些课程的全国几千个课堂中,各自所讲述的内容五花八门。[2]一般说来,强制讲授大屠杀是那个更大的行动——即倡议在学校开展公民道德教育——其中一个部分,比如在佛罗里达的法律中规定学校要教授"传统价值观如自我克制,遵守法律,节制,正直,诚实,工作比不工作好……孩子出生于充满爱意的婚姻关系之中的重要性,纯洁以及

---

[1] Alan Steinberg,新泽西议会多数党办公室高级政策顾问,引自David Twersky, "Holocaust Bill Begets Mayhem in New Jersey", *Forward*, 1994年1月21日。在加利福尼亚,因其州长具有亚美尼亚血统,因而亚美尼亚种族灭绝也被纳入其中。果不其然,土耳其人组织开展了反对运动:这是"令人讨厌的挑衅";他们强烈要求加利福尼亚人别把学校变成了"报复旧世界的复仇之地"。(Robert Marquand, "A Context for Democracy", *Christian Science Monitor*, 1987年12月4日,第19页。)

[2] 关于该州一些课程的简要介绍,参见Samuel Totten和William S. Parsons, "State Developed Teacher Guides and Crurricula on Genocide and/or the Holocaust", *Inquiry in Social Studies* 28, 1992年春。

尊重权威"。[1]

大屠杀课程体系一般都极易膨胀，一大堆的教训悬挂于其中。但是一些课程所含有的大屠杀教训在保守主义批评家眼中成了可憎的东西。露西·达维多维奇就控诉其中一个使用最为广泛的课程成了"一个教导十三岁的孩子文明地不合作以及向他们灌输核裁军政治宣传的媒介"。她问道，美国小孩子"成长于前所未有的自由和放纵环境之中，他们是否需要被教导不顺从之美德"？她说，传授真正的大屠杀教训的唯一方式就是把上帝带回学校去。[2] 像达维多维奇一样，黛博拉·利普斯塔特认为，把大屠杀与广岛和米莱相联系——无论多么松散，都是有害的；像达维多维奇一样，她谴责了那种含蓄地质疑大屠杀独特性的做法。[3]

许多教师都对由立法者而非教育者来决定讲授的内容这一事实心存抱怨，都感觉讲授大屠杀是一项无奈的令人厌烦的工作。其他人则把自己的热情倾注于其上；像埃利·维瑟尔那样，他们认为听一堂关于大屠杀的课对于学生而言应该是一种"改变人生的经历"。[4] 我相信有

---

[1] Curtis Krueger, "Senate Bill Requires Lessons in Morality", *St. Petersberg Times*, 1994年3月17日, 5B。但是有些大屠杀课程的内容会与其他的法规相冲突：在盐湖城课程中所使用的关于纳粹镇压同性恋者的材料就与犹他州的法律——禁止讲授那些"将同性恋当作值得拥有的或合意的性取向或生活方式而予以认可或者提倡"的内容。(Material on Holocaust Raises Concern in Utah, *New York Times*[全国版], 1990年3月15日, A17。)

[2] Lucy Dawidowicz, "How They Teach the Holocaust"(1990年), 重印在她的 *What Is the Use of Jewish History?*, 纽约, 1992年, 第66, 79, 80页。达维多维奇的指责被反诽谤联盟的大屠杀研究中心的领导人所签署批准。(来自 Nat Kemeny 和 Dennis B. Klein 的信件, *Commentary* 91, 1991年3月, 第2页。)

[3] Deborah Lipstadt, "Not Facing History", *New Republic* 212, 1995年3月6日。关于对大屠杀课程（达维多维奇和利普斯塔特主要的抨击对象）的辩护，"Facing History and Ourselves", 见 Melinda Fine, *Habits of Mind*, 旧金山, 1995年。

[4] 引自 William H. Honan, "Holocaust Teaching Gaining a Niche, but Method Is Disputed", *New York Times*, 1995年4月12日, B11。

第十一章 "再也不会屠杀阿比尔派教徒了"

时候的确是这样。当好的老师在好的环境中遇到好的学生之时,无论其内容是什么,都可能发生神奇之事。但要是蹩脚的老师遇上冷漠的学生呢……?我怀疑,那近一半连二战都不知道发生在哪半个世纪的美国高级中学的学生,能够从这类课堂中获得何种认知,但这有可能是一个学究式的偏见。[1]尽管有些大屠杀教育者对此持有异议,角色扮演游戏依然是许多大屠杀相关课程的一个特征,而且这肯定提升了学生的兴趣。[2]一种不同的兴趣(令学生大受震撼)因幸存者频频在课堂上亮相而形成了。大受震撼显然是间接遭遇大灾难时所产生的一种正常反应。这是否能够传授教训——无论我们对此的理解是什么,则是另一个问题。我们在道德教育如何产生作用这方面了解得相当不够;学校在灌输各类价值观或道德/政治教训方面有多成功,这是一个开放性的问题。不过试试也无妨,并且如果大屠杀相关课程是一个便利的框架,为什么不试试呢?

力主在学校讲授大屠杀背后的推手就是这样一个信念,即与大屠杀相遇,尤其是一种情感上的相遇,必定会产生诸多教训。那些筹建华盛顿大屠杀博物馆的人也持有同样的信念。他们认为,对博物馆的造访会促发道德转型——造访者会被激励去致力于"提升美国公民和政治生活的质量,以及巩固和夯实这个国家的道德根基"。[3]耶沙亚

---

1 Tom W. Smith, "Remembering the War", *Public Perspective* 6, 1995年8—9月, 第51页。

2 Antonio Olivo, "Just a Number", *Los Angeles Times*, 1995年6月1日, B1; Christine Wolff, "Feeling Pain of Prejudice", *Cincinnati Enquirer*, 1996年3月26日, B01; Lewis W. Diuguid, "Learning to Confront Prejudice", *Kansas City Star*, 1996年5月25日, C1; Bill Teeter, "8th Graders Learn about Holocaust in Unique Lesson", *Fort Worth Star-Telegram*, 1997年10月4日, 第10页。反诽谤联盟1980年代发布了一个课程表,其中就包括"盖世太保"和"犹太居民委员会"的角色扮演游戏,但这可能难以为继。(Samuel Totten和William S. Parsons, "State Developed Teacher Guides and Curricula on Genocide and/or the Holocaust", 第28—29页。)

3 大屠杀事务总统委员会记录, 1979年2月15日, 第20页, 引自Edward T. Linenthal, *Preserving Memory: The Struggle to Create America's Holocaust Museum*, 纽约, 1995年, 第112页。

胡·温伯格审查了博物馆的最终设计,他说他相信只要能够确保造访者的感情投入,这些故事所体现的道德教训就会变成他们的自我意识。"'正常的'博物馆通常不能在情感上影响造访者,然而这个博物馆不仅可以做到,而且必须做到。"[1]另一方面,他写道,

> 这个博物馆……想方设法避免任何的灌输教条的企图,任何的伪造感想和情感的行为……它只传播知识;只冷静地陈述事实……大屠杀的真实故事中灌注了大量的对人类有极端重要性的道德教训,这个博物馆则把它留给每一个造访者去思考,让他们都根据自身的背景、教养以及个性而得出自己的结论。[2]

确实,造访者得出了他们的结论,提炼出了他们自己的教训。一位"反堕胎"造访者宣称展览强化了她的这一信念,即那些拒绝面对在堕胎诊所发生的恐怖事实的美国人活像那些漠视犹太人之死的德国人。一位来自使徒教会学校的老师告诉跟随她去参观该博物馆的学生说,如果欧洲犹太人把耶稣当作救世主,那么"上帝就能听到他们更多的祈祷"。[3]

就其内容看,这些反应远不具代表性,然而在另一种意义上——总体而言人们从博物馆带走的是他们所带来的东西——这也许具有代表性。代表性和普遍性并不是一回事。当然也有那样一些人,他们因这次经历而变得完全不同,改变了价值观或看法,就像那些看过《辛德勒

---

1 Weinberg, "Narrative History Museum",第231页。
2 同上,第232页。
3 这两个实例均引自Philip Gourevitch, "What They Saw at the Holocaust Museum", *New York Times Magazine*, 1995年2月12日,第45页。

第十一章 "再也不会屠杀阿比尔派教徒了"

名单》的人中,毫无疑问也有一些有过此类经历。但是有多少呢?难以想象,任何一个人在离开这座宏伟庄严的博物馆之时会更少被大屠杀的恐怖所震惊,就如《辛德勒名单》那样,实际情况往往恰好相反。但是由此就说造访者经历它之后在任何一个方面变得不一样了——他们在任何有价值的意义上"学到了教训";在我看来,这无异于把一个令人钦佩的愿景和真实的或能够达到的成就混淆起来了。

我已经在本章中质疑了大屠杀对于承载教训的作用。在很大程度上,这些质疑的根据都是大屠杀的极端性——一方面,它使其实践方面的教训难以适用于日常生活;另一方面,它把与其相比较的任何东西都变得"没那么糟糕"。但这里还存在另一个问题。和大多数历史学家一样,我质疑所谓的历史的教训。我尤其质疑那种能贴到保险杠上的简明扼要的教训。如果从反思一个历史事件中能够获得(用一个自负的词来说)任何智慧的话,我认为这种智慧就在于直面它所有的复杂性和矛盾性;它和其他与之相比较的事件的相似之处,以及它区别于它们的地方。这不是一个以中立的或价值中立的形式对待历史或者放弃道德评判的问题——尤其是当面对大屠杀之时。这不是一个要脱离实际的学术姿态。医学研究者献身于征服疾病——所以他们务必要理解它的各种疑难复杂性,并且承认其中某些东西推翻了他们的先见。表达道德上的义愤填膺无济于事。谈论血中的邪恶体液会促使你把放血当成解决良方(这不管用)。谈论恶魔附身会令你想要尝试魔法(这同样不管用)。如果确实能够在与过去的邂逅之中获取教训的话,那么这种邂逅必定和过去一样一片混乱;这些教训不大可能来自与这样的过去的邂逅——它已经被如此这般地形塑好了并着过色了,以至于令人鼓舞的教训得以出现。

261

大屠杀与集体记忆

在关于大屠杀的早期作品中（尤其是在以色列，但在美国也有）犹太人的抵抗为达到鼓舞人心的目的而被夸大了。在美国许多冷战时期的作品之中，大屠杀的责任被从纳粹德国那里转移到了"极权主义"身上，因此合适的反苏教训能够被吸取。最近，为了教导关于冷漠的教训，同盟国和希特勒欧洲的犹太人能够获得的营救机会被夸大了。

当然，当教训成了首要议题之时，这些与教训相适应的塑形和着色便具有决定性的意义。在关于波斯尼亚问题的论辩中，它们同时服务于双方。那些主张干预的人争辩说（有时候很清晰，但常常是含蓄地）：大屠杀的历史表明，诸如轰炸奥斯维辛这样的救援行动在那时原本能够挽救无数生命，所以如今类似的措施也能挽救无数的生命。[1]而那些反对干预的人则反复强调：塞尔维亚人想要在波斯尼亚穆斯林被"清洗"掉的地方生活的希望是理智的——尽管很糟糕；这和希特勒那个想要把犹太人从德国统治的欧洲消灭掉的念头截然不同。[2]

---

[1] Henry Siegman在一次演讲中说："我们这些大屠杀幸存者难道不能识破政治家的声明的空洞和阴险吗？——他们说没有办法去制止暴行，甚至连减缓它也不能。今天任何一个人会相信，在二战期间，通往集中营的铁路线本来也无法被盟军轰炸掉吗？"（"美国犹太领袖公开谴责欧洲和美国对波黑事件的不作为"，美通社，1992年10月14日。）Siegman稍微说错了：这不是铁路线是否能被炸毁的问题，而是这样做是否有什么好处。然而，更重大的问题则是，此类"教训"应该具有多大的权威性？ 在前一章中，我说过轰炸奥斯维辛对中止杀戮计划作用不大。即便我说的没错，也不能得出这样的结论，即对波斯尼亚采取类似的行动也不会有所帮助。而如果我说的是错误的，此举在当年能够减缓杀戮计划，也不能证明这在波斯尼亚也能产生同样的作用。

[2] 为强调它的独特性和把它打造成罪恶的原型，希特勒对欧洲犹太人的攻击常常被描述成"邪恶本身"、漫无目的的大规模杀戮——与为了某些目的而实施的杀戮相比（无论后者多么腐化堕落），是一种更加深重的罪恶。然而，希特勒所采取的手段，他运用这些手段的无情，以及他的种族灭绝的野心所涵盖的巨大的范围，可能是无出其右的，其目的却基本上是熟悉的。就如之前和之后的其他人那样，他相信在那种社会中他所设想的这种异己成分是没有存在空间的；如果犹太人不能被驱逐的话，他们就必须被消灭掉。关键的并不是希特勒的信念与波尔布特坚持在其农村社会主义乌托邦中没有城镇知识分子的生存空间，或澳洲白人坚持在他们设想的社会中没有土著人的生存空间这类信念之间的"对等性"（无论该词是什么意思）。关键的当然不在于说大屠杀"纯粹"或"实质"是一场种族清洗的演练——它显然远不止于此。倒不如这样说，如果我们（转下页）

第十一章 "再也不会屠杀阿比尔派教徒了"

即使能够从大屠杀中学习到教训(尽管我心存疑虑),它们也不大可能源自它的"教训驱动"版本。也许有一些谦逊的教训值得我们学习。就如乔治·斯坦纳在若干年前所指出的:

> 我们后来人知道,无论那个新闻是什么,它都可能确实如此。无论杀戮、酷刑有多悲惨……它都可能确实如此。许多正派的人在以前——当首批关于火车每天运送9 000人到集中营……的报道被泄露出来之时——可能会说:"这不可能……这超越了人类的理智。"我们不再抱有那种复杂无知的心理了,我们再也没有此类借口了。[1]

(接上页)真诚地对理解大屠杀感兴趣,就必须从多重视角去看待它,而其中一个最为有用的视角就是去思考,在何种程度上,它对于希特勒种族乌托邦的建立具有工具合理性。关于这个视角的详细论证,见Richard L. Rubenstein, "Modernization and the Politics of Extermination",载于Michael Berenbaum主编, *A Mosaic of Victims*,纽约,1990年。读德语的人可以翻阅Götz Aly, *Endlösung: Völkerverschiebung und der Mord an den europäischen Juden*,法兰克福,1995年。互为映衬的是,说希特勒对杀害欧洲犹太人给予了高度重视这一断言(完全真实)被这些说法所"强化"——为达到这一目的的军事需求通常都会得到满足;向前线输送军火所需要的列车被挪用来运送犹太人去死亡营;即便在纳粹政权最后的日子里,任何事情都要让位于维系杀戮程序的运行。事实上,在第三帝国的管理混乱之中,实施杀戮有时也压倒了那些追求胜利的军事行动,然而这并不经常发生。虽然我们对那些把犹太人运往死亡之境的货车车厢印象(非常)深刻,但是作为第三帝国总体铁路使用量的一部分,这些货车只占1%中的某个极小部分。(对此没有定量研究,但Raul Hilberg——他对"最终解决"中铁路使用情况作了专门的调研——在一次私下交流中向我证实,情况确实如我说的那样。)在一些纳粹的屠杀行动转入激烈的收尾阶段之时,当德国的工业在战争最后若干个月中行将崩溃之时,希特勒自己批准把匈牙利犹太人从奥斯维辛毒气室转往德国的劳动营之中。(Raul Hilberg, *The Destruction of the European Jews*,修订版,纽约,1985年,3: 1132。也可以参见Henry Friedlander, "The Camp Setting",见Esther Katz和Joan Miriam Ringelheim主编, *Proceedings of the Conference on Women Surviving the Holocaust*,纽约,1983年,第113页;Ulrich Herbert, "Labour and Extermination: Economic Interest and the Primacy of Weltanschauung in National Socialism", *Past and Present* 138,1993年2月。)有时候屠杀犹太人让位于军事需要,这一事实会让大屠杀变得不那么罪恶吗?如果忽视这些因素,我们可以更好地理解大屠杀吗?

1 George Steiner在 "Jewish Values in the Post-Holocaust Future: A Symposium", *Judaism* 16,1967年夏,第285—286页。斯坦纳的观点依然有效,尽管大屠杀的后果之一是我们现在一般会相信那些确实夸大了的报道——就如波斯尼亚事件那样。

在大屠杀之前,人们还倾向于把那些最为残暴的行为看成是最野蛮民族(最没教养,最为落后)之所为。我们从大屠杀中得知那是错的。也许还有其他的教训,但无一能被贴上保险杠,无一能鼓舞人心。当直面大屠杀——第一次或第一千次,那时,现在,直到永远,产生敬畏和恐惧毫无疑问是正常的。然而无论我们多么广义地理解"教训"这个词,那也不是教训——当然是说不是有用的教训。

产生去寻找和讲授大屠杀教训这一欲求的原因是多种多样的:想来,不同的人有不同的原因。也许其中一个主要原因就是希望从大屠杀中获取某些(即便不是救赎性的)至少是有用的东西。我对此深表怀疑。

第五部分

关于未来

第十二章
"我们还未准备好该如何作答"

　　未来的情况如何呢？在一代人的时间里，大屠杀从美国犹太人意识的边缘地带进入到了核心位置；从一桩在美国公共话语中很少出现的事情到无处不在。在未来一代或两代人的时间里，大屠杀会像今天那样赫然耸立在世人面前吗？它的核心地位会是昙花一现吗？这些问题没有任何一个人能够信心满怀地予以回答，但是看看关于集体记忆的一般理论，以及迄今为止特别是围绕大屠杀记忆所发生的事情，或许可以提供些许线索。

　　有些集体记忆存在时间非常长，如科索沃战役对于塞尔维亚人、1492年的驱逐对于赛法迪犹太人。这些记忆能够持续几个世纪，其原因就在于它们所象征的条件也持续存在：外来压迫、流放国外。经年久远的记忆是稳定、相对恒常的社会所具有的最大特色。我们谈及集体记忆时，通常会忘记我们在运用隐喻——一个有机的隐喻，它在个体的记忆与共同体的记忆之间进行类比。当我们谈及一个有机的（传统的、稳定的、同质的）共同体——在其中意识，如社会现实一样，变化很缓慢，隐喻所发挥的作用就最大。当莫里斯·哈布瓦茨在1920年代首次提出集体意识的观念之时，那位伟大的法国中世纪研究专家马克·布洛赫，他不相信关于社会的有机体隐喻，却认为它可能适用于一位传承着农村传统的膝下儿孙满堂的农民祖父之类。[1] 一个十足的有机体形象。对于20世纪后期那些非常不具有有机性（碎片化而非同质化，快速变化而非稳如磐石，主要交流模式电子化而非面对面）的社会而言，此类隐喻有多恰当，在我看来这很成问题。

在当今社会，记忆的平均寿命似乎大大地缩短了。我们所生活的环境如此快速地变化着，以至于很少有记忆能够和一个不变的条件相联系。在美国比在任何其他地方都更加如此，其国民是出了名的最为"现在的"和最为健忘的。许多年前，这个群体在7月4日都会集合起来去听爱国主义的演讲。你最后一个7月4日去听爱国主义演讲是什么时候呢？甚至你最后一次想起（在那天所庆祝的）《独立宣言》是什么时候呢？"世人将很少注意到也不会长久记住我们在此所说的话，但是世人永远不会忘记他们在此的壮举。"当然林肯把话说反了。他在葛底斯堡的演说词依然（也许有时候）能够引起共鸣；然而对葛底斯堡战役或谁获胜的重要性有丝毫了解的美国人，一百个中都没有一个。11月11日曾经是休战纪念日，值此我们向一个回忆表示敬意；如今它是老兵节，值此我们向一个利益集团表示敬意。[2] 我的一些同事不断地被大一新生对诸如越战和水门事件之类的"古老历史"一无所知所震惊。我的同事承认（极不情愿地，因为这令他们觉得自己很老了）这些事情发生在学生出生之前，但是申明这些孩子的父母经历过这些事；"他们必

---

1 Marc Bloch, "Mémoire collecitve, tradition et coutume", *Revue de synthèse historique*, 1925年。
2 这最后一个评论不是我的，但我已经忘记了是在哪里读到它的。我向作者表示歉意。

第十二章 "我们还未准备好该如何作答"

须把这些事告诉自己的孩子"！也许那些父母们这样做了,但是孩子不在听(就像现在他们一般也不听)。我们距离关于集体记忆传输的传统观念都很遥远,更别说那种持续几个世纪的记忆了。

无论我们是否想把它称为记忆,大屠杀意识在过去一代人的时间里都获得了巨大的发展——在美国犹太人中表现最为显著,在全体美国人中表现得更为广泛分散。这种发展的历程对"大屠杀的未来"有何启示呢?

催促犹太人把大屠杀作为意识中心的大部分原动力,即便没被耗尽,也至少在衰退。那些曾经抱怨(有其正当理由)大屠杀被世人所忽视了并认为必须反对这种疏漏的人,毫无疑问已经成功地完成了其使命,这类抱怨也不再有任何的力量了。如我们已经看到的,大屠杀意识为动员向受围困的以色列提供援助而获得宣扬——该国被描述成处于前大屠杀的危险之中。这种论调目前很少出现了,即便出现也不大可能吸引到众多支持者了。尽管在以色列和巴勒斯坦之间达成相互满意之和解的机会依然渺茫,很难想象以色列问题得以再唤醒大屠杀意识的那种环境会是什么。在1970年代初期,美国人广泛讨论一种猖狂的"新反犹主义",以及为防止大屠杀而提醒犹太人和非犹太人去铭记它的必要性。我已说过在当时关于新反犹主义的断言是无意义的;当然它们在今天也是一堆废话。虽然反犹主义可能会永远伴随着我们,但它们的影响在二十五年前就微不足道,在今天就更加微乎其微了。

在那些带头宣扬大屠杀意识的人当中,有许多人被犹太宗教信仰和实践需要重新定位这一信念所触动。这种观点已无法赢得支持了,其力量似乎也在不断减弱。拉比欧文·格林伯格在把大屠杀定义为犹太人和美国大众的核心意识方面——通过一些他所赞助的私人纪念活动和作为卡特总统大屠杀委员会负责人这一身份——或许是最具影响力的一个人物。就我们所理解,对于格林伯格而言,大屠杀是一个毫不逊色于西奈山授法的"天启事件"。当犹太人为纪念出埃及而按照仪式啃着逾越节薄饼之时,他敦促他们要仪式性地啃吃腐臭的马铃薯皮以纪念大屠杀。格林伯格坚称,就像圣庙的毁灭催生了新的犹太人集会机构那样,欧洲犹太人的毁灭也会催生出另一种崭新的宗教机构——大屠杀博物馆。[1]但是大多数犹太人宗教组织都反对格林伯格、埃米尔·法肯海姆和其他试图把大屠杀变成一个正规的犹太礼仪和宗教观念阵地的人之所为。对于犹太神学院(保守派)校长伊斯马·朔尔施而言,大屠杀是"一个神学'黑洞',其密度如此之大,以至于它不能散发出哪怕是一丝的光线。坍缩星永远无法成为一个光照源"。[2]美国犹太教其他部分的代表人也同样不愿看到大屠杀占据犹太宗教信仰的核心位置,而如今很少有人再推进这一主张。[3]从广义上说,大屠杀在美国人的"民间犹太教"中依然是神圣的,尤其是在那些不怎么遵守教规的人之中,而这种情况在短期内极可能持续存在。至于它在正规宗教制度化的情况下能持续多久,则很难说。

为提升大屠杀意识而以最大的紧迫性被提出的理由,在任何严肃的评价看来都是最为荒谬的:所谓的有必要去回应那一小撮否认发生

---

1 Irving Greenberg, *Living in the Image of God*,新泽西州诺斯维尔,1998年,第231页。

2 Ismar Schorsch, "The Holocaust and Jewish Survival", *Midstream* 27,1981年1月,第40页。

3 比如可以参见Norman Lamm(耶什华大学校长), "The Face of God: Thoughts on the Holocaust", Bernhard H. Rosenberg和Fred Heuman主编, *Theological and Halakhic Reflections on the Holocaust*,新泽西州霍博肯,1992年;Michael Goldberg(改革派拉比),*Why Should Jews Survive?*,纽约,1995年。关于这一议题的概括,见Arnold Eisen, "Jewish Theology in North America: Notes on Two Decades", *American Jewish Yearbook* 91,1991年。

第十二章 "我们还未准备好该如何作答"

过大屠杀的骗子、疯子、边缘人。这一小群人所具有的"越来越大的影响"曾一度成为人们关注的焦点,但如今似乎减退了。

美国人否认大屠杀的"明星"是亚瑟·巴茨——西北大学电机工程副教授,他在1976年筹划了《20世纪的骗局:对欧洲犹太人假定灭绝的反驳》一书的私营出版事宜。若干年之后,加利福尼亚建立了历史评论研究所;它主要的活动就是出版《历史评论杂志》,一本致力于揭露"六百万人的秘密"的柔弱的季刊。在美国历史学家组织不知情的情况下,该研究所租借了其发函名录,把杂志样刊寄给了它的一万两千名会员,并从得到的回应中收集了一些公众信息。后来,当它所提供的五万美元赏金——奖励任何一个能够证明有任何犹太人在奥斯维辛被毒杀的人——被集中营幸存者梅尔·默梅尔斯坦所兑取(他在提起诉讼之后领取),它就获得了更多的关注。否认者最成功的宣传策略是他们的这一创意,即在大学校报上刊登呼吁对大屠杀展开"公开辩论"的广告。因一些大学生编辑认为拒绝这类广告就会引起"第一修正案问题"而引发了一系列的争论。虽然就我所知在高校的论辩中不曾有一场是关于大屠杀本身的,但是这种争吵使得该论题一直很火爆;毋宁说,问题其实是报告或揭发是不是对付这群怪人的最好方式。在我们看来,他们吸引的只是那些同属怪人的人:那位枪击过里根总统的约翰·欣克利就是一位大屠杀否认者;埃里克·鲁道夫也是(在本文写作之时他因谋杀一家人流诊所的警卫而被通缉);还有疯狂的国际象棋天才鲍比·菲舍尔。[1]

---

[1] 关于欣克利,见 "Reagan Assailant Hinckley Tried Suicide in 1983, Doctor Says",路透社通讯,1989年9月25日,AM cycle;关于鲁道夫,见Ron Martz 和 John Harmon, "Fugitive Was Known as Anti-Government", *Altanta Journal and Constitutiion*, 1998年2月17日, 3A;关于菲舍尔,见William Nack, "Bobby Fischer", *Sports Illustrated* 63, 1985年7月29日,第78页。

这群疯子的活动令人不爽,甚至让人恼火——尤其是对于幸存者来说,但不仅限于他们。有些人强调应当更加严肃地对待否认者,但既然证据表明他们没有产生丝毫的影响,那么就很难说人们为什么要这样做。关于否认者的影响力,当时的一个民意测验(罗珀组织应美国犹太人委员会之要求而做的)为此提供了似乎强有力的证据。其结果在华盛顿大屠杀博物馆1993年开张前夕被公布出来。根据该调查,有22%的公众质疑大屠杀的真实性。"我们在干什么? 22%……噢,天哪!"埃利·维瑟尔感叹道——这是对于这类令人惊奇的数据的一种无可厚非的反应,并且获得了全国媒体的响应。[1]在博物馆开张前夕,该调查结果被报刊社论和其他评论引用以作为论证其必要性的决定性证据,对于那些质疑美国有资格拥有这样一座博物馆的人而言,它是一个无可辩驳的回应。[2]黛博拉·利普斯塔特的《否认大屠杀:对真相和记忆日趋激烈的攻击》一书恰好在该调查结果被公布之时到达书店。在对利普斯塔特该书的评论之中,只有很少一部分未引证该调查证明否认者确实获得了利普斯塔特所归之于他们的成功。

在随后几个月之中,人们不断地谈论着否认者日益严重的威胁,以及由罗珀组织所提供的关于他们令人震惊的影响力的证据。据说,该调查结果不仅突出了华盛顿博物馆,而且还强调了《辛德勒名单》在抑制否认者的威胁方面的重要性。[3]斯蒂芬·斯皮尔伯格自己坦言在该影

---

[1] 引自"1 in 5 Polled Voice Doubts on Holocaust",*New York Times*(全国版),1993年4月20日,A10。关于这个调查的详细结果,见 Jennifer Golub 和 Renae Cohen,*What Do Americans Know about the Holocaust?*,纽约,1993年。

[2] 比如可以参见 *New York Times* 社论,1993年4月23日,A34;*Christian Science Monitor*,1993年4月22日,第20页;*Los Angeles Times*,1993年4月22日,B6;*USA Today*,1993年4月22日,10A;*Dallas Morning News*,1993年4月24日,28A。

[3] 比如参见 Jonathan Alter, "After the Survivors", *Newsweek* 122,1993年12月20日,第116页。

第十二章 "我们还未准备好该如何作答"

片制作期间就担心万一出了差错就等于帮了否认者的忙。[1]恰在此时，人们对作为虚无主义和相对主义温床的大学的抨击达到了高潮。利普斯塔特在她的书中宣称，高校编辑乐意刊登否认者的广告就是大学解构主义和后现代主义之力量的证明。这个主题被保守派评论员急切地接了过去——这又是一条教训，尽管这次不是大屠杀的而是否认它的。[2]（事实上，那些受到质疑的学生编辑并未沉醉于福柯和德里达，而是有些粗糙地阅读了那些"已故白人男性"托马斯·杰斐逊和约翰·斯图尔特·密尔的文献，并得出结论说他们的理论有赖于在思想交流的平台上为否认者占据一块地盘。）

是一个不同类型的交流平台"解构"了罗珀调查的结论。盖洛普民调机构（罗珀组织的主要竞争对手）的官员感到吃惊，因为那个问题——它产生了高达22%的受访者对大屠杀的质疑这一结果——背离了所有的调查研究规则，被表述得特别混乱："在你看来，说纳粹对犹太人的灭绝从未发生过，这似乎可能还是似乎不可能。"为抓住这个机会揭穿对手的不称职，盖洛普工作人员向一个样本群体提出了罗珀原有的问题，而向另一个群体呈现了一个直截了当的说法。那个包含双重否定的说法再一次产生了戏剧般的高数据。当该问题（被盖洛普、受到斥责的罗珀组织和其他人）清楚表达之时，那些对大屠杀的真实性表示质疑的人从22%缩减到1%和2%之间；只需表达清晰，这

1　Jill Vejnoska, "Spielberg: 'I Thought I Knew What War Was'", *Altanta Journal and Constitution*, 1998年7月19日, 10L。

2　比如参见 Michiko Kakutani, "When History Is a Casualty", *New York Times*, 1993年4月30日, C1; David Singer, *Denying the Holocaust*之评论, *New Leader* 76, 1993年5月17日, 第19页。关于否认大屠杀与后现代主义和解构主义之间的其他联系, 见 Edward Norden, "Yes and No to the Holocaust Museum", *Commentary* 96, 1993年8月, 第29—30页; Gertrude Himmelfarb, *On Looking into the Abyss*, 纽约, 1994年。

群疯子终究说来是多么的微不足道！[1]当人们理解了所有这些结果，当那个否认者阵营被宗派所分裂，当大学生编辑认识到托马斯·杰斐逊的幽灵并没有要求他们去刊登否认者的广告之时，大屠杀否认者就开始淡出了人们的视野。有些人继续鼓吹否认者的威胁。但是在未来他们所能产生的威胁似乎不大可能像在过去那样被夸大，大屠杀否认者将不大可能像前些年那样继续对纪念活动产生刺激作用。

最终，幸存者不可避免地从视野中消失。当年的儿童幸存者如今也差不多七老八十，他们也不如以前那么活跃。许多人都已经逝去了，在一代人的时间里几乎只有少数几个人还将健在。这对于大屠杀在未来被纪念的方式和程度而言会有多大意义呢？

在战后最初的十年中（那时除了幸存者之外似乎没有人对大屠杀感兴趣），他们负责组织纪念活动和兴建一些纪念馆。但是他们的活动大多都局限于自己的族群内部，甚至犹太人组织也与这些行动保持着距离。犹太人机构在1970年代所做出的开展大屠杀纪念活动的决定似乎并未从幸存者之中获得多少投入。在1970和1980年代，幸存者（此时通常与其他犹太人合作）往往领导着地方一级的纪念活动。然而幸存者在那些最宏大博物馆的发起过程之中却没有发挥任何作用——在华盛顿，活动计划由卡特白宫所主导；在纽约，当地政客和地产开发商成了活动的中心；在洛杉矶，西蒙·维森塔尔中心被建立以与一家更小

---

[1] Michael R. Kagay, "Poll on Doubt of Holocaust Is Corrected", *New York Times*, 1994年7月8日, A10; Everett Carll Ladd, "The Holocaust Poll Error: A Modern Cautionary Tale", *Public Perspective* 5, 1994年7—8月, 第3页。关于更为详尽的讨论, 参见Tom W. Smith, *Holocaust Denial: What the Survey Data Reveal*, 纽约, 1994年。

第十二章 "我们还未准备好该如何作答"

的、以幸存者为基础的博物馆展开竞争。(如我们所知,在华盛顿博物馆项目启动之后,幸存者曾经在决定其方向方面发出过强有力的声音。)在其他领域也是如此,比如在游说立法强制设置大屠杀相关课程和决定其内容方面,幸存者的作用就几乎可以忽略不计。

如果说除了有时候在地方一级之外,幸存者在启动大屠杀纪念的这些重要活动方面所发挥的作用相对较小,一旦那些活动奏效,此后他们的作用就会变得重要了。在博物馆,他们通常给游客当导游或叙说他们的经历。在学校,大屠杀主题课堂的特色就是经常邀请幸存者来演讲。在社区的大屠杀纪念活动中,幸存者通常发挥着重要的作用。笼统地谈论幸存者会有些误导性,因为许多幸存者并未把他们自己与纪念活动联系在一起;确实,他们通常都不愿承认自己是幸存者,而宁愿把过去抛诸脑后。[1] "幸存者出场"由那些自愿选择或感到有义务扮演这种角色的幸存者所构成。对某些人而言,充当记忆的传递者和保持者具有宣泄情绪之效,得以释放一些被压抑良久的痛苦。在那些情形中我们理所当然对他们获得了这样的机会而感到高兴。在其他情形中,他们被恐吓或诱骗去重温他们宁可让其休眠的记忆——在某些方面让人想起纪录片《大屠杀》中克劳德·蓝兹曼对待理发师亚伯拉

---

[1] 在幸存者之中存在某些身份等级之类的东西。"特雷布林卡的幸存者觉得自己优越于特雷西恩施塔特(相比之下它就是一个夏令营)的幸存者,他们又高于劳动营的,后者又优越于那些逃出了瑞典、俄国和南美的……环境越恐怖,被害家人越多,饥饿和疾病越严重,在这个社会记录卡之中的等级就越高。"(幸存者女儿Sonia Pilcer之语,引自William B. Helmreich, *Against All Odds: Holocaust Survivors and the Successful Lives They Made in America*, 纽约, 1992年,第173—174页。)这种令人反感的排名系统所造成的后果之一就是,那些排名较低的幸存者就不愿承认自己是幸存者,也不愿讲述他们的故事。对于那个由波兰犹太人组成的最大幸存者团体而言尤其如此,在1939年他们发现自己身处由苏联人所占领的波兰,或者千方百计前往该处,并在苏联渡过了战争岁月。

罕·邦巴的方式。[1]（更广泛地，对于许多幸存者来说，显然对大屠杀的关注是令人高兴的，并且有助于伤口的愈合；对其他人而言，它重新揭开了旧伤口并使一度休眠的噩梦再度复活。我们无法弄清楚这两个群体之间的相对比例是多少。）[2]

是幸存者的象征——幸存者作为犹太人苦难、记忆和忍耐力的象征——而非幸存者高度多元的现实，对大屠杀纪念活动贡献最大。这必须是一个合适的象征。当若干年前一部关于幸存者的纪录片在亚特兰大上映之时，设计了一张海报给它做广告。幸存者的面容对于该海报来说是必需的。亚特兰大有许多幸存者，但没有一个像"幸存者的样子"，因此当地一位年纪合适的犹太男性（他和空军在太平洋渡过了二战岁月）就被征用了。据说，他的面容能更好地"反映这次放映的精神"。[3]

埃利·维瑟尔当然成了一位有代表性的幸存者。他憔悴消瘦的脸庞及痛苦的表情好像是从一幅1945年解放集中营照片上往外看——

---

[1] 这参考了蓝兹曼纪录片中的这样一个场景，在其中，忧心如焚的邦巴（特雷布林卡的幸存者）哀求电影制作者别强迫他回忆他那些最为痛苦的记忆，蓝兹曼对此的答复则是："我们不得不这样做……我们必须继续。"（该场景的文本——尽管不是邦巴那含泪的绝望——见于Lanzmann, *Shoah*, 纽约, 1985年, 第117页。）虽然在美国人那些收集幸存者证词的计划项目之中存在此类例子，但更多的情况则是诱哄：幸存者被告知，即便他们宁可不唤醒这些记忆，这也是他们"对历史"的责任，或者他们的证词对于"反驳否认者"是必需的。

[2] William B. Helmreich注意到关于幸存者如何对待关于他们经历之记忆这个议题的研究中，很大一部分都以那些接受过精神治疗的少部分人为基础——这不是一个有代表性的样本。(Helmreich, *Against All Odds*, 第221页。)他还谈到有许多幸存者"把噩梦的增加归因于阅读和观看了大屠杀书籍和电影，在最近那些年这个主题非常流行"。(同上，第224页。)也许在总体上幸存者还是从近来所有对大屠杀的关注中获益了，只是我们不知道而已。但是，我对隐藏在自信断言背后的那个一刀切的假设——即越来越多对大屠杀的关注对于"[意思是，所有的]幸存者"都是有益的——还是感到疑惑。

[3] A. Scott Walton, "WWII Veteran Is on Poster for TBS Film", *Atlanta Journal and Constitution*, 1995年12月7日, 2E。

第十二章 "我们还未准备好该如何作答"

似乎能够让时间凝固。为数众多的犹太批评家(偶尔公开地,更多时候是私下地)对待那个被他们看作是维瑟尔精心培养起来的作为受害者象征、作为基督形象的人物角色就很刻薄。[1] 此类批评忽视了这种立场完全真实的程度,它反映了维瑟尔(甚至在他的大屠杀经历之前)对犹太神秘主义和禁欲主义的痴迷程度。他的自传讲述了作为一个罗马尼亚少年对穷人的苦难有多么的羡慕——借用肖洛姆·阿莱赫姆的话来说,他愿意"不惜一切来换取一点点的痛苦滋味"。他描述了每一天从他卡巴拉老师那里所学习到的教训:"苦行练习,狂热的魔咒连祷文,身陷无边的苦海依然怀着重新上升到令人眩晕的高度之希望。"他详细叙述了在战后的法国他十几岁时是如何开始那些研究的,去调查

> 苦难的魅力和对苦难的追求,受难的意愿,以便给某人自己的和他人的苦难注入意义……苦难和真相之间、苦难和救赎之间、苦难和精神纯洁之间的关系,苦难作为通往神圣之大门的……是否,为了让灵魂飞翔至新的高度,惩罚肉身是必需的,甚至是不可缺少的?[2]

所有这一切都植根于一个与主流犹太思想相去甚远但依旧是真正犹太性的传统之中。但人们不能不对这一现象印象深刻——即它与基督教

---

1 关于这些批评的一个样本,见 Theodore Frankel, "Out of Auschwitz — Balm?", *Midstream* 10, 1964年12月; Michael Brown, "On Crucifying the Jews", *Judaism* 27, 1978年 冬; David Roskies, *Against the Apocalypse*, 马萨诸塞州剑桥, 1983年, 第262—263, 301—302页; Alan Mintz, "Echoes of the 'Event'", *Jerusalem Report* 1, 1990年10月25日; Matti Golan, *With Friends Like You*, 纽约, 1992年, 第xi, 183—184页。对维瑟尔广为流传的未被"公开"的批评, 见 Samuel G. Freedman, "Bearing Witness", *New York Times Magazine*, 1983年10月23日, 32页以下; Berenbaum, *After Tragedy and Triumph*, 第119页。

2 Elie Wiesel, *All Rivers Run to Sea: Memoirs*, 纽约, 1995年, 第4—5, 37, 150页。

义产生了如此之大的共鸣。因此,发现许多最伟大的维瑟尔崇拜者都是虔诚的基督徒就不足为奇了——尤其是天主教徒,对他们而言,在苦难和救赎之间存在着密切的联系;在他们的传统中,不仅苦行主义而且刻意的禁欲都具有极高的价值。

对于基督徒和犹太人这双方来说,维瑟尔都曾经是并且依然不仅仅是幸存者的代表,也是最有影响力的(作为神圣秘密的)大屠杀解释者。他的显赫知名度和高涨的大屠杀意识之间的关系显然是相互促进的,根本无法区分因果。就美国人的大屠杀言论的质量而言,似乎确定无疑的是,谈论其独特性、不可理解性、不可描述性的普遍倾向很大程度上得归功于维瑟尔的影响。[1] 如果在未来坚持这种解释方式的权威声音不存在了,那很可能会令它走向衰亡。

有人认为(尽管现在比以前更少了)一旦幸存者目击证人不在了,就没有了能够用来驳斥大屠杀否认者的记忆,那么否认者将会活跃起来。[2] 一般地,据说幸存者记忆是一个必不可少的、理应得到保存的历史资源,并且精心设计的计划项目已经开始收集这些记忆了。事实上,那些记忆并不是十分有用的历史资源。或者确切地说,有些可能有用,但我们不知道有用的是哪些。许多年前,以色列大屠杀纪念馆档案室负责人告诉一位记者说,它所收集到的两万份证词证据大多数都不靠谱:"有许多根本就没到过他们声称亲眼看到暴行发生的那些地方,而其他人则依赖于从朋友或路人那里获得的二手信息。"[3] 普里莫·列维,最为

---

[1] 另一个无法回答的问题:如果一个像 Primo Levi 那样持怀疑态度的理性主义者,而非像维瑟尔那样的一个宗教神秘主义者是它的主要解释者,那么关于大屠杀的谈论会是什么样子呢?

[2] 比如参见 Deborah Lipstadt, "A Clear and Future Danger: Denial of the Holocaust", *Tikkun* 10, 1995年5月,第17页。

[3] Shmuel Krakowski, 引自 Barbara Amouyal, "Doubts over Evidence of Camp Survivors", *Jerusalem Post*, 1986年8月17日,第1页。

第十二章 "我们还未准备好该如何作答"

著名的幸存者目击证人之一,这样描述此类现象:

> 很大一部分目击证人……会有更多的模糊不清的和程式化的记忆,通常这些记忆不为他们所知,并受到后来的阅读和他人的故事的影响……记忆被过于频繁地唤起,被表述成故事的形式,它就易于变成一个固化的、完美的、装饰过的……模型,把它自己安放在原始记忆的位置上并以其为代价而扩展着。[1]

说幸存者的记忆或它们中某些部分是不可靠的历史资料,这并不是说它们在唤醒大屠杀经历方面没有发挥过或将不再发挥重要作用了。被录制成录像带的回忆录就是大屠杀博物馆中最有情感力量的元素之一——这是我本人的经历;这是它们(而非它们的精确性)被使用的原因。被《西线静悄悄》所感动——即在阅读之后感觉自己有这样一个接触一战堑壕战经历的机会,并增加对遭受过这种经历的他人的同情——理所当然是合理合法的。(当证据表明一部因其真实性而闻名的大屠杀回忆录可能完全是虚构的,在其大屠杀教学中就采用了该回忆录的黛博拉·利普斯塔特承认,如果情况确实如此,那么"问题可能就变得有些复杂了",但她强调它作为一部小说依然是"很有影响的"。)[2]

---

[1] Primo Levi, *The Drowned and the Saved*, 纽约, 1988年, 第19、24页。这不是大屠杀幸存者之记忆的特性,而是记忆的本性。1825年,在邦克山战役十五周年纪念活动上,收集了老兵的证词并把它们呈送给了马萨诸塞州历史学会。该学会的一位委员就说从历史角度看它们是没有用的;许多证词都"是老人们破碎记忆和胡思乱想的混合物,相互矛盾且完全错误……他们已经如此习惯于讲述一些令乡村听众惊叹的故事,比如祖辈传说和……'76精神'之类的,以至于他们没有区别自己所做的、亲眼看见的和自己所阅读、听说、幻想的。"(见 Richard M. Ketchum, "Memory as History", *American Heritage* 42, 1991年11月, 第141—143页。)

[2] 引自 Blake Eskin, "Wilkomirski's New Identity Crisis", *Forward*, 1998年9月18日, 第12页。

大屠杀与集体记忆

通过采取各种行动——其中最大的莫过于斯蒂芬·斯皮尔伯格那个收集证词录像带的一百万美元的活动计划,感人的幸存者叙述将会活得比他们更长久。至于这些用途在未来将被置于何种位置以及它们能在何种程度上控制听众,我们就不得而知了。[1]幸存者逐渐淡出人们的视野至少在两个方面有可能会降低大屠杀的重要性。在浏览了报刊上几千个关于大屠杀的故事后,我意识到,采访或引述当地幸存者之时所产生的同情往往是支撑此类故事的关键。少了这层关系,报道可能就没有这么丰满。在犹太社区内部,以及在一般的美国犹太人中,幸存者在场能为组织向他们的遭遇和忍耐力表达敬意的活动施加一种潜在的压力。在这一点上(再次,这至多是猜测),同样似乎不大可能的是,没有他们在场还能感受到同样的压力。

我们已经审视过了各种可能会逐渐降低现有的大屠杀关注度的因素,总体的发展可能会降低大屠杀记忆的上限。但是有一个非常重要的因素在另一个方向上起作用,它至少会设置一个底线,即大屠杀纪念活动的级别将不会在可预见的未来而降到它之下。这个因素就是纪念活动已经被制度化(差不多就是固定不变了)的程度。

---

[1] 早期迹象显示,斯皮尔伯格大屠杀幸存者基金会收集和呈现证词的方法将会导致华而不实的、极度好莱坞式的唤醒行动。大多数采访者对大屠杀只有粗略的了解。采访格式(在斯皮尔伯格坚持下)决定了采访的"救赎性"方向,所有的叙述都以幸存者被他或她的家人簇拥着这一形象而结束。这些素材被呈现给公众的方式也兆头不好。基金会第一张教育光盘由青少年性感偶像莱昂纳多·迪卡普里奥所解说。对此的批评,见 Adam Shatz 和 Alisa Quart, "Spielberg's List", *Village Voice*, 1996年1月9日, 第31页以下; Jory Farr, "Apocalypse Then", *Riverside*(Cal.)*Press-Enterprise*, 1996年6月2日, E1; Marc Fisher, "Fragments of Memory", *Washington Post*, 1998年4月7日。正面的叙述,见 Mark Goldberg, "An Interview with Michael Berenbaum", *Phi Delta Kappan* 79, 1997年12月;以及 Berenbaum 致《耶路撒冷邮报》的信, 见 *Jerusalem Post*, 1998年5月6日, 第10页。也可以参阅"Shoah Foundation Releases First Educational CD-ROM", *Business Wire*, 1998年9月8日。

第十二章 "我们还未准备好该如何作答"

如果制度化只是一个纪念馆的问题的话,那么它对于大屠杀记忆的持续性而言可能不是一个有效的力量。每一个美国城市都有关于国内战争、美西战争、第一次世界大战的死难者的纪念馆。它们对路过的鸽子而非路过的人更有吸引力。这对一些大屠杀纪念馆同样真实。在其献堂礼之后的许多年里,丹佛巴比谷纪念公园"似乎差不多被它的社区忘记了"。[1] 巴尔的摩大屠杀纪念馆则遭受了游客太多而非太少之苦:坐落于市中心"成人娱乐"街区附近,它成了吸毒者的射击场、娼妓及其客人的集结地、无家可归者的室外宿舍;一些年之后不得不把它拆掉了。[2] 经过多年的辛勤劳动,波士顿大屠杀纪念馆落成了,它位于市中心,十分引人注目。再过多久——如果还未发生的话——它就会变成无人问津的城市景观?

但是,大屠杀记忆的制度化大多已经采取了不可被忽略的形式。首先,有个华盛顿大屠杀博物馆,它每一年接受了来自联邦政府的几千万美元。然后有在纽约和洛杉矶的较重要的纪念馆,以及紧随其后的其他城市那许许多多结实牢固的博物馆(还有其他在建的或在规划的)。所有这些机构都有积极的教育和服务扩展计划。斯蒂芬·斯皮尔伯格那个录制几千份幸存者证词的大规模计划项目是为了在各种媒体上最为广泛地传播它们。一种关于大屠杀记忆制度化的同样重要的形式是法律授权,如在许多州都规定学校应当讲授大屠杀。而且越来越多的学院和大学如今都授予大屠杀研究方面的教授职位。考虑到美

---

1 James E. Young, *The Texture of Memory*, 纽黑文, 1993年, 第296页。

2 JoAnna Daemmrich, "Profaned Holocaust Memorial to Be Razed; Jewish Council Tires of Desecration by Addicts, Prostitutes", *Baltimore Sun*, 1995年11月28日, 1A。一个重新设计的纪念馆被建在了其他地方。巴尔的摩犹太理事会的负责人认为,当家人开车经过并看到"大屠杀纪念馆"这些字之时,"[小孩]多半会问父母:'什么是大屠杀?'"("Baltimore to Tear Down Memorial to Holocaust Victims", NPR, *Morning Edition*, 1996年1月8日, 录音笔记第1776—1777页。)

国各种类型的所有大屠杀纪念机构，目前已有几千名全职的大屠杀相关专业人员在兢兢业业地呵护着它的记忆。

即便如我提示的那样，博物馆和那些活动项目背后的原动力很可能会减弱，大屠杀机构像所有机构一样，都会生成它们自己的动力；至少会千方百计地维持它们自己的存在。当时，这些机构的开业会耗费大量的精力和资源，但是它们的建立一般不存在争议。设想一下，任何一个想要结束它们的倡议以及一个旨在终止在学校讲授大屠杀之要求的立法行动，将伴随怎样的论战。那种促使了这些机构之建立的特定环境可能不会再出现了，或将来不会再出现了。法国有一句适用于所有事情的格言说 "Rien ne dure comme le provisoire"——什么都不如临时那样持久。[1] 至少在短期内，大屠杀纪念活动的固定不变这一特性就是其得以持续存在之保证，设置了一条确保它不降格的底线。

在我对大屠杀在美国人的生活中为何变得如此重要这个议题的论述之中，我来回穿梭于以下两个方面：其一，任何个人都无法控制的不断变化的环境；其二，个人在这些环境中所做的选择。在这最后一章，我简要地回顾了那些有可能影响到"大屠杀之未来"的环境因素。那关于选择的情况会怎样呢？

关于非犹太人，埃利·维瑟尔最近做了一个预测。因注意到当前对大屠杀的高度关注（《纽约时报》每天都有它的故事），他认为在随后若干年中这很可能会衰退。

---

[1] 这句谚语所对应的英文是 "Nothing lasts like the temporary"，其寓意是：临时的做法、临时的妥协往往会变成持久的惯例，尽管不大合理，但要修正它代价又太大。——译注

第十二章 "我们还未准备好该如何作答"

> 我们的好朋友将会来说:"看看,你们知道我们和你们在一起。但是够了……现在给我们一个喘息的机会吧。我们每年来一次和你们一起在大屠杀纪念日哭泣……但我们不能每天都这样做。"……善良的人们会说:"够了。还有……其他问题、其他义务、其他工作呢……"因为在你说"大屠杀"这一时刻所有其他事情都消失了。

"而且你知道吗?"他补充道,"我们还未准备好该如何作答。你会怎么回答呢?"[1]

维瑟尔并未真正谈到美国大众。他所提及的"好朋友"可能是那些非犹太人,通常是基督教神职人员——他们确实在大屠杀纪念日哭泣了。确实有这类人,但我认为不会太多。就如我在前一章所提示的那样,在我看来,对于大多数美国人而言,谴责大屠杀尽管毫无疑问是善意的,但更是给要求他们这样做的犹太人看的一种例行公事般的姿态——一个免费的告白,表示作为正派的人们,他们为欧洲犹太人被谋害这事而动容。

大屠杀的反响虽回荡于整个美国社会,但不大明白的是,大屠杀是否在哪个有价值的意义上成了美国人的集体记忆。一个历史事件被深深地嵌入集体意识之中的一种情况,就是在它被用来定义群体、提醒人们记住"他们是谁"之时。大屠杀离美国人的经历太遥远了而不能发挥那种功能。并且由于人口的变化,它变得越发遥远了。美国犹太人委员会跨宗教事务办的负责人詹姆斯·鲁丁就担心,在一个其成员越

---

[1] 引自 Elli Wohlgelernter, "Fears for the Future", *Jerusalem Post*, 1997年5月16日。我稍稍调整了一下维瑟尔评论的顺序,但未改变其原意。

来越具有非欧洲背景的社会中,对大屠杀是否还会有同样浓厚的兴趣。"它还会……继续存在于拉美裔美国人、黑人和亚洲人之中吗?——他们对白人基督徒在1930和1940年代对欧洲犹太人的所作所为既没有罪孽感,也没有责任感。"[1]

如果大屠杀不谈及任何一个一致同意的美国认同的话,那么它的纪念活动显然不会引起争议。这就导出了第二种意义,在此它不是一个重要的美国人的集体记忆——因为在相反的情况下,即当某种记忆成了一个引发持续冲突的框架之时,它也可能继续在某个社会中产生共鸣。在法国,大革命作为一种鲜活的记忆持续了如此长的时间,不是因为人们对它形成了一致的看法,而是因为在长达一百五十多年的时间里,这个国家主要的政治分歧和主要的政治斗争似乎都源于大革命。[2] 在以色列(尽管现在比以前更少了),大屠杀既是集体认同的源泉,也是党派冲突得以在其中形成的框架。在德国,对大屠杀纪念活动的态度通常都是政治、意识形态和代际冲突的一种反映。在法国,大屠杀和后来的种族主义及仇外情绪搅和在一起。在波兰,它依然是那个存在于神职人员反动势力与自由现代主义力量之间的文化冲突的试金石。

大屠杀记忆的政治化常常遭到谴责。但是集体记忆,当它具有重要意义之时,当它对得起这个称呼之时,都典型地是一个政治是非之地,在其中,关于集体记忆之核心象征、集体特性与过去之关系的一些对抗性叙述,为重新定义集体的现状而被辩论着、商讨着。在美国,大

---

[1] James Rudin, "Will Non-Europeans Remember the Holocaust?", *Washington Jewish Week*, 1991年5月2日,第19—20页。

[2] 这并不是没完没了的。到大革命两百周年即1989年之时,许多在法国的人都认同我已故的同事François Furet所说的"大革命结束了"这一看法。

第十二章 "我们还未准备好该如何作答"

屠杀记忆之所以会这么乏味、这么无意义,根本就不能叫记忆,恰恰因为它是这么不具有争议性,与美国社会的真正分歧这么不相干,对政治这么不感兴趣。

在任何情况下,美国非犹太人绝大部分都是大屠杀言论的消费者而非生产者。确实,大屠杀进入美国文化领域很大程度上是这种现象的副产品或溢出效应——即它对美国犹太人如何理解和表现自己已经变得很重要了。由于未对大屠杀作为一种光荣的美国记忆给予某种程度的否定(这似乎没有丝毫的可能性),美国非犹太人未被要求去做任何关于大屠杀记忆的选择,除了可能得去考虑他们是否已经允许它取代那些离家更近的、更令人不安的记忆之外。作为一个美国人,这种已经发生的取代的程度引起了我的一些担忧。但这是一个抽象的忧虑,因为,如果大屠杀并未占据美国人历史意识的中心,我的同胞们是否就乐意去应付那些会对他们提出严格要求的记忆呢?这一点是难以预料的。如果说大屠杀记忆在总体上并未真正地对美国人造成了那样大影响,美国犹太人意识的大屠杀中心定式却造成了诸多的影响,而其表现方式通常引起了我作为一名犹太人的深深的忧虑。美国犹太人在今天,就像在过去那样,在这方面有一些真正的选择要去做。对于那些选择,因而主要是对于我的犹太人同胞,我将亮出我最终的评论。

大屠杀记忆在美国的演变,大体上是美国犹太人关于如何处理那个记忆所做的一系列选择之结果——实际上,通常是犹太领导人做出的而被其选民默默认可的选择。那些不断变化的选择反映了不断变化的美国风气、不断变化的对犹太社区当前需要的评估、犹太领导人在价值观和风格方面的变化。就如我们所看到的那样,在1960年代中期,犹太社区领导人不大看重大屠杀,因各种理由而相信把它当作中心并不能实现美国犹太人的最大利益。他们看重的是未来而非过去,要淡化而非强化种族特性,他们这样做其实是主流社会思潮之反映。在那些年中,与他们所声称代言的群体中的绝大多数人相比,美国犹太领导人的情感总体上都更倾向于反种族隔离主义和普遍主义,而更不具宗教情怀和以色列导向。从宁可在战后第一年保持相对沉默这一选择中,批评者看到了某种胆怯、甚至羞耻的成分——不光彩地逃避了犹太人必须要去面对的过去。这批评毫无疑问是有些道理的。

在过去的二十五年中,为了满足新的认知诉求,美国犹太领导人选择把大屠杀作为中心——以与他们所称之为的"新反犹主义"相对抗;以支持危机四伏的以色列;以作为种族意识复兴的基础。该选择是在这样的文化环境中而做出的:它开始高扬而非贬低种族特性,并开始提升受害者的地位。与他们的支持者相比,那些做出重大决定的犹太领导人总体上都更具排他性、宗教性、以色列导向性。在最近若干年中,反对那些领导人所做选择的批评人士谴责了(在他们看来)把大屠杀神圣化之不当行为,并反对那种比"谁最惨"的竞赛以及今天的犹太人常常几乎对大屠杀感到骄傲的那种方式。我已经说过,我属于批评者之列。

无论我们对过去的选择(要么把大屠杀边缘化,要么以它为中心,要么为了一些特定目的而利用它)作何感想,此类选择都是不可避免的。我们只能希望我们所做的选择要尽可能地考虑周全,细心观察所有的后果,包括那些长远的后果。一旦被当前的行动所利用,记忆就会变成一个自我定义的持久的力量,它告诉我们的不仅有过去的情况,还有关于我们现在是谁和未来会怎样的情况。最强大的集体记忆通常是那些怨恨极深的记忆。正因为如此,我们才会保存它们,但当我们紧紧地抓住它们——或被它们抓住了之时,结果就成问题了。这绝非是犹

第十二章 "我们还未准备好该如何作答"

太人记忆的特性。列昂·维瑟尔蒂尔——他讨论了黑人美国人的受压迫记忆及其影响,但也考虑到了犹太人的经历——就写到了此类记忆如何

> 指导个人和集体形成对世界的预期,表现出一种孤立性的……隔离感……它把经历变成传统,就像儿孙们学着以父辈的经历来看待自己那样。因为它剥离了时间和溶解了地点,集体记忆……让个体和群体对变化极度怀疑;令他们对间断毫无准备……它教导说,别傻了,只有循环往复。被压迫群体的集体记忆……对于那些摆脱了犹太巷(Judengasse)和种族歧视(Jim Crow)的人而言,剥夺了他们解决那些不像犹太巷或种族歧视之类的问题所需的资源。
>
> 在被压迫的记忆中,压迫死而复生。伤疤发挥着伤口的作用……在它远离真实许久之后,非正义依然保持着扭曲的力量。当伤痛变成了传统,它就成了一种压迫者的死后的胜利。[1]

不论是奴隶制的、大屠杀的记忆还是关于人类历史上其他悲惨事件的记忆(它们的伤疤都发挥着伤口的作用),记忆在群体意识中的作用都必须被细心地加以考量。在某种意义上,埃米尔·法肯海姆所说的,对犹太人而言忘记那些受害者就等于承认希特勒获得了"死后的胜利",这个说法是正确的。但是,如果我们因把大屠杀变成典型的犹太人经历而默默地接受他把我们当作可鄙之贱民这一定义的话,这对希特勒而言甚至是一个更大的死后之胜利。

---

[1] Leon Wieseltier, "Scar Tissue", *New Republic* 200, 1989年6月5日, 第20页。

和过去一样,在将来,环境的变化将会影响我们在纪念大屠杀方面的选择。尽管环境会影响我们的选择,我们自己最终还是得对那些选择(连同其所有的后果,意料之中的和意料之外的)负责。但愿那些选择会更加有见识、更加深思熟虑,这是我写本书所怀有的希望。

致　谢

本研究项目获得了国家人文基金(the National Endowment for the Humanities)和行为科学高级研究中心(the Center for Advanced Study in the Behaviorial Sciences)的资助。

非常感谢以下机构盛情邀请我介绍本书的部分内容——特别要感谢我在这些时刻所获得的有益的批评：犹太研究协会、澳大利亚国立大学、康奈尔大学、希伯来联合学院、印第安纳大学、纽约犹太博物馆、西北大学、普林斯顿大学、罗格斯大学、斯坦福大学、特拉维夫大学、阿姆斯特丹大学、加利福尼亚大学伯克利分校、密歇根大学、宾夕法尼亚大学、得克萨斯大学埃尔帕索分校、美国大屠杀纪念博物馆。

本研究的档案资料收集工作获得了以下人员的帮助：美国犹太历史学会的Bernie Wax和Nathan Kaganoff；美国犹太人档案馆的Abe Peck；美国犹太人委员会的Helen Ritter和Cyma Horowitz；YIVO的Sam Norich、Zach Baker和Marek Web。

在这几年的研究过程中，我非常幸运地获得了我芝加哥大学助理员们的帮助：Danny Greene、Elizabeth Mizrahi、André Wakefield和William

Whitehurst。

感谢 Steve Fraser 的帮助,令我得以首次与 Houghton Mifflin 公司签约;感谢 Janet Silver、Eric Chinski 和 Larry Cooper 在书稿校对编辑等方面付出的辛勤劳动。

还有好多好多的朋友和同事,要么为我提供了信息,要么与我探讨过问题,要么以各种方式帮助过我,或大或小,太多太多了无法一一列举。我一并感谢他们。尤其要感谢阅读过我整部原稿并提出了批评意见的三位朋友:David Abraham、Gulie Arad 和 Steve Zipperstein。

索 引

（条目后的数字为原书页码，见本书边码）

Abandonment of the Jews, *The*,《抛弃犹太人》，见戴维·S.怀曼

Abortion,堕胎,183,270; analogy for,类比,12,222,241—243,260

ACLU, *See* American Civil Liberties Union,参见美国民权联盟

Action in the North Atlantic(movie),《北大西洋行动》(影片),33

ADL, *See* Anti-Defamation League of B'nai B'rith,参见圣约之子反诽谤联盟

Affirmative action,积极行动,179

Afghanistan,阿富汗,249

Age of Happy Problems, *The*,《快乐问题时代》(高德),113

Agudath Israel World Organization,正教以色列世界组织,56,76

AIPAC, *See* American Israel Public Affairs Committee,参见美国以色列公共事务委员会

Air Force(movie),《航空队》(影片),33

Alamo,阿拉莫,4

Alexander, Edward,爱德华·亚历山大,120,156

Algeria,阿尔及利亚,103,162

All-American Conference to Combat Communism,对抗共产主义的全美会议,95

Allen, Woody,伍迪·艾伦,231

Alliance of Poles in America,美国波兰人联合会,217

All Quiet on the Western Front,《西线静悄悄》(雷马克),275

Alsace-Lorraine,阿尔萨斯—洛林,100

Alter, Robert,罗伯特·奥尔特,119

Alvarez, A. , A.阿尔瓦雷斯,112

Amerasia case,《亚美》杂志案件,92

America,《美利坚》,89

America First Bulletin,《美国第一公报》,28

419

American Broadcasting Company, 美国广播公司(ABC), 209

American Civil Liberties Union, 美国人权联盟(ACLU), 241, 242

American Council for Judaism, 美国犹太教委员会, 81

American Friends of the Middle East, 美国中东之友, 72

American Indians, 美国印第安人, 192

American Israel Public Affairs Committee, 美国以色列公共事务委员会(AIPAC), 156, 157, 167

American Jewish Committee, 美国犹太人委员会; and Communism, 与共产主义, 92, 93, 95—96; decline in importance of, 重要性下降, 176; on declining Jewish identity, 论不断降低的犹太认同, 187; on Eichmann trial, 论艾希曼审判, 131—132, 134; On Germany's Nazi past, 论德国的纳粹往事, 91, 98, 128; and Holocaust programming, 与大屠杀纪念活动, 123, 210; on Holocaust survivors, 论大屠杀幸存者, 69, 75, 81—82; on immigration of former SS members, 论前党卫队成员的移民, 89; interreligious dialogue of, 宗教间的对话, 143, 144; and Israel, 与以色列, 76, 77; on "new anti-Semitism", 论"新反犹主义", 178; polls commissioned by, 委托的民意调查, 113, 202, 227, 229, 270—272; portrayals of Jews by, 描绘的犹太人形象, 114, 121—123; and rescue of European Jews, 和对欧洲犹太人的救援, 40; on Soviet anti-Semitism, 论苏联反犹主义, 99。See also Commentary, 参见《评论》

American Jewish Conference, 美国犹太人会议(1943), 40, 43

American Jewish Congress, 美国犹太人大会; and blacks, 与黑人, 116—117; and Communism, 与共产主义, 95; decline in importance of, 重要性下降, 176; on declining Jewish identity, 论不断降低的犹太认同, 187; on DPs, 关于难民, 89; on Eichmann Trial, 论艾希曼审判, 131, 132; on Holocaust memorials, 论大屠杀纪念馆, 104, 123; and Israel, 与以色列, 147; polls commissioned by, 委托的民意调查, 174; on renewed German anti-Semitism, 论新生的德国反犹主义, 128; and rescue of European Jews, 与对欧洲犹太人的救援, 40; on victims of Nazis, 论纳粹受害者, 116。See also Stephen S. Wise, 参见斯蒂芬·S.怀斯

American Joint Distribution Committee, 美国联合分配委员会, 50

American Judaism (Glazer),《美国犹太教》(格雷泽), 105

American Nazi Party, 美国纳粹党, 128, 226

American Rifleman, The,《美国步枪手》, 241

索 引

Americans for a Safe Israel, 美国人争取以色列安全组织, 163

American Zionist Emergency Council, 美国犹太复国主义紧急委员会, 43

Amir, Yigal, 伊加尔·阿米尔, 164

"Anatomy of Nazism, The"（ADL film strip），《解剖纳粹主义》（反诽谤联盟幻灯软片）, 116

Anatomy of Nazism, The（ADL book）《解剖纳粹主义》（反诽谤联盟图书）, 100

Anderson, Benedict, 本尼迪克特·安德森, 188

Anger. *See* Vengeance, 愤怒。见报仇

Anglo-American Committee of Inquiry, 英美调查委员会, 74, 75, 78—79

Anielewicz, Mordecai, 莫迪凯·阿涅莱维奇, 30

Animal rights activists, 动物权利保护主义者, 241—243

Anti-Communists. *See* Communists, 反共产主义者。见共产主义者

Anti-Defamation League of B'nai B'rith（ADL）, 圣约之子反诽谤联盟, 9; and anti-Semitism, 与反犹主义, 41, 171, 172, 176; on Arendt, 关于阿伦特, 134, 135—136; and Communism, 与共产主义, 95; on Eichmann trial, 关于艾希曼审判, 131, 132; and Holocaust programming, 与大屠杀纪念活动, 123, 155, 210; on immigration of former SS members, 关于前党卫队成员的移民, 89; interreligious dialogue of, 宗教间对话, 143, 144; and Jewish resistance, 与犹太人的抵抗, 139; and other minorities, 与其他少数族裔, 182; and rescue of European Jews, 与救援欧洲犹太人, 40, 45, 180; on victims of Nazis, 关于纳粹的受害者, 116; works produced by, 作品, 100, 116

Anti-Semitism: 反犹主义: among blacks, 黑人中的, 172—176, 178; Christian guilt for, 基督徒的罪疚, 72, 73, 141, 143, 144, 157, 208, 237; among Christians, 在基督徒中, 210, 231, 237; decline of, in postwar America, 在战后美国衰退, 113, 170, 175, 177, 186, 198; Holocaust's "desanctification" as, 大屠杀的"去神圣化", 201, 220; Jewish stereotypes associated with, 犹太人的相关刻板印象, 92, 121—122, 153; Jews' fear of arousing, 犹太人担心激起, 40—41, 131—132, 141; in Nazi Germany, 在纳粹德国, 20—22, 27, 116, 135—137; "new", "新的", 170, 171—179, 198, 269, 280; as particularly virulent form of hatred, 作为特别恶毒的仇恨, 116, 136, 178, 192; in Poland, 在波兰, 68, 223, 228; in postwar Germany, 在战后德国, 128; in Soviet bloc, 在苏联集团, 98—100; as unifying factor among American Jews, 作为团结美国犹太人的因素, 186, 190, 198—199; in United States and its institutions, 在

421

美国及其机构中, 27, 33, 41—42, 47, 49, 82, 130。See also Holocaust; Nazi Germany, 参见大屠杀; 纳粹德国

Appeasement, 绥靖政策, 134

Appelfeld, Aharon, 阿哈龙・阿佩尔菲尔德, 191

Arab nations, 阿拉伯国家, 72; as backward, 落后, 73, 153—154, 166; and oil prices, 与石油价格, 151—152; as pro-Nazi, 亲纳粹, 157—158, 161, 163, 165; wars of, against Israel, 对以色列的战争, 148—152。See also Middle East; Palestine; specific Arab countries, leaders, and organizations, 参见中东; 巴勒斯坦; 具体阿拉伯国家、领导人和组织

Arad, ShIomo, 什洛莫・阿拉德, 65, 84

Arafat, Yasir, 亚西尔・阿拉法特, 159

Arendt, Hannah, 汉娜・阿伦特, 134—142, 144—145

Armenia, 亚美尼亚, 74, 100, 192—193, 198, 258

Aronson, Ronald, 罗纳德・阿隆森, 240

Asians, 亚洲人, 162, 278。See also Japanese Americans; specific Asian countries, 参见日裔美国人; 具体亚洲国家

Assimilation: 同化: of American Jews, 美国犹太人, 7, 31—39, 113—115, 121, 160, 170—171, 175—176, 183, 184—188, 194, 198; of Jewish characters in *Holocaust* miniseries, 《大屠杀》系列短剧中的犹太人物, 209, 210—211, 236; of Jews in prewar Germany, 战前德国的犹太人, 160, 175。See also Intermarriage, 参见通婚

Association of Jewish Musicians, 犹太音乐家协会, 104

Atomic bomb. See Nuclear weapons, 原子弹。见核武器

Auschwitz and the Allies (Gilbert),《奥斯维辛与同盟国》(吉尔伯特), 48

Auschwitz concentration camp, 奥斯维辛集中营, 209; Allied failure to bomb, 盟军未能轰炸, 47—49, 54—58, 159, 262; Christian institutions and symbols at, 基督教机构和象征, 156, 184, 227—228; likened to Hiroshima, 与广岛类比, 112; survivors of, 幸存者, 115; tours of, 参观, 8, 160; victims of, 受害者, 37, 142, 217; "voice" of, "奥斯维辛的威严声音", 199。See also Mengele, Josef, 参见约瑟夫・门格勒

Austria, 奥地利, 22, 49, 51, 67, 227, 228

Authoritarian Personality, The,《威权人格》, 123

Babi Yar Foundation, 巴比谷基金会, 224

Babi Yar massacre, 巴比谷大屠杀, 22, 23, 209, 224

Babi Yar Memorial Park (Denver), 巴比谷纪念公园 (丹佛), 224, 275

Baeck, Leo, 利奥・拜克, 37

Baker, James, 詹姆斯・贝克, 42

Bakker, Jim and Tammy, 吉姆和塔米・

巴克,231
Baldwin, James,詹姆斯·鲍德温,194
Balfour Declaration,贝尔福宣言,73
Baltimore:巴尔的摩:Holocaust museum in,大屠杀纪念馆,222,224,276
Baltimore Jewish Council,巴尔的摩犹太人协会,222
Bataan(movie),《巴丹战役》(影片),33
Bauer, Yehuda,耶胡达·鲍尔,36; on anti-Semitism,论反犹主义137,222; on concentration camp liberations,论集中营的解放,74; on definition of Holocaust,论大屠杀的定义,215,220,222; on DP destinations,论难民归宿,79; Holocaust deniers on,大屠杀否定者论及,142
Bay of Pigs invasion,猪湾入侵,130,131
Begin, Menachem,梅纳赫姆·贝京,140,149,161,165
Beirut(Lebanon),贝鲁特(黎巴嫩),161
Bellow, Saul,索尔·贝娄,184
Beloved(Morrison),《心之所爱》(莫里森),194
Benedict, Ruth,鲁思·本尼迪克特,112
Ben-Gurion, David:戴维·本—古里安: and American Zionism,与美国犹太复国主义,146; and Eichmann trial,与艾希曼审判,128,129,131; on Holocaust survivors,论大屠杀幸存者,69; on Israel,论以色列,147—148,154; on proposed Allied bombing of Auschwitz,论盟军轰炸奥斯维辛的提议,57; on rescuing the Jews,论救援犹太人,42—43,50; as Zionist,作为复国主义者,70,76,78

Berenbaum, Michael:迈克·贝伦鲍姆: on Holocaust,论大屠杀,197; on Holocaust consciousness,论大屠杀意识,208,210,253; on "new anti-Semitism";论"新反犹主义",177

Bergson, Peter,彼得·柏格森,40,41,53

Berle, Adolph A.,阿道夫·A.波利,87

Berlin Airlift,柏林空运,86

Bettelheim, Bruno,布鲁诺·贝特尔海姆,139

Biafra,比夫拉,182,247—248,253

Birkenau concentration camp,伯克瑙集中营,56,115

Bitburg(Germany)military cemetery,比特堡(德国)军事墓地,48,227

Black Panthers,黑豹党,172

Blacks,黑人,278; alliance of Jews with,犹太人与之联盟,116—117,173—174,177,182,183; anti-Semitism among,反犹主义,172—176,178; competition with Jews, regarding victim status,与犹太人竞争受害者地位,9—10,175,193—195; discrimination against,受歧视,114; identity politics among,身份政治,189; and New York City school strike,纽约市学校罢课,172,173,177,178—179; oppression of, under slavery,受奴隶制压迫,15,193—194,280—281; as victims,作为受

423

害者, 190, 193—198。See also Civil rights, movement, 参见民权运动

Blitzer, Wolf, 沃尔夫·布利泽, 156—157

Bloch, Marc, 马克·布洛赫, 267

B'nai B'rith, 圣约之子, 76。See also Anti-Defamation League of B'nai B'rith, 参见圣约之子反诽谤联盟

Body and Soul (movie), 《灵与肉》(影片), 116

Bogart, Leo, 利奥·鲍嘉特, 105

Bolshevik Revolution, 布尔什维克革命, 49, 92

Bomba, Abraham, 亚伯拉罕·邦巴, 273

Bookbinder, Hyman, 海曼·布克班德, 157, 220

Book of Esther, 《以斯帖记》, 5

Borowitz, Eugene, 尤金·博罗维茨, 108

Bosnia, 波斯尼亚, 14, 251—255, 257, 262

Boston: 波士顿: Holocaust memorial in, 大屠杀纪念馆, 207, 221, 224, 276

Boston Herald, 《波士顿先驱报》, 73

Bourke-White, Margaret, 玛格丽特·伯克—怀特, 63, 64, 66

Bradley, Omar, 奥马尔·布拉德利, 73

Breviaire de la haine (Poliakov), 《仇恨祈祷书》(波利亚科夫), 103

Britain, 英国, 23; and birth of Israel, 与以色列的诞生, 71, 73, 78, 81; imperialism of, 帝国主义, 162; and Suez Canal, 苏伊士运河, 154;

suggestions for Jewish immigration to, 提议犹太人移民至英国, 50

British Ministry of Information, 英国信息部, 23

Brooklyn, 布鲁克林, 106

Bryant, Anita, 安妮塔·布莱恩特, 231

Brzezinski, Zbigniew, 兹比格涅夫·布热津斯基, 248

Buchenwald concentration camp, 布痕瓦尔德集中营, 209; American troops' liberation of, 美军解放, 63—66; importance of remembering, 牢记的重要性, 94; number of Jews in, 犹太人的人数, 65; photos from, 照片, 93, 122

Buckley, William E, 威廉·E.巴克利, 130

Bulgaria, 保加利亚, 54

Bullitt, William, 威廉·布利特, 28

Bush, George, 乔治·布什, 48, 230, 240, 242, 249, 250, 252

Butz, Arthur, 亚瑟·巴茨, 270

Bystanders: 旁观者: Americans as, in Holocaust, 美国人在大屠杀期间, 12, 15, 19, 39—47, 58—59, 158—159; examination of role of, 对其角色的考察, 179—181, 245—247; lessons about, 教训, 245—257

Cahan, Abraham, 亚伯拉罕·卡恩, 32

Cambodia, 柬埔寨, 239, 248, 253, 258

Camp David Accords, 戴维营协议, 161

Canadian Spy Ring, 加拿大间谍网, 92

索　引

Capital punishment,死刑,241,242
Carter, Jimmy,吉米·卡特, 157, 159, 216—220,222,248,269,272
Casey,William,威廉·凯西,24
Cathedral of St. John the Divine,圣约翰大教堂,236—237
Catholics,天主教徒；on birth of Israel,论以色列的诞生,72; on Eichmann Trial,论艾希曼审判,129—130; and Jews,与犹太人,143—144,174—175; as Nazi victims,作为纳粹受害者,217; in Niemöller quote,见尼穆勒的引文,221; on Nigerian civil war,论尼日利亚内战,247—248; Polish,波兰的,227; and suffering,与受难,274
CCDP,难民事务公民委员会（Citizens' Committee on Displaced Persons）,82,88
Celler,Emanuel,伊曼纽尔·塞内,51
Central Conference of American Rabbis,美国拉比中央会议,76
Central Intelligence Agency,中央情报局（CIA）,249
Chafets, Ze'ev,泽夫·莎菲茨,164—165
Chase, Stuart,斯图尔特·蔡斯,112
Chicago Board of Rabbis,芝加哥拉比董事会,222
Chicago Sun-Times,《芝加哥太阳报》,210
Children：儿童: abuse of,虐待,190; deaths of,死亡,255—257

China,中国,248
Chinese Americans,美籍华人,192
Chmielnicki, Bogdan,波格丹·赫梅利尼茨基,132
Christian Coalition,基督教联盟,231
Christianity：基督教: and anti-Semitism,与反犹主义,72,73,141,143,144,157,208,210,237; and forgiveness,与宽恕,129—130; and Hiroshima,与广岛,110—111; Holocaust lessons for,大屠杀教训,241—242,261; Jewish dialogue with representatives of,犹太人与其代表的对话,143—144,156,158; Nazi animus toward,纳粹针对其的敌意,28,116; overtones of, in Holocaust depictions,在大屠杀描述中的言外之意,11,27,133,199,236—237,274; rescue efforts by believers in,信仰者的救援行动,117,134,143,179—181,210,214,219; symbols and institutions of, at Auschwitz,在奥斯维辛的象征和机构,156,184,227—228。See also anti-Semitism; Catholics; Gentiles; "Judeo-Christian tradition"; Protestants,参见反犹主义；天主教徒；非犹太人；"犹太—基督教传统"；新教徒
Christian Phalangists,基督教长枪党民兵,161—162
Christopher, Warren,沃伦·克里斯托弗,253
"Civil religion"(of Jews),"民间宗教"（犹太人的）,146,149,199,201

Civil Rights Congress,民权大会,94
Civil rights movement,民权运动,112,172,173—174,188
Clark,Kenneth,肯尼斯·克拉克,177
Class:阶层: of Holocaust victims,大屠杀受害者的,235—236
Clinton,Chelsea,切尔西·克林顿,231
Clinton, Hillary Rodham,希拉里·R. 克林顿,230
Clinton,William Jefferson,威廉·J. 克林顿,48,231,250,252
Clive,Robert,罗伯特·克莱夫,154
Cohen,Elliot,艾略特·科恩,98,122
Cohen,Oscar,奥斯卡·科恩,149,156
Cohen,Richard,理查德·科恩,252
Cohn,Roy,罗伊·柯亨,93
Cold war,冷战,144,166,250; Holocaust marginalization during,期间大屠杀被边缘化,5,85—102,116,127,262。See also Communists; Totalitarianism,参见共产主义者;极权主义
Collective memory:集体记忆: and collective identity,与集体认同,7,170—203,280—281; Halbwachs on,霍布韦斯论,3—6; vs. historical consciousness,与历史意识,3—4; Holocaust as American,大屠杀作为美国人的集体记忆,207—239,278—279; life expectancy of,预期寿命,267—268。See also History; Memories,参见历史;记忆
Commentary,《评论》,95,98,99,106,112,183

Communists:共产主义者: and American Jewish organizations,与美国犹太人组织,92,95—96; in concentration camps,在集中营,21; Jews as,犹太人作为,92—100,140,173—174; and Niemöller quote,与尼穆勒的引文,221; as totalitarians,作为极权主义者,86,99—100,134; use of Holocaust by,对大屠杀的利用,93—94; use of Holocaust to oppose,利用大屠杀来反对共产主义者,12,88—90
Concentration camps:集中营: extermination methods at,灭绝方法,56—57; films of,影片,117; Hitler's political opponents in,希特勒的政治对手,21,26—27,64—65,87; importance of remembering,铭记的重要性,94,111; Jews among those liberated from,获得解放者之中的犹太人,65,116; knowledge of, during World War II,二战期间关于集中营的知识,23—25; liberation of,解放,63—66,74,85,86,117; movies about,关于集中营的电影,27,108; numbers of Jews in,犹太人的数量,21,65; photos of,照片,93,112; tours of,参观集中营,8,160。See also Holocaust; Perpetrator(s); Schindler's List; Survivors; Victims; specific concentration camps,参见大屠杀;行凶者;《辛德勒名单》;幸存者;受害者;具体的集中营
Congress Weekly(American Jewish

Congress),《大会周刊》(美国犹太人大会),118—119
"Consensus School"(of history),(历史)"共识学派",114
Cooper, Gary,加里·库珀,121
Coplon, Judith,朱迪思·科普林,92
Cortés, Hernan,赫尔南·科尔特斯,154
Courses (on Holocaust),(关于大屠杀的)课程. See Holocaust: curricula on,见大屠杀:课程
Cremation,火葬,11
Crossfire (movie),《交火》(影片),122
Crossfire (TV show),《交火》(电视节目),252
Cuba,古巴,127,130,131,231,250
Curricula,课程。See Holocaust: curricula on,见大屠杀:课程
Cyanide gas,氰化物气体,241,242
Czechoslovakia,捷克斯洛伐克,57,98—99; Lidice massacre in,利迪策大屠杀,45; Nazi victims from,纳粹受害者,38,66

Dachau concentration camp:达考集中营: importance of remembering,铭记的重要性,94; liberation of,解放,63,65,66,117; non-Jewish victims at,非犹太受害者,217; number of Jews in,犹太人的数量,65; proposals to bomb,轰炸建议,55
D'Amato, Alphonse,阿芳斯·达马托,230
Dawidowicz, Lucy,露西·达维多维奇,79,92,96,147,183,192; and Holocaust curricula,与大屠杀课程,12,259; on rescue efforts,论救援行动,45,48
Day, The,《那天》,96
Dayan, Moshe,莫西·达扬,149,173
Days of Remembrance,纪念日。See Yom Hashoah,见大屠杀纪念日
Deafening Silence, The (Medoff),《令人耳聋的沉默》(梅多夫),30
Decter, Midge,米吉·戴克特,134
Demjanjuk, John,约翰·德米扬鲁克,229
Democratic Party,民主党,52,183,216,227
De-Nazification,去纳粹化,90,92
Denmark,丹麦,179,180
Denver,丹佛,224,276
Denying the Holocaust (Lipstadt),《否认大屠杀》(利普斯塔特),271
Deputy, The (Hochhuth),《代理人》(霍赫胡特),143—145
De Quincey, Thomas,托马斯·德·昆西,13—14
Derrida, Jacques,雅克·德里达,271
Dershowitz, Alan,艾伦·德昭维茨,106,193
Destruction of the European Jews (Hilberg),《欧洲犹太人的覆灭》(希尔伯格),139
Detroit,底特律,106,202,222
Detroit Free Press,《底特律自由新闻报》,27

Detroit Tigers, 底特律老虎队, 114

Diary of Anne Frank, The (book), 《安妮日记》（书）, 103, 104

Diary of Anne Frank, The (movie), 《安妮日记》（影片）, 104, 117—120, 235

Diaspora, 流散的犹太人, 69, 121, 132, 138, 148, 151, 160, 168, 176, 225

Dickstein, Samuel, 塞缪尔·迪克斯坦, 51

Dine, Tom, 汤姆·戴恩, 167

Dinkins, David, 大卫·丁金斯, 230

Disease, 疾病, 255—257

Displaced persons (DPs), 难民, 67—68, 74, 76—84, 88—90, 116; number of Jews among, 犹太人的数量, 82; Palestinians as, 巴勒斯坦人, 147, 154—155, 161—162

Displaced Persons Acts, 难民法案, 88

Displaced Persons Commission (U.S.), 难民委员会（美国）, 89

Dith Pran, 狄·潘, 258

Dr. Strangelove (movie), 《奇爱博士》（影片）, 112

Dorchester (ship), 多切斯特号（轮船）, 33

Dreaming of Hitler (Merkin), 《梦见希特勒》（莫金）, 107

Eban, Abba, 阿巴·艾班, 229

Edwards, Ralph, 拉尔夫·爱德华兹, 115

Egypt, 埃及, 148, 154, 161; Jew's exodus from ancient, 逃离古埃及的犹太人, 4, 200, 201

Eichmann, Adolf, 阿道夫·艾希曼, 53, 158; Arendt on, 阿伦特论, 134—142, 144—145; capture and trial of, 抓捕和审判, 106, 128—134, 144, 147; death sentence for, 死刑判决, 129, 135

Eichmann in Jerusalem (Arendt), 《艾希曼在耶路撒冷》（阿伦特）, 134—142, 144—145

Eisenhower, Dwight, 德怀特·艾森豪威尔, 64, 73, 85, 94, 127, 147

Eizenstadt, Stuart, 斯图尔特·艾森斯塔特, 217, 218

Elazar, Daniel J., 丹尼尔·J. 埃拉扎尔, 106

"Eleven million", "十一个百万". See Numbers, 见数字

Eliezer (first-century rabbi), 埃利泽（一世纪拉比）, 108

Elkana, Yehuda, 耶胡达·埃尔卡纳, 164

El Salvador, 萨尔瓦多, 183

Embalming, 防腐, 11

Emergency Committee to Save the Jewish People of Europe, 欧洲犹太人营救应急委员会, 40, 41

Encyclopedia Judaica, 《犹太百科全书》, 138

Encyclopedia of the Holocaust, The, 《大屠杀百科全书》, 65, 158, 180, 221

England, 英格兰。See Britain, 见不列颠

Epstein, Benjamin, 本杰明·爱泼斯坦, 153, 171

Epstein, Jason, 贾森·爱泼斯坦, 235

Escape from Sobibor(TV movie),《逃离索比堡》(电视片),213

Espionage,间谍,92,94,175

Esther(biblical figure),以斯帖(《圣经》人物),5

Estonia,爱沙尼亚,89

"Ethnic cleansing","种族清洗",253,262。*See also* Genocide; Holocaust,参见种族灭绝;大屠杀

Ethnic differences,种族差异: decline in slurs related to,相关诋毁减少; emphasizing of,强调,5,6—7,171,178—191,280; muting of,降低音量,5,6—7,27—29,34,114—117,121—122,280。*See also* Anti-Semitism; *specific ethnic groups*,参见反犹主义、具体的族群

Euthanasia,安乐死,241

Exodus(from Egypt),逃离(埃及),4,200,201

Exodus(movie),《出埃及记》(影片),157

Exodus(ship),出埃及号(轮船),78

Exodus(Uris's book),《出埃及记》(乌里斯的书),157

Fackenheim, Emil,埃米尔·法肯海姆,199,269,281

Failure to Rescue,*The*(Druks),《救援失败》(德拉克斯),47

"Family values","家庭价值观",12,242

Farrakhan, Louis,路易斯·法拉肯,193—194

FBI,联邦调查局,93

Federation of Jewish Philanthropies,犹太慈善联合会,83

Fein, Leonard,伦纳德·费恩,152—153,257

Feingold, Henry L.,亨利·L.法因戈尔德,48

Feminists,女权主义者,189,241,242

Final Solution, *The*(Reitlinger),《最终解决》(赖特林格),103

Finkelstein, Louis,路易斯·芬克尔斯坦,108

Fischer, Bobby,鲍比·菲舍尔,270

Florida,佛罗里达,259

Forster, Arnold,阿诺德·福斯特,141,153

Forsyth, Frederick,弗雷德里克·福塞斯,157

Fosdick, Harry Emerson,哈利·爱默生·福斯迪克,110—111

Foucault, Michel,米歇尔·福柯,271

Foundation for Christian Rescuers(ADL),基督教救援基金会(反诽谤联盟),180

Fourth of July,7月4日,268

Foxman, Abraham,亚伯拉罕·福克斯曼,163—165,177,178,199

France,法兰西: collective memory in,集体记忆,4,278; imperialism of,帝国主义,162; resistance movement in,抵抗运动,103,138; and Suez Canal,与苏伊士运河,154

Frank, Anne,安妮·弗兰克,103—104,

117—120, 127, 236
Frank, Margot, 玛戈特·弗兰克, 120
Frank, Otto, 奥托·弗兰克, 118
Frank family, 弗兰克家族, 139
Freedman, Monroe, 门罗·弗里德曼, 218
Free Speech Movement, 自由言论运动, 184
Freud, Sigmund, 西格蒙德·弗洛伊德, 3, 5
Friedländer, Saul, 索尔·弗里德兰德, 142
Friendly, Fred, 弗雷德·弗兰德利, 66
Friesel, Evyatar, 伊芙亚塔·弗里泽尔, 71

Gagarin, Yuri, 尤里·加加林, 130, 131
Gallup polls, 盖洛普民意测验, 232, 272
Gartner, Lloyd P., 劳埃德·P. 加特纳, 110
Gay rights, 同性恋权利. See Homosexuals: rights of Gaza, 见同性恋者: 加沙的权利, 148, 154
Genocide: 种族灭绝: around the world, 世界各地的, 100, 192—193, 198, 247—253, 258; and choice, 与选择, 241; conferences on, 会议, 193; vs. Holocaust, 与大屠杀, 195—196; meaning of word, 词的意义, 100; as offense against international community, 冒犯国际社会, 129, 224; raising fears about, 引发担忧, 165; and totalitarianism, 与极权主义, 116; United Nations on, 联合国, 100—101, 250。See also "Ethnic cleaning"; Holocaust, 参见"种族清洗"; 大屠杀
Genocide Convention (UN),《种族灭绝公约》. See United Nations Convention on Genocide, 见《联合国种族灭绝公约》
Genovese, Kitty, 基蒂·珍诺维丝, 246
Gentiles: 非犹太人: as anti-Communists, 作为反共产主义者, 88—89; as bystanders in Holocaust, 作为大屠杀中的旁观者, 179—181; as potential Holocaust perpetrators, 作为潜在的大屠杀帮凶, 236; receptivity to Holocaust discourse, 对大屠杀言论的接受度, 6, 11, 207, 217—220, 233—238, 241—242, 277—279; and Six Day War, 与六日战争, 158, 237。See also Catholics; Christianity; Ethnic differences; Protestants; "Righteous Gentiles", 参见天主教徒; 基督教; 种族差异; 新教徒; "正直的非犹太人"
Georgetown University School of Foreign Service, 乔治城大学外事学院, 49
German Industrial Fair, 德国工业博览会, 96—97
Germany: 德国: as American ally in cold war, 作为冷战时期的美国盟友, 86, 90—94, 96; American Military Government in, 美国军政府, 91, 96; American Occupation Zone of, 美国

索 引

占领区, 78; American rearmament and rehabilitation of, 美国助其重整军备和复苏, 90—94, 96, 98, 101—102; assimilation of Jews in prewar, 战前犹太人的同化, 160, 175; calls for punishment of, 要求惩罚德国, 90, 92, 111; displaced persons in, 难民, 67, 80; and guilt for Holocaust, 与大屠杀的罪责, 87; Holocaust consciousness in, 大屠杀意识, 2, 14—15, 213, 278; Jewish fear and hatred of, 犹太人对其的恐惧和仇恨, 90—98, 109, 129, 130; Reagan's visit to military cemetery in, 里根造访军事公墓, 48, 227; reparation payments to Israel by, 对以色列的赔款, 109, 147; and U.S. Holocaust Museum, 与美国大屠杀博物馆, 157。See also Displaced persons; Nazi Germany, 参见难民；纳粹德国

Gettysburg Address, 葛底斯堡演说, 268
"Ghetto", "贫民区", 9, 195
Gilbert, Martin, 马丁·吉尔伯特, 48
Gingrich, Newt, 纽特·金里奇, 241
Ginzberg, Eli, 伊莱·金兹伯格, 36—37
Gitlin, Todd, 托德·吉特林, 106
Glazer, Nathan, 内森·格雷泽, 105
Glemp, Josef, 约瑟夫·格莱姆普, 228
Goebbels, Josef, 约瑟夫·戈培尔, 158
Golan Heights, 戈兰高地, 148
Gold, Bertram, 伯特伦·戈尔德, 187
Gold, Harry, 哈里·戈尔德, 92
Gold, Herbert, 赫伯特·戈尔德, 112—113
Goldberg, Arthur, 亚瑟·戈德堡, 127
Goldberg, Manfred, 曼弗雷德·戈德堡。See Arad, Shlomo, 见什洛莫·阿拉德
Goldhagen, Daniel Jonah, 丹尼尔·乔纳·戈德哈根, 137
Goldmann, Nahum, 纳赫姆·古德曼, 43, 44, 70, 80, 137—138
Goldstein, Baruch ("Benjy"), 巴鲁克·戈德斯坦("本杰"), 163, 165, 243
Goodman, Andrew, 安德鲁·古德曼, 173
Goodrich, Frances (Mrs. Albert Hackett), 弗朗西丝·古德里奇(艾尔伯特·哈克特夫人), 117—119
Gore, Al, 阿尔·戈尔, 221, 231
Göring, Hermann, 赫尔曼·戈林, 96, 158
Government Information Manual for the Motion Pictures,《政府电影信息手册》, 28
Great Britain, 大不列颠。See Britain, 见不列颠
Great Society programs, 伟大社会计划, 112
Greeley, Andrew, 安德鲁·格里利, 252
Green, Gerald, 杰拉尔德·格林, 210, 212, 236。See also Holocaust (miniseries), 参见大屠杀(系列剧)
Greenberg, Blu, 布鲁·格林伯格, 208
Greenberg, Hank, 汉克·格林伯格, 114, 121

431

Greenberg, Irving, 欧文·格林伯格, 109, 150, 173; as promoter of Holocaust consciousness, 作为大屠杀意识的倡导者, 188, 199—201, 250, 269

Greenglass, David, 戴维·格林格拉斯, 92

Grossman, Meier, 迈耶·格罗斯曼, 131

Gruenbaum, Yitzhak, 伊扎克·格伦鲍姆, 43

Grynberg, Henryk, 亨里克·格林伯格, 219, 221

Guilt: 罪过: Catholic absolution of Jews, regarding Jesus' death, 天主教宽恕犹太人的罪过(关于耶稣之死), 143—144; Christian, for Holocaust, 基督教徒对大屠杀的, 72, 73, 87, 141, 143, 144, 157, 208, 236—237; German, 德国, 87; over abandonment of Jews, 抛弃犹太人, 47—48, 71, 74—77, 159; and support for birth of Israel, 与对以色列立国的支持, 71—71, 74—75, 159; of survivors, 幸存者的, 75—76; use of Holocaust analogy to invoke, 借用大屠杀类比来提起, 253。See also Moral capital, 参见道德资本

Gun control, 枪支管制, 241, 242

Gutman, Israel, 伊思利尔·古特曼, 83, 119

Gypsies: 吉普赛人: as Nazi victims, 作为纳粹受害者, 100, 223

Haber, William, 威廉·哈伯, 80

Hackett, Albert, 艾尔伯特·哈克特, 117—119

Haitians, 海地人, 50, 250—251

Halbwachs, Maurice, 莫里斯·哈布瓦茨, 3, 5, 6, 246, 267

Halevi, Yossi Klein, 尤西·克莱因·哈勒维, 160

Haman, 哈曼, 132

Handlin, Oscar, 奥斯卡·汉德林, 129

Hanukkah, 光明节, 120

Harap, Louis, 路易斯·哈拉普, 93

Harvest of Hate (Poliakov), 《收获仇恨》(波利亚科夫), 103

Haskell, Molly, 莫利·哈斯凯尔, 212

Hausner, Gideon, 基甸·霍斯纳, 132

Hebrew Congregation (Newport, R.I.), 希伯来圣会(罗德岛新港), 209, 238

Hebrew language, 希伯来语, 149

Hebron massacre, 希伯伦大屠杀, 163, 164, 243

Hersey, John, 约翰·赫西, 112

Hershaft, Alex, 亚历克斯·赫沙夫特, 243

Hertzberg, Arthur, 阿瑟·赫尔茨伯格, 75—76, 175, 193, 198—199

Herut Party (Israel), 自由党(以色列), 140

Herzl, Theodor, 西奥多·赫茨尔, 153

Hester panim, "上帝隐藏起他的脸", 150

Hevesi, Eugene, 尤金·海韦希, 89, 91

Hexter, George, 乔治·赫克斯特, 97

Heydrich, Reinhard, 莱茵哈德·海德里希, 158

Hier, Marvin, 马尔文·希尔, 216

Hilberg, Raul, 劳尔·希尔伯格, 139, 141, 197, 212

Hillman, Sidney, 西德尼·希尔曼, 42

Himmelfarb, Milton, 弥尔顿·希默尔法布, 76, 159

Himmler, Heinrich, 海因里希·希姆勒, 35—36, 56, 158

Hinckley, John, 约翰·欣克利, 270

Hiroshima, 广岛, 66, 110—112, 259

Hispanics, 西班牙人, 189, 278

Hitler, Adolf, 阿道夫·希特勒, 66, 158, 178, 196; analogies to, 类比, 249; Jew's concerns about "posthumous victory" of, 犹太人对其"死后的胜利"的担心, 7, 163—164, 199, 281; as Zionism's aide, 作为犹太复国主义的助手, 77—78。See also Holocaust; Nazi Germany, 参见大屠杀；纳粹德国

Hoax of the Twentieth Century, The (Butz),《20世纪的骗局》(巴茨), 270

Hochhuth, Rolf, 罗尔夫·霍赫胡特, 143—145

Hollywood, 好莱坞; depiction of concentration camps in wartime films, 战争片对集中营的描述, 27; depiction of Holocaust by, 对大屠杀的描述, 104—105, 116, 180, 182—183, 207, 214, 257, 261, 271; depiction of Jews in films by, 犹太人在电影中的形象, 33, 94—95, 122; depiction of Nazis by, 对纳粹的描述, 157; depiction of Warsaw Ghetto Uprising by, 对华沙犹太社区起义之描述, 138; Jew's role in, 犹太人的作用, 28, 207; on nuclear war, 论核战争, 112。See also Media; *specific movies*, 参见媒体；具体的电影

"Hollywood Project","好莱坞项目", 94—95

Holocaust: 大屠杀: and American Jewish identity, 与美国犹太人认同, 7, 106, 185—202, 210, 279; American Jews as potential victims, 美国犹太人作为潜在受害者, 7, 66, 75—76, 190; as American memory, 作为美国人的记忆, 207—239, 277—281; as analogy, 作为类比, 22, 157—158, 160—165, 185, 192, 195, 222, 231, 241—243, 247—255, 260; as benchmark of oppression and atrocity, 作为压迫和暴行的衡量标准, 14, 192, 194, 196, 197, 257; as confirmation of uselessness of meliorative politics, 作为改良政治无用之证明, 12, 184, 240; curricula, 课程, 8, 11, 12, 103, 148, 188, 207, 258—261, 273, 277。See also Holocaust programming; de-Judaizing of, 参见大屠杀纪念活动；去犹太化。See Holocaust: as Jewish experience; downplaying of, by American Jews, 见大屠杀：作为犹太人经历；来自美国犹太人的轻视, 8, 98, 101, 103—123, 127, 170, 279—280; each generation's framing of, 每一代人的理解, 3, 120, 178, 184, 234, 242; as element in salvation myth, 作为救赎神话中的元素, 150, 151, 160, 236—237, 274; as emblematic of eternal Jewish condition, 作为犹太人永久境况之象征, 164, 173—178, 191, 281; extremity of, 窘境, 13, 177, 244, 246, 255, 261; fear of renewed, 对其复兴的担忧, 151—152, 159, 163, 174—175, 181, 198; good vs. evil in, 善恶相对, 13, 141—142, 156, 165, 169, 233–235, 239—240; incomparability of, 不可比性。See Holocaust: as unique event; incomprehensibility of, 见大屠杀: 作为独特事件; 不可理解性, 178, 200—201, 211—212, 274; increasing knowledge about, 对其越来越了解, 133, 177, 209, 232; institutionalization of commemoration of, 纪念活动的制度化, 152, 168, 180, 276—277; Israel as beneficiary of, 以色列作为受益者, 10, 39, 69—75, 145, 149, 153, 155, 156, 159, 165—169, 208, 268—269, 280; as Jewish experience, 作为犹太人经历, 117, 119, 133—134, 144, 156, 190, 218—226, 281; Jewish theological explanations of, 犹太人的神学解释, 108—109, 133, 149—150, 199, 200; Jews as one of several groups victimized in, 犹太人作为诸多受害者群体中一员, 38, 59, 65, 66, 116, 118, 214—226; Jews depicted as collaborators in, 犹太人被描述成帮凶, 93—94, 139—142; Jews depicted as passive in, 犹太人被描绘成消极被动, 26—27, 137—139; Jews depicted as resisters to, 犹太人被描绘成抵抗者, 114—115, 138—139, 262; lack of knowledge about, during World War II, 在二战期间对其缺乏了解, 19—29, 36—38, 49—50; lessons of, 教训, 12—15, 164, 178, 181, 184, 200, 225, 232, 234, 239—263; as moral capital, 作为道德资本, 8—9, 141, 156, 195; and nuclear war, 与核战, 112; numbers involved in, 牵涉到的人数, 20, 36, 214—226; promotion of consciousness of, 提升大屠杀意识, 152—157, 168, 174, 176—178, 187—188, 198—199, 201, 207—238, 268—269; as "revelational event", 作为"天启事件", 200—201, 269; sacralizing of, 神圣化, 11, 141, 199—201, 211—212, 225, 269, 274, 280; as sensitizing us to other atrocities, 使我们对其他暴行感到敏感, 247—257; transcendent status of, 超然的地位, 110, 178, 190—191, 211; as unique event, 作为独特的事件, 9, 14—15, 19, 192—193, 195—199, 211, 217—220, 239, 243, 254—255, 258—259, 274; uses of, by conservatives, 被保守主义者利用,

12, 183—184; uses of, by liberals and leftists, 被自由主义者和左翼分子利用, 12, 93—94, 184。See also Anti-Semitism; Bystanders; Concentration camps; Holocaust memorials and commemorations; Memories; Nazi Germany; Nuremberg Laws; Perpetrator(s); Rescue efforts; Survivors; Victims; Warsaw Ghetto Uprising; Yom Hashoah, 参见反犹主义；旁观者；集中营；大屠杀纪念馆和纪念活动；记忆；纳粹德国；纽伦堡法案；行凶者；救援努力；幸存者；受害者；华沙犹太区起义；大屠杀纪念日

Holocaust (miniseries),《大屠杀》(系列剧), 156, 208, 209—214, 217, 233—234, 236

Holocaust (the word), 大屠杀 (这个词), 20, 133—134

Holocaust commemorations, 大屠杀纪念活动。See Holocaust memorials and commemorations, 见大屠杀纪念馆和纪念活动

Holocaust denial, 否认大屠杀, 13, 14, 142, 156, 195, 270—272, 274

"Holocaust envy", "大屠杀嫉妒", 192, 197, 220

Holocaust Memorial Council, 大屠杀纪念理事会, 218, 219, 237

Holocaust memorials and commemorations, 大屠杀纪念馆和纪念活动, 202, 207, 208, 222, 224, 234, 276; Christian overtones of, 基督教的寓意, 11, 199; Christian participation in, 基督教参与, 236—237, 277—279; congressional support for, 国会支持, 193; Israel as, 以色列作为, 168; lack of, 缺乏, 104, 109; as morally therapeutic experience, 作为道德治疗经验, 13, 211, 214, 259—261; politicians' visits to, 政治人物的造访, 230—231; purposes of, 目的, 157, 269; in U.S. compared to Israel, 在美国与在以色列相比较, 168。See also Holocaust: promotion of consciousness of; Survivors; Victims; Warsaw Ghetto Uprising; Yad Vashem; Yom Hashoah; *cities in which Holocaust museums are located*, 参见大屠杀：提升大屠杀意识；幸存者；受害者；华沙犹太社区起义；大屠杀纪念馆；大屠杀纪念日；大屠杀纪念博物馆所在城市

Holocaust professionals, 大屠杀专家, 6, 168, 277

Holocaust programming, 大屠杀纪念活动, 155, 187—188, 202, 209—214, 258—261, 272, 275。See also Holocaust: curricula on, 参见大屠杀：课程

Holocaust Remembrance Day, 大屠杀纪念日。See Yom Hashoah, 见大屠杀纪念日

Homeless, 无家可归, 190

Homosexuals: 同性恋者: discrimination

against,歧视,12,223;Holocaust analogies used by,所利用的大屠杀类比,241,242;identity politics among,认同政治,189;as Nazi victims,作为纳粹受害者,223;in Niemöller quote,在尼穆勒引文中,221;rights of,权利,183,231

Hoover,Herbert,赫伯特·胡佛,49

Horkheimer,Max,马克斯·霍克海默,122,123

Horowitz,David,戴维·霍洛维茨,71

Höss,Rudolf,鲁道夫·霍斯,56

House Un-American Activities Committee,众议院非美活动委员会,93,95

Hungary,匈牙利,54,99,250

Hussein,Saddam,萨达姆·侯赛因,249

Hyman,Abraham S.,亚伯拉罕·S.海曼,80—81

I Married a Communist(movie),《我嫁给了一个共产党人》(影片),95

Immigration:移民:American restrictions on,美国的限制,12,48,49—52,79,81;of ex-Nazis to the Americas,前纳粹分子到美洲,88—90,96,228—229;of Jews to America,犹太人到美国,32,49,81—83,185—186;of Jews to Palestine,犹太人到巴勒斯坦,43,72,75;and lessons from Holocaust,与源自大屠杀的教训,250—251;recency of,and Jewish feelings about the Holocaust,近因,与犹太人对大屠杀的情感,35。See also United States:as having abandoned European Jews,参见美国:抛弃欧洲犹太人

Immigration Act(1942),《移民法案》(1942),49

Imperialism,帝国主义,153—154,161—162,172,173

India,印度,154,162

Indifference,冷漠。See Bystanders,见旁观者

Institute for Historical Review,历史评论研究所,270

Integrationism:统一主义:in American culture,美国文化中的,34,114—117,121—122,280;decline of,in America,在美国衰落,6,171,181—189;and DPs,与难民,81—82;of Holocaust lessons,大屠杀教训,38,115,214—226;in World War II American propaganda,在二战期间美国的宣传中,27—29

"Intellectual and Jewish Fate,The"(Podhoretz),《知识分子与犹太人的命运》(波德霍雷茨),105

Intermarriage,通婚,7,171,185,211。See also Assimilation,参见同化

International Red Cross,国际红十字会,101

International Refugee Organization,国际难民组织,88

Intifada,暴动,162—164

Irgun(Bergsonites),伊尔根(柏格森主义团体),40,41,53

Irish Americans, 爱尔兰裔美国人, 192

Isaacs, Stephen, 斯蒂芬·艾萨克斯, 175

Isolationism, 孤立主义, 28, 51

Israel: 以色列: American immigrations from, 来自以色列的美国移民, 186; American Jewish donations to, 美国犹太人对其的捐赠, 147, 149, 165; and American Jews, 与美国犹太人, 7, 31, 72—73, 146—152, 160, 186, 188, 190, 216—217; birth of, and Holocaust, 诞生与大屠杀, 69—77, 153, 156; criticism of, prevented by Holocaust framework, 对其的批判被大屠杀框架所阻碍, 10, 39, 145, 149, 155, 159, 165—169; foreign relations of, 对外关系, 193; German reparation payments to, 德国的赔偿金, 109, 147; Holocaust consciousness in, 大屠杀意识, 2, 147—169, 278; as Holocaust memorial, 作为大屠杀纪念, 168; isolation of, from international community, 与国际社会隔离, 151—153, 160; as "new Nazis", 作为"新纳粹", 162—165; question of guilt toward, 对其的罪责问题, 47, 71—72, 74—75, 159; self-image of, 自我形象, 131, 138, 148, 149; support for, by invoking Holocaust, 通过借用大屠杀来支持, 208, 268—269, 280; survivors as part of population in, 幸存者作为其人口中一部分, 2, 83, 147—148; as survivors' rightful home, 作为幸存者真正的家园, 73—81; trials of war criminals in, 战争罪犯之审判, 128—135, 140, 229; U.S. policy toward, 美国对其的政策, 10, 42, 76, 78, 151, 152, 166—167; vulnerability of Jews in, 境内犹太人的脆弱性, 151—153, 160, 168, 176; vulnerability of Jews outside, 境外犹太人的脆弱性, 132, 151, 176。See also Lebanon War; Mossad; Palestine; Six Day War; Survivors; Yom Kippur War; Zionists, 参见黎巴嫩战争；摩萨德；巴勒斯坦；六日战争；幸存者；赎罪日战争；犹太复国主义者

Israeli Declaration of Independence, 以色列独立宣言, 70, 133

I Was a Communist for the FBI (movie), 《联邦调查局的大红人》（影片）, 95

Iwo Jima, 硫磺岛, 66

Jacobs, Paul, 保罗·雅各布斯, 40—41, 133

Jaffee, Martin, 马丁·扎菲, 237

Jahoda, Marie, 玛丽·亚霍达, 123

Japan: 日本: as American enemy in World War II, 在二战中作为美国的敌人, 26, 27, 66; American nuclear bombing of, 美国的核轰炸, 110—112, 232; American racism toward, 美国的种族主义, 85。See also Japanese Americans; Pearl Harbor, 参见日裔美国人；珍珠港

Japanese Americans, 日裔美国人, 191—

192

JCRAC,犹太社区关系委员会(Jewish Community Relations Council),97—98

Jefferson, Thomas,托马斯·杰斐逊,271,272

Jerusalem,耶路撒冷,148,150; Mufti of,穆夫提,157—158

Jerusalem Post,《耶路撒冷邮报》,161,168

Jewish Agency(Palestine),犹太事务局(巴勒斯坦),50,56,57,79

Jewish Community Relations Council,犹太社区关系委员会(JCRC),97—98

Jewish Councils,犹太委员会。*See Judenrat*,见犹太居民委员会

Jewish Daily Forward,《犹太前锋日报》,32

Jewish Defense League,犹太防御联盟(JDL),173

Jewish Frontier,《犹太人前沿》,38,112,120

Jewish identity:犹太认同: of Anne Frank,安妮·弗兰克的,119—120; Holocaust's role in American,大屠杀在美国犹太认同中的作用,7—9,106,185—202,210,279; and Israel,与以色列,146; victimization history as central part of,作为核心部分的受害史,171,189—203。*See also* Collective memory; Jews; Judaism,参见集体记忆;犹太人;犹太教

Jewish Labor Committee,犹太劳工委员会,39,76,123

Jewish Life,《犹太人生活》,93

Jewish National Fund,犹太建国基金,43

Jewish People's Committee,犹太人民委员会,52

Jewish Publication Society,犹太出版学会,37,135

Jewish Social Studies,《犹太社会研究》,119

Jewish War Veterans,犹太战争老兵处,123,144

Jewish Welfare Fund,犹太福利基金,95

Jews(American):(美国)犹太人: in armed forces,武装部队中的,33—34,41,121; "civil religion" of,"民间信仰",146,149,199,201; collective memory among,集体记忆,4—5,170—203; and Communism,与共产主义,92—100,173—174; competition of, with blacks for victim status,与黑人竞争受害者身份,9—10,175,193—195; diversity among,多样性,7,31; and espionage,与间谍活动,92,94,175; European Jews' claims of abandonment by,欧洲犹太人宣称被其所抛弃,12,15,19,30—47,58—59,158—159,256; fears about demographic survival of,对人口生存的担忧,184—188; "fortress mentality" among,"堡垒般的心态",178—184; God's covenant with, and Holocaust explanations,上帝契约与大屠杀的解释,108,150,

199, 200; ignorance of Holocaust by, 对大屠杀的无知, 36—38; influential status of, 有影响力的地位, 9, 12, 108, 114, 175—176, 183, 191, 195, 207—208; as initiators of American discourse on Holocaust, 作为美国大屠杀言论的发起人, 6, 207—214; interreligious dialogues of, 宗教间对话, 143, 144, 156, 158; loyalty of, 忠诚, 32—39, 91, 113—114, 168; percentage of U.S. population, 美国人口中的比例, 11, 225; and postwar Germany, 与战后德国, 90—98, 109, 129, 130; as potential Holocaust victims, 作为潜在的大屠杀受害者, 7—9, 66, 75—76, 190; prejudice among, 偏见, 191; presentations of, 对其的表现, 11, 26—27, 120—123, 131, 132, 137—141, 148, 149, 164, 202; private and public discourses of, 私人和公共言论, 98, 104—105, 107, 141, 145, 158, 159; reaction of, to Israeli wars, 对以色列战争的反应, 148—152; religious belief among, 宗教信仰, 7, 108—109, 182, 185, 190, 198, 201; shunning of victim identity by, 对受害者身份的逃避, 8, 121—123, 131, 148, 149, 190, 281; social consciousness among, 社会意识, 10, 181—184; stereotypes associated with, 相关的陈规陋习, 92, 121—122, 153; vengeful feelings among, 报复感, 5, 91—92, 96—98, 129—130, 132。See also Anti-Semitism; Assimilation; Diaspora; Ethnic differences; Holocaust; Intermarriage; Jewish identity; Judaism; Rescue efforts; Survivors; Victims; Zionism, 参见反犹主义; 同化; 流散的犹太人; 种族差异; 大屠杀; 通婚; 犹太认同; 犹太教; 救援努力; 幸存者; 受害者; 犹太复国主义

Jews Were Expendable, The (Penkower),《犹太人尽可牺牲》(彭科威尔), 47

John Paul Ⅱ, 约翰·保罗二世, 159, 227, 228

Johnson, Lyndon, 林顿·约翰逊, 148

Jordan, 约旦, 148

Journal of Abnormal Psychology,《变态心理学杂志》, 137

Journal of Historical Review,《历史评论杂志》, 270

Judaism: 犹太教: its explanations for Holocaust, 对大屠杀的解释, 108—109, 133, 149—150, 199, 200; "folk","人们", 200, 269; as helping survivors withstand Nazism, 帮助幸存者反抗纳粹主义, 119; Holocaust as central symbol of, 大屠杀作为其核心象征, 199—200, 269; obligations of, to remember, 铭记其义务, 10—11, 164, 239。See also Jewish identity; Jews; "Judeo-Christian tradition"; Passover, 参见犹太认同; 犹太人; "犹太基督教传统"; 逾越节

Judaism (American Jewish Congress

journal),《犹太教》(美国犹太人大会杂志),106,110

Judenrat(Jewish councils),犹太居民委员会(犹太委员会),93—94,139—142,164

"Judeo-Christian tradition","犹太—基督教传统",28,73,116,225

Judgment at Nuremberg(movie),《纽伦堡审判》(影片),103—104

Justice Department(U.S.),司法部(美国),228—229

Kahane,Meir,梅厄·卡亨,173,175

Kanin, Garson,加森·卡宁,117—118,120

Karp,Abraham,亚伯拉罕·卡普,39

Katyn Forest massacre,卡廷森林惨案,22,101—102

Katz,Shlomo,什洛莫·凯茨,33

Katz,Steven T.,斯蒂文·T.凯茨,196

Kaye,Danny,丹尼·凯耶,122,226

Kazin,Alfred,艾尔弗雷德·卡辛,144

Kelly,Colin,柯林·凯利,33,41

Kenan,I. L.,凯南,157

Kennedy,John F.,约翰·F.肯尼迪,112,127,188

Kennedy, Robert F.,罗伯特·F.肯尼迪,112

Khmer Rouge,红色高棉,248

King, Martin Luther, Jr.,小马丁·路德·金,112,174

Kishinev massacre,基什尼奥夫大屠杀,75

Klausner, Abraham,亚伯拉罕·克劳斯纳,79—80

Klutznick Museum(Washington, D.C.),克卢茨尼克博物馆(华盛顿特区),201

Knoll,Erwin,欧文·诺尔,254

Koch,Ed,艾德·科赫,168

Koch,Ilse,伊尔斯·科赫,93

Kohl,Helmut,赫尔穆特·科尔,14

Kohner, Hanna Bloch,汉娜·布洛克·科纳,115

Koop, C. Everett, C.埃弗雷特·库普,241

Kosovo(battle of),科索沃(战争),4,267

Kristallnacht,"水晶之夜",21,38,41,50,52,209

Kristol, Irving,欧文·克里斯托尔,183

Kubowitzki, A. Leon, A.列昂·库伯威茨基,56—57

Lamm, Norman,诺尔曼·拉姆,185

Landsberg DP camps,兰兹伯格难民营,78

Lang,Berel,贝瑞尔·朗,197

Langer, Lawrence,劳伦斯·兰格,119—120

Lanzmann, Claude,克劳德·蓝兹曼,273

Latin American,拉丁美洲,54,71

Latvia,拉脱维亚,89

Law for the Punishment of Nazis and Their Collaborators(Israel),惩罚纳

粹分子及其帮凶的法律(以色列),140
Lebanon War(1982),黎巴嫩战争(1982),161—163
Lemkin, Raphael,拉斐尔·莱姆金,100—101
Le Pen, Jean-Marie,让—玛丽·勒庞,20
Lerman, Miles,迈尔斯·勒曼,165
Levi, Primo,普里莫·列维,142,215,275
Levin, Meyer(bombardier),迈耶·莱文(炮兵军士),33,41
Levin, Meyer(novelist),迈耶·莱文(小说家),118—119,235
"Liberated prisoners","被解放的囚徒",67
Libya,利比亚,154
Lichten, Joseph,约瑟芬·李希滕,144
Lichtheim, Richard,理查德·利希海姆,70
Lidice massacre,利迪策大屠杀,45
Liebman, Charles,查尔斯·利布曼,164
Life magazine,《生活》杂志,25,64—65,95,111,140—141
Lifton, Robert K.,罗伯特·K. 利夫顿,112
Lincoln, Abraham,亚伯拉罕·林肯,268
Lindbergh, Charles,查尔斯·林白,28
Lipstadt, Deborah,黛博拉·利普斯塔特,47,65,229,259,271,275
Lithuania,立陶宛,101
Look magazine,《看》杂志,158,185
Lookstein, Haskel,哈斯克尔·卢克斯坦,34

Lopate, Phillip,菲利普·洛佩特,235
Los Angeles,洛杉矶,201,272,276
Lubell, Samuel,塞缪尔·卢贝尔,68
Luce, Henry,亨利·鲁斯,113
Lukas, Edwin J.,埃德温·J. 卢卡斯,96
Lutherans,路德会教友,89

Maidanek concentration camp,迈登涅克集中营,160,219
Maier, Charles,查尔斯·迈尔,8
Maine(ship),缅因号(轮船),4
Making It(Podhoretz),《成功》(波德霍雷茨),106
Malnutrition,营养不良,255—257
March of the Living,"生者行军"运动,160
Marshall, George,乔治·马歇尔,80
Marshall Plan,马歇尔计划,93
Masada,马察达,4—5
Mauthausen concentration camp,毛特豪森集中营,66,115,215
Mazewski, Aloysius,阿洛伊修斯·马泽夫斯基,217
McCarthy, Joseph,约瑟夫·麦卡锡,93—94,127
McCloy, John J.,约翰·J. 麦克洛伊,57—58
Me and the Colonel(movie),《我与上校》(影片),122
Media:媒体: depictions of Jews in, 对犹太人的描写,171—172; Jews in,犹太人,12,108,207—208。See also Hollywood; Press; Propaganda;

Television, 参见好莱坞；新闻报道；宣传；电视
Meed, Benjamin, 本杰明·米德, 165, 180
Meier, Lili, 莉莉·迈耶, 115
Melman, Yossi, 尤西·梅尔曼, 71
Memories, 记忆: fading of Holocaust, 大屠杀记忆的消失, 153—155, 177; of Holocaust in Middle Eastern conflict, 中东冲突中的大屠杀记忆, 5, 10, 148—154, 160—166, 168—169, 268—269; of Holocaust survivors, 大屠杀幸存者的, 3, 83—84, 215, 229, 273—277; institutionalization of, 制度化, 6, 199, 276—277; Jewish obligations regarding, 犹太人对其的义务, 10—11, 164, 239。See also Collective memory; Holocaust memorials and commemorations, 参见集体记忆；大屠杀纪念馆和纪念活动
Mengele, Josef, 约瑟夫·门格勒, 231
Menorah Journal, 《灯台杂志》, 38
Merkin, Daphne, 达芙妮·莫金, 106—107
Mermelstein, Mel, 梅尔·默梅尔斯坦, 270
Metropolitan Museum of Art, 大都会艺术博物馆, 172
Mexico, 墨西哥, 154, 232
Middle East, 中东: conflict in, and Holocaust memories, 冲突与大屠杀记忆, 5, 10, 148—154, 160—166, 168—169, 268—269; U.S. policy in, 美国政策, 159, 183。See also Arab nations; Israel; Palestine, 参见阿拉伯民族；以色列；巴勒斯坦
Midstream, 《中游》, 120
Milgram, Stanley, 斯坦利·米尔格拉姆, 136—137, 245
Mill, John Stuart, 约翰·斯图尔特·密尔, 271
Miller, Arthur, 阿瑟·米勒, 26
Miss America, 美国小姐, 114, 121
Moment, 《时刻》, 152—153
Mondale, Walter, 沃尔特·蒙代尔, 183, 218
Moral capital (Holocaust as), (大屠杀作为) 道德资本, 8—9, 141, 156, 195
Moral order (and Holocaust interest), 道德秩序 (与大屠杀利益), 234—235
Morgenthau, Henry, 亨利·摩根索, 91—92
Morgenthau Plan, 摩根索计划, 91—92, 97, 129
Morrison, Toni, 托尼·莫里森, 194
Morse, Arthur, 阿瑟·莫斯, 158
Moseley-Braun, Carol, 卡罗尔·莫斯利—布劳恩, 230
Mossad, 摩萨德, 78, 131
Mount Sinai, 西奈山, 148, 200, 201, 269
Mourning, 哀悼, 10—11, 36, 239
Movies, 电影。See Hollywood; *specific movie titles*, 见好莱坞；具体的电影片名

索 引

Mufti of Jerusalem,耶路撒冷的穆夫提,157—158

Muhammad,Khalid Abdul,哈立德·阿卜杜勒·穆罕默德,193—194

Mumford,Lewis,刘易斯·芒福德,111

Mur des Fédérés,巴黎公社社员墙,4

Murdoch,Rupert,鲁珀特·默多克,9

Murrow,Edward R.,爱德华·R. 穆罗,63,64

Museum of Jewish Heritage(New York),犹太遗产博物馆(纽约),202,272,276

Muslims:穆斯林:Arabs as,阿拉伯人,157; and Serbs,与塞尔维亚人,4,251—254,262; Turks as,土耳其人,193。See also Nation of Islam,参见伊斯兰民族

Mussolini,Benito,本尼托·墨索里尼,66

Myerson,Bess,贝丝·迈尔森,114,121

My Lai,米莱,259

My Son John(movie),《我的儿子约翰》(影片),95

Nagasaki,长崎,66

Nation, The,《国家》,22,213

National Catholic Welfare Conference,全国天主教福利大会,89,134,144

National Community Relations Advisory Council,全国社区关系咨询委员会(NCRAC),96—99,117,121,123,138,141。See also National Jewish Community Relations Advisory Council,参见全国犹太社区关系咨询委员会

National Conference of Christians and Jews,基督徒和犹太人全国会议,156,210

National Jewish Community Relations Advisory Council,全国犹太社区关系咨询委员会,187。See also National Community Relations Advisory Council,参见全国社区关系咨询委员会

National Jewish Monthly,《全国犹太月刊》,45

National Jewish Population Survey,全国犹太人口调查,185

National Review,《全国评论》,130

Nativism,本土主义,51

Nazi Germany:纳粹德国:absorption of Austria by,吞并奥地利,51; analogies between Arab nations and,与阿拉伯民族类比,157—158,161,163,165; animus toward Christianity in,对基督教的敌意,28,116; anti-Semitism in,反犹主义,20—22,27,116,135—137; deportation of Jews from,驱逐犹太人,22,37; divisions in regime of,政权的分裂,53; as embodiment of evil,作为邪恶的化身,24,85—86; films about,相关电影,122—123,157。See also *Schindler's List*,参见《辛德勒名单》; Jews as collaborators with,犹太人作为帮凶,93—94,139—

443

142, 164; Jews' flight from, 犹太人逃离, 49; musicians associated with, 音乐家, 109; political opponents of, in concentration camps, 集中营中的政敌, 21, 26—27, 64—65; Soviet prisoners of war killed by, 被杀害的苏联战俘, 26; surrender of, 投降, 66; as totalitarian, 作为极权主义, 12, 28—29, 86, 99—100; and UN's interest in genocide, 与联合国对种族灭绝的关切, 100; world's inability to rescue Jews from, 世界无力营救犹太人, 44—46。See also Concentration camps; De-Nazification; Hitler, Adolf; Holocaust; Kirstallnacht; Nuremberg Laws; Victims; War criminals, 参见集中营；去纳粹化；阿道夫·希特勒；"水晶之夜"；《纽伦堡法案》；受害者；战犯

NBC, 全国广播公司。See Holocaust (miniseries), 参见《大屠杀》（系列剧）

NCRAC, 全国社区关系咨询委员会 (National Community Relations Advisory Council)

Negotiation efforts (to save European Jews), 协商行动（以营救欧洲犹太人）, 48, 52—54

Neo-conservatism, 新保守主义, 183

Neumann, Emmanuel, 伊曼纽尔·纽曼, 43—44

Neumann, Franz, 弗朗茨·纽曼, 141

Neusner, Jacob, 雅各布·纽斯纳, 150, 151, 198

"Never again" slogan: "不再重演"标语: American politicians' use of, 美国政客对其的利用, 48, 253—254; in campaigns for Soviet Jewry, 为苏联犹太人而战, 39; in Eichmann trial, 艾希曼审判, 132; as Jewish Defense League's motto, 犹太防御联盟座右铭, 173; Jews' use of, 犹太人利用, 158—159; as lesson of Holocaust, 作为大屠杀教训, 199, 232, 253—257

"New Americans", "新美国人", 67, 84

New England Holocaust Memorial (Boston), 新英格兰大屠杀纪念馆（波士顿）, 207, 221, 224, 276

New Jersey Commission on Holocaust Education, 新泽西大屠杀教育委员会, 258

New Jersey School Boards Association, 新泽西学校董事会协会, 258

New Leader, The,《新领袖》, 24, 96, 99, 105—106

New Palestine, "新巴勒斯坦", 45

New Public, The,《新共和》, 22, 129, 159

New York City: 纽约市: efforts to build Holocaust memorial in, 努力建造大屠杀纪念馆, 123, 168, 202, 272, 276; Holocaust survivors in, 大屠杀幸存者, 83; school strike in, 学校罢课, 172, 173, 177, 178—179

New York Daily News,《纽约每日新闻》, 82

New York Herald Tribune,《纽约先驱论坛报》, 111

New York magazine,《纽约》杂志,212

New York Post,《纽约邮报》,89,129

New York Times,《纽约时报》,197,249,277; on Babi Yar, 关于巴比谷,22; on *Holocaust* miniseries, 关于《大屠杀》系列剧,211; Kirstallnacht reported in, 对"水晶之夜"的报道,21,41; on Palestinian massacres, 关于巴勒斯坦杀戮,162; on Serbian death camps, 关于塞尔维亚死亡集中营,251—252

New York Times Book Review,《纽约时报书评》,118

New York Times Magazine,《纽约时报杂志》,115,136

New Yorker, The,《纽约客》,117,134,139

Nicaragua, 尼加拉瓜,183

Niebuhr, Reinhold, 莱因霍尔德·尼布尔,110

Niemöller, Martin, 马丁·尼穆勒,221

Nigeria, 尼日利亚,247—248。See also Biafra *Night* (Wiesel), 参见比夫拉的《夜》(维瑟尔),11

Nixon, Richard, 理查德·尼克松,166

No Haven for the Oppressed (Friedman),《被压迫者无处躲藏》(弗里德曼),47

None Shall Escape (movie),《无一逃脱》(影片),27

Non-Sectarian Committee for German Refugee Children, 德国难民儿童无派系委员会,51—52

Nordhausen concentration camp, 诺德豪森集中营,55

North American Jewish Students' Network, 北美犹太学生联动网,187

Nuclear weapons, 核武器,12,66,72,73,232; concern about, 关注,110—112; opposition to, 反对,106,127

Nuit et brouillard (Resnais),《夜与雾》(雷奈),103

Numbers (involved in Holocaust), (被卷入大屠杀的)人数,20,36

Nuremberg Laws (Nazi Germany),《纽伦堡法案》(纳粹德国),21,209

Nuremberg Trials (Germany), 纽伦堡审判(德国),129

Nye, Gerald, 杰拉尔德·奈,28

Objective, Burma! (movie),《反攻缅甸》(影片),33

Odessa File, The (Forsyth),《敖德萨档案》(福塞斯),157

Office of Strategic Services (U.S.), 战略服务办公室(美国),24。See also Central Intelligence Agency, 参见中央情报局

Office of War Information (U.S.), 战争信息办公室(美国),23,27,101

Okinawa, 冲绳,66

On the Beach (movie),《海滨》(影片),112

Operation Desert Storm, 沙漠风暴行动,249

Operation Restore Hope, 重拾希望行动,249

445

Organization of American Historians，美国历史学家组织，270
Oxford English Dictionary，《牛津英语大词典》，133
Oz, Amos，阿莫斯·奥兹，164
Ozick, Cynthia，辛西娅·奥齐克，10，117，152

Pacific conflict（in World War Ⅱ），太平洋冲突（在第二次世界大战中），26，27，66
Palestine，巴勒斯坦。See Arab nations; Israel; Middle East; Palestine Liberation Organization; Yishuv; Zionism，见阿拉伯民族；以色列；中东；巴勒斯坦解放组织；伊休夫；犹太复国主义
Palestine Liberation Organization，巴勒斯坦解放组织（PLO），161，183
Palestine Post，《巴勒斯坦邮报》，35—36
Particularism（Identity politics; Separatism）：特殊主义（认同政治、分离主义）：emphasis on, in America，强调，在美国，5，6—7，171—191，280; and victimhood，与受害者身份，8—10，214—226
Partisan Review，《党派评论》，24
Passover，逾越节，257; Holocaust references in rituals of，仪式中对大屠杀的引用，104，184; not observed by Ann Frank，安妮·弗兰克未遵守，119—120
Past，过去。See History，见历史

Patterson, William L.，威廉·L.帕特森，94
Patton, George，乔治·巴顿，73
Paul Ⅵ，保罗六世，144
Peace Now（Israeli organization），今日和平（以色列组织），163
Pearl Harbor，珍珠港，4，26—28，232
Pehle, John，约翰·佩勒，57
Pentagon，五角大楼，72
Pequot Indians，佩科特印第安人，192
Percy, Charles，查尔斯·珀西，167
Peres, Shimon，希蒙·佩雷斯，149
Peretz, Martin，马丁·佩雷茨，159
Perlmutter, Nathan，内森·佩尔穆特，146—147，174，181—182
Perpetrator(s)：行凶者：emphasis on victims rather than，对受害者而非对行凶者的强调，144; lessons to be learned from，从中学习到的教训，13，244—245; potential，潜在的，112，236; U.S. as, of atrocities on Japan，美国作为行凶者对日本的暴行，110—112。See also Nazi Germany，参见纳粹德国
Persian Gulf War，海湾战争，249
Petegorsky, David，戴维·皮特戈尔斯基，95
Petliura, Symon，西蒙·彼得留拉，132
Pharaoh，法老，132
Philadelphia，费城，97—98
Pius Ⅻ，庇护十二世，142—144，159，210，228
Planet of the Apes（movie），《人猿星球》

（影片），112

Playing for Time（TV movie），《集中营血泪》（电视片），213

"Plea for Forgetting, A"（Elkana），"恳求遗忘"（埃尔卡纳），164

PLO，巴勒斯坦解放组织（Palestine Liberation Organization），161，183

Podhoretz, Norman，诺曼·波德霍雷茨，95，105，106，136，163，177; on "new anti-Semitism"，论"新反犹主义"，171—173

Poland：波兰：anti-Jewish programs in, 反犹太人计划，68; bystanders to Jewish Holocaust in, 犹太人大屠杀的旁观者，179，223; collective memory in, 集体记忆，4; concentration camps in, 集中营，160，223; ghettoization of Jews in, 把犹太人圈定住区，22; Holocaust commemoration in, 大屠杀纪念活动，278—279; Jewish deportation to, 犹太人被驱至，37; Jews' return to, 犹太人回到，68; order to kill all Jews in, 对所有犹太人实施杀戮的命令，35—36。 See also Auschwitz concentration camp; Poles; Warsaw Ghetto Uprising, 参见奥斯维辛集中营; 波兰人; 华沙犹太区起义

Poles：波兰人：as Nazi victims, 作为纳粹受害者，38，100，217，222—223，258; as Soviet victims, 作为苏联受害者，22，101，222—223

Poliakov, Léno，莱诺·波利亚科夫，103

Polier, Shad，沙德·波利尔，37—38

Polish-American Congress，波兰裔美国人大会，217

Politicians：政客: use of Holocaust by, 对大屠杀的利用，48，230—231，253—254

Politics：政治: Holocaust "lesson" regarding, 大屠杀"教训"，12，184，240

Politics of Rescue, The（Feingold），《救援政治》（法因戈尔德），48

Pollard, Jonathan，乔纳森·波拉德，39，175

Polls，民意调查，232; on Holocaust denial, 关于对大屠杀的否认，270—272; on Jewish Defense League, 关于犹太防御联盟，174; on Jewish demographics, 关于犹太人口统计，185; on Jewish identity, 关于犹太认同，189，202; on Nazi hunting, 关于追捕纳粹，229; on postwar anti-Semitism, 关于战后反犹主义，113; on Reagan's visit to German military cemetery, 关于里根对德国军事墓地的造访，227

Pol Pot，波尔布特，239，248

Porat, Dina，迪娜·波拉特，36

Postal Service（U.S.），邮政业（美国），63

Prague trial，布拉格审判，98—99

Present：现在: impact of, on interpretation of past, 影响对过去的解释，3，120，178，184，234，242

President's Commission on the Holocaust, 总统的大屠杀委员会，150，157，

216—220, 269

Press：媒体：Christian, 基督教的, 129—130, 134; and Eichmann trial, 与艾希曼审判, 131—134; Jewish, 犹太人的, 23, 35, 37, 38, 96; and Katyn Forest massacre, 与卡廷森林惨案, 101; and liberation of concentration camps, 与集中营的解放, 63—66; limited attention of, to Holocaust, 对大屠杀有限的关注, 21—26, 37, 103; on Palestinian massacres, 关于巴勒斯坦惨案, 161—162; Yiddish, 意第绪语, 32, 35, 96; in Yishuv, 在伊休夫, 35—36

Pride of the Marines (movie),《海军的骄傲》(影片), 33

Prinz, Joachim, 约阿希姆·普林兹, 135, 147, 187

Prisoners of war, 战俘, 26, 54, 67, 101, 223

Propaganda：宣传：of Arab countries, 阿拉伯国家; concerning Palestine, 关于巴勒斯坦, 78; against genocide, 反对种族灭绝, 101; in World War I, 在第一次世界大战中, 23; in World War II, 在第二次世界大战中, 23, 27—29, 116

Protestants, 新教徒, 72, 89, 110—111, 143

Proxmire, William, 威廉·普洛克斯迈尔, 224

Purim, 普林节, 5

Purple Heart, The (movie),《紫心勋章》(影片), 33

Queen for a Day (TV show),《一天的女王》(电视节目), 115

Quo Vadis (Sienkiewicz),《君往何处》(显克微支), 100

Raab, Earl, 厄尔·拉布, 172
Rabi, I. I., I. I. 拉比, 112
Rabin, Yitzhak, 伊扎克·拉宾, 162—165
Raviv, Dan, 丹·拉维夫, 71
Reagan, Ronald, 罗纳德·里根, 48, 183, 227, 270
Record, The (ADL),《纪录》(反诽谤联盟), 210
Red Menace, The (movie),《红色威胁》(影片), 95
Reed, Ralph, 拉尔夫·李德, 231
Reitlinger, Gerald, 杰拉尔德·赖特林格, 103
Republican Party, 共和党, 183, 221, 227
Rescue efforts (to save European Jews), 救援努力(为营救欧洲犹太人), 39—45, 48—59, 75, 78, 179, 242, 256, 262; by Christians, 基督徒的, 117, 134, 143, 179—181, 210, 214, 219
Resistance (to Nazi Germany), 抵抗(纳粹德国), 103, 138—139, 262
Resnais, Alain, 阿兰·雷奈, 103
Revenge, 报复. See Vengeance, 见报仇
Rieff, David, 戴维·里夫, 254

索 引

Riegner, Gerhard, 格哈德·凌格纳, 22—23, 44

"Righteous Gentiles", "正直的非犹太人", 179—181, 219

Rise and Fall of the Third Reich, The（Shirer）,《第三帝国的兴亡》（夏伊勒）, 128

Riskin, Shlomo, 什洛莫·里斯金, 160

Rituals, 仪式, 233—234。See also Passover, 参见逾越节

Rockwell, George Lincoln, 乔治·林肯·罗克韦尔, 128

Romania, 罗马尼亚, 53, 54

Roosevelt, Franklin Delano（FDR）, 富兰克林·德拉诺·罗斯福, 66, 91; American Jews' support for, 美国犹太人的支持, 42, 44—45; as having abandoned European Jews, 抛弃欧洲犹太人, 12, 19, 40, 47—49, 52, 184; Jews in administration of, 行政机构中的犹太人, 28, 33, 91—92; and Katyn Forest massacre, 与卡廷森林惨案, 101; and Kristallnacht, 与"水晶之夜", 33; World War II aims of, 二战目标, 50—51

Roots（miniseries）,《根》（系列剧）, 209

Roper Organization, 罗珀组织, 271—272

Rosenberg, Bernard, 伯纳德·罗森伯格, 112

Rosenberg, Ethel, 埃瑟尔·罗森堡, 92, 94, 96, 99

Rosenberg, Julius, 朱利叶斯·罗森堡, 92, 94, 96, 99

Rosenblatt, Roger, 罗杰·罗森布拉特, 161

Rosenne, Meier, 迈耶·罗森, 168

Rosenthal, A. M., A. M. 罗森塔尔, 163, 254—255

Rosenwald, Lessing, 莱辛·罗森沃尔德, 81—82

Rosten, Leo, 利奥·罗斯滕, 27

Roth, Philip, 菲利普·罗斯, 32, 113

Rubenstein, Richard, 理查德·鲁宾斯坦, 163

Rudin, James, 詹姆斯·鲁丁, 278

Rudolph, Eric, 埃里克·鲁道夫, 270

Russians: 俄罗斯人: as Nazi victims, 作为纳粹受害者, 26, 38, 66, 100, 223。See also Soviet Union, 参见苏联

Rwanda, 卢旺达, 74, 250, 256

Sabra refugee camp, 萨布拉难民营, 161

"Sacred", "神圣的", 201。See also Holocaust: sacradizing of, 参见大屠杀: 神圣化

Sadat, Anwar, 安瓦尔·萨达特, 154, 161

St. Louis（ship）, 圣路易斯号（轮船）, 50, 250

St. Nicholas Day, 圣尼古拉斯节, 120

Sarna, Jonathan, 乔纳森·萨纳, 175

Saturday Evening Post,《星期六晚邮报》, 65, 68, 91—92

Saudi Arabia, 沙特阿拉伯, 156, 157

Schindler's List（movie）,《辛德勒名单》（影片）, 180, 182—183, 207, 214, 256,

261,271

Schmidt, Helmut, 赫尔穆特·施密特, 161

Schorsch, Ismar, 伊斯马·朔尔施, 198, 269

Schwarzbart, Isaac, 艾萨克·施瓦茨巴特, 104

Schwerner, Michael, 迈克尔·施沃纳, 173

Seder rituals, 逾越节家宴仪式。See Passover, 见逾越节

Senesh, Hannah, 汉娜·森内什, 78

Separatism, 分离主义。See Particularism, 见特殊主义

Serbs, 塞尔维亚人, 4, 251—253, 262, 267

Sh'altiel, David, 戴维·什阿尔捷, 69

Shamir, Yitzhak, 伊扎克·沙米尔, 39, 162

Shapira, Anita, 安妮塔·沙皮拉, 78

Shapiro, Edward, 爱德华·沙皮罗, 75, 114

Shatila refugee camp, 夏提拉难民营, 161

Shipler, David, 戴维·希普勒, 162

Shirer, William L., 威廉·L. 夏伊勒, 24, 128

"Shoah", "大屠杀", 133。See also Holocaust, 参见大屠杀

Shoah (movie), 《大屠杀》(影片), 273

Shultz, George, 乔治·舒尔茨, 48

Siegman, Henry, 亨利·席格曼, 163, 172, 252

Signal Corps, U.S. Army, 通信兵(美国陆军), 64, 117

Silence: of Vatican on Holocaust, (梵蒂冈对大屠杀的)沉默, 142—144, 159, 210, 228。See also Bystanders, 参见旁观者

Silver, Abba Hillel, 阿巴·希勒尔·锡尔弗, 43, 77—78

Simon Wiesenthal Center, 西蒙·维森塔尔中心, 176, 188, 216, 217, 235, 249, 272。See also Wiesenthal, Simon, 参见西蒙·维森塔尔

Sinai, 西奈。See Mount Sinai, 见西奈山

Sinai Campaign (1956), 西奈战役(1956), 147

Singer, David, 大卫·辛格, 156

Singer, Isaac Bashevis, 艾萨克·巴什维斯·辛格, 241

Six Day War (1967), 六日战争(1967), 148—152, 154, 158, 165, 166, 173, 237

"614th Commandment", "第614条戒律", 199

"Six million", "六百万"。See Numbers, 见数字

"Sixty million", "六千万"。See Numbers, 见数字

Skokie (Illinois), 斯科基(伊利诺伊州), 226

Slansky, Rudolph, 鲁道夫·斯兰斯基, 98

Slavery, 奴隶制, 15, 193—194, 280—281

Slavonians, 斯拉沃尼亚, 100

索　引

Slawson, John, 约翰·斯劳森, 121—122, 132
Smithsonian Institution, 史密森学会, 192
"Soap" story, "肥皂"故事, 23, 136
Sobell, Morton, 莫顿·索贝尔, 92
Social Democrats, 社会民主党人, 221
Socialists, 社会主义者, 21, 39
Somalia, 索马里, 249—250, 253
"Song of the Warsaw Ghetto", "华沙犹太社区之歌", 94
Sontag, Susan, 苏珊·桑塔格, 64, 254
Sourian, Peter, 彼得·苏里安, 212—213
Soviet Union: 苏联: Afghan war of, 阿富汗战争, 249; as American ally in World War II, 在二战期间作为美国的盟友, 22, 85, 92, 94, 101—102, 232; as American enemy in cold war, 在冷战时期作为美国的敌人, 86—88, 90, 166; and birth of Israel, 与以色列的诞生, 71; Bolshevik Revolution in, 布尔什维克革命, 49, 92; captive countries of, 被奴役的国家, 222—223; Chinese split with, 中国与之决裂, 127; concentration camp liberation by, 解放集中营, 65; and genocide, 与种族灭绝, 100, 101; Jews in, 犹太人, 39, 68, 98—100, 176, 186; nuclear weapons of, 核武器, 112; prisoners of war from, 战俘, 26, 223; slave labor camps in, 奴隶劳工营, 87; space flights by, 太空飞行, 130, 131; as totalitarian, 作为极权主义者, 12, 86。See also Russians; Ukraine, 参见俄罗斯人; 乌克兰

Spain: 西班牙: civil war in, 内战, 33, 106; expulsion of Jews from, 驱逐犹太人, 109, 267
Specter, Arlen, 阿伦·斯佩克特, 231
Spiegel, Der,《明镜周刊》, 213
Spielberg, Steven, 斯蒂芬·斯皮尔伯格, 180, 182—183, 214, 271, 275—277
Spies, 间谍。See Espionage, 见间谍活动
Spotted Elk, Clara, 克拉拉·斯波蒂德·埃尔克, 192
Spousal abuse, 虐待配偶, 190
Stalin, Joseph, 约瑟夫·斯大林, 53, 89, 99, 127, 196
State Department (U.S.), 国务院（美国）, 292n.12, 292n.14; approval of former SS members as immigrants, 批准前党卫队成员移民, 89; on atrocities, 关于暴行, 23, 252; and birth of Israel, 与以色列的诞生, 72; and immigration restrictions, 与移民限制, 49; and rescue efforts, 与救援行动, 297n.35
"Stealing the Holocaust" (Alexander), "窃取大屠杀"（亚历山大）, 120
Steiner, George, 乔治·斯坦纳, 262
Stevens, George, 乔治·史蒂文斯, 117, 120
Stimson, Henry, 亨利·斯廷森, 91
Strauss, Franz Josef, 弗朗茨·约瑟夫·施特劳斯, 213
Strochlitz, Sigmund, 西格蒙德·斯特罗施利兹, 219

Student Non-Violent Coordinating Committee,学生非暴力协调委员会,172

Stürmer,*Der*,《先锋报》,34

Suez Canal,苏伊士运河,154

Sultanik, Kalman,卡尔曼·萨坦尼克,219

Survivors:幸存者: in American population,美国人口中的,2,79,82—84,185; characterizations of,特征,68—69,79—80,115,244; classroom visits by,访问课堂,260,273; collaborators among,帮凶,140—141; disappearance of,消失,272—276; and Holocaust denial,与否认大屠杀,270—271; as Holocaust interpreters,作为大屠杀解释者,201,211—212,242—244;"honorary","光荣的",190; Israel as rightful home for,以色列作为其理想归宿,73—81; meaning of word,词的意义,67,68; memories of,记忆,3,83—84,107,215,229,273—277; in Palestine,在巴勒斯坦,77—79,83—84; as part of Israeli population,作为以色列人口一部分,2,147—148; postwar settlement of,战后安置,79,81; as secular saints,作为世俗的圣徒,11,201; as symbols,作为象征,218—219,230,231,273—274; and U.S. Holocaust Museum,与美国大屠杀博物馆,219,220,272; Zionists' use of,犹太复国主义对其的利用,77—80。See *also* Concentration camps; *specific survivors*,参见集中营;具体的幸存者

Switzerland,瑞士,56,230

Synagogue Council of America,美国犹太会堂理事会,172

Szulc, Tad,泰德·舒尔茨,71

Tablet,*The*,《碑》,129—130,134

Tampa Bay Holocaust Memorial Museum,坦帕湾大屠杀纪念博物馆,222

Tannenbaum, Marc H.,马克·H.坦嫩鲍姆,211

Tax, Meredith,梅瑞狄斯·塔克斯,107

Taylor, Telford,特尔福德·泰勒,129

Television,电视,207; Holocaust depictions on,大屠杀描述,103,156,208—214,217,233—234,236; Holocaust survivors on,大屠杀幸存者,115

Temple (destruction of),寺庙(毁灭),4

Textbooks (on Holocaust),(关于大屠杀的)文本。See Holocaust: curricula on,见大屠杀:课程

Theresienstadt concentration camp,特雷西恩施塔特集中营,37,115,209

This Is Your Life (TV show),《这是你的人生》(电视节目),115

Thompson, Dorothy,多萝西·汤普森,72

Tikkun,《复兴》,184,191

Time magazine,《时代周刊》,86,95,101,108,161,221

Totalitarianism:极权主义: Arendt's study of,阿伦特的研究,135—140; cold war discourse on,冷战时期的

相关言论,12,86—88,99—100,116,127; Eichmann presented as consequence of, 艾希曼被描述为其后果,132,134; theories concerning, 相关理论,86—88

Trade unionists, 工团主义者,21,39,221

Trauma, 创伤,2—3

Treblinka concentration camp, 特雷布林卡集中营,8,217,229

Triumph of the Spirit (TV movie), 《精神的胜利》(电视片),213

Trocmé, Daniel, 丹尼尔·乔克米,219

Trotzjudentum, 反犹太人意识,7

Truman, Harry, 哈里·杜鲁门,72,74,81,82,93

Tuchman, Barbara, 芭芭拉·塔奇曼,135

Tuol Sleng (Cambodia), 吐斯廉(柬埔寨),248

Turkey, 土耳其,100,193

Turner, Ted, 特德·特纳,9

Ukraine: 乌克兰: and Denver memorial, 与丹佛纪念馆,224; immigrants from, 移民,101; murder of Jews in, 谋害犹太人,21; Nazi victims from, 纳粹受害者,217,222—223,258。*See also* Babi Yar massacre, 参见巴比谷惨案

Ukrainian National Information Service, 乌克兰国家信息服务部,217

Union of American Hebrew Congregations, 美国希伯来教会联盟,182,187

Union of Orthodox Jewish Congregations, 正统犹太教会联盟,131

United Federation of Teachers, 教师联合会(UFT),172,173

United Jewish Appeal, 犹太联合募捐会,75

United Nations: 联合国: and birth of Israel, 与以色列的诞生,71,155

United Nations Convention on Genocide, 《联合国种族灭绝公约》,100—101,250

United Nations General Assembly, 联合国大会,100,154

United Nations Special Committee on Palestine, 联合国巴勒斯坦特别委员会,74,76,78—79

United Service for New Americans, 新美国人联合服务处,84

United States: 美国: anti-Semitism in government of, 政府中的反犹主义,49; DP policy of, 难民政策,54,88—90; fears about Jewish demographic survival in, 对犹太人口生存的担忧,184—188; Germany as cold war ally of, 德国作为冷战盟友,86,87,90—94,96,98,101—102; as having abandoned European Jews, 抛弃欧洲犹太人,12,15,19,30—47,49—50,58—59,158—159,256; Holocaust interest in, 大屠杀利益,2,15,207—239,277—281; Holocaust survivors in, 大屠杀幸存者,2,79,81—84,185; humanitarian assistance from, 人道主义援助,256; Jewish

453

immigration to, 犹太移民, 32, 49, 81—83, 185—186; Jews in armed forces of, 部队中的犹太人, 33—34, 41, 121; justifications for Holocaust museums located in, 建大屠杀博物馆的理由, 48; lack of Holocaust awareness in, during World War II, 二战期间缺乏大屠杀意识, 2, 19—29; "new anti-Semitism" in, "新反犹主义", 170—178; as perpetrator of atrocities on Japan, 向日本施暴的凶手, 110—112; policy toward Israel, 对以政策, 10, 42, 76, 78, 151, 152, 166—167; post-1960s outlook of, 后1960年代的前景, 112; postwar outlook of, 战后前景, 112—117, 170; Soviet Union as cold war enemy of, 苏联作为冷战敌人, 86—88, 90, 166; Soviet Union as World War II ally of, 苏联作为二战盟友, 22, 85, 92, 94, 101—102, 232; values of, as lessons of Holocaust, 价值观(作为大屠杀的教训), 13, 234, 240, 259—260。See also Immigration; Jews (American); *specific governmental agencies and departments*, 参见移民; 犹太人(美国); 具体的政府机构和部门

U.S. Congress, 美国国会, 193

U.S. Holocaust Memorial Council, 美国大屠杀纪念理事会, 157

U.S. Holocaust Museum (Washington, D.C.), 美国大屠杀博物馆(华盛顿特区), 228, 231, 258, 272; and Armenian massacre, 与亚美尼亚惨案, 193; on failure to bomb Auschwitz, 关于轰炸奥斯维辛的失败, 54, 56—57; federal funding for, 联邦基金资助, 194—195, 207, 276; film of Dachau liberation at, 关于达考解放的影片, 117; gentiles as visitors to, 非犹太人参观者, 11, 217—220, 233—235; heads of, 负责人, 196, 200, 232; lessons of, 教训, 234—235, 240, 260—261; as "national Jewish cathedral", 作为"国家犹太教堂", 199; opening of, 开张, 48, 214, 252—253, 270—271; origins of, 根源, 216—220; presentation of Jews in, 呈现的犹太人形象, 11, 202; replication of concentration camps' liberation in, 对集中营解放的重演, 63—64; in victim culture competition, 受害者文化竞争, 9—10, 194—195, 216—220。See also Holocaust; President's Commission on the Holocaust, 参见大屠杀; 总统的大屠杀委员会

Universalism, 普遍主义; in *Diary of Anne Frank*, 《安妮日记》, 117—118; of Eichmann trial's presentation, 对艾希曼审判的表述, 132, 134; of Holocaust Lessons, 大屠杀教训, 239, 241, 243; resentment of, in Holocaust interpretation, 怨恨在大屠杀解释中的普遍主义

University of Chicago, 芝加哥大学, 169

Uris, Leon, 列昂·乌里斯, 157

索　引

"Vanishing American Jew, The"(*Look*), "正在消失的美国犹太人"(《看》), 185
Vatican, silence of, on Holocaust, 梵蒂冈对大屠杀的沉默, 142—144, 159, 210, 228
Vatican Council Ⅱ, 梵蒂冈第二届理事会, 143—144
Vengeance, 报仇, 5, 91—92, 96—98, 129—130, 132
"Victim culture", "受害者文化", 8—11, 189—203, 235, 280。See also Victims, 参见受害者
Victimizers, 施害者。See Perpetrator(s), 见行凶者
Victims: 受害者: American gentiles' identification with Jewish, 美国非犹太人对犹太人受害者的认同, 234—238; American Jews as potential Holocaust, 美国犹太人作为潜在的大屠杀受害者, 7, 66, 75—76, 190; American Jews' identification with, 美国犹太人对受害者的认同, 8, 13, 171, 189—203; Americans as potential atomic bomb, 美国人作为潜在的原子弹受害者, 112; changes in attitudes toward, 对受害者态度的变化, 5, 8—10, 121—123, 131, 189—191, 235; competition regarding, in America, 在美国关于受害者的竞争, 9, 175, 189—198, 280; competition regarding, in U.S. Holocaust Museum, 在美国大屠杀博物馆关于受害者的竞争, 216—220; definition of, 定义, 133; Hitler's political opponents as, 希特勒的政治对手作为受害者, 21, 26—27, 64—65, 87; Jews presented as, 犹太人被描述为受害者, 11, 26—27, 121, 137—138, 144, 153, 164; moral capital associated with, 相关的道德资本, 8—9, 141, 156, 195; non-Jewish, of Holocaust, 大屠杀的非犹太人受害者, 38, 59, 65, 66, 116, 118, 214—226; Poles as Soviet, 波兰人作为苏联的受害者, 22, 101, 222—223; shunning of status of, 对受害者身份的逃避, 8, 121—123, 131, 148, 149, 190, 281; social class of Holocaust, 大屠杀受害者的社会阶层, 235—236。See also Bystanders; Perpetrator(s); Survivors; "Victim culture", 参见旁观者；行凶者；幸存者；"受害者文化"
Vietnam, 越南, 248, 250
Vietnam Veterans Memorial(Washington, D.C.), 越战老兵纪念碑（华盛顿特区）, 1
Vietnam War, 越南战争, 12, 112, 113, 149, 151, 152, 188, 268; images from, 形象, 190; "lessons" of, "教训", 253; memories of, 记忆, 1。See also My Lai, 参见米莱
Volksdeutsch, 德裔, 67, 88—89, 101
Vorspan, Albert, 艾尔伯特·沃斯班, 98

Wagner, Robert, 罗伯特·瓦格纳, 51
Waldheim, Kurt, 库尔特·瓦尔德海姆,

455

227,228
Wallace, Henry, 亨利·华莱士, 93—94
Wall Street Journal,《华尔街日报》, 129
Walsh, Edmund A., 埃德蒙·A. 沃尔什, 49
Wannsee Conference, 万隆会议, 209
War and Remembrance (TV movie),《战争与记忆》(电视片), 213
War criminals, 战犯, 129, 228—230。See also Eichmann, Adolf; Simon Wiesenthal Center, 参见阿道夫·艾希曼、西蒙·维森塔尔中心
War Department (U.S.),（美国）战争部, 56
War Refugee Board, 战争难民委员会, 54
War Rescue Board, 战争营救委员会, 57
Warner, Jack, 杰克·华纳, 95
Warsaw Ghetto Uprising, 华沙犹太社区起义, 36; anniversaries of, 周年纪念, 93—94, 138; as atypical Holocaust event, 作为非典型的大屠杀事件, 138; commemorations of, 纪念, 104, 114—115, 138; film depictions of, 电影描写, 138, 209
Washington, D.C., 华盛顿特区, 1。See also U.S. Holocaust Museum, 参见美国大屠杀博物馆
Washington, George, 乔治·华盛顿, 209, 238
Washington Post,《华盛顿邮报》, 129
Watergate, 水门事件, 112, 188, 268
Watt, James G., 詹姆斯·G. 瓦特, 231
Waxman, Henry, 亨利·韦克斯曼, 224

Wayne, John, 约翰·韦恩, 121
"We are one" slogan, "我们是一家人"标语, 7
Wechsler, Herbert, 赫伯特·韦克斯勒, 129
Weill, Kurt, 寇特·威尔, 40
Weinberg, Jeshajahu, 耶沙亚胡·温伯格, 260
Weinberg, Werner, 沃纳·温伯格, 66—67, 84
Weinreich, Max, 马克斯·魏因赖希, 45
Weinstein, Lewis, 刘易斯·韦恩斯坦, 37
Weiss, Avi, 阿维·韦斯, 184
Weizmann, Chaim, 哈伊姆·魏茨曼, 70
Were We Our Brothers' Keepers? (Lookstein),《我们是自己同胞的守护人吗?》(卢克斯坦), 30
West Bank, 西岸, 148, 154, 164
Westerbork concentration camp, 韦斯特博克集中营, 115
We Will Never Die (wartime pageant), "我们绝不会死"（战时表演）, 40
While Six Million Died (Morse),《六百万人死亡时》(莫斯), 47, 158
Wiesel, Elie, 埃利·维瑟尔, 193, 277—278; on abandonment of European Jews, 关于抛弃欧洲犹太人, 30; Christian symbolism associated with, 相关的基督教象征, 11, 274; on helping others by helping Jews, 论通过帮助犹太人来帮助其他人, 182; on Holocaust, 关于大屠杀, 239, 241, 243, 259; on Holocaust analogies, 关

于大屠杀类比,195; on Holocaust denial, 关于否认大屠杀,271; as Holocaust interpreter, 作为大屠杀解释者,201,211,212,221—223,226,274; renewed Holocaust fears of, 新的大屠杀恐惧,159; as symbol of Holocaust, 作为大屠杀象征,218—219,230,231,273—274; and U.S. Holocaust Museum, 与美国大屠杀博物馆,217,218—220,248

Wieseltier, Leon, 列昂·维瑟尔蒂尔,157,201,280—281

Wiesenthal, Simon, 西蒙·维森塔尔,191,215—216,218,225。See also Simon Wiesenthal Center, 参见西蒙·维森塔尔中心

Will, George, 乔治·威尔,240,242,249—250

Willis, Ellen, 艾伦·威利斯,191

Wilson, Edward O., 爱德华·O.威尔森,241

Winfrey, Oprah, 奥普拉·温弗瑞,214

Wise, Stephen S., 史蒂芬·S.怀斯,37—38; and FDR, 与罗斯福,42; on Jewish persecution, 关于犹太人所受的迫害,38

Women, 妇女。See Feminists, 见女权主义者

World Jewish Congress, 世界犹太人大会(WJC),23,56—57,104,115

World War Ⅰ,第一次世界大战,1,100

World War Ⅱ:第二次世界大战:American outlook following, 战后美国的前景,112—117,242; commemorations of, 纪念活动,63; impreciseness of bombing in, 轰炸不精确,55,58; lack of Holocaust awareness in, among Americans, 在美国人中缺乏大屠杀意识,2,19—29,36—38; numbers of people killed in, 被杀害人数,20,24,26,29,59; Pacific conflict of primary interest to Americans in, 太平洋冲突对美国人第一重要,26,27,66; propaganda in, 宣传,23,27,116; U.S. goals in, 美国目标,2,20,21—22,45,53; as war for the Jews, 作为支持犹太人的战争,27—29,41,51。See also Holocaust; Japan; Nazi Germany; Nuclear weapons; Prisoners of war; United States, 参见大屠杀;日本;纳粹德国;核武器;战俘;美国

World Zionist Organization, 世界复国主义组织,137

Wuthnow, Robert, 罗伯特·伍思诺,233—234

Wyman, David, 戴维·怀曼,47,48,55,159

Yad Vashem, 犹太大屠杀纪念馆,201; diplomatic visitors to, 外交访客,167—168,230; full title of, 全称,138; Israeli citizenship at, for Holocaust victims, 以色列公民身份(授予大屠杀受害者),147—148; and "Righteous Gentiles", 与"正直的非犹太人",

179—180, 219; translation of "Holocaust" by, 对"大屠杀"的翻译, 133
Yair, Eleazar ben, 埃利埃泽·本·耶尔, 5
Yank, 《北军》, 27
Yerushalmi, Yosef, 约瑟夫·耶鲁沙尔米, 10
Yiddish Scientific Organization, 意第绪科学组织(YIVO), 45
Yishuv (Jewish community of Palestine), 伊休夫(巴勒斯坦犹太社区), 35—36, 41, 69, 78。See also Palestine, 参见巴勒斯坦
Yom Hashoah, 大屠杀纪念日, 160, 168, 217, 222, 277—278; full name of, 全名, 138; interfaith participation in, 宗教间参与, 208; in Israel, 在以色列, 148; yellow stars worn on, 佩戴黄星, 8, 191
Yom Kippur War (1973), 赎罪日战争(1973), 149, 151—155, 158, 160, 165, 173, 237

ZACHOR: 铭记基金会: The Holocaust Resource Center, 大屠杀资源中心, 199—200
Zakkai, Yohanan ben, 约翰南·本·撒该, 5
Zanuck, Darryl F., 达利尔·F. 扎努克, 108
Zionism, 犹太复国主义, 134; and American Jews, 与美国犹太人, 7, 75—77, 81, 146, 147, 176; as colonialism, 作为殖民主义, 153—154; extermination of European Jewry as end of, 消灭欧洲犹太人作为其结束, 70; as opponents of, 作为其对手, 72。See also Zionists, 参见犹太复国主义者
"Zionist imperialism", "犹太复国主义的帝国主义", 172, 173
Zionist Organization of America, 美国犹太复国主义组织, 44, 45
Zionists: 犹太复国主义者: on admission of DPs to United States, 关于准许难民进入美国, 89; American Jews' help for European, 美国犹太人对欧洲犹太复国主义者的帮助, 39; on birth of Israel, 关于以色列的诞生, 72—73, 75—80; claims about Anne Frank as, 称安妮·弗兰克为犹太复国主义者, 120; on Diaspora Jews, 关于流散的犹太人, 69, 121, 132, 138, 148, 151, 160, 168, 176, 225; on Irgun, 关于伊尔根, 41; lessons drawn from the Holocaust by, 从大屠杀中得出的教训, 151, 168, 176, 225; and Masada, 与马察达, 5; tours by, 旅行, 160; World War Ⅱ emphases of, 二战重点, 42—45。See also Zionism, 参见犹太复国主义
Zuckerman, Mortimer, 莫蒂默·朱克曼, 252—253
Zyklon B, 齐克隆B, 241, 242

人文与社会译丛

第一批书目

1.《政治自由主义》(增订版),[美]J. 罗尔斯著,万俊人译　48.00 元
2.《文化的解释》,[美]C. 格尔茨著,韩莉译　89.00 元
3.《技术与时间：1. 爱比米修斯的过失》,[法]B. 斯蒂格勒著,裴程译　62.00 元
4.《依附性积累与不发达》,[德]A. G. 弗兰克著,高铦等译　13.60 元
5.《身处欧美的波兰农民》,[美]F. 兹纳涅茨基、W. I. 托马斯著,张友云译　9.20 元
6.《现代性的后果》,[英]A. 吉登斯著,田禾译　45.00 元
7.《消费文化与后现代主义》,[美]M. 费瑟斯通著,刘精明译　14.20 元
8.《英国工人阶级的形成》(上、下册),[英]E. P. 汤普森著,钱乘旦等译　69.00 元
9.《知识人的社会角色》,[美]F. 兹纳涅茨基著,郑斌祥译　26.00 元

第二批书目

10.《文化生产：媒体与都市艺术》,[美]D. 克兰著,赵国新译　29.00 元
11.《现代社会中的法律》,[美]R. M. 昂格尔著,吴玉章等译　39.00 元
12.《后形而上学思想》,[德]J. 哈贝马斯著,曹卫东等译　35.00 元
13.《自由主义与正义的局限》,[美]M. 桑德尔著,万俊人等译　30.00 元

14.《临床医学的诞生》,[法]M.福柯著,刘北成译　　　　25.00元
15.《农民的道义经济学》,[英]J.C.斯科特著,程立显等译　42.00元
16.《俄国思想家》,[英]I.伯林著,彭淮栋译　　　　　　35.00元
17.《自我的根源:现代认同的形成》,[加]C.泰勒著,韩震等译
　　　　　　　　　　　　　　　　　　　　　　　　　88.00元
18.《霍布斯的政治哲学》,[美]L.施特劳斯著,申彤译　　29.00元
19.《现代性与大屠杀》,[英]Z.鲍曼著,杨渝东等译　　　59.00元

第三批书目

20.《新功能主义及其后》,[英]J.亚历山大著,彭牧等译　15.80元
21.《自由史论》,[英]J.阿克顿著,胡传胜等译　　　　　58.00元
22.《伯林谈话录》,[英]L.贾汉贝格鲁等著,杨祯钦译　　23.00元
23.《阶级斗争》,[法]R.阿隆著,周以光译　　　　　　　13.50元
24.《正义诸领域:为多元主义与平等一辩》,[美]M.沃尔泽著,
　　褚松燕等译　　　　　　　　　　　　　　　　　　24.80元
25.《大萧条的孩子们》,[美]G.埃尔德著,田禾等译　　　27.30元
26.《黑格尔》,[加]C.泰勒著,张国清等译　　　　　　118.00元
27.《反潮流》,[英]I.伯林著,冯克利译　　　　　　　　48.00元
28.《统治阶级》,[意]G.莫斯卡著,贾鹤鹏译　　　　　　98.00元
29.《现代性的哲学话语》,[德]J.哈贝马斯著,曹卫东等译　78.00元

第四批书目

30.《自由论》(修订版),[英]I.伯林著,胡传胜译　　　　69.00元
31.《保守主义》,[德]K.曼海姆著,李朝晖、牟建君译　　16.00元
32.《科学的反革命》(修订版),[英]F.哈耶克著,冯克利译　58.00元

33.《实践感》,[法]P.布迪厄著,蒋梓骅译　　　　　52.00元
34.《风险社会》,[德]U.贝克著,何博闻译　　　　　17.70元
35.《社会行动的结构》,[美]T.帕森斯著,彭刚等译　80.00元
36.《个体的社会》,[德]N.埃利亚斯著,翟三江、陆兴华译　15.30元
37.《传统的发明》,[英]E.霍布斯鲍姆等著,顾杭、庞冠群译　21.20元
38.《关于马基雅维里的思考》,[美]L.施特劳斯著,申彤译　78.00元
39.《追寻美德》,[美]A.麦金太尔著,宋继杰译　　　35.00元

第五批书目

40.《现实感》,[英]I.伯林著,潘荣荣、林茂译　　　30.00元
41.《启蒙的时代》,[英]I.伯林编著,孙尚扬、杨深译　35.00元
42.《元史学》,[美]H.怀特著,陈新译　　　　　　　89.00元
43.《意识形态与现代文化》,[英]J.B.汤普森著,高铦等译　68.00元
44.《美国大城市的死与生》,[加]J.雅各布斯著,金衡山译　29.50元
45.《社会理论和社会结构》,[美]R.K.默顿著,唐少杰等译　128.00元
46.《黑皮肤,白面具》,[法]F.法农著,万冰译　　　14.00元
47.《德国的历史观》,[美]G.伊格尔斯著,彭刚、顾杭译　58.00元
48.《全世界受苦的人》,[法]F.法农著,万冰译　　　17.80元
49.《知识分子的鸦片》,[法]R.阿隆著,吕一民、顾杭译　45.00元

第六批书目

50.《驯化君主》,[美]H.C.曼斯菲尔德著,冯克利译　68.00元
51.《黑格尔导读》,[法]A.科耶夫著,姜志辉译　　　45.00元
52.《象征交换与死亡》,[法]J.波德里亚著,车槿山译　45.00元
53.《自由及其背叛》,[英]I.伯林著,赵国新译　　　48.00元

54.《启蒙的三个批评者》,[英]I.伯林著,马寅卯、郑想译　　48.00元
55.《运动中的力量》,[美]S.塔罗著,吴庆宏译　　23.50元
56.《斗争的动力》,[美]D.麦克亚当、S.塔罗、C.蒂利著,
　　李义中等译　　31.50元
57.《善的脆弱性》,[美]M.纳斯鲍姆著,徐向东、陆萌译　　55.00元
58.《弱者的武器》,[美]J.C.斯科特著,郑广怀等译　　42.00元
59.《图绘》,[美]S.弗里德曼著,陈丽译　　49.00元

第七批书目

60.《现代悲剧》,[英]R.威廉斯著,丁尔苏译　　45.00元
61.《论革命》,[美]H.阿伦特著,陈周旺译　　59.00元
62.《美国精神的封闭》,[美]A.布卢姆著,战旭英译,冯克利校　68.00元
63.《浪漫主义的根源》,[英]I.伯林著,吕梁等译　　28.00元
64.《扭曲的人性之材》,[英]I.伯林著,岳秀坤译　　22.00元
65.《民族主义思想与殖民地世界》,[美]P.查特吉著,
　　范慕尤、杨曦译　　18.00元
66.《现代性社会学》,[法]D.马图切利著,姜志辉译　　32.00元
67.《社会政治理论的重构》,[英]R.伯恩斯坦著,黄瑞祺译　　25.00元
68.《以色列与启示》,[美]E.沃格林著,霍伟岸、叶颖译　　48.00元
69.《城邦的世界》,[美]E.沃格林著,陈周旺译　　54.00元
70.《历史主义的兴起》,[德]F.梅尼克著,陆月宏译　　48.00元

第八批书目

71.《环境与历史》,[英]W.贝纳特、P.科茨著,包茂红译　　25.00元
72.《人类与自然世界》,[英]K.托马斯著,宋丽丽译　　35.00元

73.《卢梭问题》,[德]E.卡西勒著,王春华译　　　　　15.00元
74.《男性气概》,[美]H.C.曼斯菲尔德著,刘玮译　　　28.00元
75.《战争与和平的权利》,[美]R.塔克著,罗炯等译　　25.00元
76.《谁统治美国》,[美]W.多姆霍夫著,吕鹏、闻翔译　35.00元
77.《健康与社会》,[法]M.德吕勒著,王鲲译　　　　　35.00元
78.《读柏拉图》,[德]T.A.斯勒扎克著,程炜译　　　　28.00元
79.《苏联的心灵》,[英]I.伯林著,潘永强、刘北成译　28.00元
80.《个人印象》,[英]I.伯林著,林振义、王洁译　　　35.00元

第九批书目

81.《技术与时间:2.迷失方向》,[法]B.斯蒂格勒著,
　　赵和平、印螺译　　　　　　　　　　　　　　　59.00元
82.《抗争政治》,[英]C.蒂利著,李义中译　　　　　　28.00元
83.《亚当·斯密的政治学》,[英]D.温奇著,褚平译　　21.00元
84.《怀旧的未来》,[美]S.博伊姆著,杨德友译　　　　38.00元
85.《妇女在经济发展中的角色》,[丹]E.博斯拉普著,陈慧平译30.00元
86.《风景与认同》,[英]W.J.达比著,张箭飞、赵红英译　68.00元
87.《过去与未来之间》,[美]H.阿伦特著,王寅丽、张立立译58.00元
88.《大西洋的跨越》,[美]D.T.罗杰斯著,吴万伟译　　108.00元
89.《资本主义的新精神》,[法]L.博尔坦斯基、E.希亚佩洛著,
　　高铦译　　　　　　　　　　　　　　　　　　　58.00元
90.《比较的幽灵》,[美]B.安德森著,甘会斌译　　　　48.00元

第十批书目

91.《灾异手记》,[美]E.科尔伯特著,何恬译　　　　　25.00元

92.《技术与时间:3.电影的时间与存在之痛的问题》,
　　[法]B.斯蒂格勒著,方尔平译　　　　　　　　65.00元
93.《马克思主义与历史学》,[英]S.H.里格比著,吴英译　47.00元
94.《学做工》,[英]P.威利斯著,秘舒、凌旻华译　　　39.00元
95.《哲学与治术:1572—1651》,[美]R.塔克著,韩潮译　45.00元
96.《认同伦理学》,[美]K.A.阿皮亚著,张容南译　　　45.00元
97.《风景与记忆》,[英]S.沙玛著,胡淑陈、冯樨译　　78.00元
98.《马基雅维里时刻》,[英]J.G.A.波考克著,冯克利、傅乾译108.00元
99.《未完的对话》,[英]I.伯林、[波]B.P.-塞古尔斯卡著,
　　杨德友译　　　　　　　　　　　　　　　　　65.00元
100.《后殖民理性批判》,[印]G.C.斯皮瓦克著,严蓓雯译　58.00元

第十一批书目

101.《现代社会想象》,[加]C.泰勒著,林曼红译　　　45.00元
102.《柏拉图与亚里士多德》,[美]E.沃格林著,刘曙辉译　54.00元
103.《论个体主义》,[法]L.迪蒙著,桂裕芳译　　　　30.00元
104.《根本恶》,[美]R.J.伯恩斯坦著,王钦、朱康译　　78.00元
105.《这受难的国度》,[美]D.G.福斯特著,孙宏哲、张聚国译39.00元
106.《公民的激情》,[美]S.克劳斯著,谭安奎译　　　49.00元
107.《美国生活中的同化》,[美]M.M.戈登著,马戎译　35.00元
108.《风景与权力》,[美]W.J.T.米切尔著,杨丽、万信琼译45.00元
109.《第二人称观点》,[美]S.达沃尔著,章晟译　　　69.00元
110.《性的起源》,[英]F.达伯霍瓦拉著,杨朗译　　　58.00元

第十二批书目

111.《希腊民主的问题》,[法]J.罗米伊著,高煜译　　　　　　48.00元
112.《论人权》,[英]J.格里芬著,徐向东、刘明译　　　　　　62.00元
113.《柏拉图的伦理学》,[英]T.厄温著,陈玮、刘玮译(即出)
114.《自由主义与荣誉》,[美]S.克劳斯著,林垚译　　　　　　62.00元
115.《法国大革命的文化起源》,[法]R.夏蒂埃著,洪庆明译　38.00元
116.《对知识的恐惧》,[美]P.博格西昂著,刘鹏博译　　　　38.00元
117.《修辞术的诞生》,[英]R.沃迪著,何博超译　　　　　　48.00元
118.《历史表现中的真理、意义和指称》,[荷]F.安克斯密特著,
　　周建漳译　　　　　　　　　　　　　　　　　　　　　　45.00元
119.《天下时代》,[美]E.沃格林著,叶颖译　　　　　　　　78.00元
120.《寻求秩序》,[美]E.沃格林著,徐志跃译　　　　　　　48.00元

第十三批书目

121.《美德伦理学》,[新西兰]R.赫斯特豪斯著,李义天译　　55.00元
122.《同情的启蒙》,[美]M.弗雷泽著,胡靖译　　　　　　　48.00元
123.《图绘暹罗》,[美]T.威尼差恭著,袁剑译　　　　　　　58.00元
124.《道德的演化》,[新西兰]R.乔伊斯著,刘鹏博、黄素珍译65.00元
125.《大屠杀与集体记忆》,[美]P.诺维克著,王志华译　　　78.00元
126.《帝国之眼》,[美]M.L.普拉特著,方杰、方宸译　　　　68.00元
127.《帝国之河》,[美]D.沃斯特著,侯深译　　　　　　　　76.00元
128.《从道德到美德》,[美]M.斯洛特著,周亮译　　　　　　58.00元
129.《源自动机的道德》,[美]M.斯洛特著,韩辰锴译(即出)
130.《种族与文化少数群体》,[美]G.E.辛普森、[美]J.M.英
　　格尔著,马戎、王凡妹译(即出)

第十四批书目

131.《城邦与灵魂:费拉里〈理想国〉论集》,[美]G. R. F. 费拉里著,刘玮编译　　　　　　　　　　　58.00 元

132.《人民主权与德国宪法危机》,[美]P. C. 考威尔著,曹晗蓉、虞维华译　　　　　　　　　　　58.00 元

133.《16 和 17 世纪英格兰大众信仰研究》,[英]K. 托马斯著,芮传明、梅剑华译(即出)

134.《民族认同》,[英]A. D. 史密斯著,王娟译　　55.00 元

135.《世俗主义之乐:我们当下如何生活》,[英]G. 莱文编,赵元译　　　　　　　　　　　　　　58.00 元

136.《国王或人民》,[美]R. 本迪克斯著,褚平译(即出)

137.《哲学解释》,[美]R. 诺齐克著,林南、乐小军译(即出)

138.《自由与多元论:以赛亚·伯林思想研究》,[英]G. 克劳德著,应奇等译　　　　　　　　58.00 元

139.《暴力:思无所限》,[美]R. J. 伯恩斯坦著,李元来译　　59.00 元

140.《中心与边缘:宏观社会学论集》,[美]E. 希尔斯著,甘会斌、余昕译　　　　　　　　　　　88.00 元

有关"人文与社会译丛"及本社其他资讯,欢迎点击 www. yilin. com 浏览,对本丛书的意见和建议请反馈至新浪微博@译林人文社科。